Excel
营销管理 必须掌握的
208个文件 与 108个函数

张军翔 编著

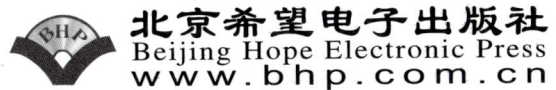

北京希望电子出版社
Beijing Hope Electronic Press
www.bhp.com.cn

内 容 简 介

本书以营销管理工作为主线，介绍了营销管理中常用的 208 个文件以及 108 个函数。全书共分 27 章，分别是营销表单设计、销售管理实用表单、销售日常事务管理、设计市场调查问卷、市场调查结果与分析、客户关系管理与分析、定价管理表、产品定价分析、产品促销表格设计与分析、销售任务的制定与分析、订单与库存管理、销售业务记录与分析、销售报表、销售收入、销售成本、费用、销售利润、销售业绩透视分析、销售账款管理与分析、竞争对手研究、营销决策、销售预测、销售管理图表以及函数在员工销售业绩和提成、客户管理、销售数据统计、销售预测和销售公司贷款投资中的应用。

本书配套光盘中提供了书中讲解的表格范例文件，供读者在学习时调用。

本书主要针对各行各业的销售人员、销售部门的数据统计分析人员、销售部门管理人员编写，也可作为大中专院校和社会培训机构的教材。

图书在版编目（CIP）数据

Excel 营销管理必须掌握的 208 个文件与 108 个函数 /张军翔编著.
-- 北京：北京希望电子出版社，2013.1
　ISBN 978-7-83002-072-9
Ⅰ．①E… Ⅱ．①张… Ⅲ．①表处理软件－应用－营销管理
Ⅳ．①F713.50-39

中国版本图书馆 CIP 数据核字(2012)第 276913 号

出版：北京希望电子出版社	封面：深度文化
地址：北京市海淀区上地 3 街 9 号	编辑：李萌
金隅嘉华大厦 C 座 611	校对：刘伟
邮编：100085	开本：889mm×1194mm　1/32
网址：www.bhp.com.cn	印张：14
电话：010-62978181（总机）转发行部	印数：1-3500
010-82702675（邮购）	字数：514 千字
传真：010-82702698	印刷：北京博图彩色印刷有限公司
经销：各地新华书店	版次：2013 年 1 月 1 版 1 次印刷

定价：40.00 元（配 1 张 CD 光盘）

PREFACE 前言

营销管理对企业发展举足轻重，面对瞬息万变的市场竞争，营销管理人员需要做好市场调研、产品相关销售数据的跟踪统计、竞争对手相关信息的统计分析，并及时拟定下一季度的营销方案。

Excel 2010具有强大的表格制作、数据收集整理、数据处理、数据统计、数据分析、数据预算等功能，也是各企业营销管理人员必须掌握的数据分析工具之一。本书讲解了营销管理208个案例和108个数据计算函数，通过清晰分类和图解操作方式，让读者轻松、快捷地学习和切入实际工作，以提升营销管理人员的数据处理、统计、分析等能力。

本书能给读者带来什么？

本书全面地介绍了营销管理中涉及的各项分析操作，可以帮助营销分析人员获取较为精确的分析数据，为企业决策提供依据。

全书涵盖了营销管理中使用的各类数据管理与分析表格，当读者在工作中需要制作营销表格、市场数据分析、销售收入、成本费用、利润分析、销售业绩分析、销售账款统计与分析、竞争对手市场分析、销售预测与营销决策等相关表格时可直接从本书中获得制作方法。书中还汇集了营销管理中最常用的函数，掌握这些函数后可以灵活地对营销数据进行整理、计算、汇总、查询、分析等操作，自动得出所期望的结果，化解营销人员工作中的难题。

由于书中的每个案例都来自营销管理的实际工作，所以读者可以稍加改动应用到实际工作中，提高营销管理工作效率。本书全程配以图示来辅助用户学习和掌握，涉及的工作流程都以流程图的形式来呈现，使营销管理中一些繁杂、难以理解的工作清晰化。

本书写给谁阅读？

本书适合营销人员、营销部门的数据统计分析人员、营销管理人员，以及刚从事营销管理工作的新人作为案头工具书使用。通过本书大量相关表格制作与数据分析功能的学习，读者一定能在最短时间内提升Excel的应用能力。

本书从策划到出版，倾注了出版社编辑们的心血，特在此表示衷心的感谢！

本书是由诺立文化策划，参与编写的有张军翔、陈媛、汪洋慧、彭志霞、彭丽、管文蔚、马立涛、张万红、郭本兵、童飞、陈才喜、杨进晋、姜皓、曹正松、陈超、刘健忠、高建平、龙建祥、张铁军、陶婷婷等老师，在此对他们表示深深的谢意！

尽管作者对书中的案例精益求精，但疏漏之处仍然在所难免。如果您发现书中的错误或某个案例有更好的解决方案，敬请登录售后服务网址向作者反馈。我们将尽快回复，且在本书再次印刷时予以修正。

再次感谢您的支持！

编著者

CONTENTS 目录

第1章 营销表单设计

文件1　商品报价单 2
文件2　商品调拨通知单 5
文件3　本月销售任务分配表 7
文件4　商品库存余额登记表 11
文件5　比价单 11
文件6　月销售情况统计表 12
文件7　加盟店来访人数统计表 12
文件8　销售部门月度考评表 13

第2章 销售管理实用表单

文件9　商品订购单 16
文件10　商品出库单 18
文件11　商品发货单 21
文件12　销售凭条 23
文件13　退货申请单 24
文件14　退货单 24

第3章　销售日常事务管理

文件15　销售部员工通讯录 26

文件16　销售部组织机构图 28

文件17　销售部业务流程图 31

文件18　销售员管理区域统计表 34

文件19　销售部门月度考评表 36

文件20　销售员终端月拜访计划表 37

文件21　销售部月度工作计划 37

文件22　销售员培训日程安排 38

第4章　设计市场调查问卷

文件23　新产品市场调查问卷 40

文件24　广告效果调查问卷 45

文件25　品牌形象调查问卷 47

文件26　客户满意度调查问卷 50

文件27　消费者购买行为调查问卷 52

文件28　商品房需求市场调查问卷 57

文件29　女性护肤品调查问卷 57

文件30　日常运动方式调查问卷 58

文件31　零售业调查问卷 58

文件32　手机购买力度调查问卷 59

第5章　市场调查结果与分析

文件33　新产品市场调查结果与分析 62

文件34　广告效果调查结果与分析 67

文件35　品牌形象调查结果与分析 74

文件36　客户满意度调查结果与分析 79

文件37　消费者购买行为调查结果与分析 82

文件38　商品房需求市场调查结果与分析 85

文件39　女性护肤品调查结果与分析 86

文件40　日常运动方式调查结果与分析 86

文件41　零售业调查结果与分析 87

文件42　手机购买力调查结果与分析 87

第6章　客户关系管理与分析

文件43　新增客户详情表 90

文件44　客户等级划分表 92

文件45　不同等级客户数量统计 94

文件46　客户销售额排名 96

文件47　客户月拜访计划表 98

文件48　客户类型分析 100

文件49　客户人数及平均消费金额分析 101

文件50　客户平均销售次数和金额分析 101

文件51　不同性别客户消费能力分析 102

文件52 不同年龄段客户消费能力分析 102

第7章 定价管理表

文件53 商品零售价格表 104
文件54 批量订货价格折扣表 105
文件55 各级代理商价格表 109
文件56 商品定价单 110
文件57 产品售价调整表 111
文件58 地区产品价格表 111

第8章 产品定价分析

文件59 产品定价分析 114
文件60 产品价格测算结果分析 119
文件61 产品可接受价格范围分析 121
文件62 年销量随价格变动趋势分析 124
文件63 价格敏感度分析 124
文件64 产品价格年度比较分析 125

第9章 产品促销表格设计与分析

文件65 营销活动促销计划表 128
文件66 促销费用预算明细表 131
文件67 促销费用透视分析 134

文件68　实际促销费用占比分析..................136

文件69　促销业绩透视分析..........................139

文件70　实际与预计费用差异分析..............142

文件71　产品促销效果差异分析..................143

文件72　按日期分析销售排名......................143

文件73　按门面分析销售效果......................144

文件74　发放赠品记录单..............................144

第10章　销售任务的制定与分析

文件75　年度销售计划表..............................146

文件76　各月销售任务细分表......................149

文件77　销售员单月任务完成情况分析......150

文件78　年度销售任务完成进度分析..........153

文件79　月度销售任务完成进度分析..........157

文件80　销售任务分解表..............................160

文件81　年度任务完成进度条形图..............160

文件82　销售员任务完成比例分析..............161

文件83　各月销售目标达成分析图表..........161

文件84　各销售点任务完成情况分析..........162

第11章　订单与库存管理

文件85　按月汇总订单数量..........................164

文件86	按销售员汇总订单数量	166
文件87	按产品和销售员统计订单	169
文件88	按客户和月份统计订单	171
文件89	商品进出销存月报表	173
文件90	安全库存量预警报表	177
文件91	商品短缺表	177
文件92	库存商品盘点表	178
文件93	商品库龄分析	179
文件94	按客户名称统计各产品订购数量	179

第12章　销售记录管理与分析

文件95	对销售记录进行排序	182
文件96	自定义排序销售记录	183
文件97	自定义筛选销售记录	185
文件98	对销售记录进行高级筛选	188
文件99	分类汇总销售记录	190
文件100	按升序查看各部门销售额	193
文件101	按部门和销售额筛选	193
文件102	按多条件筛选销售数据	194
文件103	筛选销售记录到新工作表	194
文件104	按月份和部门汇总销售额	195

第13章　销售报表

文件105　销售日报表 198

文件106　销售月报表 200

文件107　销售员业绩报表 204

文件108　销售费用计划报表 206

文件109　产品销售情况分析报表 209

文件110　销售订金与应收款统计报表 211

文件111　区域销售额统计报表 212

文件112　销售量增减变动报表 212

文件113　销售员业绩增减变动报表 213

文件114　销售利润年度报表 214

文件115　促销期间商品销售报表 214

第14章　销售收入

文件116　日销售收入变动趋势分析 216

文件117　各店面销售收入统计与分析 218

文件118　按品牌统计分析销售收入 221

文件119　统计各店面各产品销售收入 223

文件120　各月销售收入及增长率分析 226

文件121　不同品牌收入占比分析 229

文件122　各月销售收入与平均销售收入 229

文件123　价格对销售收入的影响 230

文件124　日销售收入变化图 ... 230

文件125　计划与实际收入比较分析 ... 231

第15章　销售成本、费用

文件126　销售成本变动趋势分析 ... 234

文件127　产品成本降低完成情况分析 ... 238

文件128　产品单位成本升降分析 ... 241

文件129　比较不同区域销售成本 ... 244

文件130　按成本性分析季度成本和费用 ... 247

文件131　按产品比较单位成本 ... 250

文件132　按季度分析销售成本 ... 251

文件133　行业成本费用结果分析 ... 251

文件134　成本费用收入结构分析 ... 252

文件135　比较不同区域销售费用 ... 252

第16章　销售利润

文件136　年度利润表 ... 254

文件137　利润总额及构成分析 ... 255

文件138　分析各月销售利润 ... 258

文件139　销售利润变动趋势分析 ... 261

文件140　销售利润相关性分析表 ... 263

文件141　比较年度销售利润 ... 266

文件142　产品单位利润比较图 266

文件143　产品利润趋势变动图 267

文件144　产品利润完成情况分析 267

文件145　利润表比率分析 268

第17章　销售业绩透视分析

文件146　各销售员销售业绩 270

文件147　销售员业绩情况分析 272

文件148　年度销售业绩区间分析 276

文件149　销售员各月销售提成计算 279

文件150　销售额和运费透视分析 282

文件151　年度销售员业绩及占比分析 285

文件152　各单位销售业绩排名 285

文件153　销售员销量和每单平均销量统计 286

文件154　不同区域销售业绩差异分析 287

文件155　不同等级销售业绩占比分析 287

第18章　销售账款管理与分析

文件156　销售收款流程图 290

文件157　比较分公司销售回款率 292

文件158　逾期未收回款项分析 294

文件159　公司贷款模拟运算 296

文件160	确定公司的最佳贷款方案	298
文件161	月销售回款计划表	301
文件162	未收回款项逾期天数分析	301
文件163	销售员月回收款项分析	302
文件164	单变量模拟计算还款额	303
文件165	贷款偿还进度及完成比例分析	303

第19章　竞争对手研究

文件166	比较竞争产品销量	306
文件167	比较竞争产品市场份额	308
文件168	比较竞争对手顾客拥有量	310
文件169	电子商务市场份额比较	312
文件170	竞争对手成本差异分析	315
文件171	比较竞争对手人力资源状况	316
文件172	比较行业增长率趋势	317
文件173	比较行业新增终端数量	317
文件174	竞争对手价格分析	318
文件175	竞争对手消费费用结果分析	319
文件176	比较竞争对手品牌知名度	319
文件177	竞争对手产品推广方式比较	320

第20章　营销决策

| 文件178 | 新产品定价策略分析 | 322 |

文件179	产品组合定价策略分析	324
文件180	商品运输方式决策分析	326
文件181	商品促销策略分析	329
文件182	利润最大化营销方案求解	331
文件183	营销渠道分析	335
文件184	销售方式决策	335
文件185	建立不同销售方式图表分析	336
文件186	品牌地区差异分析	337
文件187	销量下滑的因素分析	337
文件188	广告投入对销量的影响分析	338

第21章 销售预测

文件189	销售额预测	340
文件190	销售收入预测	342
文件191	销售成本预测	345
文件192	销售费用预算	347
文件193	销售利润与销量回归分析	349
文件194	市场占有率预测	352
文件195	市场需求量预测	353
文件196	主营业务利润预测	353
文件197	商品销量预测	354
文件198	销售周转资金需要量预测	354
文件199	利润敏感性分析	355

第22章 销售管理图表

文件200　销售费用结构图表 358

文件201　动态销售曲线图表 360

文件202　柱形图分析价格涨跌变化 363

文件203　不同宽柱形图分析销售数据 367

文件204　动态区域销售图表 370

文件205　动态柱形图比较各店面销售量 371

文件206　优质顾客分析漏洞图 371

文件207　动态圆环图比较销量和销售额 372

文件208　半圆圆环图自动查询员工销售成绩 372

第23章　函数在客户管理中的应用

函数1　自动生成客户称呼（LEFT函数） 374

函数2　更改客户公司名称（SUBSTITUTE函数） 374

函数3　区分客户联系区号与号码（RIGHT函数） 374

函数4　更改客户联系号码形式（SEARCH函数） 375

函数5　创建客户E-Mail电子邮件链接地址

（HYPERLINK函数） 375

函数6　设置客户类型（IF函数） 376

函数7　划分客户受信等级（IF函数） 376

函数8　从客户编码中提取合同号

（RIGHT、LEN、SEARCH函数） 377

函数9 返回客户订单编号（N函数）..................377

函数10 客户销售额排名（RANK函数）..................378

函数11 找出消费次数最多的客户（MAX、COUNTIF函数）..378

函数12 统计客户会员卡到期的人数（TODAY函数）..........378

函数13 从客户身份证号码中获取性别（RIGHT函数）..........379

函数14 给金卡和银卡客户按消费额派发赠品（IF函数）........379

函数15 计算未收销售额应收账龄（DATEDIF函数）..........380

函数16 将客户手机号码后4位替换为特定符号

　　　（REPLACE函数）..................380

函数17 计算交易次数最多的客户名称以及交易次数

　　　（MAX、MATCH函数）..................381

函数18 计算交易额最多的客户名称以及交易额

　　　（MAX、MATCH函数）..................381

函数19 统计来访公司或部门代表的总人数

　　　（DCOUNTA函数）..................382

第24章　函数在销售统计中的应用

函数20 计算产品平均销售额（INT函数）..................384

函数21 计算产品销售额（MROUND函数）..................384

函数22 计算产品销售额（ROUND函数）..................384

函数23 按销售时间段统计产品的总销售金额（SUM函数）.....385

函数24 使用通配符统计产品总销售金额（SUMIF函数）........385

函数25 按销售期间统计总销售量（SUMIFS函数）..................386

函数26　按销售期间统计某产品的总销售量（SUMIFS函数）...386

函数27　统计所有产品的总销售金额（SUMPRODUCT函数）.387

函数28　按产品条件统计销售量（SUMPRODUCT函数）......387

函数29　计算销售产品的利润金额（TRUNC函数）...............387

函数30　显示指定店面销售记录

　　　　（INDEX、SMALL、ROW函数）................................388

函数31　查询特定门面、特定月份的销售金额

　　　　（INDEX、MATCH函数）..389

函数32　建立动态的产品在各分店的销售数据

　　　　（OFFSET函数）..389

函数33　计算产量最高的季度（INDEX、MATCH函数）...........390

函数34　统计销售记录条数（COUNT函数）...............................390

函数35　统计出各类别产品的销售记录条数

　　　　（COUNTIF函数）..390

函数36　统计最高（最低）销售量（MAX、MIN函数）.............391

函数37　统计非工作日销售金额

　　　　（SUMPRODUCT、MOD函数）....................................391

函数38　统计特定产品的总销售数量（DSUM函数）.................392

函数39　统计出指定店面的平均利润（DAVERAGE函数）.......392

函数40　指定销售日期和产品名称对应的销售数量

　　　　（DGET函数）..393

第25章　函数在销售统计中的应用

函数41　根据员工的销售量进行业绩考核（IF函数）................396

函数42	根据业绩计算需要发放多少奖金（IF函数）	396
函数43	比较员工销售量（IF函数）	396
函数44	比较销售员销售量的高低关系（AVERAGE、IF函数）	397
函数45	计算员工产品平均销售量（CEILING函数）	397
函数46	计算员工产品平均销售额（CEILING函数）	398
函数47	计算所有员工平均销售额（SUBTOTAL 函数）	398
函数48	统计销售员的全部销售次数（SUBTOTAL 函数）	398
函数49	统计销售员总销售额（SUM 函数）	399
函数50	统计各销售部门销售员的总奖金额（SUM函数）	399
函数51	统计销售部门销售员总奖金额（SUMIF函数）	400
函数52	统计销售员销售额大于10000元的销售量之和（SUMIF函数）	400
函数53	统计销售员销售量且销售单价大于等于100的产品总销售额（SUMIFS函数）	401
函数54	统计指定销售员的总销售额（SUMPRODUCT函数）	401
函数55	考评销售员的销售等级（CHOOSE函数）	401
函数56	计算员工销售金额的合计数（COLUMN函数）	402
函数57	实现输入员工编号后查询相应信息（LOOKUP函数）	402
函数58	计算每位员工的销售提成率（HLOOKUP函数）	403
函数59	实现销售员和总销售额在报表中的位置（MATCH函数）	403

函数60 查找销售员指定季度的产品销售数量（INDEX函数）..404

函数61 查找销售员指定季度的产品销售数量（INDEX函数）..405

函数62 隔列计算各销售员的产品平均销售量

（AVERAGE函数）......405

函数63 统计前三名销售人员的平均销售量

（AVERAGE函数）......406

函数64 对员工销售业绩进行排名次（RANK函数）......406

第26章 函数在产品采购和库存中的应用

函数65 返回请购设备的应到日期（IF函数）......408

函数66 自动比较两个部门的采购价格是否一致

（EXACT函数）......408

函数67 提取产品采购月份（MONTH 函数）......408

函数68 计算每日库存数（MMULT函数）......409

函数69 统计所有产品的采购金额（SUMPRODUCT函数）......409

函数70 计算采购员平均采购单价（CEILING函数）......409

函数71 显示产品出库情况（ISERROR 函数）......410

函数72 识别库存产品的产品类别（IF函数）......410

函数73 计算出库的月份有几个（MONTH函数）......411

函数74 提取产品的类别编码（MID 函数）......411

函数75 统计无货商品的数量（COUNTIF函数）......411

函数76 计算B 列产品最大入库量（MMULT 函数）......412

函数77 统计本月下旬出库数量（DAY 函数）......412

函数78　计算产品入库天数（DATEDIF 函数）..................412

函数79　某一类产品的最高出库单价（DMAX 函数）................413

函数80　对每日出库量累计求和（OFFSET、ROW 函数）.......413

函数81　计算累计入库数（MMULT函数）..........................414

函数82　计算出库最高的季度

　　　　（SUBTOTAL、MATCH 函数）.............................414

函数83　核对两组库存产品数据（NOT 函数）........................414

函数84　根据产品类别返回库存数量（VLOOKUP 函数）.........415

函数85　显示指定的店面的出库记录

　　　　（INDEX、SMALL、ROW函数）............................415

函数86　计算经济批量下的存货总成本（VLOOKUP 函数）.....416

第27章　函数在销售预测和销售公司款投资中的应用

函数87　预算出10、11、12月的产品销售量

　　　　（GROWTH 函数）...418

函数88　预算9月份的产品销售量（LINEST函数）..................418

函数89　预算出7、8、9月的产品销售量（TREND 函数）.......418

函数90　预算销售产品的寿命测试值（FORECAST 函数）......419

函数91　预测下期销售产品的成本（GROWTH 函数）.............419

函数92　一次性预测多期销售产品的成本

　　　　（GROWTH 函数）...420

函数93　预测下次订单的销售成本（GROWTH 函数）.............420

函数94　计算贷款的每期偿还额（PMT 函数）..........................420

函数95　按季度支付时计算每期应偿还额（PMT 函数）...........421

函数96　计算公司贷款中每月还款利息额（IPMT 函数）..........421

函数97　计算公司某项贷款的清还年数（NPER函数）..............422

函数98　计算公司购买某项保险的未来值（FV函数）................422

函数99　计算公司某项投资的投资期数（NPER函数）...............422

函数100　计算企业项目投资净现值（NPV函数）......................423

函数101　计算投资期内要支付的利息（ISPMT函数）..............423

函数102　计算某项投资的修正内部收益率（MIRR函数）.........424

函数103　计算10年后银行存款总额（FV函数）........................424

函数104　计算贷款前3个月应付的本金额（PPMT函数）.........425

函数105　计算企业投资的内部收益率（PPMT函数）................425

函数106　比较投资方案（IF函数）...425

函数107　计算第二年应支付的本金金额（CUMIPMT函数）......426

函数108　计算贷款的实际利率（RATE函数）............................426

第1章 营销表单设计

在企业的经营过程中，营销工作是必不可少，根据市场需要组织生产产品，并通过销售手段把产品提供给需要的客户。营销所获取的第一手资料即为原始的产品销售数据。因为只有依照原始销售数据的分析结果，才可以根据瞬息万变的市场随时调整营销策略，以获取最大利润。

而在实际的销售市场需求中，经常会用到各种各样的表格及票据，通过对这些表格及票据进行合理设计，设置统一的格式等，可以为营销工作提供方便。如对外统一的商品报价单，对内的来访人数统计表、商品调拨通知单、商品库存余额登记表等。

编号	文件名称	光盘中对应数据源	重要星级
文件1	商品报价单	素材文件\第1章\商品报价单.xls	★★★
文件2	商品调拨通知单	素材文件\第1章\商品调拨通知单.xls	★★★★
文件3	本月销售任务分配表	素材文件\第1章\本月销售任务分配表.xls	★★★
文件4	商品库存余额登记表	素材文件\第1章\商品库存余额登记表.xls	★★★
文件5	比价单	素材文件\第1章\比价单.xls	★★★
文件6	月销售情况统计表	素材文件\第1章\月销售情况统计表.xls	★★★★
文件7	加盟店来访人数统计表	素材文件\第1章\加盟店来访人数统计表.xls	★★★★
文件8	销售部门月度考评表	素材文件\第1章\销售部门月度考评表.xls	★★★

Excel营销管理必须掌握的208个文件与108个函数

文件1　商品报价单

报价单主要用于供应商给客户的报价，是企业在进行营销过程中向客户传递产品信息的一种方式。

🔍 制作要点与设计效果图

- 新建工作簿
- 输入文本
- 使用序列填充
- 设置文字格式
- 设置单元格边框和底纹
- 设置单元格列宽

商品报价单				
公司名称：美天化妆品公司				2012-7-1
产品序号	产品名称	品牌	规格	价格
1	嫩白眼部紧肤膜	倩碧	40ml	250元
2	清新水质凝露	兰蔻	40ml	348元
3	活肤像夏霜（平衡型）	兰芝	50ml	165元
4	净白透白亮泽化妆露	欧莱雅	200ML	90元
5	柔和防晒露SPF8	资生堂	150ml	190元
6	清透平衡露	梵美诗	75ml	69元
7	俊仕剃须膏	欧柏莱	150g	67元
8	散粉	迪奥	30g	445元
9	男士香水	巴保莉	30ml	288元
10	女士香水	lanvin	30ML	260元
11	眼部滋养凝露	梵美诗	14g	90元

⭐ 文件设计过程

➡ 步骤1：启动Excel 2010程序新建工作簿

单击桌面"开始"菜单，执行"开始"菜单下的"Microsoft Office"命令，单击"Microsoft Excel 2010"组件，启动Excel 2010，如图1-1所示。

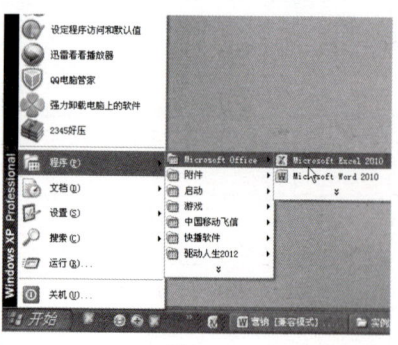

图1-1

➡ 步骤2：输入文本并设置文字格式

[1] 在工作表中输入标题、公司名称、日期以及相关表格项目文本。在A4单元格中输入"1"并选中，如图1-2所示。

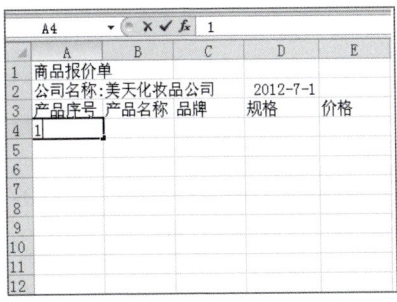

图1-2

2 利用填充柄，拖动至A14单元格，松开鼠标，然后在弹出的快捷菜单中单击"填充序列"命令，如图1-3所示。

图1-3

3 选中A1:E1单元格区域，切换到"开始"选项卡，单击"对齐方式"选项组中的"合并后居中"按钮。然后设置字号为"20"，字体为"宋体"并加粗，如图1-4所示。

4 选中A2:C2单元格区域，切换到"开始"选项卡，单击"对齐方式"选项组中的"合并后居中"按钮，接着单击该选项组中的"文本左对齐"按钮并设置单元格文字字体为"仿宋_GB2312"，字号为

"14"，如图1-5所示。

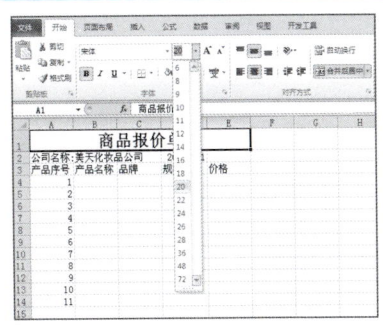

图1-4

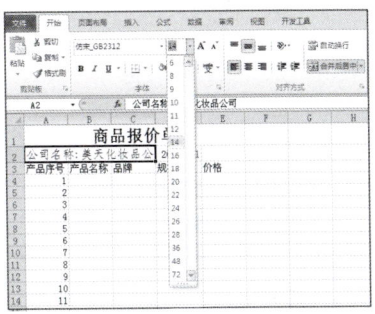

图1-5

5 选中D2:E2单元格区域，切换到"开始"选项卡，单击"对齐方式"选项组中的"合并后居中"按钮，接着单击该选项组中的"文本右对齐"按钮。设置字体"宋体"，字号为"14"，如图1-6所示。

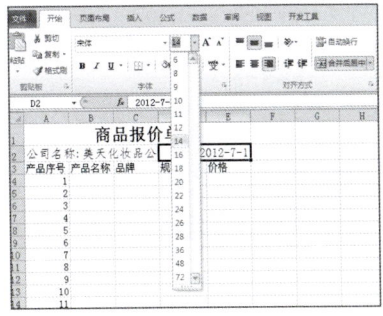

图1-6

步骤3：设置边框和底纹

1 分别在相应单元格中输入表格项目。选中A3：E14单元格区域，单击"开始"选项卡下"字体"选项组中"边框"右侧的下三角形按钮，在展开的下拉列表中单击"所有框线"，如图1-7所示。

2 选中A3：E3单元格区域，单击"开始"选项卡下"字体"选项组中"填充颜色"右侧的下三角形按钮，在展开的下拉列表中选择合适的颜色，如图1-8所示。

图1-7

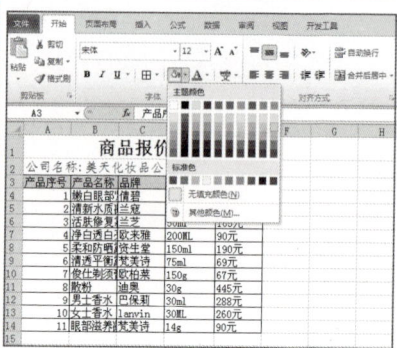

图1-8

步骤4：设置行高和列宽

1 选择A3:E14单元格区域，换到"开始"选项卡，在"单元格"选项组中单击"格式"右侧的下按键按钮，在下拉菜单中选择"行高"选项，如图1-9所示。

2 打开"行高"对话框，输入行高值为"20"，如图1-10所示。

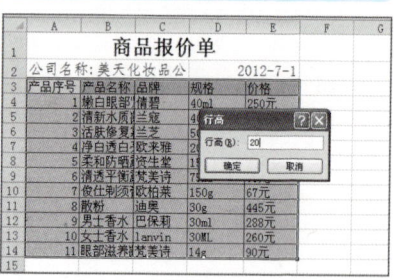

图1-10

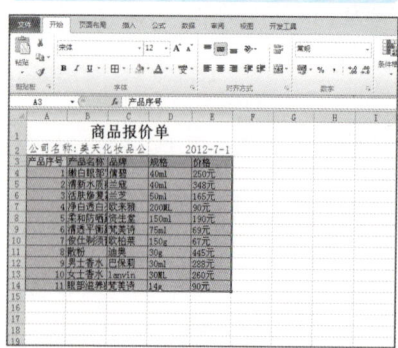

图1-9

3 单击"格式"右侧的下按键按钮，在下拉菜单中选择"列宽"选项。打开"列宽"对话框，输入行高值为"10"，如图1-11所示。

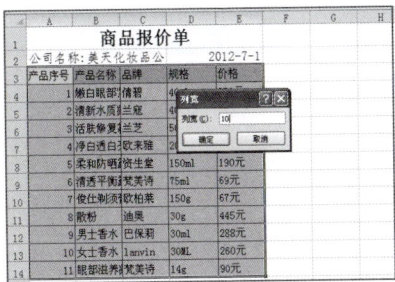

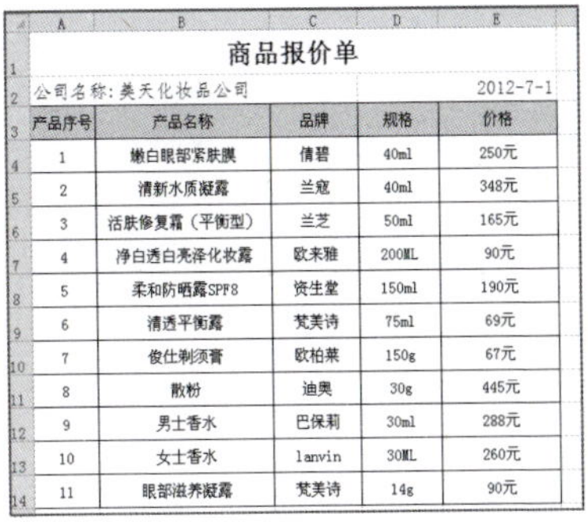

图1-11

4 将报价单各部分进一步完善后，即可完成商品报价单的设计制作，如图1-12所示。

商品报价单

公司名称:美天化妆品公司 2012-7-1

产品序号	产品名称	品牌	规格	价格
1	嫩白眼部紧肤膜	倩碧	40ml	250元
2	清新水质凝露	兰寇	40ml	348元
3	活肤修复霜（平衡型）	兰芝	50ml	165元
4	净白透白亮泽化妆露	欧来雅	200ML	90元
5	柔和防晒露SPF8	资生堂	150ml	190元
6	清透平衡露	梵美诗	75ml	69元
7	俊仕剃须膏	欧柏莱	150g	67元
8	散粉	迪奥	30g	445元
9	男士香水	巴保莉	30ml	288元
10	女士香水	lanvin	30ML	260元
11	眼部滋养凝露	梵美诗	14g	90元

图1-12

提 示：

如果想快速调整行高和列宽使其适应表格内容，可以直接双击行号和列标，会根据表格内容设置最适当的行高和列宽。

文件2 商品调拨通知单

商品调拨通知单是销售类企业经营中经常会用到的一种单据。一张合理的商品调拨通知单不但能使商品调拨的工作流程更加通畅和规范，也为商品的调拨提 供了依据和凭证。商品调拨通知单应包含调拨商品名称、原存放地、调拨目的地以及相关人员的签字确认信息等。

制作要点与设计效果图

- 设置双下划线
- 设置单元格底纹
- 设置文字方向

商品调拨通知单

单号 年 月 日

商品名称	规格	单价	数量	金额	原存放地	调拨目的地	备注
会 计							
仓管员		接收人				财务	
审核		审核				审核	

一联存根二联记帐三联调拨单位

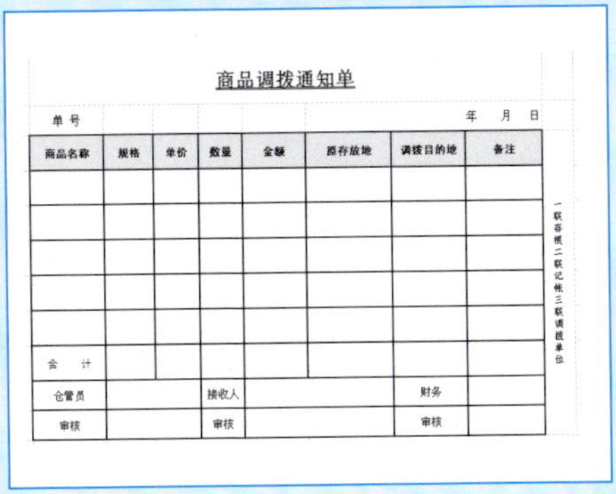

文件设计过程

步骤1：设置双下划线和单元格底纹

1 新建工作簿，在Sheet1工作表中初步制作商品调拨通知单，并输入商品调拨通知单的相关基本信息，如图1-13所示。

图1-13

2 单击A1单元格，在"开始"选项卡下的"字体"选项组中单击"下划线"按钮，在下拉菜单中选择"双下划线"选项，如图1-14所示。

3 选择A1:H3单元格区域，在"字体"选项组中"填充"右下角按钮，在展开的菜单中选择合适的颜色，如图1-15所示。

图1-14

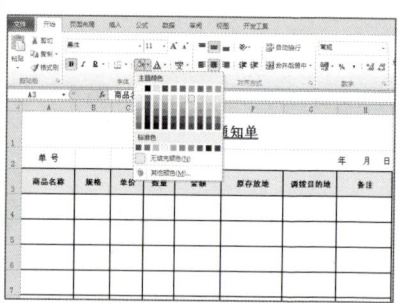

图1-15

步骤2：设置文字方向

1 合并I3：I11单元格区域，并在单元格中输入"一联存根二联记账三联调拨单位"，如图1-16所示。

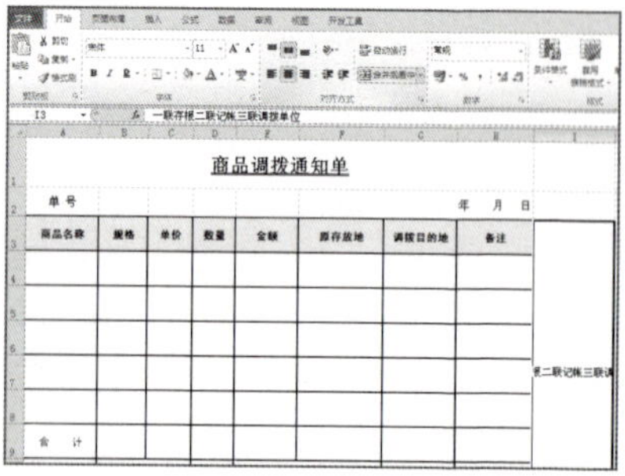

图1-16

第1章 营销表单设计

②选择I3单元格,在"对齐方式"选项组中单击"方向"下三角按钮,在下拉菜单中选择"竖排文字"选项,如图1-17所示。

③适当调整各单元格行高列宽后,即可完成商品调拨通知单的制作,如图1-18所示。

图1-17

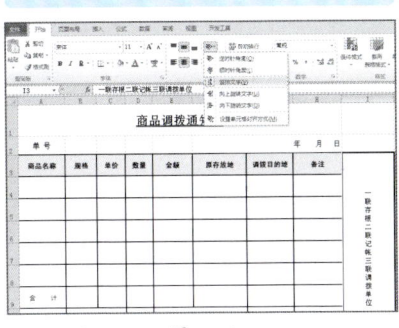

图1-18

> **提 示:**
>
> 当功能区中没有满意的文本方向命令时,还可以在"设置单元格格式"对话框中设置文本的方向。单击"对齐"选项卡,若要设置竖排文字,则直接单击该标签"方向"下的竖排文本,若要设置其他方向,则可直接输入方向角或者拖动文本的方向调节柄,如图1-19所示。
>
>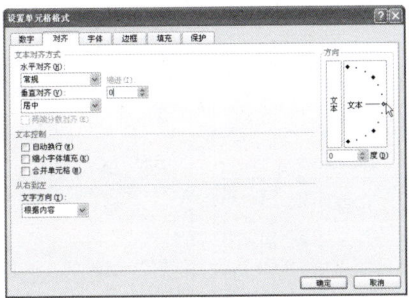
>
> 图1-19

文件3　本月销售任务分配表

本月销售任务分配表是根据销售部当月的销售任务情况、各销售区域的特定以及销售人员的差异,将每月的总目标任务合理地划分到各销售员,从而使销售部能按时按量地完成销售目标。

制作要点与设计效果图

- 自动换行
- SUM函数
- 公式计算
- 数字格式设置
- 日期格式设置

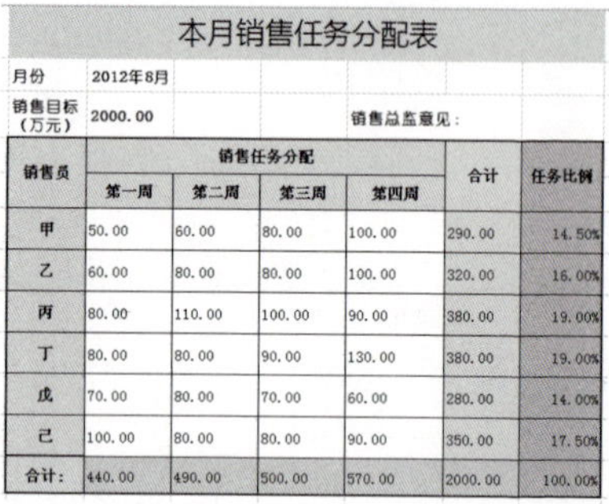

本月销售任务分配表						
月份	2012年8月					
销售目标（万元）	2000.00			销售总监意见：		
销售员	销售任务分配				合计	任务比例
	第一周	第二周	第三周	第四周		
甲	50.00	60.00	80.00	100.00	290.00	14.50%
乙	60.00	80.00	80.00	100.00	320.00	16.00%
丙	80.00	110.00	100.00	90.00	380.00	19.00%
丁	80.00	80.00	90.00	130.00	380.00	19.00%
戊	70.00	80.00	70.00	60.00	280.00	14.00%
己	100.00	80.00	80.00	90.00	350.00	17.50%
合计：	440.00	490.00	500.00	570.00	2000.00	100.00%

文件设计过程

步骤1：输入文本

1 新建工作簿，在Sheet1工作表中输入商品发货单的相关基本信息，并进行单元格格式设置，如图1-20所示。

2 选中A3单元格，切换到“开始”选项卡，单击“对齐方式”选项组中的“自动换行”按钮，如图1-21所示。

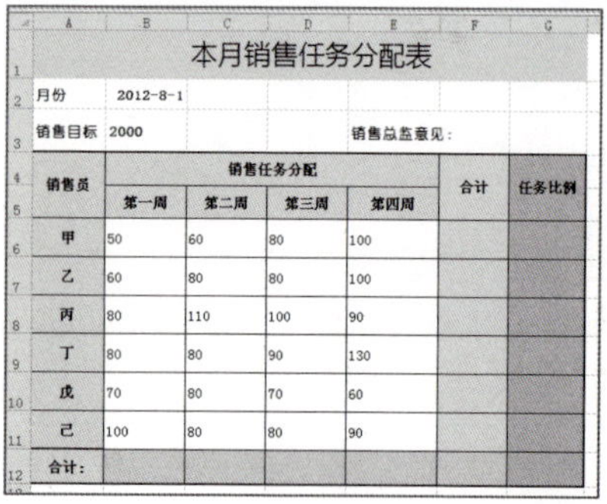

本月销售任务分配表						
月份	2012-8-1					
销售目标	2000			销售总监意见：		
销售员	销售任务分配				合计	任务比例
	第一周	第二周	第三周	第四周		
甲	50	60	80	100		
乙	60	80	80	100		
丙	80	110	100	90		
丁	80	80	90	130		
戊	70	80	70	60		
己	100	80	80	90		
合计：						

图1-20

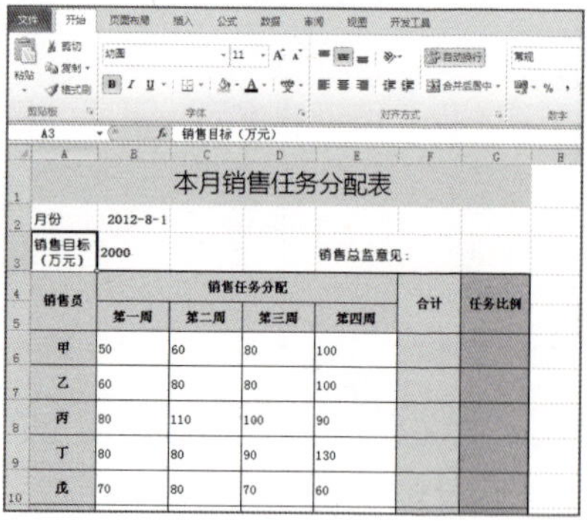

本月销售任务分配表						
月份	2012-8-1					
销售目标（万元）	2000			销售总监意见：		
销售员	销售任务分配				合计	任务比例
	第一周	第二周	第三周	第四周		
甲	50	60	80	100		
乙	60	80	80	100		
丙	80	110	100	90		
丁	80	80	90	130		
戊	70	80	70	60		

图1-21

步骤2：SUM函数

1 选中F6单元格，在公式编辑栏中输入公式：=SUM(B6:E6)，按回车键，如图1-22所示。

第1章 营销表单设计

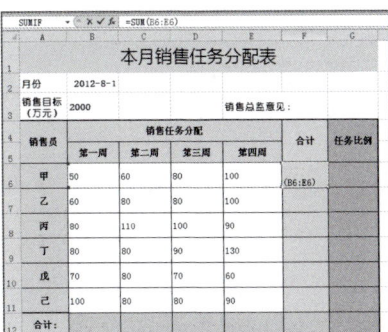

图1-22

2 拖动F6单元格右下角的填充柄，向下复制公式至F11单元格，如图1-23所示。

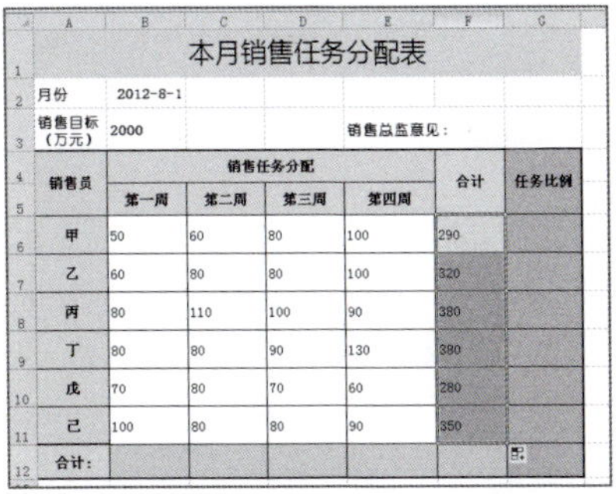

图1-23

3 接着选中B12单元格，在公式编辑栏中输入公式：=SUM(B6:B11)，按回车键，如图1-24所示。

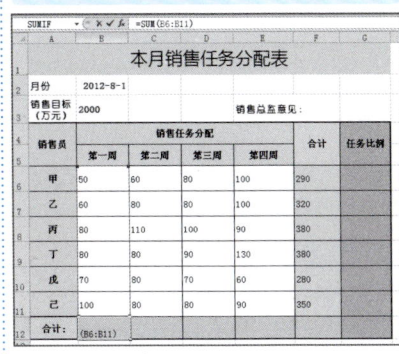

图1-24

4 拖动B12单元格右下角的填充柄，向下复制公式至F12单元格，如图1-25所示。

图1-25

步骤3：公式计算

1 接着选中G6单元格，在公式编辑栏中输入公式：=F6/$B$3*100%，按回车键，如图1-26所示。

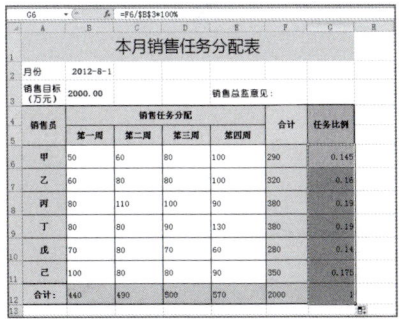

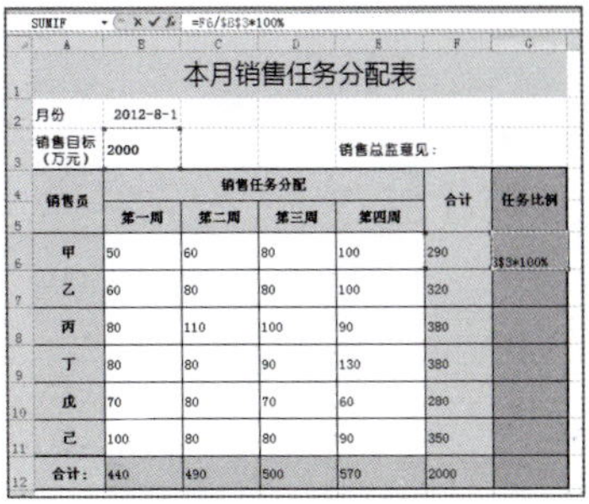

图1-26

②拖动G6单元格右下角的填充柄，向下复制公式至G12单元格，如图1-27所示。

本月销售任务分配表						
月份	2012-8-1					
销售目标（万元）	2000			销售总监意见：		
销售员	销售任务分配				合计	任务比例
	第一周	第二周	第三周	第四周		
甲	50	60	80	100	290	0.145
乙	60	80	80	100	320	0.16
丙	80	110	100	90	380	0.19
丁	80	80	90	130	380	0.19
戊	70	80	70	60	280	0.14
己	100	80	80	90	350	0.175
合计：	440	490	500	570	2000	1

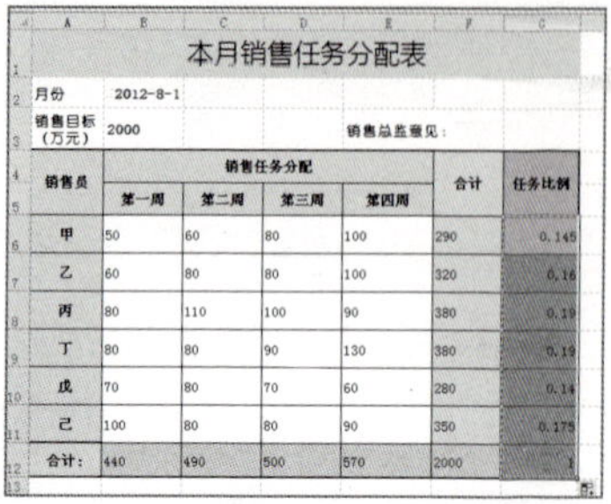

图1-27

步骤4：数字格式设置

①在工作表中选中B3单元格、B6:F12单元格区域，单击“开始”选项卡，在“数字”选项组中单击“常规”右侧的下拉按钮，在下拉菜单中选择“数字”格式，如图1-28所示。

图1-28

②接着在工作表中选中G6:G12单元格区域，单击“开始”选项卡，在“数字”选项组中单击“常规”右侧的下拉按钮，在下拉菜单中选择“百分比”格式，如图1-29所示。

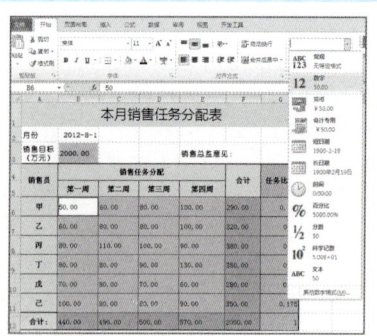

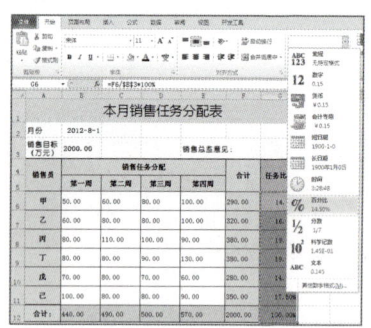

图1-29

步骤5：日期格式设置

①选中B2单元格，单击“开始”选项卡，在“数字”选项组中单击“常规”右侧的下拉按钮，在下拉菜单中选择“其他数字格式”选项，如图1-30所示。

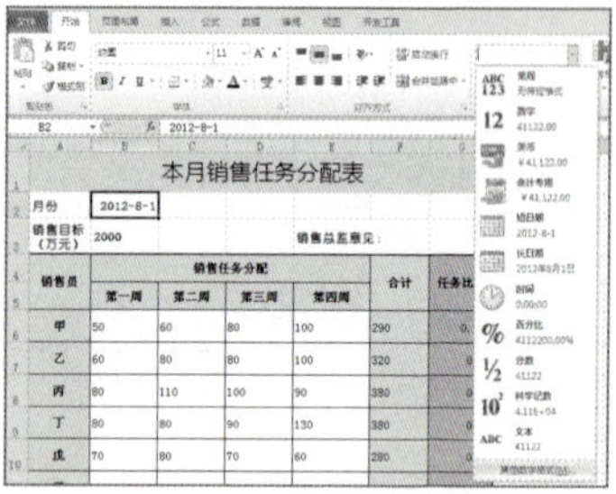

图1-30

②打开"设置单元格格式"对话框，选择"数字"标签，在左侧选择"自定义"选项，在右侧"类型"下拉列表中选择一种合适的格式，如图1-31所示。

图1-31

③返回到工作表即可看到设置的日期格式，接着对表格各区域进一步完善，即可完成本月销售任务分配表的制作，如图1-32所示。

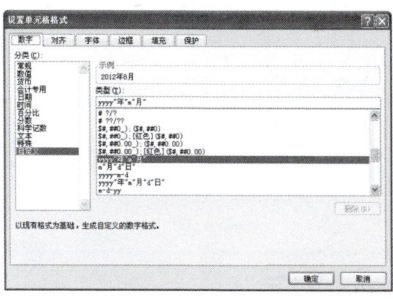

本月销售任务分配表						
月份	2012年8月					
销售目标（万元）	2000.00			销售总监意见：		
销售员	销售任务分配				合计	任务比例
	第一周	第二周	第三周	第四周		
甲	50.00	60.00	80.00	100.00	290.00	14.50%
乙	60.00	80.00	80.00	100.00	320.00	16.00%
丙	80.00	110.00	100.00	90.00	380.00	19.00%
丁	80.00	80.00	90.00	130.00	380.00	19.00%
戊	70.00	80.00	70.00	60.00	280.00	14.00%
己	100.00	80.00	80.00	90.00	350.00	17.50%
合计：	440.00	490.00	500.00	570.00	2000.00	100.00%

图1-32

文件4 商品库存余额登记表

商品库存余额登记表中包括商品的数量和单价，然后根据单价和数量信息来计算出现金余额提供给财务部门进行资金的结算。

制作要点与设计效果图

- 自动填充
- 设置边框和底纹
- 输入公式
- 复制公式
- 自动求和

商品库存金额登记表										
时间段： 2012年7月								登记日期:2012年8月2日		
商品代码	商品名称	规格	单位	单价	月初数量	入库数量	出库数量	期末数量	实际数量	期末金额
100101	宝来扶手箱	宝来	个	365.00	12	20	5	27	25	9125.00
100102	捷达扶手箱	捷达	个	366.00	15	13	8	20	21	7686.00
100103	捷达扶手箱	捷达	个	405.00	20	15	30	5	5	2025.00
100104	宝来嘉丽布座套	宝来	套	455.00	8	20	15	13	14	6370.00
100105	捷达地板	捷达	卷	502.00	2	15	15	2	2	1004.00
100106	捷达挡泥板	捷达	套	1020.00	6	10	12	4	4	4080.00
100107	捷达亚麻脚垫	捷达	套	699.00	2	8	6	4	4	2796.00
100108	宝来亚麻脚垫	宝来	套	588.00	15	20	30	5	5	2940.00
100109	索尼喇叭6937	索尼	对	1200.00	4	5	8	1	1	1200.00
100110	索尼喇叭S-60	索尼	对	168.00	30	50	60	20	20	3360.00
100111	兰宝6寸套装喇叭	兰宝	对	666.00	15	20	25	10	10	6660.00
100112	灿晶800伸缩彩显	灿晶	台	588.00	10	15	20	5	5	2940.00
100113	索尼400内置VCD	索尼	台	1210.00	8	20	15	13	14	16940.00
100114	灿晶遮阳板显示屏	灿晶	台	700.00	2	15	15	2	2	1400.00
100115	索尼2500MP3	索尼	台	650.00	6	10	12	4	4	2600.00
合 计：					155	256	276	135	136	71126.00

文件5 比价单

通过对不同供货商的价格进行比较，企业可以选择性价比更高的供货商为企业提供销售商品。

Excel营销管理必须掌握的208个文件与108个函数

 制作要点与设计效果图

- 自定义表格边框
- 设置填充单元格
- 设置字体

文件6 月销售情况统计表

月销售情况统计表是用来统计每月各种商品的销售量、销售额。在该表格中可以统计每月的销售总额。

 制作要点与设计效果图

- 自动填充
- 设置边框和底纹
- SUM函数
- 复制公式

文件7 加盟店来访人数统计表

通过不同类型的客户数量与平均消费金额两项指标的计算和对比，可以发现客户数量与销售金额并不成对比。加盟人数统计表用于反映营业中各时段的来访人数量情况，在该表中，可以以月为周期。通过固定的表格设置，加盟店人员只需将来访人数填写在相应时间段中即可。

制作要点与设计效果图

- 设置单元格格式
- 日期填充
- 设置行高
- 设置列宽

加盟店来访人数统计表					
实体店名称:				统计人:	
日期	9:00-11:59	12:00-14:59	15:00-17:59	18:00-19:59	20:00-21:59
7月1日					
7月2日					
7月3日					
7月4日					
7月5日					
7月6日					
7月7日					
7月7日					
7月9日					
7月10日					
7月11日					
7月12日					
7月13日					

文件8 销售部门月度考评表

月度考评表是以月为单位对销售部门各员工的表现进行综合的考评,通常包含销售任务的完成情况、团队精神、工作协作性及工作态度等内容,并根据各项内容的表现情况来评分,最终作为其绩效考核的依据。

 制作要点与设计效果图

- 设置对齐方式
- 输入公式
- 复制公式
- 设置条件格式
- 设置底纹

销售部门月度考评表						
考评月份				职务		评价人
被考评人						
评价项目	评价内容	满分	评分	本栏总分	权重系数	
工作业绩 (50分)	工作计划达成性	15		0	50.00%	
	任务目标完成度	20				
	工作质量	7				
	工作效率	8				
工作技能 (30分)	业务技能	8		0	30.00%	
	沟通与协调能力	6				
	开拓与创新能力	8				
	执行与贯彻能力	8				
工作态度 (10分)	工作服从性	3		0	10.00%	
	团队意识及协作情况	3				
	工作的主动和积极状态	4				
工作素质 (10分)	出勤情况	2		0	10.00%	
	公司规章制度遵守情况	2				
	个人素养及职业道德操守	2				
	工作责任感及奉献精神	4				
合计		100	0		100.00%	

读书笔记

第2章 销售管理实用表单

在企业的经营过程中，营销工作必不可少。企业需要根据市场需求组织生产产品，并通过销售手段把产品提供给需要的客户。营销所获取的第一手资料即为原始的产品销售数据，因为只有依照原始销售数据的分析结果，才可以根据瞬息万变的市场随时调整营销策略，以获取最大利润。

而在实际的销售市场需求中，经常会用到各种各样的表格及票据，通过对这些表格及票据进行合理设计，设置统一的格式等，可以为营销工作提供方便。如对外统一的商品报价单、商品订购单、商品出库单、商品发货单、销售凭条、退货申请表；对内的来访人数统计表、商品调拨通知单、商品库存余额登记表等。

编号	文件名称	光盘中对应数据源	重要星级
文件9	商品订购单	素材文件\第2章\商品订购单.xls	★★★
文件10	商品出库单	素材文件\第2章\商品出库单.xls	★★★
文件11	商品发货单	素材文件\第2章\商品发货单.xls	★★★
文件12	销售凭条	素材文件\第2章\销售凭条.xls	★★★
文件13	退货申请单	素材文件\第2章\退货申请单.xls	★★★
文件14	退货单	素材文件\第2章\退货单.xls	★★★

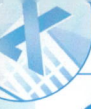

文件9 商品订购单

客户提出商品订购数量等信息后，为了确保货物准时送达，需要填制商品订购单。在该单中，应包含客户名称、地址、联系电话、订购商品名称、订购数量、单价及金额等信息。

制作要点与设计效果图

- 重命名工作表
- 输入公式
- 复制公式
- 自动求和
- 设置会计专用格式

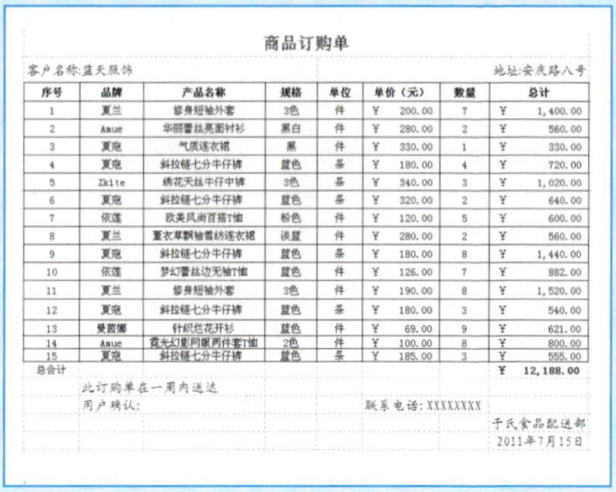

商品订购单

客户名称:蓝天服饰　　地址:安庆路八号

序号	品牌	产品名称	规格	单位	单价（元）	数量	总计
1	夏兰	修身短袖外套	3色	件	￥ 200.00	7	￥ 1,400.00
2	Amue	华丽蕾丝亮面衬衫	黑白	件	￥ 280.00	2	￥ 560.00
3	夏疮	气质连衣裙	黑	件	￥ 330.00	1	￥ 330.00
4	夏疮	斜拉链七分牛仔裤	蓝色	条	￥ 180.00	4	￥ 720.00
5	Zkite	绣花天丝牛仔中裤	3色	条	￥ 340.00	3	￥ 1,020.00
6	夏疮	斜拉链七分牛仔裤	蓝色	条	￥ 320.00	2	￥ 640.00
7	依莲	欧美风尚百搭T恤	粉色	件	￥ 120.00	5	￥ 600.00
8	夏兰	薰衣草飘袖雪纺连衣裙	淡蓝	件	￥ 280.00	2	￥ 560.00
9	夏疮	斜拉链七分牛仔裤	蓝色	条	￥ 180.00	8	￥ 1,440.00
10	依莲	梦幻蕾丝边无袖T恤	蓝色	件	￥ 126.00	7	￥ 882.00
11	夏兰	修身短袖外套	3色	件	￥ 190.00	8	￥ 1,520.00
12	夏疮	斜拉链七分牛仔裤	蓝色	条	￥ 180.00	3	￥ 540.00
13	曼茵娜	针织烂花开衫	蓝色	件	￥ 69.00	9	￥ 621.00
14	Amue	霓光幻影网眼两件套T恤	2色	件	￥ 100.00	8	￥ 800.00
15	夏疮	斜拉链七分牛仔裤	蓝色	条	￥ 185.00	3	￥ 555.00
总合计							￥ 12,188.00

此订购单在一周内送达

用户确认:　　联系电话: XXXXXXXX

于氏食品配送部

2011年7月15日

文件设计过程

步骤1：输入数据

①新建工作簿，在Sheet1工作表中输入商品订购相关数据，并进行适当设置，如图2-1所示。

②右键单击Sheet1工作表标签，在弹出的快捷菜单中单击“重命名”命令，如图2-2所示。

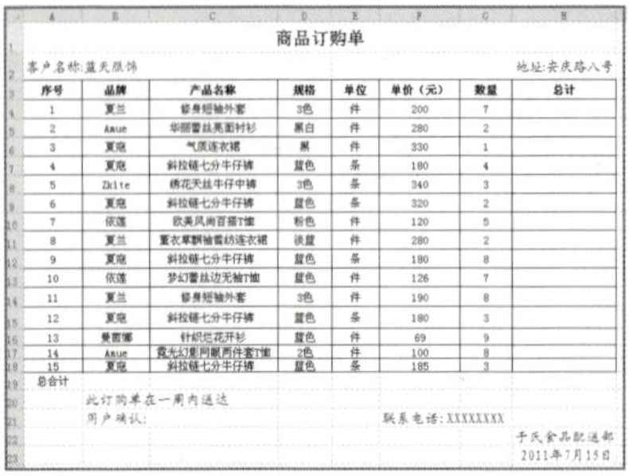

商品订购单

客户名称:蓝天服饰　　地址:安庆路八号

序号	品牌	产品名称	规格	单位	单价（元）	数量	总计
1	夏兰	修身短袖外套	3色	件	200	7	
2	Amue	华丽蕾丝亮面衬衫	黑白	件	280	2	
3	夏疮	气质连衣裙	黑	件	330	1	
4	夏疮	斜拉链七分牛仔裤	蓝色	条	180	4	
5	Zkite	绣花天丝牛仔中裤	3色	条	340	3	
6	夏疮	斜拉链七分牛仔裤	蓝色	条	320	2	
7	依莲	欧美风尚百搭T恤	粉色	件	120	5	
8	夏兰	薰衣草飘袖雪纺连衣裙	淡蓝	件	280	2	
9	夏疮	斜拉链七分牛仔裤	蓝色	条	180	8	
10	依莲	梦幻蕾丝边无袖T恤	蓝色	件	126	7	
11	夏兰	修身短袖外套	3色	件	190	8	
12	夏疮	斜拉链七分牛仔裤	蓝色	条	180	3	
13	曼茵娜	针织烂花开衫	蓝色	件	69	9	
14	Amue	霓光幻影网眼两件套T恤	2色	件	100	8	
15	夏疮	斜拉链七分牛仔裤	蓝色	条	185	3	
总合计							

此订购单在一周内送达

用户确认:　　联系电话: XXXXXXXX

于氏食品配送部

2011年7月15日

图2-1

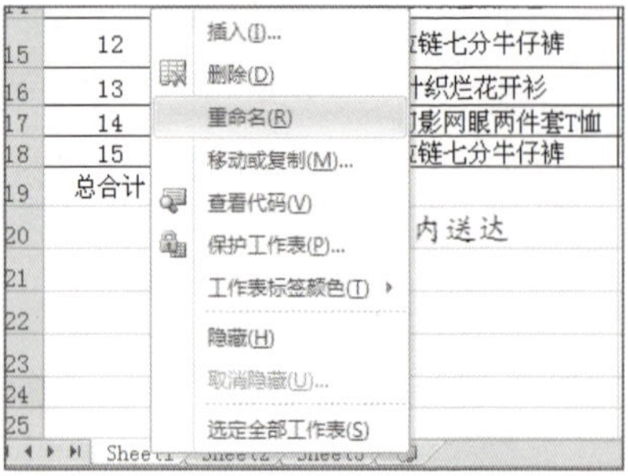

图2-2

步骤2：重命名工作表

输入新的工作表名称，如图2-3所示。

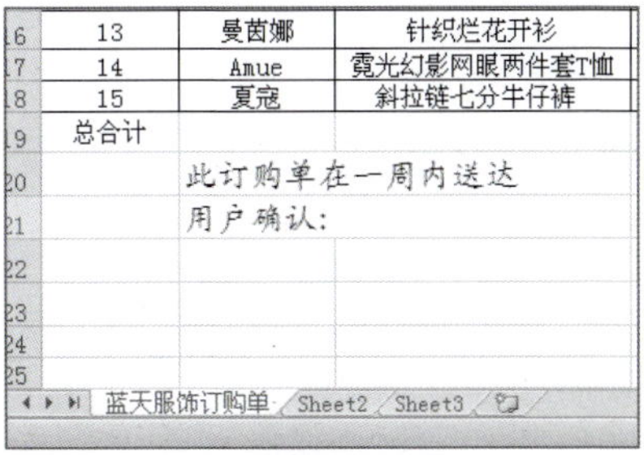

16	13	曼茵娜	针织烂花开衫
17	14	Amue	霓光幻影网眼两件套T恤
18	15	夏寇	斜拉链七分牛仔裤
19	总合计		
20		此订购单在一周内送达	
21		用户确认:	
22			
23			
24			
25			

图2-3

步骤3：公式计算

①选中H4单元格，在公式编辑栏中输入公式“=F4*G4”，按回车键，如图2-4所示。

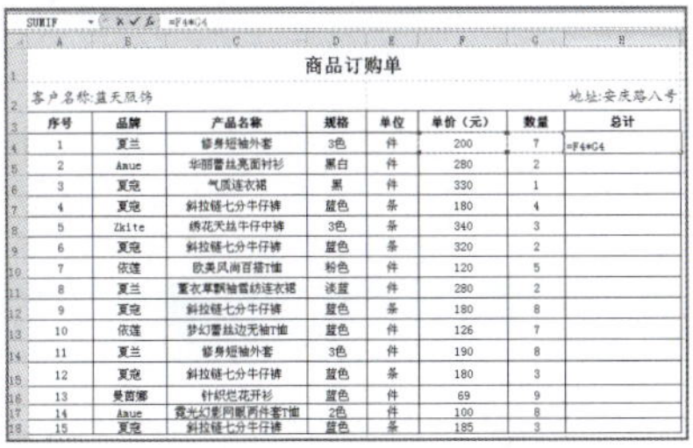

商品订购单

客户名称:蓝天服饰　　　　地址:安庆路八号

序号	品牌	产品名称	规格	单位	单价（元）	数量	总计
1	夏兰	修身短袖外套	3色	件	200	7	=F4*G4
2	Amue	华丽蕾丝亮面衬衫	黑白	件	280	2	
3	夏寇	气质连衣裙	黑	件	330	1	
4	夏寇	斜拉链七分牛仔裤	蓝色	条	180	4	
5	Zkite	绣花天丝牛仔中裤	3色	条	340	3	
6	夏寇	斜拉链七分牛仔裤	蓝色	条	320	2	
7	依莲	欧美风尚百搭T恤	粉色	件	120	5	
8	夏兰	薰衣草飘袖雪纺连衣裙	淡蓝	件	280	2	
9	夏寇	斜拉链七分牛仔裤	蓝色	条	180	8	
10	依莲	梦幻蕾丝边无袖T恤	蓝色	件	126	7	
11	夏兰	修身短袖外套	3色	件	190	8	
12	夏寇	斜拉链七分牛仔裤	蓝色	条	180	3	
13	曼茵娜	针织烂花开衫	蓝色	件	69	9	
14	Amue	霓光幻影网眼两件套T恤	2色	件	100	8	
15	夏寇	斜拉链七分牛仔裤	蓝色	条	185	3	

图2-4

②拖动H4单元格右下角的填充柄，向下复制公式至H18单元格，如图2-5所示。

③选中“H4:H18”单元格区域，单击“公式”选项卡，在“函数库”选项组中单击“自动求和”按钮，在下拉菜单中选择“求和”命令，如图2-6所示。

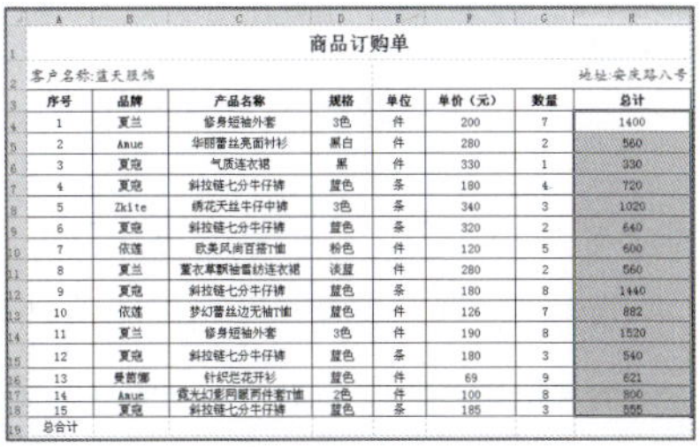

商品订购单

客户名称:蓝天服饰　　　　地址:安庆路八号

序号	品牌	产品名称	规格	单位	单价（元）	数量	总计
1	夏兰	修身短袖外套	3色	件	200	7	1400
2	Amue	华丽蕾丝亮面衬衫	黑白	件	280	2	560
3	夏寇	气质连衣裙	黑	件	330	1	330
4	夏寇	斜拉链七分牛仔裤	蓝色	条	180	4	720
5	Zkite	绣花天丝牛仔中裤	3色	条	340	3	1020
6	夏寇	斜拉链七分牛仔裤	蓝色	条	320	2	640
7	依莲	欧美风尚百搭T恤	粉色	件	120	5	600
8	夏兰	薰衣草飘袖雪纺连衣裙	淡蓝	件	280	2	560
9	夏寇	斜拉链七分牛仔裤	蓝色	条	180	8	1440
10	依莲	梦幻蕾丝边无袖T恤	蓝色	件	126	7	882
11	夏兰	修身短袖外套	3色	件	190	8	1520
12	夏寇	斜拉链七分牛仔裤	蓝色	条	180	3	540
13	曼茵娜	针织烂花开衫	蓝色	件	69	9	621
14	Amue	霓光幻影网眼两件套T恤	2色	件	100	8	800
15	夏寇	斜拉链七分牛仔裤	蓝色	条	185	3	555
总合计							

图2-5

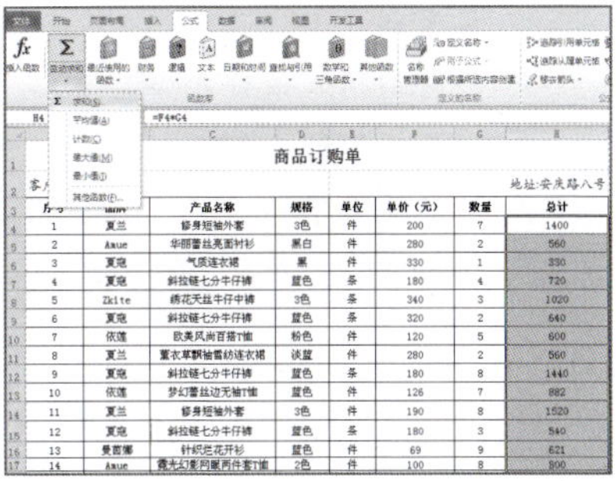

商品订购单

地址:安庆路八号

序号	品牌	产品名称	规格	单位	单价（元）	数量	总计
1	夏兰	修身短袖外套	3色	件	200	7	1400
2	Amue	华丽蕾丝亮面衬衫	黑白	件	280	2	560
3	夏寇	气质连衣裙	黑	件	330	1	330
4	夏寇	斜拉链七分牛仔裤	蓝色	条	180	4	720
5	Zkite	绣花天丝牛仔中裤	3色	条	340	3	1020
6	夏寇	斜拉链七分牛仔裤	蓝色	条	320	2	640
7	依莲	欧美风尚百搭T恤	粉色	件	120	5	600
8	夏兰	薰衣草飘袖雪纺连衣裙	淡蓝	件	280	2	560
9	夏寇	斜拉链七分牛仔裤	蓝色	条	180	8	1440
10	依莲	梦幻蕾丝边无袖T恤	蓝色	件	126	7	882
11	夏兰	修身短袖外套	3色	件	190	8	1520
12	夏寇	斜拉链七分牛仔裤	蓝色	条	180	3	540
13	曼茵娜	针织烂花开衫	蓝色	件	69	9	621
14	Amue	霓光幻影网眼两件套T恤	2色	件	100	8	800

图2-6

步骤4：设置会计专用格式

①选择F4:F18、H4:H19单元格区域，单击“开始”选项卡，在“数

字"选项组中单击"常规"右侧的下拉按钮,在下拉菜单中选择"会计专用"格式,如图2-7所示。

②对表格各区域进一步完善,即可完成商品订购单的制作,如图2-8所示。

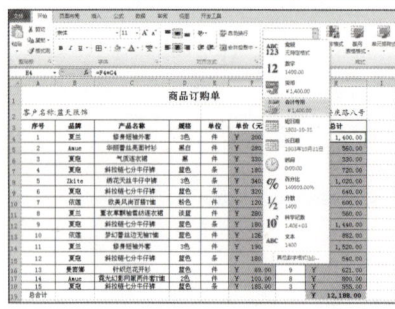

图2-7　　　　　　图2-8

文件10　商品出库单

出库单就是商家和商家之间互相调货的凭证。一份完整的出库单应包含商品名称、规格、商品单价、出库数量、提货单位以及出库时间等内容,最后还应包含各相关部门负责人的签字等必不可少的信息。在Excel中,可以为企业制作一份简单的商品出库单。

制作要点与设计效果图

- 设置粗底框线
- 设置边框线条样式
- 设置边框线条颜色
- 设置字体颜色
- 设置单元格自动换行

文件设计过程

步骤1: 打开工作表并设置粗底框线

①新建工作簿,在Sheet1工作表中输入商品出库单的相关基本信息,

如图2-9所示。

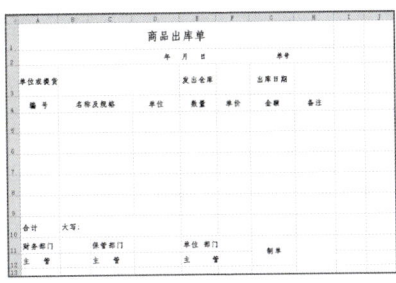

图2-9

②选中A1单元格,单击"开始"选项卡下"字体"选项组中"边框"右侧的下三角按钮,从展开的下拉列表中单击"粗底框线选项",如图2-10所示。

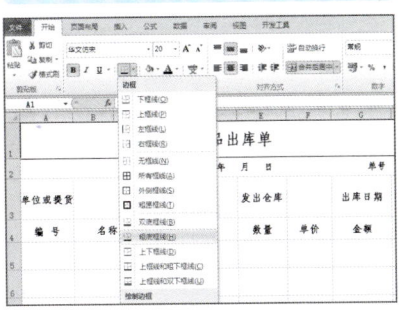

图2-10

步骤2：设置单元格边框

①选中A3:H12单元格区域,右键单击该区域任意位置,在弹出的快捷菜单中单击"设置单元格格式"命令,如图2-11所示。

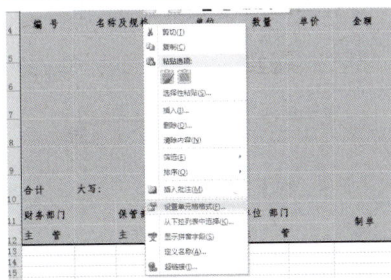

图2-11

②在"设置单元格格式"对话框中,切换到"边框"选项卡,在"颜色"下拉列表中选择适合的颜色,在"样式"列表宽中选择线条样式,单击选中"预置"下的"外边框"按钮,如图2-12所示。

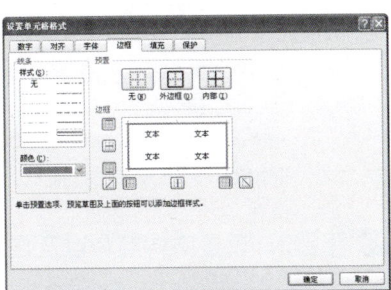

图2-12

③从"样式"列表框中选择线条样式,在"颜色"下拉列表中选择适合的颜色,单击"预置"下的"内部"按钮,如图2-13所示。

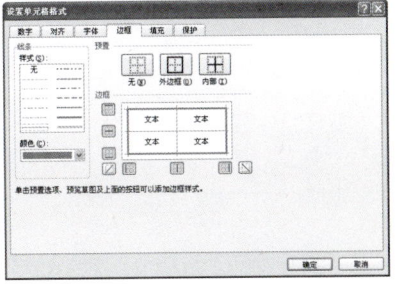

图2-13

4 选中A4:H10单元格区域，在该区域中单击鼠标右键，在弹出的快捷菜单中单击"设置单元格格式"命令，如图2-14所示。

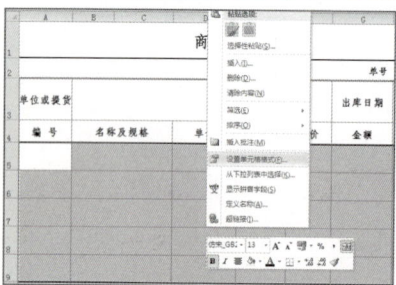

图2-14

5 切换到"边框"选项卡下，从"样式"列表框中选择线条样式，接着单击三条竖边框，如图2-15所示。

6 返回到工作表中，显示所有边框的设置效果，如图2-16所示。

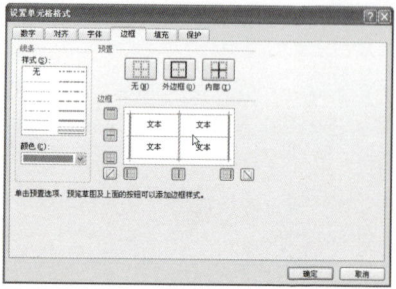

图2-15

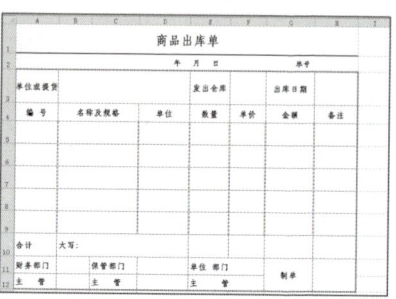

图2-16

步骤3：设置字体颜色以及自动换行

1 接着对单元格字体颜色进行设置，如图2-17所示。

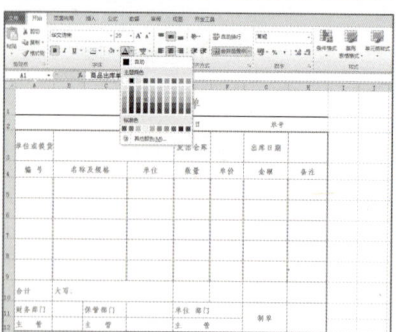

图2-17

2 按住Ctrl键不放，选中A3、E3、G3单元格，切换到"开始"选项卡，在"字体"选项组中单击"自动换行"按钮，如图2-18所示。

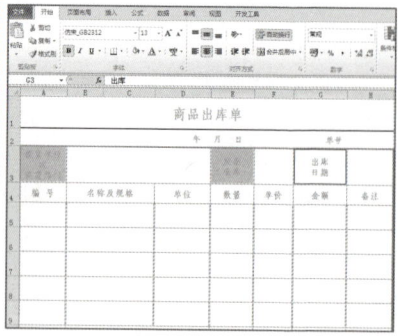

图2-18

③ 适当调整各单元格行高列宽后，即可完成商品出库单的制作，如图2-19所示。

商品出库单

年 月 日 单号

提货单位或提货部门			发出仓库		出库日期	
编 号	名称及规格	单位	数量	单价	金额	备注
合计	大写:					
财务部门 主 管		保管部门 主 管	单位 部门 主 管		制单	

图2-19

文件11 商品发货单

企业或公司把自己或他人的产品发到指定的人或公司并作为提货、出门、运输、验收等过程的票务单据，是企业或公司体现一个销售额的重要依据。它包含的内容有商品名称、数量、单价以及金额等信息。

制作要点与设计效果图

- 设置单元格边框和底纹
- 公式计算
- 自动求和
- 设置数字格式

中能电器销售中心

商品发货单

客户名称: 洁云超市　　联系电话: 028-48480000

序号	商品名称	数量	单位	单价(元)	金额	备注
1	洗衣机	1	台	1800.00	1800.00	
2	液晶电视	2	台	2100.00	4200.00	
3	微波炉	5	台	880.00	4400.00	
4	HTC空调	10	台	4200.00	42000.00	
5	电话	1	台	35.00	35.00	
6	电脑	2	台	480.00	960.00	
7	显示器	3	台	180.00	540.00	
8	冰箱	5	台	2800.00	14000.00	
	合 计	29			67935.00	

地址: 安庆路18号　　电话/传真: 028-26589082

文件设计过程

步骤1：设置边框和底纹

① 新建工作簿，在Sheet1工作表中输入商品发货单的相关基本信息，如图2-20所示。

中能电器销售中心

商品发货单

客户名称: 洁云超市　　联系电话: 028-48480000

序号	商品名称	数量	单位	单价(元)	金额	备注
1	洗衣机	1	台	1800		
2	液晶电视	2	台	2100		
3	微波炉	5	台	880		
4	HTC空调	10	台	4200		
5	电话	1	台	35		
6	电脑	2	台	480		
7	显示器	3	台	180		
8	冰箱	5	台	2800		
	合 计	29				

地址: 安庆路18号　　电话/传真: 028-26589082

图2-20

② 选中A4:G13单元格区域，单击"开始"选项卡下"字体"选项组中"边框"右侧的下三角形按钮，在展开的下拉列表中单击"所有框线"，如图2-21所示。

域，再单击"开始"选项卡下"字体"选项组中"填充颜色"右侧的下三角形按钮，在展开的下拉列表中选择合适的颜色，如图2-23所示。

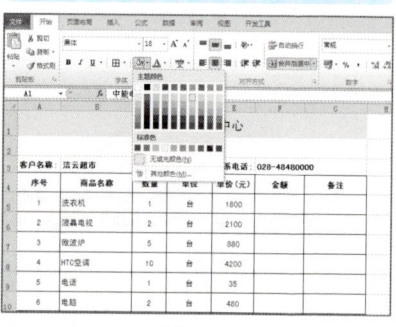

图2-22

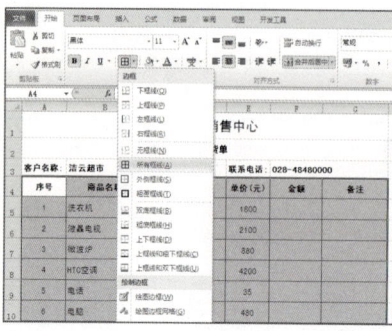

图2-21

③ 选中A1单元格，在单击"开始"选项卡下"字体"选项组中"填充颜色"右侧的下三角形按钮，在展开的下拉列表中选择合适的颜色，如图2-22所示。

④ 接着选择A4:G4单元格区

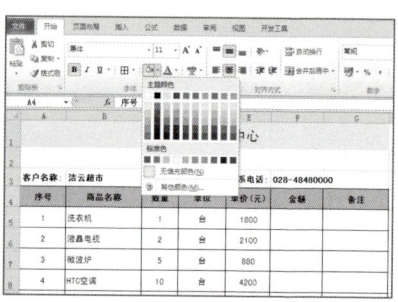

图2-23

步骤2：公式计算

① 选中F5单元格，在公式编辑栏中输入公式"=C5*E5"，按回车键，如图2-24所示。

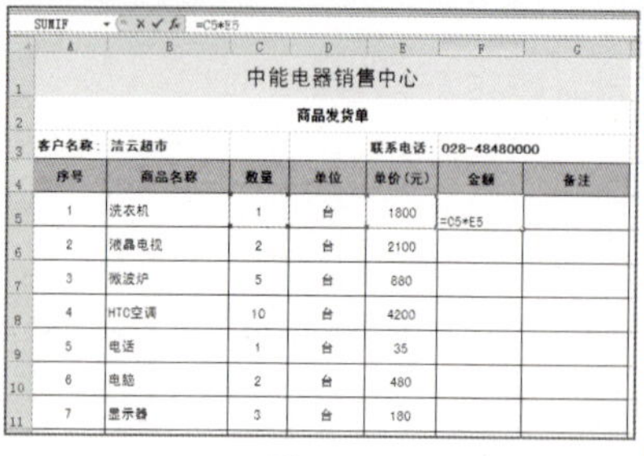

② 拖动F5单元格右下角的填充柄，向下复制公式至F12单元格，如图2-25所示。

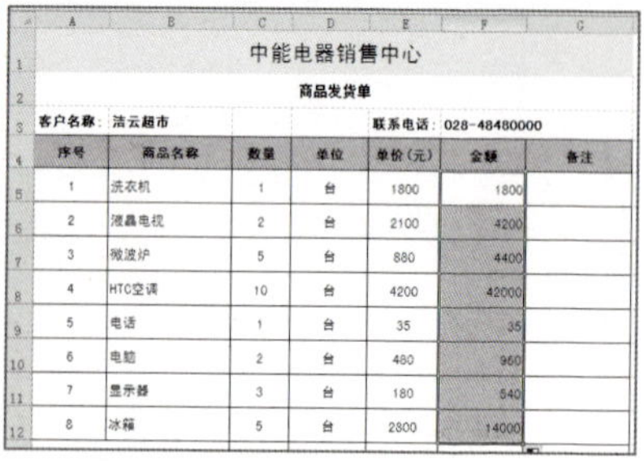

图2-24

图2-25

3 选中“F5:F12”单元格区域，单击“公式”选项卡，在“函数库”选项组中，单击“自动求和”下三角按钮，在下拉菜单中选择“求和”命令，如图2-26所示。

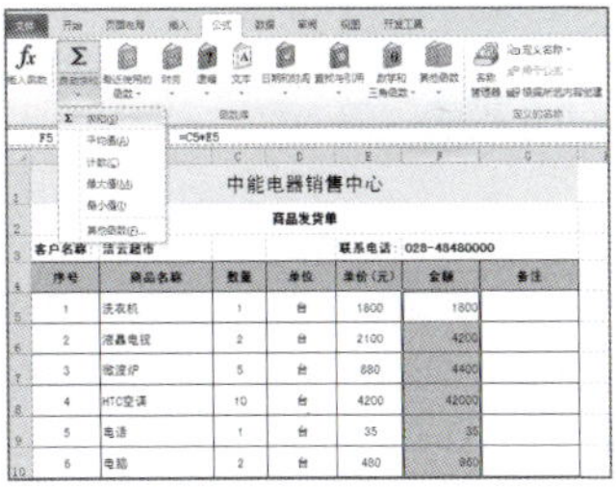

图2-26

步骤3：设置数字格式

1 选择E5:F13单元格区域，单击“开始”选项卡，在“数字”选项组中单击“常规”右侧的下拉按钮，在下拉菜单中选择“数字”格式，如图2-27所示。

图2-27

2 对表格各区域进一步完善，即可完成商品发货单的制作，如图2-28所示。

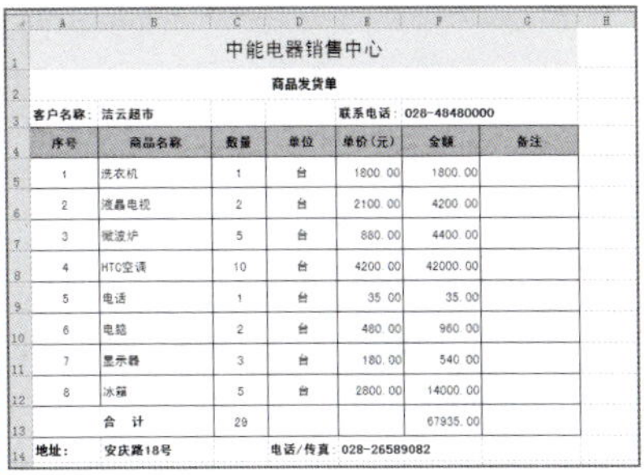

中能电器销售中心

商品发货单

客户名称：洁云超市　　联系电话：028-48480000

序号	商品名称	数量	单位	单价（元）	金额	备注
1	洗衣机	1	台	1800.00	1800.00	
2	液晶电视	2	台	2100.00	4200.00	
3	微波炉	5	台	880.00	4400.00	
4	HTC空调	10	台	4200.00	42000.00	
5	电话	1	台	35.00	35.00	
6	电脑	2	台	480.00	960.00	
7	显示器	3	台	180.00	540.00	
8	冰箱	5	台	2800.00	14000.00	
合　计		29			67935.00	

地址：安庆路18号　　电话/传真：028-26589082

图2-28

文件12　销售凭条

销售凭条是客户在购买商品时，提供给客户的购物凭据。可以作为客户调换商品的凭证，也是所购商品的质保凭证，以及参与积分等促销活动的依据。

制作要点与设计效果图

- 合并单元格
- 设置字体格式
- 设置边框和底纹

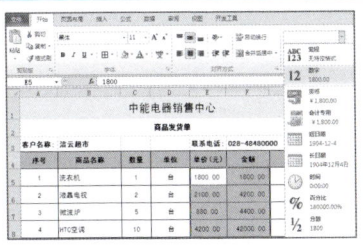

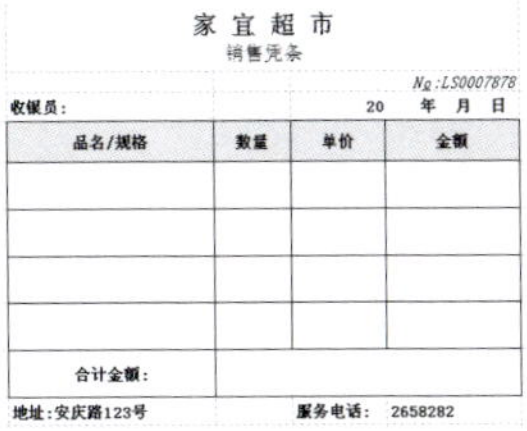

文件13　退货申请单

当客户对购买的商品不满意或者其他原因而申请退货,只要符合企业制定的退货条件时,可按相关程序为客户办理退货申请。在Excel中,可以为企业设计一份简单的退货申请单。

制作要点与设计效果图

- 设置字体格式
- 设置下划线
- 设置单元格填充
- 调整行高和列宽

文件14　退货单

企业进货的商品因错误或质量等问题而需退回供应商时,一般用到退货单。退货单的格式一般含有:材料批号、名称、数量、备注、签章、日期及退货理由等。

制作要点与设计效果图

- 设置字体格式
- 设置边框和底纹
- 文字方向

第3章 销售日常事务管理

企业在市场经营活动中与众多的企业进行交易。销售日常事务则是指企业在进行销售过程中的相关事务。企业要做好销售,就应先从销售日常事务管理做起。销售日常事务管理应在开展销售工作前做准备,如建立销售部员工通讯录、销售部组织结构图、销售部业务流程图、销售员管理区域统计表、销售员终端月拜访计划表、销售部月度计划表等。

如果单靠明片或是手工记录很容易丢失,最好的办法是整理为数据表来保存,使用Excel 2010可以轻松完成这项工作。在Excel 2010中既方便数据的添加,又方便数据的分析统计。

编号	文件名称	光盘中对应数据源	重要星级
文件15	销售部员工通讯录	素材文件\第3章\销售部员工通讯录.xls	★★★
文件16	销售部组织机构图	素材文件\第3章\销售部组织机构图.xls	★★★
文件17	销售部业务流程图	素材文件\第3章\销售部业务流程图.xls	★★★★
文件18	销售员管理区域统计表	素材文件\第3章\销售员管理区域统计表.xls	★★★
文件19	销售部门月度考评表	素材文件\第3章\本月销售任务分配表.xls	★★★
文件20	销售员终端月拜访计划表	素材文件\第3章\销售员终端月拜访计划表.xls	★★★
文件21	销售部月度工作计划	素材文件\第3章\销售部月度工作计划.xls	★★★
文件22	销售员培训日程安排	素材文件\第3章\销售员培训日程安排.xls	★★★

文件15 销售部员工通讯录

企、事业单位内部的通讯录，一般按部门编排，许多单位的部门有多个层级。例如销售部员工通讯录一般包含的是销售员的姓名、职位及联系方式等信息，它为销售部各员工之间互相联系提供了便利。

制作要点与设计效果图

- 输入文本
- 自动填充
- 选择不连续数据区域
- 设置数字格式
- 套用单元格样式

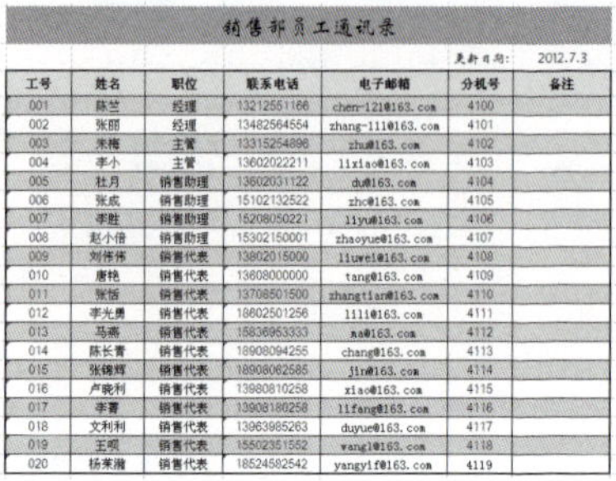

销售部员工通讯录

更新日期：2012.7.3

工号	姓名	职位	联系电话	电子邮箱	分机号	备注
001	陈兰	经理	13212551166	chen-121@163.com	4100	
002	张丽	经理	13482564554	zhang-111@163.com	4101	
003	朱梅	主管	13315254896	zhu@163.com	4102	
004	李小	主管	13602022211	lixiao@163.com	4103	
005	杜月	销售助理	13602031122	du@163.com	4104	
006	张成	销售助理	15102132522	zhc@163.com	4105	
007	李胜	销售助理	15208050221	liyu@163.com	4106	
008	赵小倍	销售助理	15302150001	zhaoyue@163.com	4107	
009	刘伟伟	销售代表	13802015000	liuwei@163.com	4108	
010	唐艳	销售代表	13608000000	tang@163.com	4109	
011	张恬	销售代表	13708501500	zhangtian@163.com	4110	
012	李光勇	销售代表	18602501256	lili@163.com	4111	
013	马燕	销售代表	15836953333	ma@163.com	4112	
014	陈长青	销售代表	18908094255	chang@163.com	4113	
015	张锦辉	销售代表	18908062585	jin@163.com	4114	
016	卢晓利	销售代表	13980810258	xiao@163.com	4115	
017	李菁	销售代表	13908180258	lifang@163.com	4116	
018	文利利	销售代表	13963985263	duyue@163.com	4117	
019	王呗	销售代表	15502351552	wangl@163.com	4118	
020	杨茉瀚	销售代表	18524582542	yangyif@163.com	4119	

文件设计过程

步骤1：打开工作表

打开工作簿，在“销售部员工通讯录”工作表中输入销售部员工的相关通讯信息，并进行适当设置，如图3-1所示。

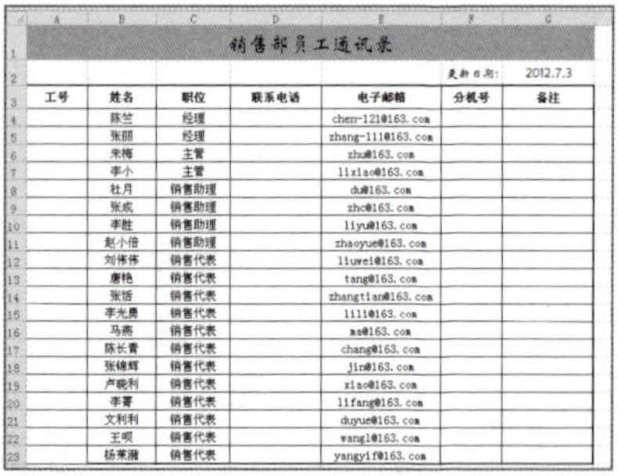

销售部员工通讯录

更新日期：2012.7.3

工号	姓名	职位	联系电话	电子邮箱	分机号	备注
	陈兰	经理		chen-121@163.com		
	张丽	经理		zhang-111@163.com		
	朱梅	主管		zhu@163.com		
	李小	主管		lixiao@163.com		
	杜月	销售助理		du@163.com		
	张成	销售助理		zhc@163.com		
	李胜	销售助理		liyu@163.com		
	赵小倍	销售助理		zhaoyue@163.com		
	刘伟伟	销售代表		liuwei@163.com		
	唐艳	销售代表		tang@163.com		
	张恬	销售代表		zhangtian@163.com		
	李光勇	销售代表		lili@163.com		
	马燕	销售代表		ma@163.com		
	陈长青	销售代表		chang@163.com		
	张锦辉	销售代表		jin@163.com		
	卢晓利	销售代表		xiao@163.com		
	李菁	销售代表		lifang@163.com		
	文利利	销售代表		duyue@163.com		
	王呗	销售代表		wangl@163.com		
	杨茉瀚	销售代表		yangyif@163.com		

图3-1

步骤2：输入文本

1 选中A4单元格，在单元格中输入格式代码“‘”符号，再输入“001”后按回车键，拖动A4单元格右下角的自动填充柄，至A23单元格，如图3-2所示。

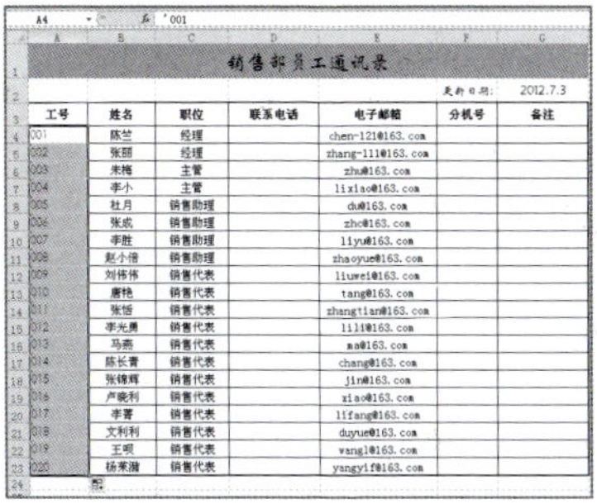

第3章 销售日常事务管理

图3-2

2 选中D4单元格，输入电话号码前，在单元格中输入格式代码"'"符号，依次输入到D23单元格，如图3-3所示。

图3-3

3 选中F4单元格，在单元格中输入格式代码"'"符号，再输入"2100"，然后按回车键，拖动A4单元格右下角的自动填充柄，至A23单元格，如图3-4所示。

图3-4

4 选中A4:A23单元格区域，然后按住Ctrl键不放，继续选择D4:D23、F4:F23单元格区域，单击"字体"选项组中"字体"右侧的下三角形按钮，在下拉菜单中选择合适的字体，如图3-5所示。

图3-5

步骤3：套用单元格样式

1 选中A3:G23单元格区域，单击"样式"选项组中的"套用表格格式"下三角形按钮，在展开的样式库中选择合适的样式，如图3-6所示。

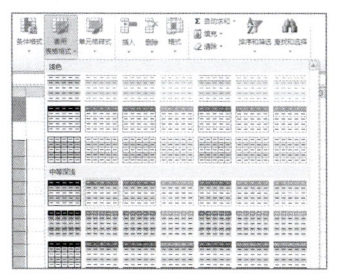

图3-6

2 在弹出的"套用表格式"对话框中单击"确定"按钮,如图3-7所示。

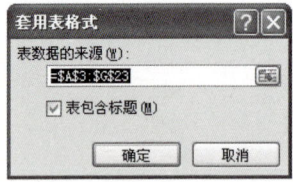

图3-7

3 单击"图表工具-设计"选项卡下的"工具"选项组中的"转为区域"按钮,在弹出的对话框中单击"是"按钮,如图3-8所示。

4 在工作表中显示销售部员工通讯录的最终效果,即可完成商品出库单的制作,如图3-9所示。

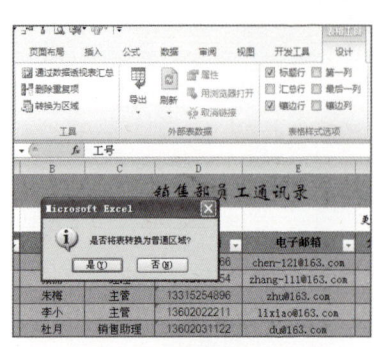

图3-8

图3-9

文件16 销售部组织机构图

销售部组织结构图,是用于形象地反映销售部各岗位上下左右相互之间的关系的图表。在Excel 2010中,可通过在工作表中插入SmartArt图形来创建组织机构图。

制作要点与设计效果图

- 插入SmartArt图形
- 添加形状
- 设置形状填充颜色
- 设置文字填充

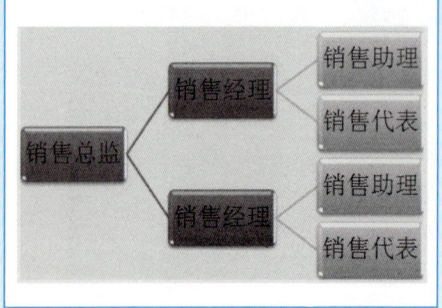

文件设计过程

步骤1：创建SmartArt图形

1 新建工作簿，切换到"插入"选项卡下，单击"插图"选项组中的"SmartArt"按钮，如图3-10所示。

图3-10

2 在弹出的"选择SmartArt图形"对话框中单击"层次结构"标签，在右侧选择"层次结构"类型，如图3-11所示。

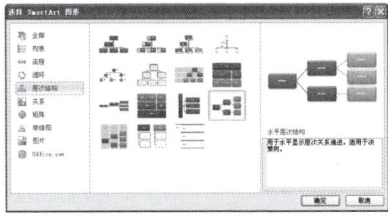

图3-11

3 单击创建好的SmartArt图形中的形状，根据销售部的职位高低，分别在形状中输入相关的职位，如图3-12所示。

4 选中右侧的"销售助理"形状，单击"SmartArt工具-设计"选项卡下"创建图形"组中的"添加形状"下三角按钮，在展开的下拉列表中单击"在下方添加形状"选项，如图3-13所示。

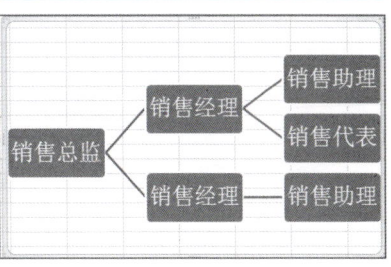

图3-12

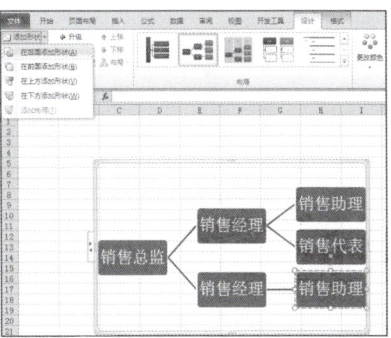

图3-13

5 SmartArt图形中已添加了一个形状，单击该形状，并输入职位信息，如图3-14所示。

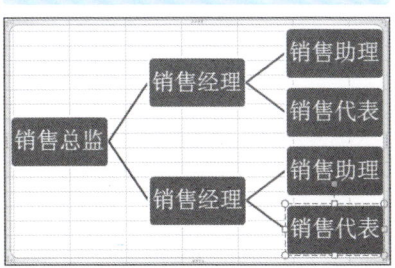

图3-14

步骤2：设置SmartArt图形样式

1 选中SmartArt图形，单击"SmartArt样式"选项组中的"其他"快翻按钮，从展开的样式库中选择合适的样式，如图3-15所示。

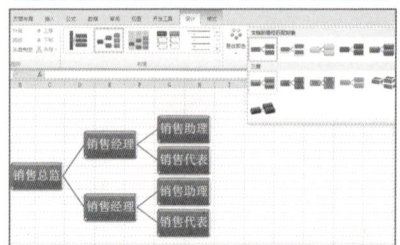

图3-15

2 右键单击"SmartArt"图形空白区，在弹出的快捷菜单中单击"设置对象格式"命令，如图3-16所示。

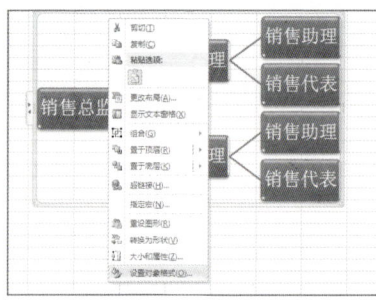

图3-16

3 在弹出的"设置形状格式"对话框中选择"填充"选项，在右侧单击"纯色填充"单选按钮，从"颜色"下拉列表中选择合适的颜色，如图3-17所示。

4 单击"关闭"按钮后，工作表中显示SmartArt图形的填充效果，如图3-18所示。

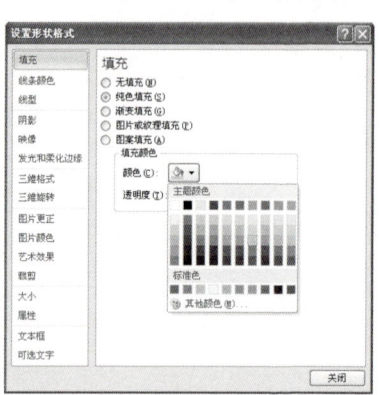

图3-17

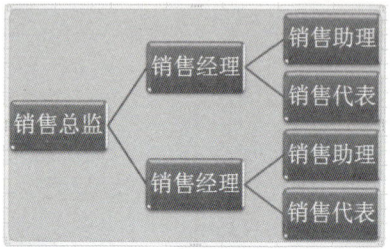

图3-18

5 选中SmartArt图形，单击"SmartArt样式"选项组中的"更改颜色"按钮，从展开的颜色库中选择合适的样式，如图3-19所示。

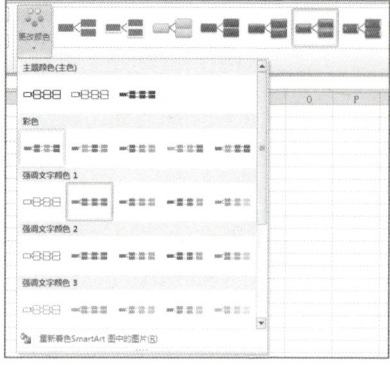

图3-19

第3章 销售日常事务管理

⑥ 选中SmartArt图形，单击"SmartArt工具-格式"选项卡下"艺术字样式"选项组中"文本填充"右侧的下三角形按钮，在下拉菜单中选择合适的颜色，如图3-20所示。

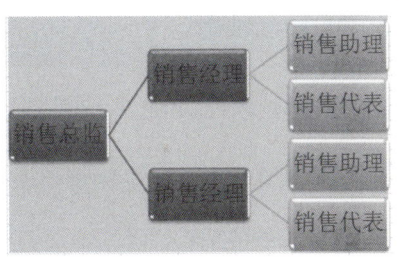

图3-21

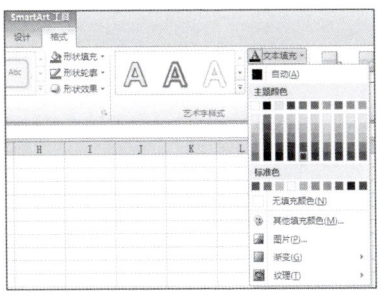

图3-20

⑦ 根据上面操作，即可完成组织机构图的制作，如图3-21所示。

提 示：

用户可将创建完成的组织结构图通过"SmartArt工具-设计"选项卡下"重置"选项组中的"转换为形状"按钮，将SmartArt图形转换为形状，在形状模式下图形中的每一个形状都将具有独立性，可以对某一形状进行独立的修改。

文件17　销售部业务流程图

业务流程图是一种描述系统内各单位、人员之间业务关系、作业顺序和管理信息流向的图表。这里销售业务流程图是根据企业的实际经营需要制作的最佳工作流程图，按照制定的业务流程，能使销售工作开展得更流畅。为了开发更多的优质客户，在Excel中可以使用函数轻松统计出不同等级的客户数量。

制作要点与设计效果图

- 创建流程图
- 更改流程图布局
- 设置字体
- 添加标题

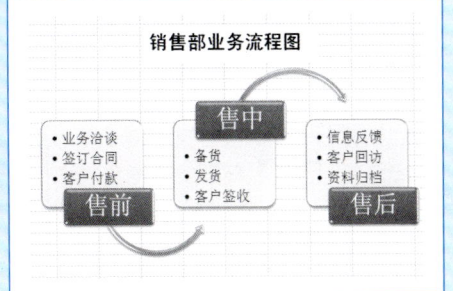

文件设计过程

步骤1：创建SmartArt流程图

1 新建工作簿，切换到"插入"选项卡下，单击"插图"选项组中的"SmartArt"按钮，如图3-22所示。

图3-22

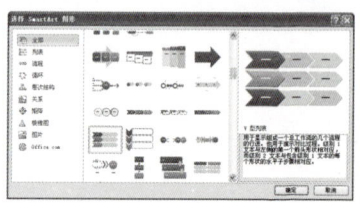

图3-23

2 在弹出的"选择SmartArt图形"对话框中单击"流程图"标签，在右侧选择"流程图"类型，如图3-23所示。

3 单击创建好的SmartArt图形中的形状，在流程图模型中输入相关业务流程信息，如图3-24所示。

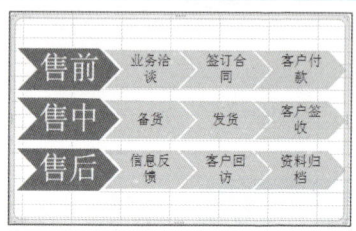

图3-24

步骤2：更改流程图布局

1 选中流程图，单击"SmartArt工具-设计"选项卡下"布局"组中单击"其他"按钮，从展开的布局样式库中选择需要更换的样式，如图3-25所示。

2 即可显示更改的SmartArt图形样式，如图3-26所示。

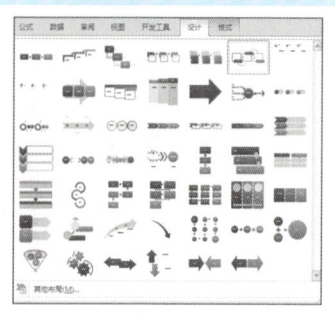

图3-25

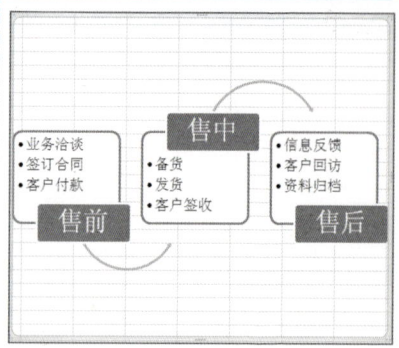

图3-26

第3章 销售日常事务管理

3 按住Ctrl键单击流程图中的各流程形状框，选中全部的流程形状后松开Ctrl键，如图3-27所示。

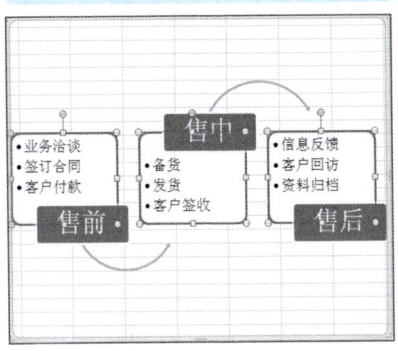

图3-27

4 单击"开始"选项卡下"字体"选项组中"字号"右侧的下三角按钮，在下拉菜单中选择字号，如图3-28所示。

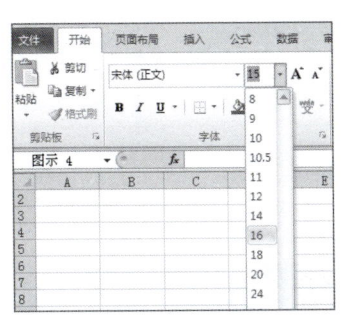

图3-28

5 工作表中的流程图文字即可达到预想的效果，如图3-29所示。

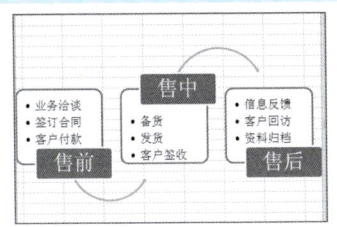

图3-29

步骤3：添加标题布局

1 单击"插入"选项卡下"文本"选项组中的"文本框"按钮，在展开的下拉列表中单击"横排文本框"选项，在工作表中拖动鼠标，创建文本框，在文本框中输入标题信息，如图3-30所示。

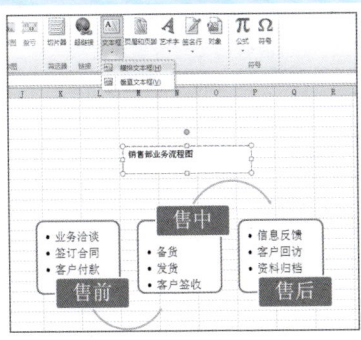

图3-30

2 对流程图进一步完善即可完成销售部业务流程图的设计，如图3-31所示。

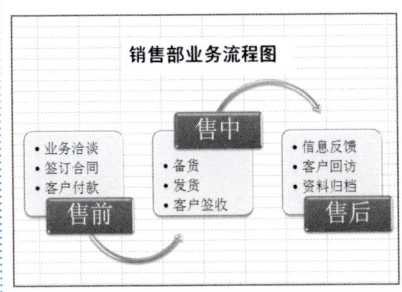

图3-31

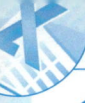

文件18 销售员管理区域统计表

企业管理学所称区域管理活动，是负责一个区域的经营。在Excel中，可以建立销售员管理区域统计表，统计的是各客户的名称、地址、所属区域以及各区域的销售负责人。

制作要点与设计效果图

- RANK函数
- 创建条形图
- 添加数据标签输入文本
- 填充数据
- 快速输入相同内容
- 设置单元格格式

销售员管理区域统计表

序号	客户名称	客户地址	所在区域	区域负责人	备注
1	蓝天	安庆路	经开区	王荣	
2	蓝天	大世界店	武候区	王红	
3	蓝天	北东门	锦江区	刘浪	
4	蓝天	女人街	新站区	周丽丽	
5	蓝天	三孝口	新世纪	于磊	
6	蓝天	十里居	滨湖	杨贝贝	
7	蓝天	潜山店	经开区	王荣	
8	家宜	中海店	高新区	郝雨轩	
9	家宜	华府店	中山区	徐达	
10	家宜	城隍庙	新站区	周丽丽	
11	家宜	交大店	新站区	周丽丽	
12	家宜	三里街	高新区	郝雨轩	
13	洁云	富临店	中山区	徐达	
14	洁云	珠江路	经开区	王荣	
15	洁云	中天店	新站区	周丽丽	
16	洁云	环湖山水	滨湖	杨贝贝	
17	洁云	华府店	新世纪	于磊	
18	洁云	步行街	锦江区	刘浪	

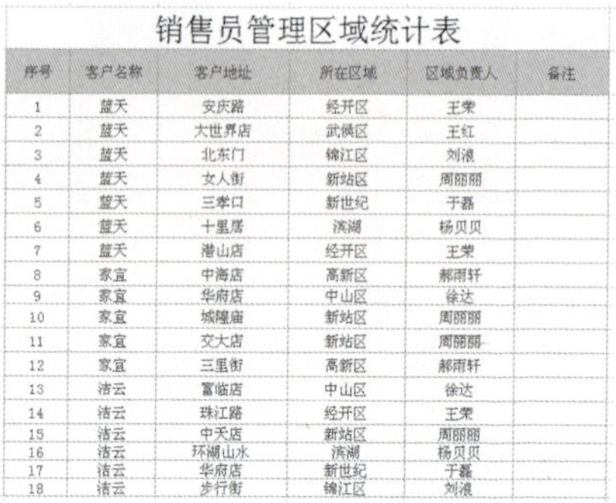

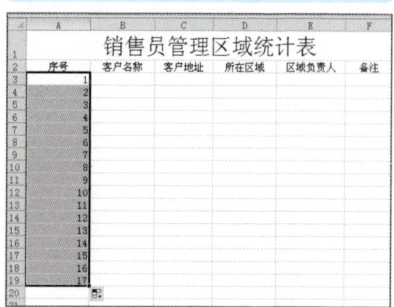

文件设计过程

步骤1：输入文本

①新建工作簿，在工作表中输入统计表相关信息，如图3-32所示。

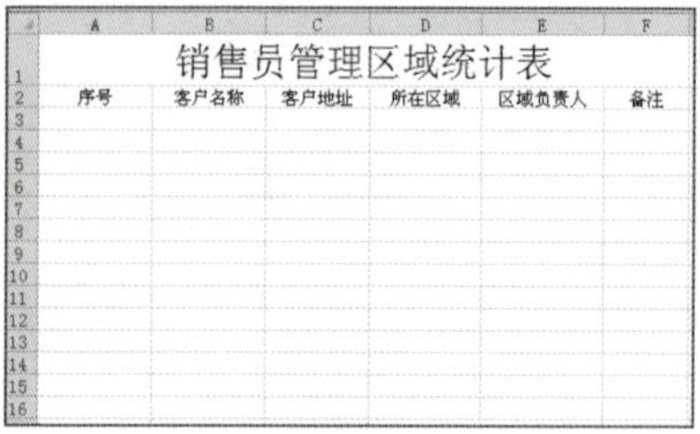

图3-32

②在A3单元格中输入1，选中A3单元格利用填充柄，向下填充至A20单元格，如图3-33所示。

图3-33

步骤2：输入相同内容

1 选中B3:B7单元格，输入"蓝天"，然后按"Ctrl+Enter"组合键，即可在选定区域输入相同内容，如图3-34所示。

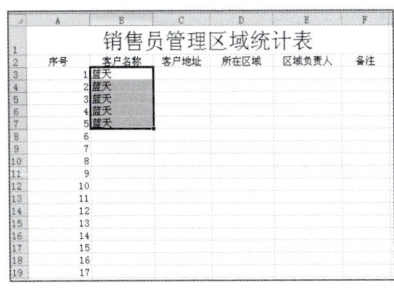

图3-34

2 选中B8:B14单元格，输入"家宜"，然后按"Ctrl+Enter"组合键。接着选中B15：B19单元格，输入"洁云"，按"Ctrl+Enter"组合键，如图3-35所示。

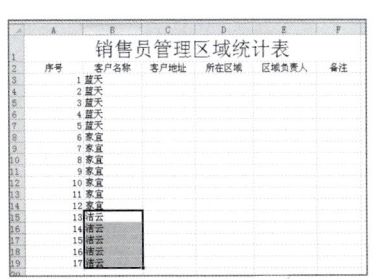

图3-35

3 接着在工作表输入其他相关信息，并进行字体格式后的效果，如图3-36所示。

图3-36

步骤3：设置单元格区域单元格样式

1 选中A2:F2单元格区域，单击"开始"选项卡，在"样式"选项组中单击"单元格样式"下三角形按钮，在展开的样式库中选择合适的样式，如图3-37所示。

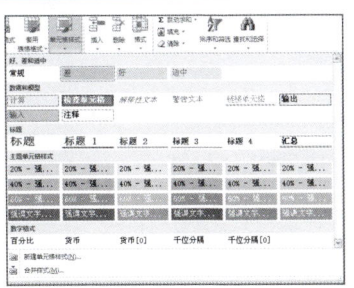

图3-37

2 选中A3:F20单元格区域，单击"开始"选项卡，在"样式"选项组中单击"单元格样式"下三角形按钮，在展开的样式库中选择合适的样式，如图3-38所示。

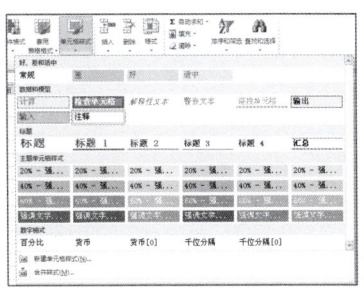

图3-38

3 工作表中显示设置单元格样式后的效果，如图3-39所示。

序号	客户名称	客户地址	所在区域	区域负责人	备注
1	蓝天	安庆路	经开区	王荣	
2	蓝天	大世界店	武侯区	王红	
3	蓝天	北东门	锦江区	刘浪	
4	蓝天	女人街	新站区	周丽丽	
5	蓝天	三孝口	新世纪	于磊	
6	蓝天	十里居	滨湖	杨贝贝	
7	蓝天	潜山店	经开区	王荣	
8	家宜	中海店	高新区	郝雨轩	
9	家宜	华府店	中山区	徐达	
10	家宜	城隍庙	新站区	周丽丽	
11	家宜	交大店	新站区	周丽丽	
12	家宜	三里街	高新区	郝雨轩	
13	洁云	富临店	中山区	徐达	
14	洁云	珠江路	经开区	王荣	
15	洁云	中天店	新站区	周丽丽	
16	洁云	环湖山水	滨湖	杨贝贝	
17	洁云	华府店	新世纪	于磊	
18	洁云	步行街	锦江区	刘浪	

图3-39

4 将统计表进一步完善后，即可完成销售员管理区域统计表的制作，如图3-40所示。

销售员管理区域统计表

序号	客户名称	客户地址	所在区域	区域负责人	备注
1	蓝天	安庆路	经开区	王荣	
2	蓝天	大世界店	武侯区	王红	
3	蓝天	北东门	锦江区	刘浪	
4	蓝天	女人街	新站区	周丽丽	
5	蓝天	三孝口	新世纪	于磊	
6	蓝天	十里居	滨湖	杨贝贝	
7	蓝天	潜山店	经开区	王荣	
8	家宜	中海店	高新区	郝雨轩	
9	家宜	华府店	中山区	徐达	
10	家宜	城隍庙	新站区	周丽丽	
11	家宜	交大店	新站区	周丽丽	
12	家宜	三里街	高新区	郝雨轩	
13	洁云	富临店	中山区	徐达	
14	洁云	珠江路	经开区	王荣	
15	洁云	中天店	新站区	周丽丽	
16	洁云	环湖山水	滨湖	杨贝贝	
17	洁云	华府店	新世纪	于磊	
18	洁云	步行街	锦江区	刘浪	

图3-40

文件19 销售部门月度考评表

销售部门月度考评表是以月为单位对销售部门各员工的表现进行综合的考评。

制作要点与设计效果图

- 设置边框
- 公式计算
- 复制公式
- 设置条件格式

销售部门月度考评表

考评月份					
被考评人		职务		评价人	
评价项目	评价内容	满分	评分	本栏总分	权重系数
工作业绩（50分）	工作计划达成性	15		0	50.00%
	任务目标完成度	20			
	工作质量	7			
	工作效率	8			
工作技能（30分）	业务技能	8		0	30.00%
	沟通与协调能力	6			
	开拓与创新能力	8			
	执行与贯彻能力	8			
工作态度（10分）	工作服从性	3		0	10.00%
	团队意识及协作情况	3			
	工作的主动和积极状态	4			
工作素质（10分）	出勤情况	2		0	10.00%
	公司规章制度遵守情况	2			
	个人素养及职业道德操守	2			
	工作责任感及奉献精神	4			
合计		100	0	0	100.00%

文件20 销售员终端月拜访计划表

终端拜访工作是营销工作中非常重要的环节，它直接关系着商品的销售、新产品的推广、产品的陈列以及客户的维护，从而为以后工作的开展打下良好的基础。

制作要点与设计效果图

- 设置字体格式
- 设置边框
- 自动填充
- 输入公式

文件21 销售部月度工作计划

企业对一定时期的工作预先作出安排和打算时，都要制定工作计划。销售部月度工作计划是销售部根据当月工作量制定的工作日程安排表，将当月的各项任务进行合理而有效的计划，并严格按照计划表上的安排开展工作，从而达到提高工作效率的目的。

制作要点与设计效果图

- 自动填充
- 日期格式设置
- 设置单元格样式

文件22 销售员培训日程安排

为了加强对销售员的管理和提升销售员工作效率需要定期对销售员进行培训。培训日程安排即是对整个培训时间进行合理安排。在日程安排中,可以一目了然地了解培训时间、参加人员、主讲人及培训内容等信息,从而使培训工作得以顺利开展。

制作要点与设计效果图

- 设置日期格式
- 文字方向
- 设置单元格样式

销售员培训日程安排					
日期	时间	培训内容	主讲人\负责人	参加人员	培训场地
8月11日	上午 9:00-11:00	销售员自我管理能力提升	周国娜	一线销售员	第一会议室
	下午 14:00-16:00	市场规划	王荣	销售部经理	第一会议室
8月12日	上午 9:00-11:00	客户心理分析	陶丽	销售部全体员工	第二会议室
	下午 14:00-16:00	沟通技能提升	王涛	一线销售员	第二会议室
8月13日	上午 9:00-11:00	提升客户服务的重要性	周泽	销售部全体员工	第一会议室
	下午 14:00-16:00	销售技巧案例讲解	陈晓	销售部全体员工	第一会议室
8月14日	上午 9:00-11:00	客户沟通技巧案例讲解	方巍	销售部全体员工	第一会议室
	下午 14:00-16:00	培训结果调查	刘蓉	全体参加人员	第二会议室

第4章
设计市场调查问卷

市场调查就是运用科学的方法系统地搜集、记录、整理和分析有关市场的信息资料,从而了解市场发展变化的现状和趋势,为企业经营决策、广告策划、广告写作提供科学的依据而制定的表格。

它是企业在进行市场调查中经常采用的一种调查方式,是企业根据当前所要调查的目的,将要进行调查的内容用书面的形式列举出来,并将问卷发放给指定的人群来收集客户信息的一种方法。问卷调查主要由标题、前言、主体内容和结束语组成。

编号	文件名称	光盘中对应数据源	重要星级
文件23	新产品市场调查问卷	素材文件\第4章\新产品市场调查问卷.xls	★★★
文件24	广告效果调查问卷	素材文件\第4章\广告效果调查问卷.xls	★★★★
文件25	品牌形象调查问卷	素材文件\第4章\品牌形象调查问卷.xls	★★★
文件26	客户满意度调查问卷	素材文件\第4章\客户满意度调查问卷.xls	★★★
文件27	消费者购买行为调查问卷	素材文件\第4章\消费者购买行为调查问卷.xls	★★★
文件28	商品房需求市场调查问卷	素材文件\第4章\商品房需求市场调查问卷.xls	★★★★
文件29	女性护肤品调查问卷	素材文件\第4章\女性护肤品调查问卷.xls	★★★★
文件30	日常运动方式调查问卷	素材文件\第4章\日常运动方式调查问卷.xls	★★★
文件31	零售业调查问卷	素材文件\第4章\零售业调查问卷.xls	★★★
文件32	手机购买力度调查问卷	素材文件\第4章\手机购买力度调查问卷.xls	★★★

文件23 新产品市场调查问卷

新产品市场调查问卷用于企业在开发新产品后，采用问卷的方式来获取新产品市场反响，从而掌握市场对新产品的接受能力。在Excel中，可通过插入选项按钮和复选框以及设置单元格格式等方式来设计新产品市场调查问卷。

制作要点与设计效果图

- 加载控件
- 插入选项按钮
- 编辑控件文字
- 复制粘贴控件
- 设置控件格式
- 设置保护工作表

文件设计过程

步骤1：打开工作表

打开工作簿，在"新产品调查问卷"工作表中，已包含了调查问卷的相关信息，如图4-1所示。

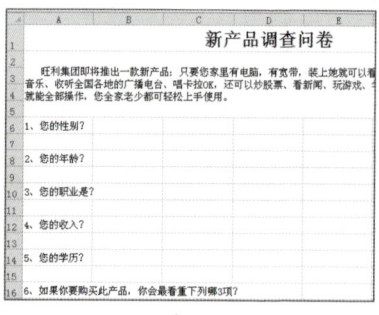

图4-1

步骤2：加载控件文本

1 单击"文件"按钮，在弹出的下拉菜单中选择"选项"按钮，如图4-2所示。

第4章 设计市场调查问卷

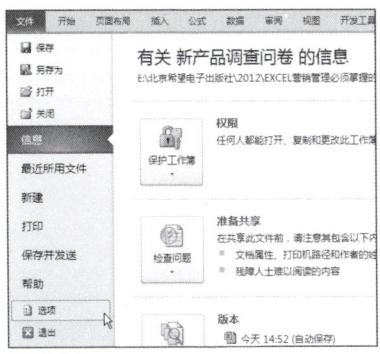

图4-2

图4-3

2 在Excel对话框中单击"自定义功能区"标签,在"从下列位置选择命令"下拉列表中选择"主选项卡",单击选择"主选项卡"中的"开发工具"选项卡,如图4-3所示。

3 单击"确定"按钮后,功能区中显示出加载的"开发工具"选项卡,如图4-4所示。

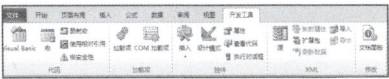

图4-4

步骤3:插入控件

1 单击"开发工具"选项卡下"控件"组中的"插入"下三角形按钮。在展开的下拉列表中选择"表单控件"下的选项按钮,如图4-5所示。

字"命令,如图4-7所示。

![图4-6]

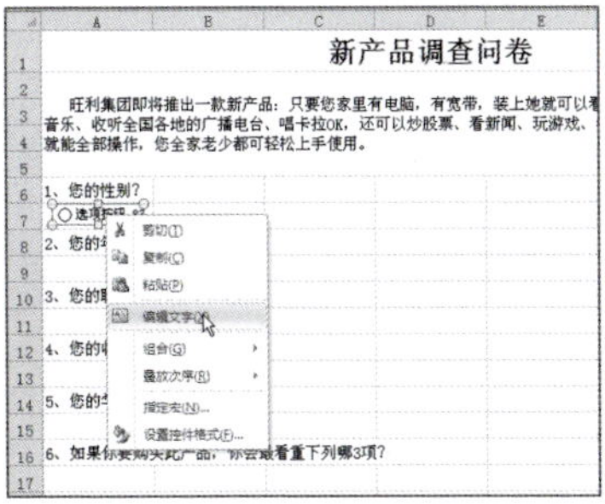

图4-6

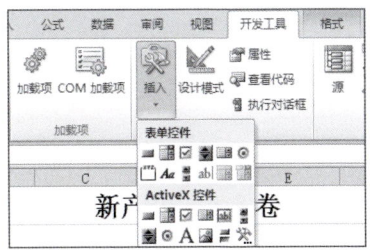

图4-5

2 在A7单元格中拖动鼠标,绘制一个选项按钮,如图4-6所示。

3 右键单击选项按钮键,在弹出的快捷菜单中单击"编辑文

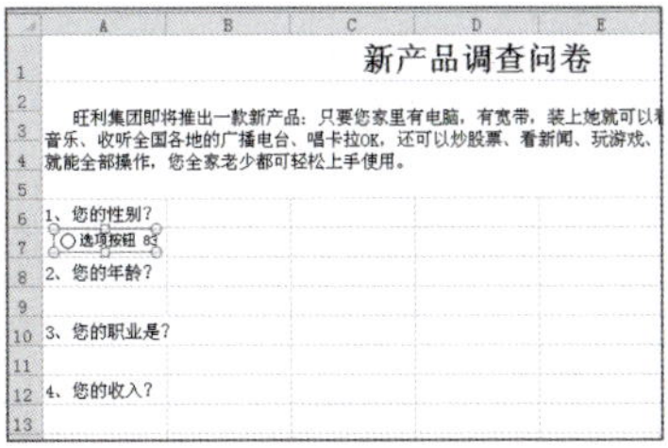

![图4-7]

图4-7

④ 将选项按钮框中的文字删除后输入"男",如图4-8所示。

图4-8

⑤ 右键单击选项按钮框,在弹出的快捷菜单中单击"复制"命令,如图4-9所示。

图4-9

⑥ 右键单击B7单元格,在弹出的快捷菜单中单击"粘贴"命令,如图4-10所示。

⑦ 右键单击复制出的选项按钮框,在弹出的快捷菜单中单击"编辑文字"命令,将选项按钮框中的文字删除后输入"女",如图4-11所示。

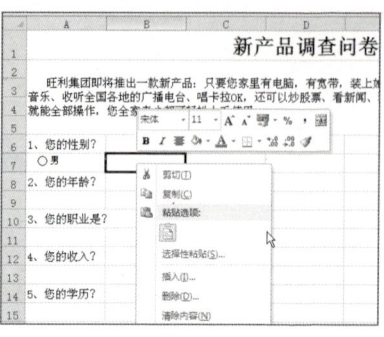

图4-10

图4-11

⑧ 根据相同的方法,完成问卷中所有需要插入选项按钮后的效果,在插入选项按钮后,当有选项按钮不小心被选中时,或是选项按钮不能完全显示文字时,可通过设置控件格式来取消选取,如图4-12所示。

图4-12

⑨ 右键单击要设置的选项按钮框,在弹出的快捷菜单中单击

第4章 设计市场调查问卷

"设置控件格式"命令,如图4-13所示,在弹出的"设置控件格式"对话框中,单击选中"控件"选项卡下的"未选择"单选按钮,如图4-14所示。

10 切换到"大小"选项卡,单击"高度"和"宽度"的微调按钮,调整选项按钮的大小。单击"确定"按钮后完成控件格式的设置,如图4-15所示。

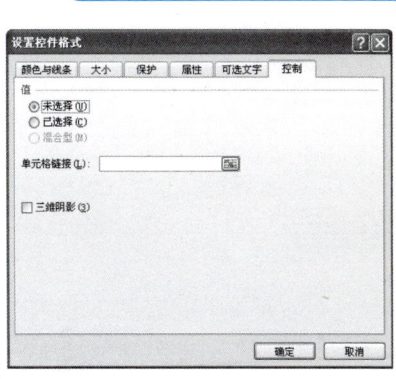

图4-14

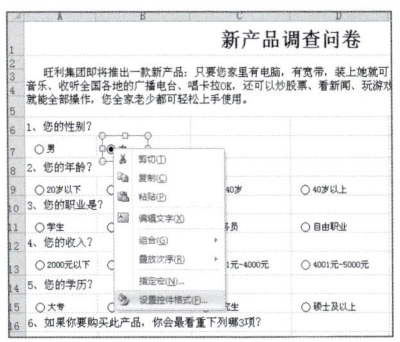

图4-13

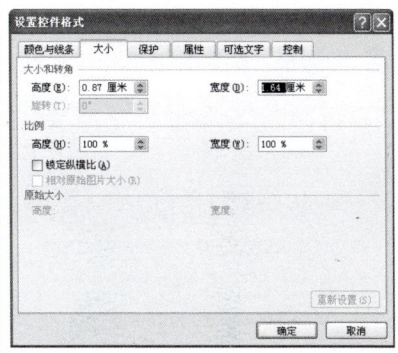

图4-15

步骤4:插入复选框

1 单击"开发工具"选项卡下"控件"选项组中的"插入"下三角形按钮。在展开的下拉列表中选择"表单控件"下的"复选框",如图4-16所示。

2 在A17单元格中拖动鼠标,绘制一个复选框,如图4-17所示。

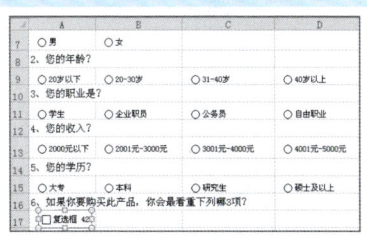

图4-17

3 右键单击复选框,在弹出的快捷菜单中单击"编辑文字"命令,删除原文字,输入"外观",如图4-18所示。

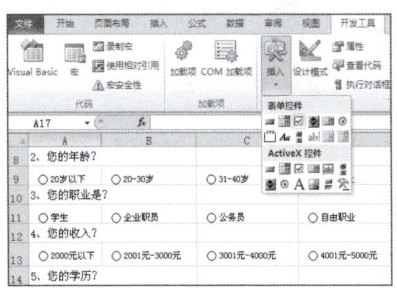

图4-16

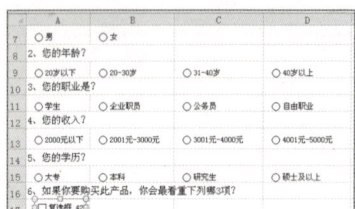

图4-18

4 右键单击复选框，在弹出的菜单中单击"复制"命令，右键单击B17单元格，在弹出的快捷菜单中单击"粘贴"命令。根据同样

的方法，完成所有需要插入的复选框，如图4-19所示。

图4-19

步骤5：设置保护工作表

1 单击"审阅"选项卡下"更改"选项组中的"保护工作表"按钮，如图4-20所示。

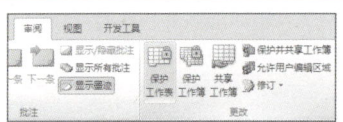

图4-20

2 在弹出的"保护工作表"对话框中选中保护选项，在密码框中输入密码"123456"，单击"确定"按钮，如图4-21所示。

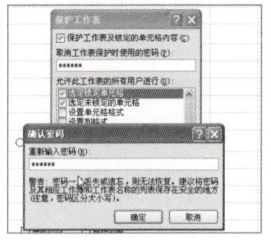

图4-21

3 在返回到的工作表中单击鼠标右键，在弹出的会计菜单中可见所有与单元格相关的命令均显示

不可用，如图4-22所示。

图4-22

4 将新产品调查问卷保存后，即可完成该问卷的设计，如图4-23所示。

图4-23

第4章 设计市场调查问卷

文件24　广告效果调查问卷

在Excel 2010中，可以设置广告效果调查问卷。广告效果调查是企业在产品广告发布出去后，通过问卷的方式来收集广告所产生的效应的过程。

制作要点与设计效果图

- 复制工作表
- 插入背景
- 设置对象格式

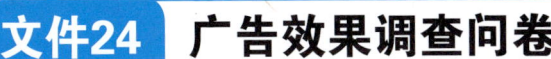

文件设计过程

步骤1：复制工作表

[1] 由于调查问卷格式和前面设计的"新产品调查问卷"格式基本相同，右键单击Sheet1工作表标签，在弹出的快捷菜单中单击"移动或复制"命令，如图4-24所示。

[2] 在弹出的对话框中"工作簿"下拉列表中选择"新工作簿"选项。选中"建立副本"单选框，单击"确定"按钮，如图4-25所示。

图4-24

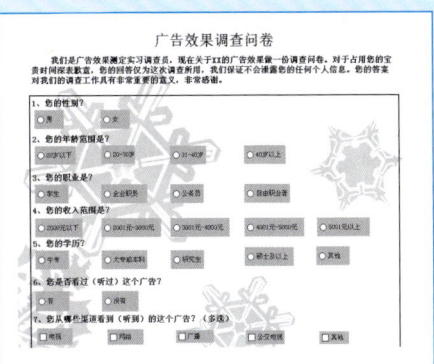

图4-25

45

3 将复制过来的调查问卷的内容进行适当的修改和调整，即可快速设计出这份"广告效果调查问卷"，如图4-26所示。

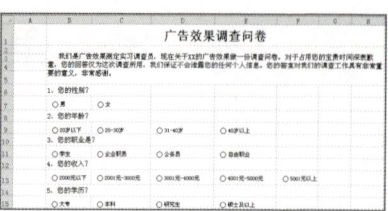

图4-26

📥 步骤2：插入背景

1 单击"页面布局"选项卡下"页面设置"组中的"背景"按钮，弹出"工作表背景"对话框，从"查找范围"下拉列表中找到背景图片的路径，选中要插入的图片，如图4-27所示。

2 此时，工作表中显示出插入背景后的效果，如图4-28所示。

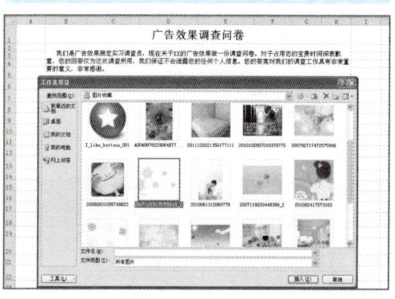

图4-27

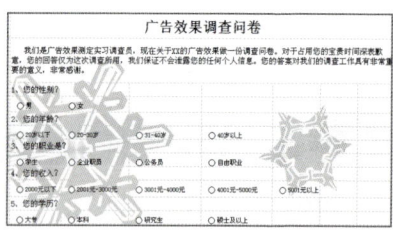

图4-28

📥 步骤3：设置控件

1 右键单击任意一个控件，按住Ctrl键后继续右键单击鼠标右键，在弹出的快捷菜单中单击"设置对象格式"命令，如图4-29所示。

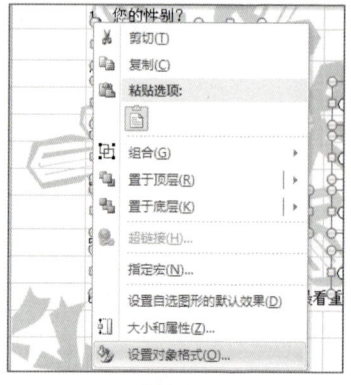

图4-29

②弹出"设置控件格式"对话框,单击"颜色与线条"标签,单击"颜色"下三角形按钮,在展开的下拉列表中选择"浅紫",单击"确定"按钮,如图4-30所示。

③为调查问卷隐藏网络线,添加边框,并设置保护工作表后,即可完成广告效果调查问卷的设计,如图4-31所示。

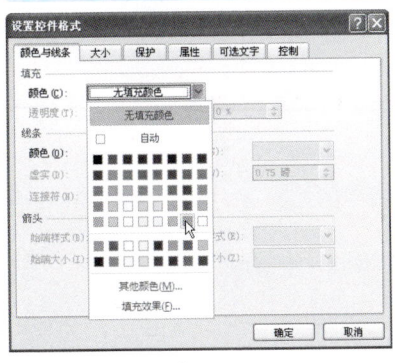

图4-30

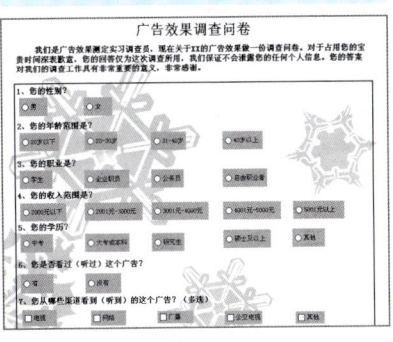

图4-31

文件25　品牌形象调查问卷

在Excel 2010中,可通过插入组合框控件再在组合框中绘制其他按钮的方式,来设计一份品牌形象调查问卷。

制作要点与设计效果图

- 插入分组框
- 插入选项按钮
- 组合控件
- 复制组合控件
- 设置控件三维阴影

文件设计过程

步骤1：插入分组框

1 单击"开发工具"选项卡下"控件"选项组中的"插入"下三角按钮，在展开的下拉菜单中选择"分组框"选项，如图4-32所示。

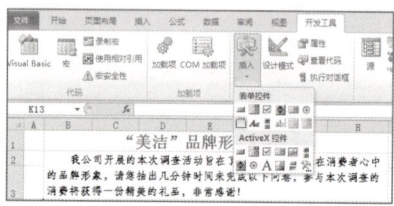

图4-32

2 绘制并右键单击分组框，在弹出的快捷菜单中单击"编辑文字"命令，如图4-33所示，在分组框中输入问卷内容，如图4-34所示。

图4-33

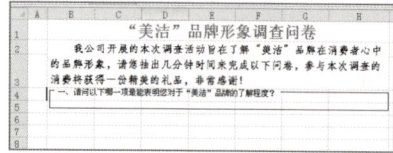

图4-34

3 从"开发工具"选项卡下"控件"选项组中"插入"下拉列表中选择"选项按钮"，如图4-35所示，在刚才绘制的分组框中拖动鼠标绘制一个选项按钮，如图4-36所示。

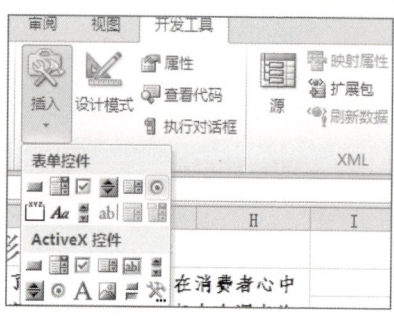

图4-35

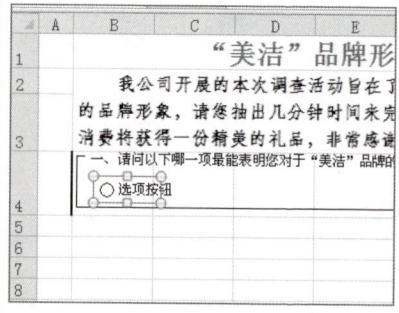

图4-36

4 对绘制的选项按钮进行编辑文字，复制和粘贴操作，完成一个问卷提问的设计，如图4-37所示。

图4-37

第4章 设计市场调查问卷

5 右键单击分组框,在弹出的快捷菜单中单击"设置控件格式"命令,如图4-38所示,在弹出的"设置控件格式"对话框的"控制"选项卡下,选中"三维阴影"复选框,单击"确定"按钮,如图4-39所示。

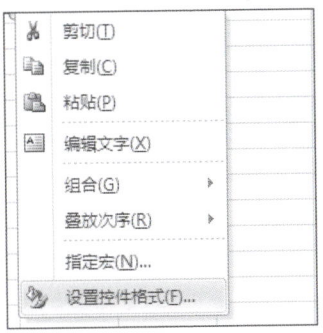

图4-38 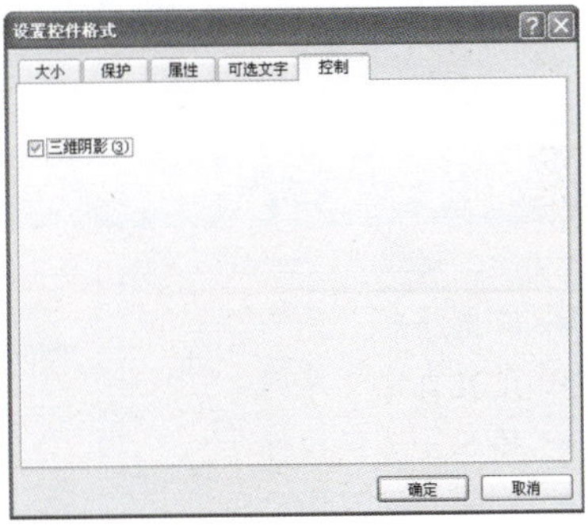　　　　　　　　　图4-39

步骤2:组合控件

1 选中分组框和分组框里面的选项按钮,右键单击控件区域,在弹出的快捷菜单中单击"组合→组合"命令,如图4-40所示。

调查问卷的设计,如图4-42所示。

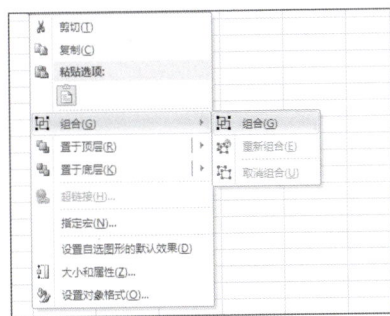

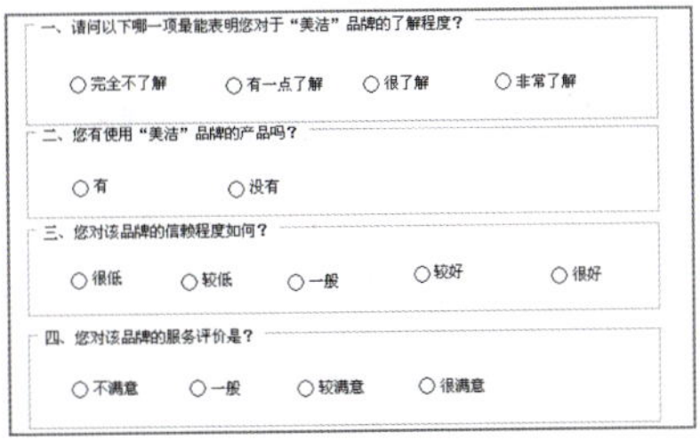

图4-40

图4-41

2 通过复制粘贴组合控件对控件进行编辑后,完成所有提问的设计,如图4-41所示。

3 为调查问卷添加边框,设置隐藏网络线以及单元格格式等操作后,即可完成"美洁"品牌形象

图4-42

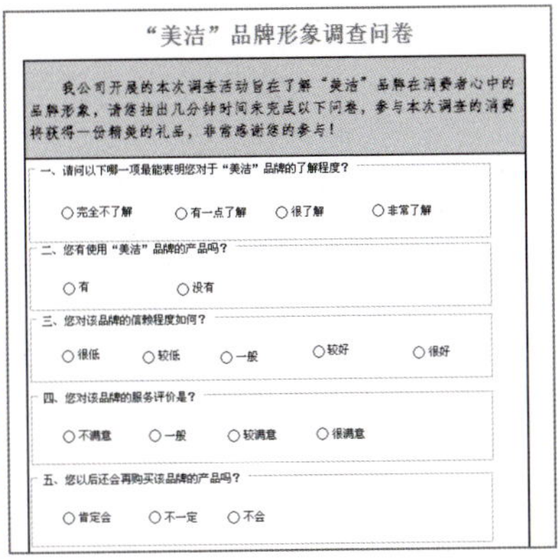

49

文件26 客户满意度调查问卷

客户满意度调查是用来测量企业在满足或超过消费者购买产品的期望方面所达到的程度。当问卷的答案大致相同时，可以在Excel 2010中，利用插入控件并进行复制粘贴的操作来设计调查问卷。

制作要点与设计效果图

- 填充序列
- 设置自定义序列
- 插入复选框控件
- 复制粘贴控件

文件设计过程

步骤1：填充序列

1 在C7单元格中输入"1"，将光标置于C7单元格右下角，右键拖动自动填充柄至G7单元格后松开鼠标，在弹出的快捷菜单中单击"填充序列"命令，如图4-43所示。

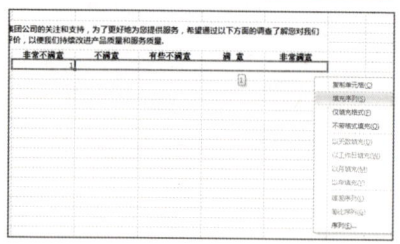

图4-43

2 单元格中显示出填充序列的效果，如图4-44所示。

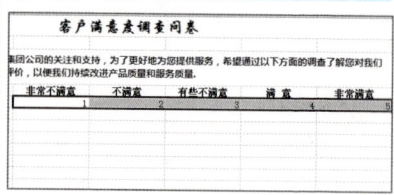

图4-44

3 单击"文件"按钮，在弹出的菜单中单击"选项"按钮，如图4-45所示，弹出"Excel选项"对话框，单击"高级"标签，接着单击"常规"选项组中的"编辑自定

第4章 设计市场调查问卷

义列表"按钮,如图4-46所示。

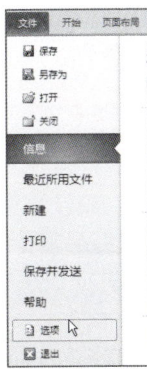

图4-45

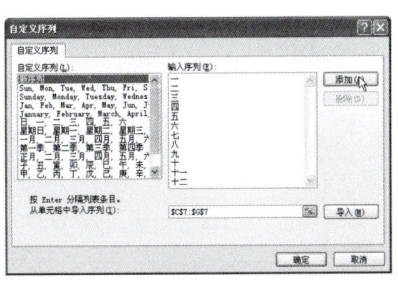

图4-47

[5] 在A8单元格中输入"一",将光标置于A8单元格右下角,如图4-48所示,拖动自动填充柄至A19单元格,松开鼠标后,完成序列填充,如图4-49所示。

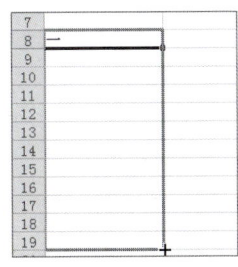

图4-48

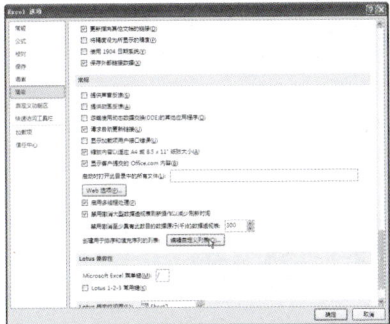

图4-46

[4] 在弹出的"自定义序列"对话框中输入要添加的序列号,每个序列号输入完成后按回车键,直到输入完最后一个序列号。单击"添加"按钮,接着连续单击"确定"按钮,完成自定义序列的添加,如图4-47所示。

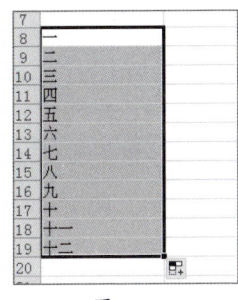

图4-49

步骤2:插入复选框

[1] 在工作表中输入相关问卷提问后单击"开发工具"选项卡下"控件"选项组中的"插入"下三角形按钮,从下拉列表中选择"复选框",如图4-50所示,在C8单元格中拖动鼠标绘制复选框,并删除复选框中的文字,如图4-51所示。

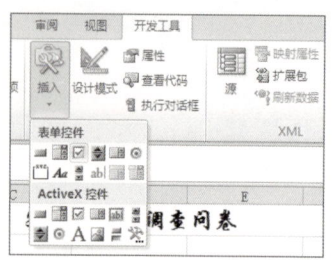

图4-50

图4-51

②复制复选框并粘贴到D8:G9和C9:G18单元格区域中，如图4-52所示。

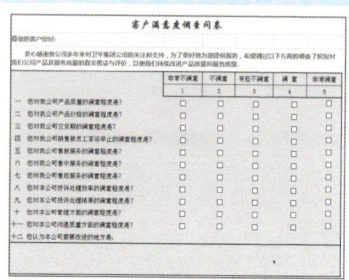

图4-52

③为调查问卷添加边框，设置文字格式，并设置单元格底纹后，即可完成客户满意度调查问卷的设计，如图4-53所示。

图4-53

文件27　消费者购买行为调查问卷

消费者购买行为调查将直接反映产品或服务的市场表现，它在企业营销活动中也是一项非常重要的工作。在Excel 2010中，利用插入组合框控件和选项按钮控件来设计一份电子调查问卷。

制作要点与设计效果图

- 填充序列
- 添加自定义序列
- 插入复选框控件
- 隐藏单元格
- 复制粘贴控件

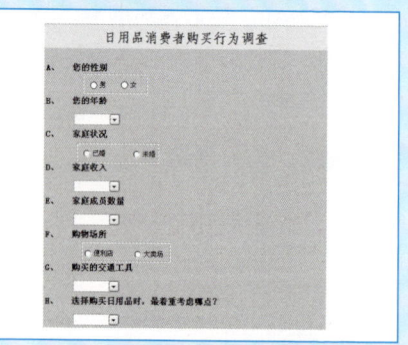

第4章 设计市场调查问卷

文件设计过程

步骤1：插入选项按钮

1 单击"开发工具"选项卡下"控件"选项组中的"插入"下三角按钮，在展开的下拉菜单中选择"选项按钮"选项，如图4-54所示。

图4-54

2 在B4单元格中拖动鼠标绘制选项按钮，并修改文字为"男"，如图4-55所示。

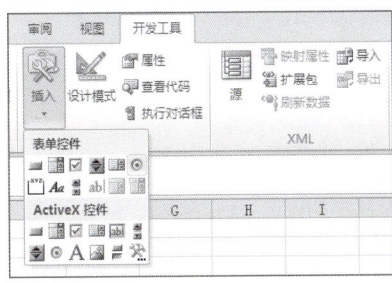

图4-55

3 右键单击选项按钮，在弹出的快捷菜单中单击"设置控件格式"命令，如图4-56所示，弹出"设置控件格式"对话框，在"控制"选项卡下勾选"三维阴影"复选框，单击"确定"按钮，如图4-57所示。

图4-56

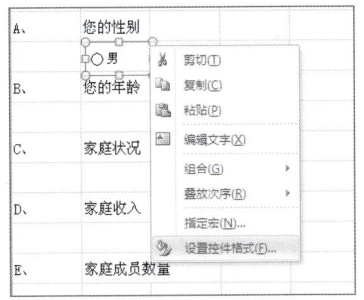

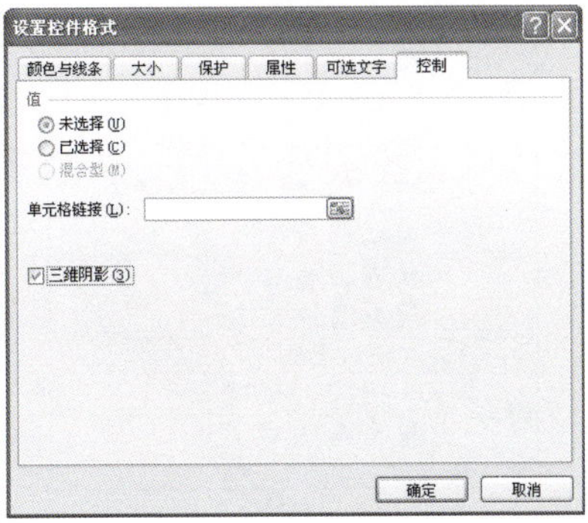

图4-57

4 根据上面的方法重复操作，在问卷中的C、F、I、J项中插入选项按钮，如图4-58所示。

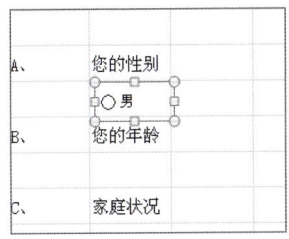

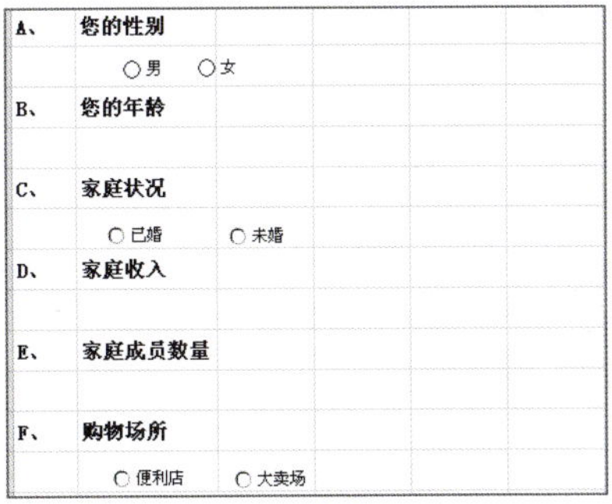

图4-58

5 在I2:N5单元格区域中依次输入组合框控件引用数据，如图4-59所示。

	I	J	K	L	M	N
	20岁以下	2000元以下	2人	步行	产品质量	冲动型
	21-40岁	2001-3999元	3人	自行车\电动车	购买方便	理智性
	41-60岁	4000-5999元	4人	公交车	信誉	经济型
	60岁以上	6000元以上	5人	私家车	服务	不定型

图4-59

步骤2：插入组合框

1 单击"开发工具"选项卡下"控件"选项组中的"插入"下三角按钮，在展开的下拉菜单中选择"组合框"选项，如图4-60所示。

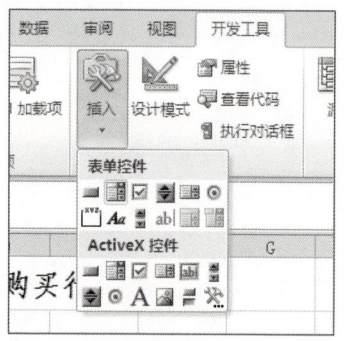

图4-60

2 在B6单元格中拖动鼠标绘制一个组合框控件，如图4-61所示。

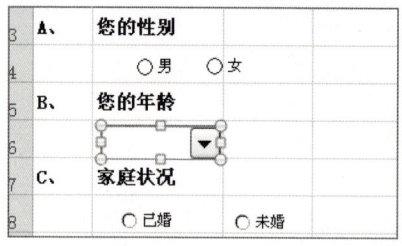

图4-61

3 右键单击组合框，在弹出的快捷菜单中单击"设置控件格式"命令，如图4-62所示，弹出"设置控件格式"对话框，在"控制"选项卡下的"数据源区域"中输入"$I$2:$I$5"，单击"确定"按钮，如图4-63所示。

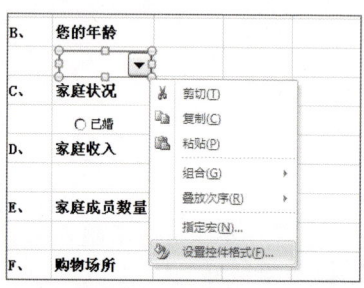

图4-62

图4-63

4 右键单击组合框，在弹出的快捷菜单中单击"复制"命令，如图4-64所示，右键单击B10单元格，在弹出的快捷菜单中单击"粘贴"命令，如图4-65所示。

第4章 设计市场调查问卷

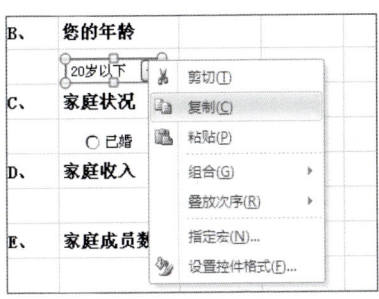

图4-64

图4-66

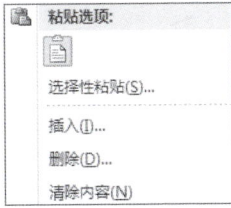

图4-65

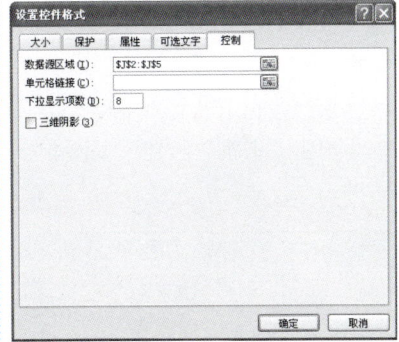

图4-67

[5] 右键单击复制的组合框控件,在弹出的快捷菜单中单击"设置控件格式"命令,如图4-66所示。弹出"设置控件格式"对话框,在"控制"选项卡下的"数据源区域"中输入"$J$2:$J$5",单击"确定"按钮,如图4-67所示。

[6] 重复上面的步骤,分布在B12、B16、B18、B24单元格中插入组合框,并修改其数据源区域,如图4-68所示。

图4-68

步骤3:隐藏单元格

选择I列至N列,在选定的区域内单击鼠标右键,在弹出的快捷菜单中单击"隐藏"命令,如图4-69所示。

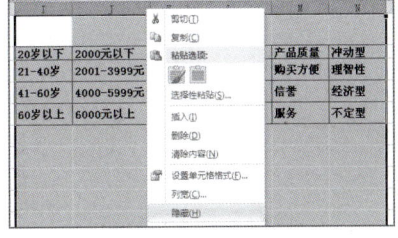

图4-69

> **提 示：**
> 如果要取消隐藏单元格时，需要同时选择隐藏单元格周边的其他行或列，或者是选择整个工作表，然后单击鼠标右键，在弹出的快捷菜单中单击"取消隐藏"命令。当工作表中有多处隐藏时，当然也可选择部分或者全部取消隐藏。

步骤4：插入按钮

[1] 单击"开发工具"选项卡下"控件"选项组中的"插入"下三角按钮，在展开的下拉菜单中选择"按钮"控件，如图4-70所示。在调查问卷表末端拖动鼠标绘制控件，然后在弹出的"指定宏"对话框中单击"取消"按钮，如图4-71所示。

[2] 将绘制按钮中的文字修改为"保存"，然后右键单击按钮控件，在弹出的快捷菜单中单击"设置控件格式"命令，如图4-72所示，设置字体为"黑体"，字号为"10"，设置颜色为"黑色"，单击"确定"按钮，如图4-73所示。

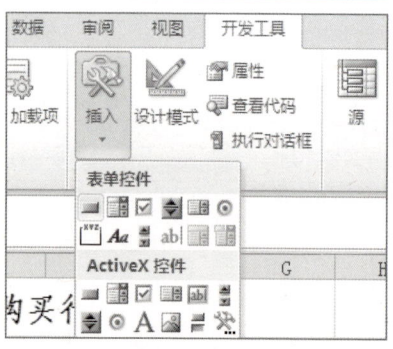

图4-70

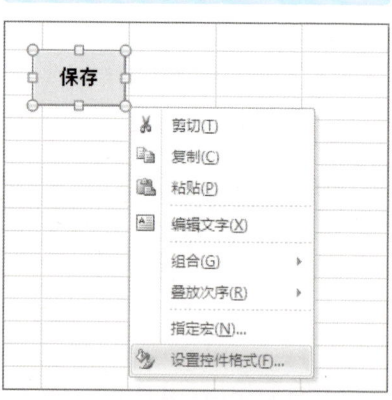

图4-72

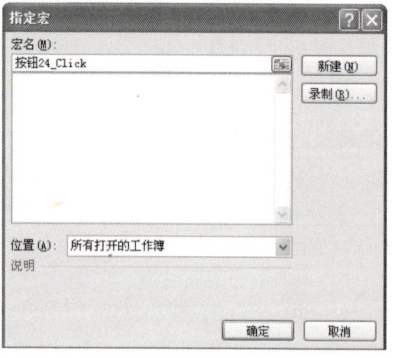

图4-71

图4-73

第4章 设计市场调查问卷

③ 设置完成后对调查问卷设置底纹,为选项按钮添加分组框,并设置保护工作表,即可完成消费者购买行为调查问卷的设计,如图4-74所示。

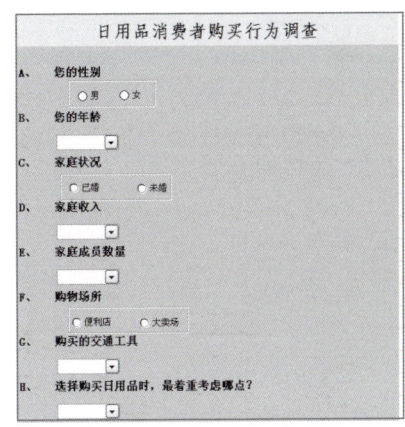

图4-74

文件28　商品房需求市场调查问卷

商品房需求市场调查不仅仅是完成对原始数据的搜集,更为重要的是要对这些原始数据进行分析,从而为企业制定市场方针提供理论依据。

制作要点与设计效果图

- 设置表格的格式
- 插入选项按钮
- 插入分组框
- 复制粘贴控件

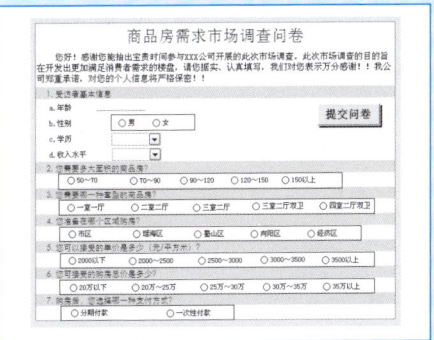

文件29　女性护肤品调查问卷

在Excel中,可以设计一份女性护肤品调查问卷来收集女性朋友在使用和选择护肤品方面所考虑的因素。

制作要点与设计效果图

- 插入复选框
- 插入组合框
- 插入分组框
- 插入按钮
- 设置控件格式

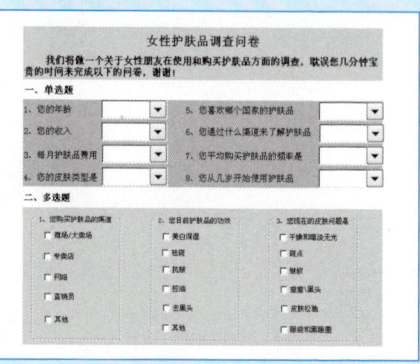

文件30 日常运动方式调查问卷

在Excel中,可以设计一份收集不同年龄、不同职业人群在选择运动方式上的信息。

制作要点与设计效果图

- 插入复选框
- 插入组合框
- 插入分组框
- 插入按钮
- 设置控件格式

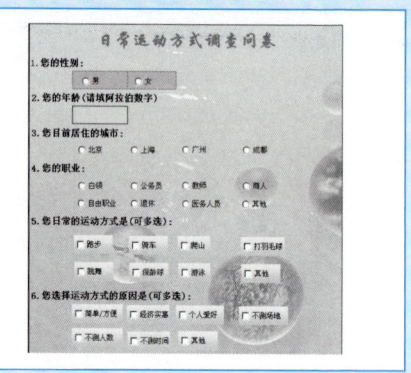

文件31 零售业调查问卷

在Excel中,可以针对零售业的现状,设计一份调查问卷,可了解客户对目前零售业的了解程度,以及在客户心目中的零售业形态,从而着手加强零售业的管理。

第4章 设计市场调查问卷

制作要点与设计效果图

- 插入复选框
- 插入选项按钮
- 设置控件格式
- 设置单元格边框

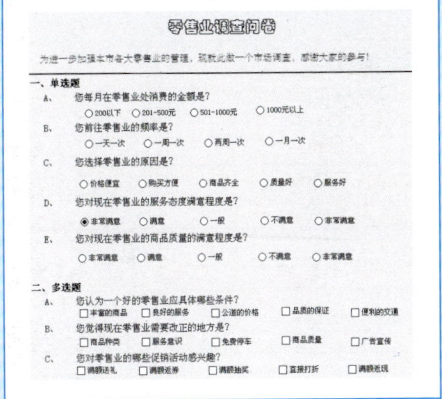

文件32 手机购买力度调查问卷

在Excel中，可以设计一份手机购买力度调查问卷来了解用户在购买手机时所考虑的因素。

制作要点与设计效果图

- 插入复选框
- 插入组合框
- 插入分组框
- 插入按钮
- 设置控件格式
- 隐藏单元格

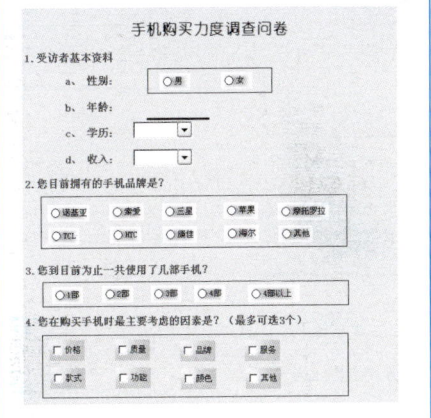

59

读书笔记

第5章

市场调查结果与分析

市场调查就是指运用科学的方法，有目的地、有系统地搜集、记录、整理有关市场营销信息和资料，分析市场情况，了解市场的现状及其发展趋势，为市场预测和营销决策提供客观的、正确的资料。

企业在进行市场调查时，对调查结果的统计与分析必不可少，也是非常重要的环节，它是将收集到的调查问卷的数据信息进行统计，再将统计的数据进行科学、合理、有效的分析，将调查结果的整体分为各个部分、方面、因素和层次，并从中找到有价值的依据，从而为决策部门制定更加有效的营销战略提供有力的数据说明。

编号	文件名称	光盘中对应数据源	重要星级
文件33	新产品市场调查结果与分析	素材文件\第5章\新产品市场调查结果与分析.xls	★★★★
文件34	广告效果调查结果与分析	素材文件\第5章\广告效果调查结果与分析.xls	★★★
文件35	品牌形象调查结果与分析	素材文件\第5章\品牌形象调查结果与分析.xls	★★★
文件36	客户满意度调查结果与分析	素材文件\第5章\客户满意度调查结果与分析.xls	★★★
文件37	消费者购买行为调查结果与分析	素材文件\第5章\消费者购买行为调查结果与分析.xls	★★★
文件38	商品房需求市场调查结果与分析	素材文件\第5章\商品房需求市场调查结果与分析.xls	★★★
文件39	女性护肤品调查结果与分析	素材文件\第5章\女性护肤品调查结果与分析.xls	★★★★
文件40	日常运动方式调查结果与分析	素材文件\第5章\日常运动方式调查结果与分析.xls	★★★
文件41	零售业调查结果与分析	素材文件\第5章\零售业调查结果与分析.xls	★★★★
文件42	手机购买力调查结果与分析	素材文件\第5章\手机购买力调查结果与分析.xls	★★★

文件33 新产品市场调查结果与分析

新产品市场调查结果与分析是将通过调查问卷收集到的结果进行统计,再对结果进行数据分析,从而得出企业所需的分析结果。在Excel中,可以通过数据有效性来设置下拉列表输入数据,再利用COUNTIF函数来进行样本组成分析。

制作要点与设计效果图

- 设置数据有效性
- 选择性粘贴
- 输入公式
- COUNTIF函数
- 填充公式

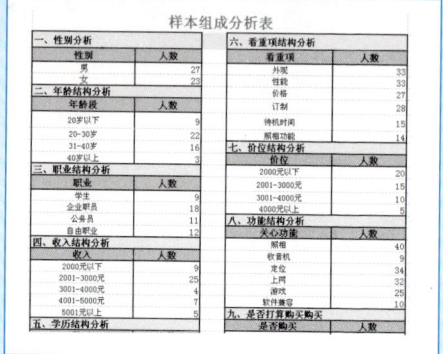

文件设计过程

步骤1:创建表格

在工作表Sheet2中创建结果录入表,假设本次的问卷样本为100份,将工作表标签更改为"结果录入",如图5-1所示。

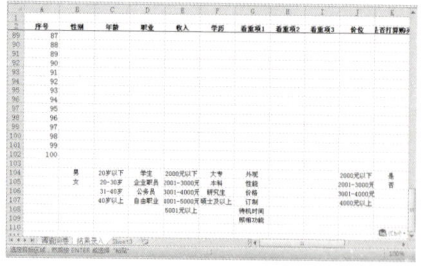

图5-1

步骤2:设置数据有效性

①选择B3:B102单元格区域,单击"数据"选项卡下"数据工具"选项组中的"数据有效性"下拉按钮,在下拉菜单中单击"数据有效性"命令,如图5-2所示。

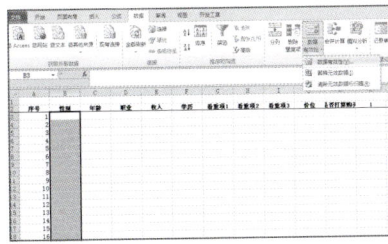

图5-2

[2] 在"数据有效性"对话框中的"允许"下拉列表中选择"序列",在"来源"文本框中输入"=$B$104:$B$105",如图5-3所示。单击"确定"按钮,返回工作表,即可看到创建的下拉列表,如图5-4所示。

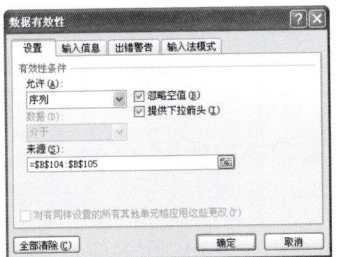

图5-3

图5-4

[3] 选择C3:C102单元格区域,在"数据有效性"对话框中的"允许"下拉列表中选择"序列",在"来源"文本框中输入"=$C$104:$C$107",如图5-5所示。单击"确定"按钮,返回工作表,即可看到创建的下拉列表,如图5-6所示。

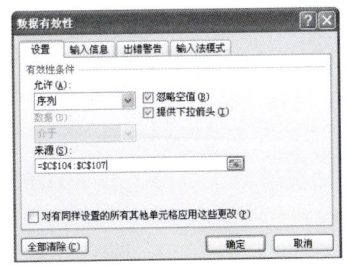

图5-5

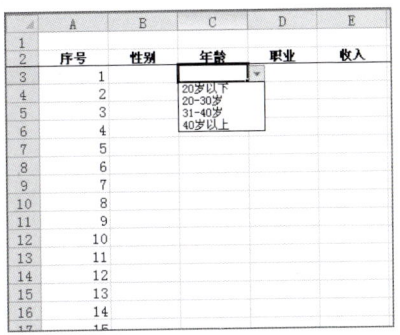

图5-6

[4] 重复以上操作设置各项的数据有效性,其中"看重项"列共用一个来源数据,"功能"列也共用一个来源数据,然后在B3:O102单元格区域中录入50份调查问卷结果,如图5-7所示。

图5-7

步骤3：复制数据表

1 选择A1:O52单元格区域并单击鼠标右键，在弹出的快捷菜单中单击"复制"命令，如图5-8所示，右键单击Sheet3工作表中的单元格A1，在弹出的快捷菜单中单击"选择性粘贴"→"值和数字格式"命令，如图5-9所示。

2 此时，通过选择性粘贴的工作表已取消数据有效性。然后更改工作表标签为"结果数据表"，如图5-10所示。

图5-9

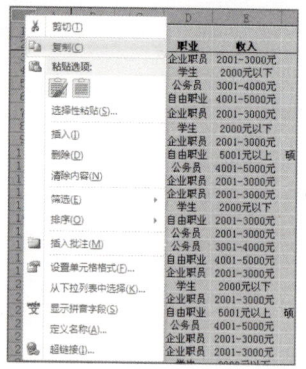

图5-8

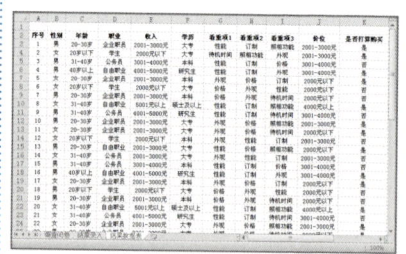

图5-10

步骤4：新建工作表

1 新建工作表并更改名字为"样本分析"，在工作表中输入分析样本，如图5-11所示。

2 在B4单元格中输入公式"=COUNTIF(结果数据表!$B$3:$B$52,A4)"后按回车键，如图5-12所示，在B5单元格中输入公式"=COUNTIF(结果数据表!$B$3:$B$52,A5)"后按回车键，如图5-13所示。

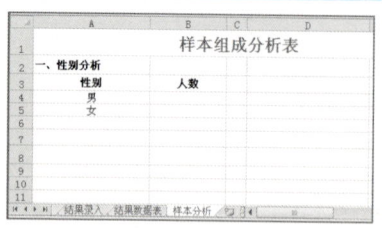

图5-11

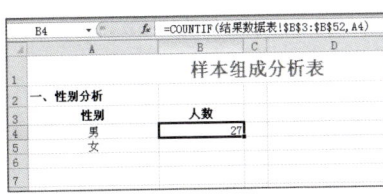

图5-12

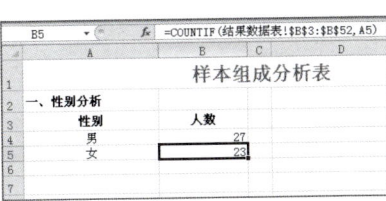

图5-13

步骤5：样本分析

1 在B8单元格中输入公式"=COUNTIF(结果数据表!$C$3:$C$52,A8)"后按回车键。拖动单元格B8右下角的自动填充柄至单元格B11，如图5-14所示。

3 在B20单元格中输入公式"=COUNTIF(结果数据表!$E$3:$E$52,A20)"后按回车键。拖动单元格B20右下角的自动填充柄至单元格B24，如图5-16所示。

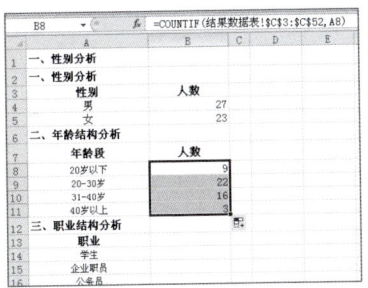

图5-14

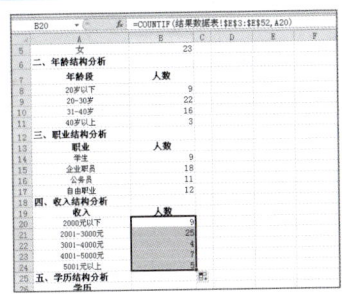

图5-16

2 在B14单元格中输入公式"=COUNTIF(结果数据表!$D$3:$D$52,A14)"后按回车键。拖动单元格B14右下角的自动填充柄至单元格B17，如图5-15所示。

4 在B27单元格中输入公式"=COUNTIF(结果数据表!$F$3:$F$52,A27)"后按回车键。拖动单元格B27右下角的自动填充柄至单元格B30，如图5-17所示。

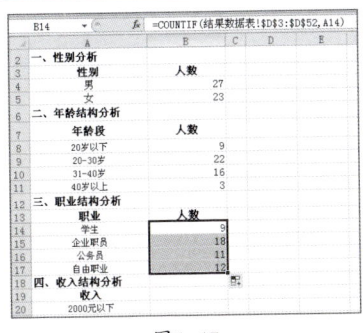

图5-15

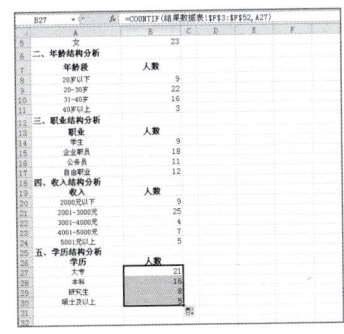

图5-17

[5] 在E4单元格中输入公式"=COUNTIF(结果数据表!$G$3:$I$52,D4)"后按回车键。拖动单元格E4右下角的自动填充柄至单元格E9,如图5-18所示。

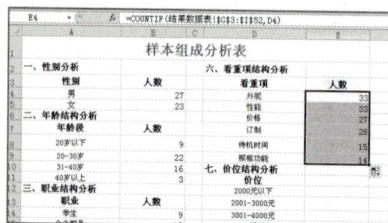

图5-18

[6] 在E12单元格中输入公式"=COUNTIF(结果数据表!$J$3:$J$52,D12)"后按回车键。拖动单元格E12右下角的自动填充柄至单元格E15,如图5-19所示。

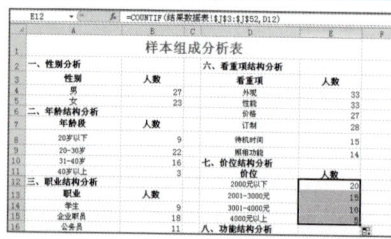

图5-19

[7] 在E18格中输入公式"=COUNTIF(结果数据表!$L$3:$N$52,D18)"后按回车键。拖动单元格E18右下角的自动填充柄至单元格E23,如图5-20所示。

[8] 在E26单元格中输入公式"=COUNTIF(结果数据表!$K$3:$K$52,D26)"后按回车键。拖动单元格E3右下角的自动填充柄至单元格E27,如图5-21所示。

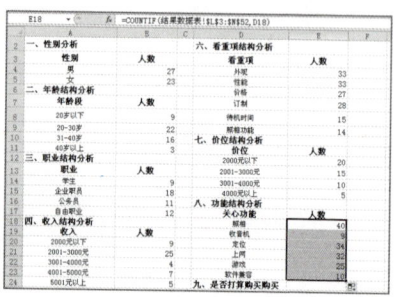

图5-20

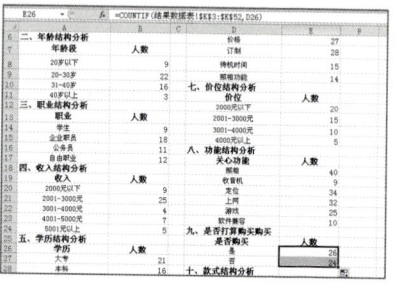

图5-21

[9] 在E30单元格中输入公式"=COUNTIF(结果数据表!$O$3:$O$52,D33)"后按回车键。拖动单元格E3右下角的自动填充柄至单元格E33,如图5-22所示。

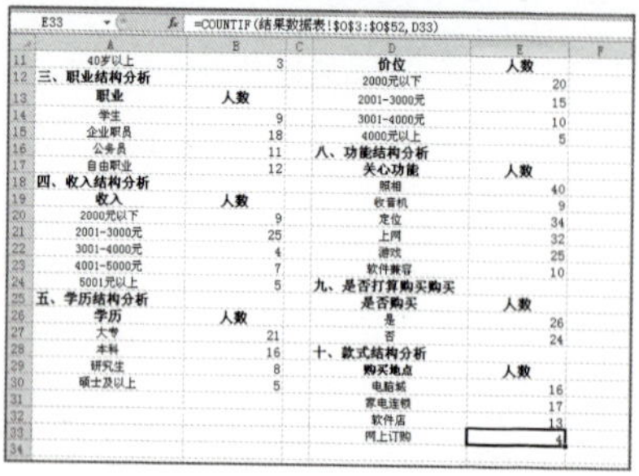

图5-22

[10] 接着对表格进一步完善即

第5章 市场调查结果与分析

可完成新产品调查结果中所有样本组成结果的分析，如图5-23所示。

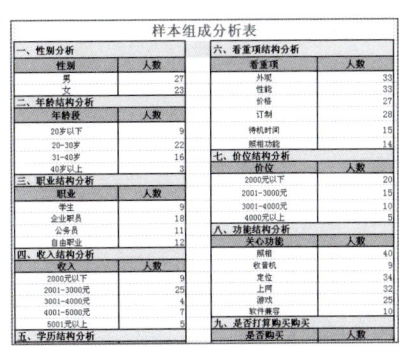

图5-23

文件34 广告效果调查结果与分析

　　广告效果市场调查结果与分析是将通过调查问卷收集到的结果进行统计，再对结果进行数据分析。在Excel中，可以使用VLOOKUP函数来统计调查问卷数据，利用SUMPRODUCT函数来分析不同性别人群对广告语的评价情况。

🔍 制作要点与设计效果图

- 使用名称框定义名称
- 设置数据有效性
- VLOOKUP函数
- SUMPRODUCT函数
- SUM函数

广告语效果分析

性别	非常好	很好	一般	差	非常差
男	15	10	9	2	0
女	33	25	4	2	0
合计	48	35	13	4	0

✪ 文件设计过程

➡ 步骤1：创建表格

1 插入工作表"编码设置"，并在该工作表中输入编码设置的基本数据，如图5-24所示。

图5-24

多选项的问题应按问题的最多项设置结果录入列,如图5-25所示。

图5-25

2 新建工作表"结果录入",并在工作表中输入基本数据,对于

步骤2:设置数据有效性

1 在序号列中输入问卷份数。假设这里调查问卷为100份,可以利用序列填充在单元格A2:A101中输入1~100。选择B2:B101单元格区域,单击"数据"选项卡,在"数据工具"选项组中单击"数据有效性"按钮,在下拉菜单中单击"数据有效性"选项,如图5-26所示。

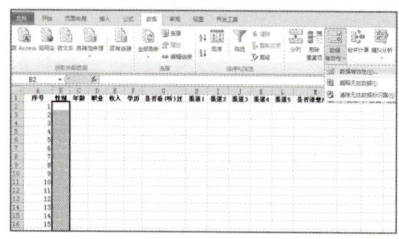

图5-26

2 在弹出的"数据有效性"对话框的"允许"下拉列表中选择"序列"选项,在"来源"文本框中输入"1,2",单击"确定"按钮,如图5-27所示。

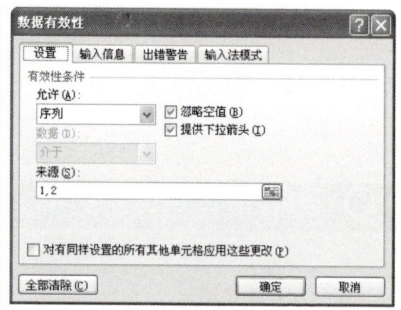

图5-27

3 在B2:B101单元格区域中单击任意一个单元格,都会出现一个下拉箭头,里面显示出可供选择的序列数据,如图5-28所示。

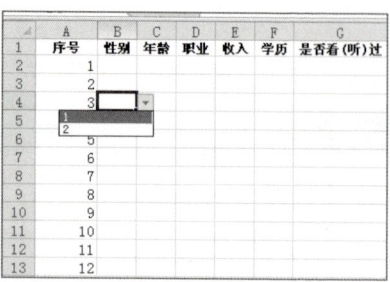

图5-28

第5章 市场调查结果与分析

4 选中C2:C101单元格区域，打开"数据有效性"对话框，在"允许"下拉列表中选择"序列"选项，在"来源"文本框中输入"1,2,3,4"，如图5-29所示。单击"出错警告"标签，在"样式"下拉列表中选择"警告"，在标题框和错误信息框中输入信息，如图5-30所示。

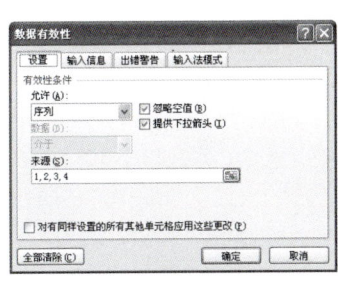

图5-29

5 如在C2:C101单元格区域输入1~4以外的数值，则会弹出输入错误提示，单击"取消"按钮后可继续输入，这样在快速输入数据的同时，又保证了数据录入的准确性，如图5-31所示。

6 依次对各项目设置数据有效性后，将调查问卷的数据输入到结果录入工作表中。

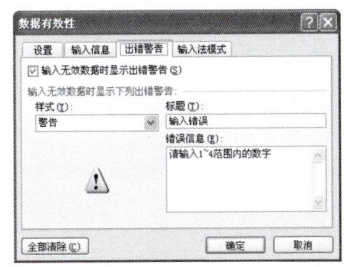

图5-30

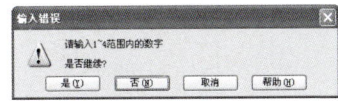

图5-31

步骤3：定义名称

1 单击"编码设置"工作表标签，选择A1:L6单元格区域。单击"公式"选项卡下"定义的名称"组中的"定义名称"按钮。在展开的下拉列表中单击"定义名称"选项，如图5-32所示。

2 在弹出的"新建名称"对话框中的"名称"文本框中输入名称"代码"。单击"确定"按钮，如图5-33所示。

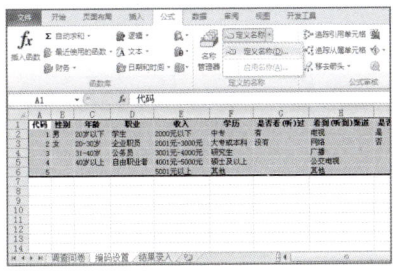

图5-32

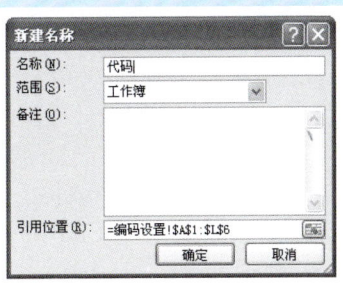

图5-33

步骤4：插入空白列和删除多余列

1 单击"结果录入"工作表标签，选中C列并单击鼠标右键，在弹出的快捷菜单中单击"插入"命令，如图5-34所示，选中S列和T列并单击鼠标右键，在弹出的快捷菜单中单击"删除"命令，如图5-35所示。

图5-35

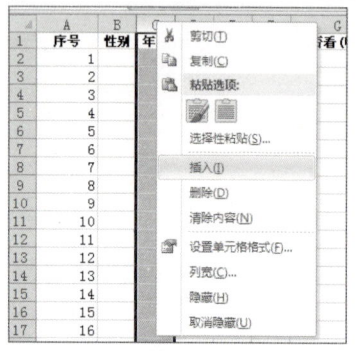

图5-34

2 重复以上操作，分别在各项目列的右侧插入一个空白列，并在各空白列的顶端单元格中输入与左侧单元格相同的项目字段，如图5-36所示。

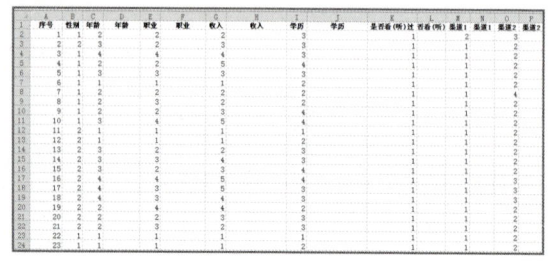

图5-36

步骤5：取消数据有效性

1 选取所有空白列后单击"数据"选项卡下"数据工具"组中的"数据有效性"按钮。在展开的下拉列表中单击"数据有效性"选项，如图5-37所示，在弹出对话框中单击"确定"按钮，如图5-38所示。

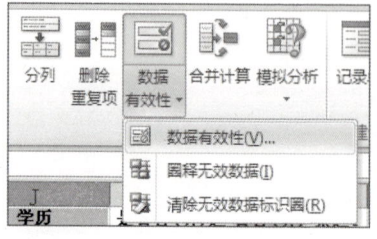

图5-37

第5章 市场调查结果与分析

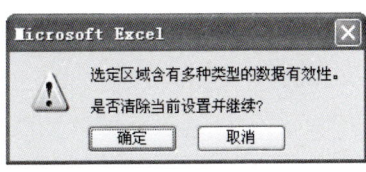

图5-38

②在弹出的"数据有效性"对话框中单击"全部清除"按钮，单击"确定"按钮，如图5-39所示。

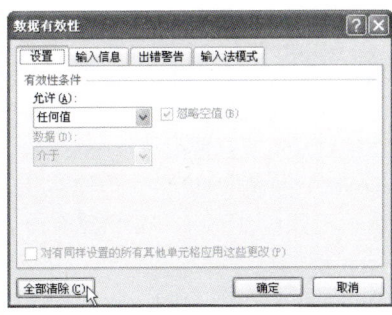

图5-39

步骤6：使用VLOOKUP函数

①选择C2:C101单元格区域，在公式编辑栏中输入公式："=VLOOKUP(B2,代码,2,FALSE)"，按回车键，完成"性别"信息的替换，如图5-40所示。

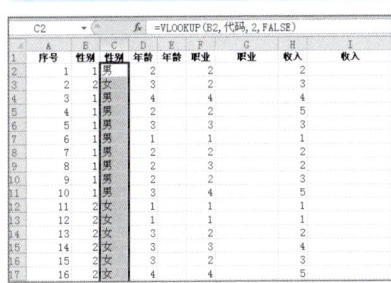

图5-40

②选择E2:E101单元格区域，在公式编辑栏中输入公式："=VLOOKUP(D2,代码,3,FALSE)"，按<Ctrl+Enter>组合键，完成"年龄"信息的替换，如图5-41所示。选择G2:G101单元格区域，在公式编辑栏中输入公式："=VLOOKUP(F2,代码,4,FALSE)"，按回车键，完成"职业"信息的替换，如图5-42所示。

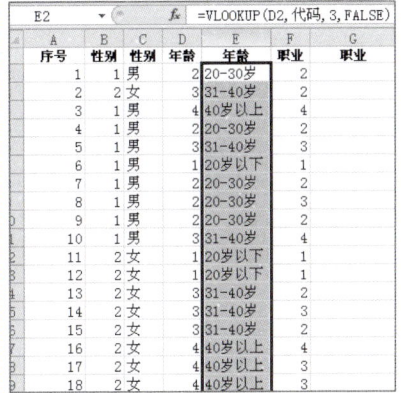

图5-41

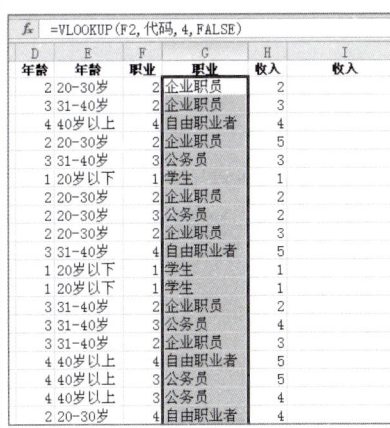

图5-42

3 选择I2:I101单元格区域，在公式编辑栏中输入公式：“=VLOOKUP(H2,代码,5,FALSE)”，按<Ctrl+Enter>组合键，完成“收入”信息的替换，如图5-43所示。选择K2:K101单元格区域，在公式编辑栏中输入公式：“=VLOOKUP(J2,代码,6,FALSE)”，按回车键，完成“学历”信息的替换，如图5-44所示。

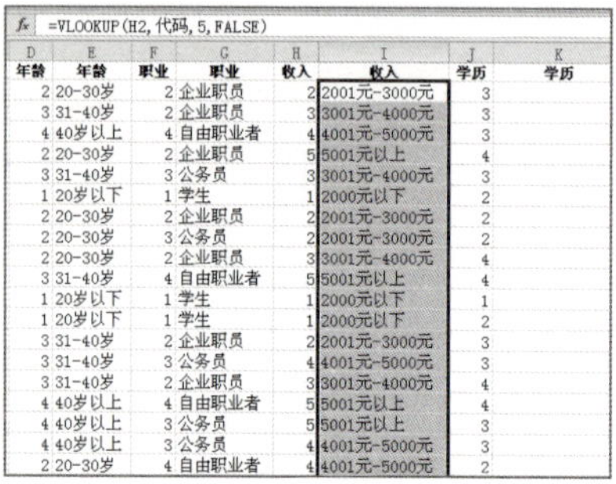

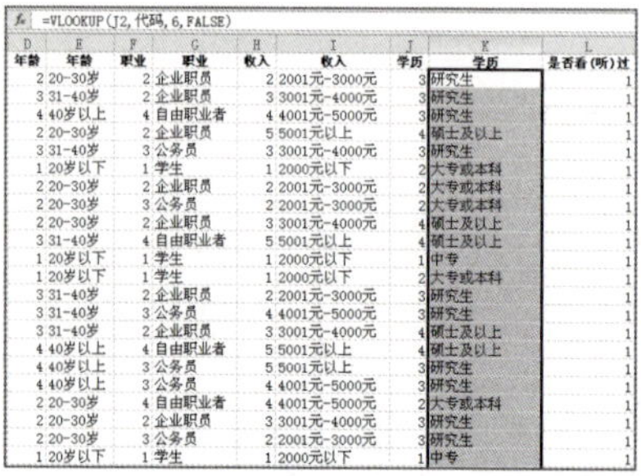

=VLOOKUP(H2, 代码, 5, FALSE)

D	E	F	G	H	I	J	K
年龄	年龄	职业	职业	收入	收入	学历	学历
2	20-30岁	2	企业职员	2	2001元-3000元	3	
3	31-40岁	2	企业职员	3	3001元-4000元	3	
4	40岁以上	4	自由职业者	4	4001元-5000元	3	
2	20-30岁	2	企业职员	5	5001元以上	4	
3	31-40岁	3	公务员	3	3001元-4000元	3	
1	20岁以下	1	学生	1	2000元以下	2	
2	20-30岁	2	企业职员	2	2001元-3000元	2	
2	20-30岁	3	公务员	2	2001元-3000元	2	
2	20-30岁	2	企业职员	3	3001元-4000元	4	
3	31-40岁	4	自由职业者	5	5001元以上	4	
1	20岁以下	1	学生	1	2000元以下	1	
1	20岁以下	1	学生	1	2000元以下	2	
3	31-40岁	2	企业职员	2	2001元-3000元	3	
3	31-40岁	3	公务员	4	4001元-5000元	3	
3	31-40岁	2	企业职员	3	3001元-4000元	4	
4	40岁以上	4	自由职业者	5	5001元以上	4	
4	40岁以上	3	公务员	5	5001元以上	3	
4	40岁以上	3	公务员	4	4001元-5000元	3	
2	20-30岁	4	自由职业者	4	4001元-5000元	2	

图5-43

=VLOOKUP(J2, 代码, 6, FALSE)

D	E	F	G	H	I	J	K	L
年龄	年龄	职业	职业	收入	收入	学历	学历	是否看(听)过
2	20-30岁	2	企业职员	2	2001元-3000元	3	研究生	1
3	31-40岁	2	企业职员	3	3001元-4000元	3	研究生	1
4	40岁以上	4	自由职业者	4	4001元-5000元	3	研究生	1
2	20-30岁	2	企业职员	5	5001元以上	4	硕士及以上	1
3	31-40岁	3	公务员	3	3001元-4000元	3	研究生	1
1	20岁以下	1	学生	1	2000元以下	2	大专或本科	1
2	20-30岁	2	企业职员	2	2001元-3000元	2	大专或本科	1
2	20-30岁	3	公务员	2	2001元-3000元	2	大专或本科	1
2	20-30岁	2	企业职员	3	3001元-4000元	4	硕士及以上	1
3	31-40岁	4	自由职业者	5	5001元以上	4	硕士及以上	1
1	20岁以下	1	学生	1	2000元以下	1	中专	1
1	20岁以下	1	学生	1	2000元以下	2	大专或本科	1
3	31-40岁	2	企业职员	2	2001元-3000元	3	研究生	1
3	31-40岁	3	公务员	4	4001元-5000元	3	研究生	1
3	31-40岁	2	企业职员	3	3001元-4000元	4	硕士及以上	1
4	40岁以上	4	自由职业者	5	5001元以上	4	硕士及以上	1
4	40岁以上	3	公务员	5	5001元以上	3	研究生	1
4	40岁以上	3	公务员	4	4001元-5000元	3	研究生	1
2	20-30岁	4	自由职业者	4	4001元-5000元	2	大专或本科	1
2	20-30岁	2	企业职员	3	3001元-4000元	3	研究生	1
2	20-30岁	3	公务员	2	2001元-3000元	3	研究生	1
1	20岁以下	1	学生	1	2000元以下	1	中专	1

图5-44

4 M2:M61单元格区域，在公式编辑栏中输入公式：“=VLOOKUP(L2,代码,7,FALSE)”，按<Ctrl+Enter>组合键，如图5-45所示。选择O2:O61、Q2:Q61、S2:S61单元格区域，在公式编辑栏中输入公式：“=VLOOKUP(R2,代码,8,FALSE)”，按回车键，如图5-46所示。

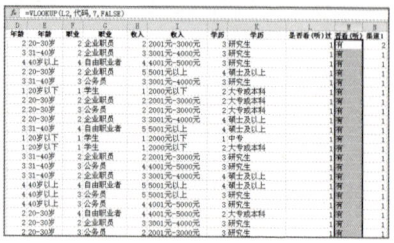

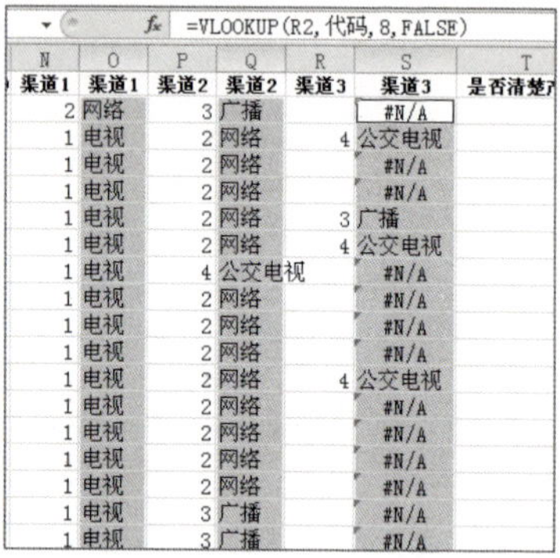

=VLOOKUP(L2, 代码, 7, FALSE)

D	E	F	G	H	I	J	K	L	M	N
年龄	年龄	职业	职业	收入	收入	学历	学历	是否看(听)过	否看(听)	渠道1
2	20-30岁	2	企业职员	2	2001元-3000元	3	研究生	1	有	2
3	31-40岁	2	企业职员	3	3001元-4000元	3	研究生	1	有	1
4	40岁以上	4	自由职业者	4	4001元-5000元	3	研究生	1	有	1
2	20-30岁	2	企业职员	5	5001元以上	4	硕士及以上	1	有	1
3	31-40岁	3	公务员	3	3001元-4000元	3	研究生	1	有	1
1	20岁以下	1	学生	1	2000元以下	2	大专或本科	1	有	1
2	20-30岁	2	企业职员	2	2001元-3000元	2	大专或本科	1	有	1
2	20-30岁	3	公务员	2	2001元-3000元	2	大专或本科	1	有	1
2	20-30岁	2	企业职员	3	3001元-4000元	4	硕士及以上	1	有	1
3	31-40岁	4	自由职业者	5	5001元以上	4	硕士及以上	1	有	1
1	20岁以下	1	学生	1	2000元以下	1	中专	1	有	1
1	20岁以下	1	学生	1	2000元以下	2	大专或本科	1	有	1
3	31-40岁	2	企业职员	2	2001元-3000元	3	研究生	1	有	1
3	31-40岁	3	公务员	4	4001元-5000元	3	研究生	1	有	1
3	31-40岁	2	企业职员	3	3001元-4000元	4	硕士及以上	1	有	1
4	40岁以上	4	自由职业者	5	5001元以上	4	硕士及以上	1	有	1
4	40岁以上	3	公务员	5	5001元以上	3	研究生	1	有	1
4	40岁以上	3	公务员	4	4001元-5000元	3	研究生	1	有	1
2	20-30岁	4	自由职业者	4	4001元-5000元	2	大专或本科	1	有	1
2	20-30岁	2	企业职员	3	3001元-4000元	3	研究生	1	有	1
2	20-30岁	3	公务员	2	2001元-3000元	3	研究生	1	有	1

图5-45

=VLOOKUP(R2, 代码, 8, FALSE)

N	O	P	Q	R	S	T
渠道1	渠道1	渠道2	渠道2	渠道3	渠道3	是否清楚产
2	网络	3	广播		#N/A	
1	电视	2	网络	4	公交电视	
1	电视	2	网络		#N/A	
1	电视	2	网络		#N/A	
1	电视	2	网络	3	广播	
1	电视	2	网络	4	公交电视	
1	电视	4	公交电视		#N/A	
1	电视	2	网络		#N/A	
1	电视	2	网络		#N/A	
1	电视	2	网络		#N/A	
1	电视	2	网络	4	公交电视	
1	电视	2	网络		#N/A	
1	电视	2	网络		#N/A	
1	电视	2	网络		#N/A	
1	电视	2	网络		#N/A	
1	电视	3	广播		#N/A	
1	电视	3	广播		#N/A	

图5-46

5 选取U6:M61单元格区域，在公式编辑栏中输入公式：“=VLOOKUP(T2,代码,9,FALSE)”，按回车键，如图5-47所示。选择W2:W61单元格区域，在公式编辑栏中输入公式：“=VLOOKUP(V2,代码,10,FALSE)”，按<Ctrl+Enter>组合键，如图5-48所示。

6 选择Y2:Y61单元格区域，在公式编辑栏中输入公式：“=VLOOKUP(X2,代码,11,FALSE)”，按回车键，如图5-49所示。选择AA2:AA61单元格

区域，在公式编辑栏中输入公式："=VLOOKUP(Z2,代码,12,FALSE)"，按<Ctrl+Enter>组合键，如图5-50所示。

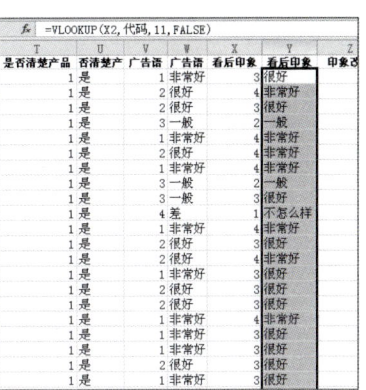

=VLOOKUP(T2,代码,9,FALSE)

	R	S	T	U	V
2	渠道3	渠道3	是否清楚产品	否清楚产	广告i
		#N/A	1	是	
	4	公交电视	1	是	
		#N/A	1	是	
		#N/A	1	是	
	3	广播	1	是	
	4	公交电视	1	是	
电视		#N/A	1	是	
		#N/A	1	是	
		#N/A	1	是	
		#N/A	1	是	
	4	公交电视	1	是	
		#N/A	1	是	
		#N/A	1	是	
		#N/A	1	是	
		#N/A	1	是	
		#N/A	1	是	
		#N/A	1	是	
		#N/A	1	是	

图5-47

W2　=VLOOKUP(V2,代码,10,FALSE)

R	S	T	U	V	W	X
渠道3	渠道3	是否清楚产品	否清楚产	广告语	广告语	看后印象
	#N/A	1	是	1	非常好	3
4	公交电视	1	是	2	很好	4
	#N/A	1	是	2	很好	3
	#N/A	1	是	3	一般	2
3	广播	1	是	1	非常好	4
4	公交电视	1	是	2	很好	4
视	#N/A	1	是	1	非常好	4
	#N/A	1	是	3	一般	2
	#N/A	1	是	3	一般	3
	#N/A	1	是	4	差	1
4	公交电视	1	是	1	非常好	4
	#N/A	1	是	2	很好	3
	#N/A	1	是	2	很好	4
	#N/A	1	是	1	非常好	3
	#N/A	1	是	2	很好	3
	#N/A	1	是	2	很好	3
	#N/A	1	是	1	非常好	4

图5-48

=VLOOKUP(X2,代码,11,FALSE)

T	U	V	W	X	Y	Z
是否清楚产品	否清楚产	广告语	广告语	看后印象	看后印象	印象改
1	是	1	非常好	3	很好	
1	是	2	很好	4	非常好	
1	是	2	很好	3	很好	
1	是	3	一般	2	一般	
1	是	1	非常好	4	非常好	
1	是	2	很好	4	非常好	
1	是	1	非常好	4	非常好	
1	是	3	一般	2	一般	
1	是	3	一般	3	很好	
1	是	4	差	1	不怎么样	
1	是	1	非常好	4	非常好	
1	是	2	很好	3	很好	
1	是	2	很好	4	非常好	
1	是	1	非常好	3	很好	
1	是	2	很好	3	很好	
1	是	2	很好	3	很好	
1	是	1	非常好	4	非常好	
1	是	1	非常好	3	很好	
1	是	1	非常好	3	很好	
1	是	2	很好	3	很好	
1	是	1	非常好	3	很好	

图5-49

AA2　=VLOOKUP(Z2,代码,12,FALSE)

	U	V	W	X	Y	Z	AA
1	否清楚产	广告语	广告语	看后印象	看后印象	印象改变	印象改变
2	是	1	非常好	3	很好	1	有
3	是	2	很好	4	非常好	1	有
4	是	2	很好	3	很好	1	有
5	是	3	一般	2	一般	2	没有
6	是	1	非常好	4	非常好	1	有
7	是	2	很好	4	非常好	1	有
8	是	1	非常好	4	非常好	1	有
9	是	3	一般	2	一般	3	说不清
10	是	3	一般	3	很好	3	说不清
11	是	4	差	1	不怎么样	3	说不清
12	是	1	非常好	4	非常好	1	有
13	是	2	很好	3	很好	1	有
14	是	2	很好	4	非常好	1	有
15	是	1	非常好	3	很好	3	说不清
16	是	2	很好	3	很好	1	有
17	是	2	很好	3	很好	1	有
18	是	1	非常好	4	非常好	3	说不清
19	是	1	非常好	3	很好	1	有
20	是	1	非常好	3	很好	1	有
21	是	2	很好	3	很好	1	有
22	是	1	非常好	3	很好	1	有

图5-50

7 新建"调查结果数据库"工作表中，将"结果录入"工作表中替换后的数据复制到该工作表中。完成调查结果的录入，如图5-51所示。

	A	B	C	D	E	F	G	H	I	J	K	L	M	N
1	序号	性别	年龄	职业	收入	学历	是否看（听）过	渠道1	渠道2	渠道3	否清楚产	广告语	看后印象	印象改变
2	1	男	20-30岁	企业职员	2001元-3000元	研究生	有	网络	广播	#N/A	是	非常好	很好	有
3	2	女	31-40岁	企业职员	3001元-4000元	研究生	有	电视	网络	公交电视	是	很好	非常好	有
4	3	男	40岁以上	自由职业者	4001元-5000元	研究生	有	电视	网络	#N/A	是	很好	很好	有
5	4	男	20-30岁	企业职员	5001元以上	硕士及以上	有	电视	网络	#N/A	是	一般	一般	没有
6	5	男	31-40岁	公务员	3001元-4000元	研究生	有	电视	网络	广播	是	非常好	非常好	有
7	6	男	20岁以下	学生	2000元以下	大专或本科	有	电视	网络	公交电视	是	很好	非常好	有
8	7	男	20-30岁	企业职员	2001元-3000元	大专或本科	有	电视	公交电视	#N/A	是	非常好	非常好	有
9	8	男	20-30岁	公务员	2001元-3000元	大专或本科	有	电视	网络	#N/A	是	一般	一般	说不清
10	9	男	20-30岁	企业职员	3001元-4000元	硕士及以上	有	电视	网络	#N/A	是	一般	很好	说不清
11	10	男	31-40岁	自由职业者	5001元以上	硕士及以上	有	电视	网络	#N/A	是	差	不怎么样	说不清
12	11	女	20岁以下	学生	2000元以下	中专	有	电视	网络	公交电视	是	非常好	非常好	有
13	12	女	20岁以下	学生	2000元以下	大专或本科	有	电视	网络	#N/A	是	很好	很好	有
14	13	女	31-40岁	企业职员	2001元-3000元	研究生	有	电视	网络	#N/A	是	很好	非常好	有
15	14	女	31-40岁	公务员	4001元-5000元	研究生	有	电视	网络	#N/A	是	非常好	很好	说不清
16	15	女	31-40岁	企业职员	3001元-4000元	硕士及以上	有	电视	网络	#N/A	是	很好	很好	有
17	16	女	40岁以上	自由职业者	5001元以上	硕士及以上	有	电视	广播	#N/A	是	很好	很好	有
18	17	女	40岁以上	公务员	5001元以上	研究生	有	电视	广播	#N/A	是	非常好	非常好	说不清
19	18	女	40岁以上	公务员	4001元-5000元	研究生	有	电视	广播	#N/A	是	非常好	很好	有
20	19	女	20-30岁	自由职业者	4001元-5000元	大专或本科	有	电视	网络	#N/A	是	非常好	很好	有
21	20	女	20-30岁	企业职员	3001元-4000元	研究生	有	电视	网络	#N/A	是	很好	很好	有
22	21	女	20-30岁	公务员	2001元-3000元	研究生	有	电视	网络	#N/A	是	非常好	很好	有
23	22	男	20岁以下	学生	2000元以下	中专	有	电视	网络	#N/A	是	非常好	很好	有
24	23	男	20岁以下	学生	2000元以下	大专或本科	有	电视	网络	#N/A	是	非常好	很好	有
25	24	男	20岁以下	学生	2000元以下	大专或本科	有	网络	广播	#N/A	是	非常好	很好	有
26	25	男	20岁以下	学生	2000元以下	大专或本科	有	网络	广播	#N/A	是	非常好	很好	有

图5-51

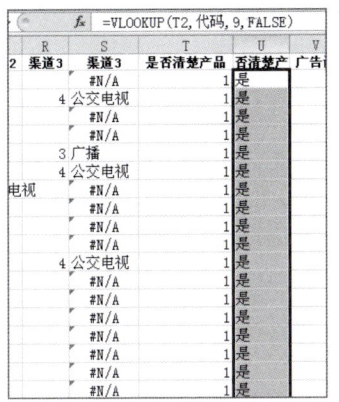

步骤7：使用SUMPRODUCT函数

1 新建"广告语效果分析"工作表，并创建分析表格，对表格进行美化设置。在B3单元格中输入公式："=SUMPRODUCT((调查结果数据库!$B$2:$B$101=$A$3)*(调查结果数据库!$L$2:$L$101=B2))"，按回车键，如图5-52所示。

2 拖动B3单元格右下角的自动填充柄，复制公式至F3单元格，如图5-53所示。

3 接下来在B4单元格中输入公式："=SUMPRODUCT((调查结果数据库!$B$2:$B$101=$A$4)*(调查结果数据库!$L$2:$L$101=B2))"，按回车键。拖动B4单元格右下角的自动填充柄复制公式至F4单元格，如图5-54所示。

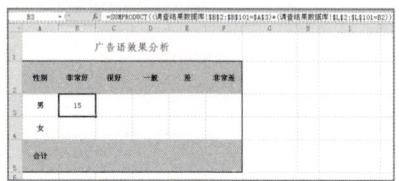

图5-52

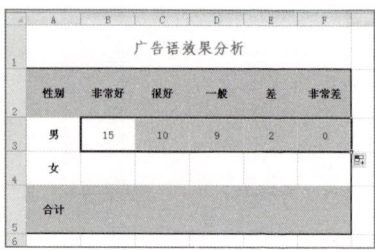

图5-53

图5-54

步骤8：使用SUM函数

在B5单元格中输入公式："=SUM(B3:B4)"，按回车键。拖动B5单元格右下角的自动填充柄，复制公式至F5单元格。即可完成广告语的评价分析，如图5-55所示。

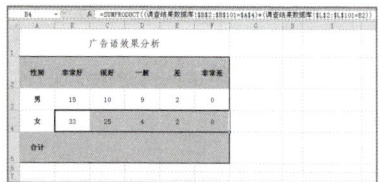

图5-55

文件35　品牌形象调查结果与分析

品牌形象调查结果与分析是将通过调查问卷收集到的结果进行统计，再对结果进行数据分析。在Excel中，可以通过数据筛选功能来筛选各城市中接受调查的人数，然后为筛选出来的数据创建饼图来分析组成样本。

第5章 市场调查结果与分析

制作要点与设计效果图

- 筛选
- 创建条形图
- 更改图标标题
- 设置数据标签格式

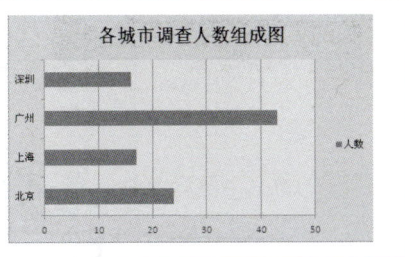

文件设计过程

步骤1：创建表格

新建"样本分析"工作表，并创建"各城市调查人数组成分析"表格，如图5-56所示。

图5-56

步骤2：创建自动筛选

[1] 在"结果录入"工作表中选中H列，切换到"数据"选项卡，单击"排序和筛选"选项组中的"筛选"按钮，即可在H列中的第一行显示出筛选按钮，如图5-57所示。

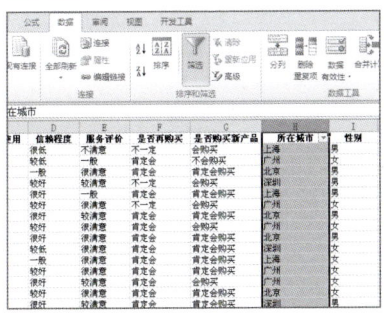

图5-57

[2] 单击"所在城市"筛选按钮，从筛选列表中、选中"北京"复选框。单击"确定"按钮，如图5-58所示，选取筛选结果区域，将状态栏中的计数结果"24"输入到"样本分析"工作表中的B3单元格中，如图5-59所示。

[3] 单击"所在城市"筛选按钮，从筛选列表中选中"广州"复选框，如图5-60所示。单击"确定"按钮，选取筛选结果区域，将状态栏中的计数结果"43"输入到"样本分析"工作表中的D3单元格中，如图5-61所示。

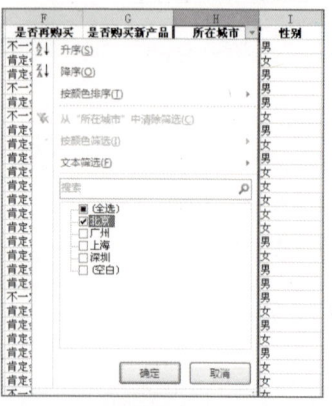

图5-58

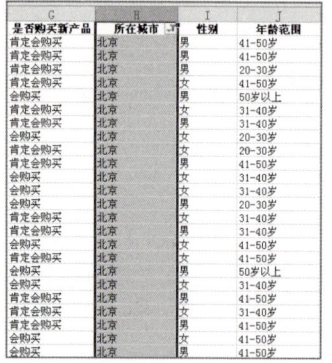

是否购买新产品	所在城市	性别	年龄范围
肯定会购买	北京	男	41-50岁
肯定会购买	北京	男	41-50岁
肯定会购买	北京	男	20-30岁
肯定会购买	北京	女	41-50岁
会购买	北京	男	50岁以上
肯定会购买	北京	女	31-40岁
肯定会购买	北京	男	31-40岁
会购买	北京	女	20-30岁
肯定会购买	北京	女	20-30岁
肯定会购买	北京	男	41-50岁
会购买	北京	女	31-40岁
会购买	北京	女	31-40岁
会购买	北京	男	20-30岁
肯定会购买	北京	女	31-40岁
肯定会购买	北京	男	31-40岁
会购买	北京	女	41-50岁
肯定会购买	北京	女	41-50岁
会购买	北京	男	50岁以上
会购买	北京	女	31-40岁
肯定会购买	北京	男	41-50岁
肯定会购买	北京	女	31-40岁
肯定会购买	北京	男	41-50岁
会购买	北京	女	41-50岁
会购买	北京	男	41-50岁

图5-59

图5-60

是否购买新产品	所在城市	性别	年龄范围
不会购买	广州	女	31-40岁
会购买	广州	女	31-40岁
会购买	广州	女	20-30岁
肯定会购买	广州	女	50岁以上
会购买	广州	女	31-40岁
肯定会购买	广州	男	41-50岁
肯定会购买	广州	男	41-50岁
会购买	广州	女	41-50岁
肯定会购买	广州	男	50岁以上
肯定会购买	广州	女	50岁以上
会购买	广州	男	20-30岁
肯定会购买	广州	男	20-30岁
会购买	广州	男	31-40岁
肯定会购买	广州	女	41-50岁
肯定会购买	广州	男	20-30岁
肯定会购买	广州	男	50岁以上
会购买	广州	女	31-40岁
肯定会购买	广州	男	41-50岁
会购买	广州	男	41-50岁
会购买	广州	男	50岁以上
肯定会购买	广州	女	31-40岁
肯定会购买	广州	女	31-40岁
会购买	广州	男	41-50岁

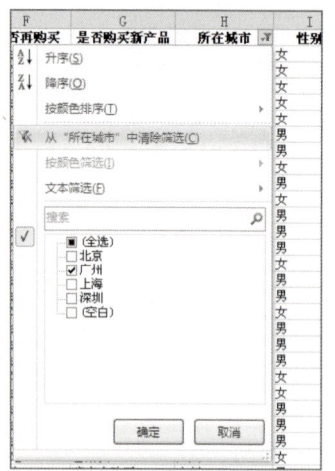

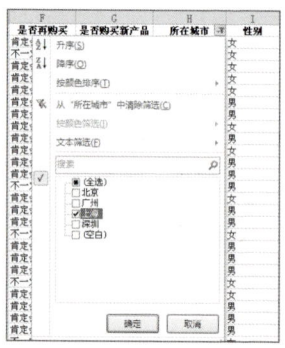

图5-61

4 单击“所在城市”筛选按钮，从筛选列表中选中“上海”复选框。单击“确定”按钮，如图5-62所示，选取筛选结果区域，将状态栏中的计数结果“17”输入到“样本分析”工作表中的C3单元格中，如图5-63所示。

图5-62

是否购买新产品	所在城市	性别	年龄范围
会购买	上海	男	20-30岁
肯定会购买	上海	男	20-30岁
肯定会购买	上海	女	41-50岁
会购买	上海	女	31-40岁
肯定会购买	上海	男	41-50岁
肯定会购买	上海	女	41-50岁
肯定会购买	上海	男	50岁以上
肯定会购买	上海	男	41-50岁
肯定会购买	上海	女	31-40岁
肯定会购买	上海	男	20-30岁
肯定会购买	上海	女	20-30岁
肯定会购买	上海	男	50岁以上
会购买	上海	女	50岁以上
肯定会购买	上海	女	31-40岁
会购买	上海	男	20-30岁
会购买	上海	男	20-30岁
肯定会购买	上海	女	31-40岁

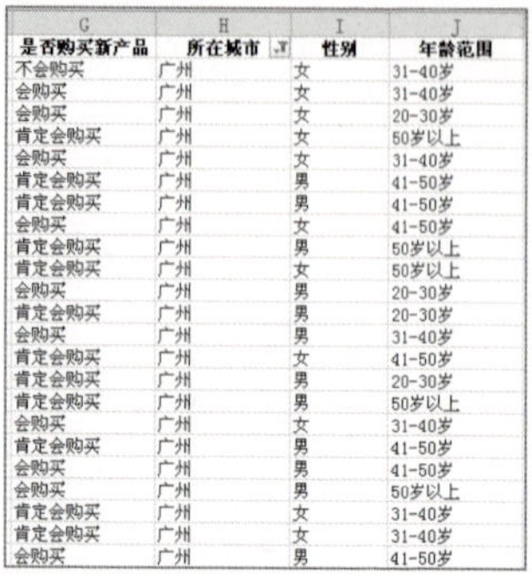

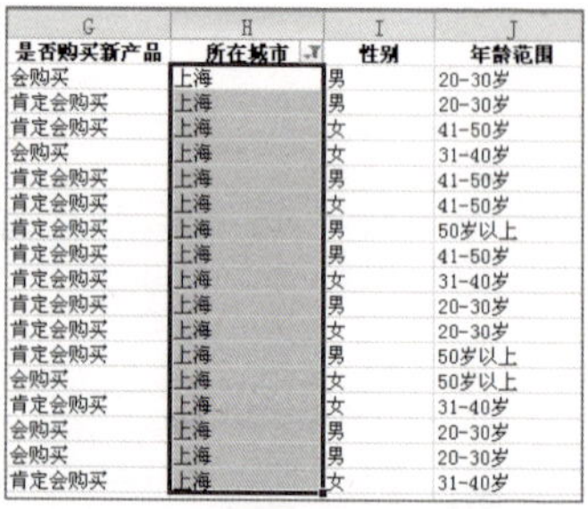

图5-63

第5章 市场调查结果与分析

5 单击"所在城市"筛选按钮，从筛选列表中选中"深圳"复选框。单击"确定"按钮，如图5-64所示，选取筛选结果区域，将状态栏中的计数结果"16"输入到"样本分析"工作表中的E3单元格中，如图5-65所示。

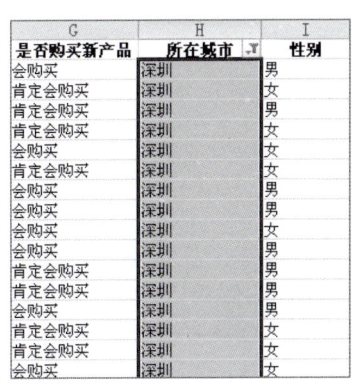

图5-65

6 在"样本分析"工作表中，显示出各城市调查人数的统计结果，如图5-66所示。

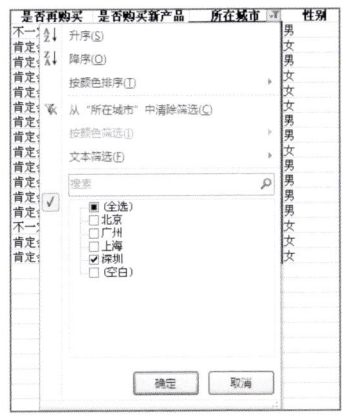

图5-64

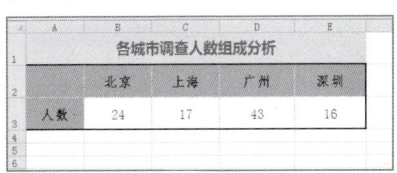

图5-66

步骤3：创建条形图

1 选择A2:E3单元格区域，切换到"插入"选项卡下"图表"选项组中的"条形图"下三角按钮，在下拉列表中选择"簇状条形图"图表类型，如图5-67所示。

图5-67

2 即可在工作表中显示出创建的条形图，更改图表标题为"各城市调查人数组成图"，如图5-68所示。

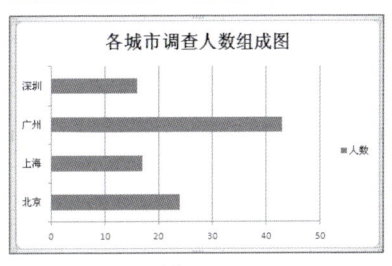

图5-68

3 在"当前所选内容"选项组中图表元素框中选择"图表区"

按钮,单击"设置所选内容格式"按钮,如图5-69所示,弹出"设置图表区格式"对话框,单击选中"纯色填充"单选按钮,从"颜色"下拉列表中选择一种合适的颜色,如图5-70所示。

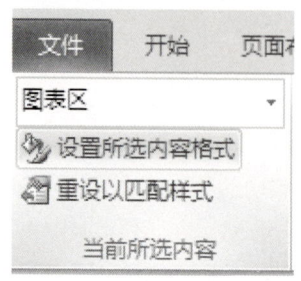

图5-71

图5-69

图5-72

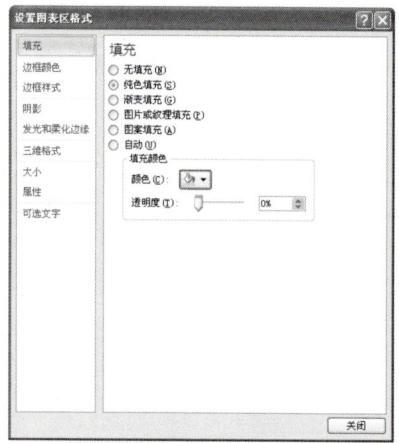

图5-70

[4] 单击"关闭"按钮后,在"当前所选内容"选项组中图表元素框中选择"绘图区"。单击"设置所选内容格式"按钮,如图5-71所示,弹出"设置绘图区格式"对话框,单击选中"纯色填充"单选按钮,从"颜色"下拉列表中选择一种合适的颜色,如图5-72所示。

[5] 单击"关闭"按钮后,即可看到图表区的效果。进一步美化条形图表后即可完成品牌形象结果与分析的制作,如图5-73所示。

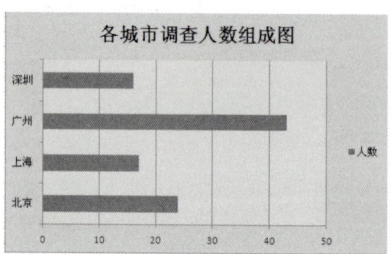

图5-73

文件36 客户满意度调查结果与分析

客户满意度调查结果与分析可为企业在以后的营销策略调查与改进中提供依据。在Excel中，可以通过增加辅助列后利用SUMIF函数计算各项目的非常满意数量，再通过创建条形图来对统计数据进行比较。

制作要点与设计效果图

- 增加辅助列
- SUMIF函数
- 创建条形图
- 设置图表区格式
- 设置绘图区格式
- 添加图表标题

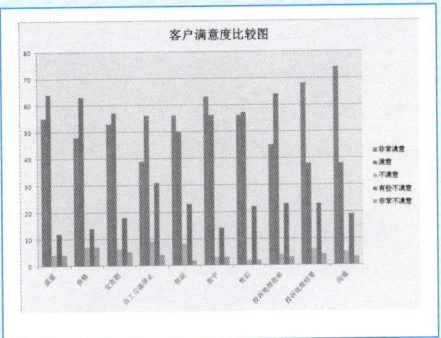

文件设计过程

步骤1：增加辅助列

1 在"结果录入"工作表的L列中输入辅助列，在L2：L140单元格区域中输入数值"1"，如图5-74所示。

2 新建"满意度组成分析"工作表，在工作表中创建"满意度组成分析"表格，如图5-75所示。

图5-74

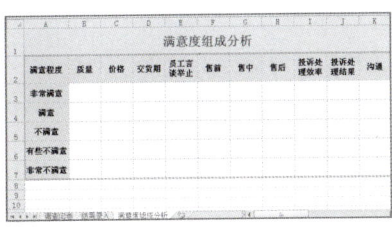

图5-75

步骤2：使用SUMIF函数

1 在“满意度组成分析”工作表的B3单元格中输入公式“=SUMIF(结果录入!B$2:B$140,$A$3,结果录入!$L$2:$L$140)”后按回车键，如图5-76所示。

B3 =SUMIF(结果录入!B$2:B$140,$A$3,结果录入!$L$2:$L$140)

满意度组成分析								
满意程度	质量	价格	交货期	员工言谈举止	售前	售中	售后	投诉处理效率
非常满意	55							
满意								
不满意								
有些不满意								
非常不满意								

图5-76

2 在B4单元格中输入公式“=SUMIF(结果录入!B$2:B$140,$A$4,结果录入!$L$2:$L$140)”后按回车键，如图5-77所示。

B4 =SUMIF(结果录入!B$2:B$140,$A$4,结果录入!$L$2:$L$140)

满意度组成分析								
满意程度	质量	价格	交货期	员工言谈举止	售前	售中	售后	投诉处理效率
非常满意	55							
满意	64							
不满意								
有些不满意								
非常不满意								

图5-77

3 在B5单元格中输入公式“=SUMIF(结果录入!B$2:B$140,$A$5,结果录入!$L$2:$L$140)”后按回车键，如图5-78所示。

B5 =SUMIF(结果录入!B$2:B$140,$A$5,结果录入!$L$2:$L$140)

满意度组成分析								
满意程度	质量	价格	交货期	员工言谈举止	售前	售中	售后	投诉处理效率
非常满意	55							
满意	64							
不满意	4							
有些不满意								
非常不满意								

图5-78

4 在B6单元格中输入公式“=SUMIF(结果录入!B$2:B$140,$A$6,结果录入!$L$2:$L$140)”后按回车键，如图5-79所示。

B6 =SUMIF(结果录入!B$2:B$140,$A$6,结果录入!$L$2:$L$140)

满意度组成分析								
满意程度	质量	价格	交货期	员工言谈举止	售前	售中	售后	投诉处理效率
非常满意	55							
满意	64							
不满意	4							
有些不满意	12							
非常不满意								

图5-79

5 在B7单元格中输入公式“=SUMIF(结果录入!B$2:B$140,$A$7,结果录入!$L$2:$L$140)”后按回车键，如图5-80所示。

B7 =SUMIF(结果录入!B$2:B$140,$A$7,结果录入!$L$2:$L$140)

满意度组成分析								
满意程度	质量	价格	交货期	员工言谈举止	售前	售中	售后	投诉处理效率
非常满意	55							
满意	64							
不满意	4							
有些不满意	12							
非常不满意	4							

图5-80

6 选取B3：B7单元格区域，拖动单元格B7右下角的自动填充柄至K7单元格，完成所有项目的满意度结果的统计，如图5-81所示。

满意度组成分析										
满意程度	质量	价格	交货期	员工言谈举止	售前	售中	售后	投诉处理效率	投诉处理结果	沟通
非常满意	55	48	53	39	56	63	56	45	68	74
满意	64	63	57	56	50	56	57	64	38	38
不满意	4	7	6	9	8	3	2	4	6	5
有些不满意	12	14	18	31	23	14	22	23	23	19
非常不满意	4	7	5	4	2	3	2	3	4	3

图5-81

步骤3：创建条形图

1 切换到"插入"选项卡，单击"图表"选项组中的"柱形图"下三角形按钮，在展开的下拉菜单中选择"簇状柱形图"子图表类型，如图5-82所示。

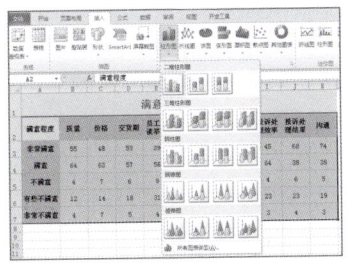

图5-82

2 在"当前所选内容"选项组中图表元素框中选择"图表区"按钮，单击"设置所选内容格式"按钮，如图5-83所示，弹出"设置图表区格式"对话框，单击选中"纯色填充"单选按钮，从"颜色"下拉列表中选择一种合适的颜色，如图5-84所示。

3 单击"关闭"按钮后在"当前所选内容"选项组中图表元素框中选择"绘图区"。单击"设置所选内容格式"按钮，如图5-85所示，弹出"设置绘图区格式"对话框，单击选中"纯色填充"单选按钮，从"颜色"下拉列表中选择一种合适的颜色，如图5-86所示。

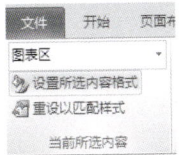

图5-83

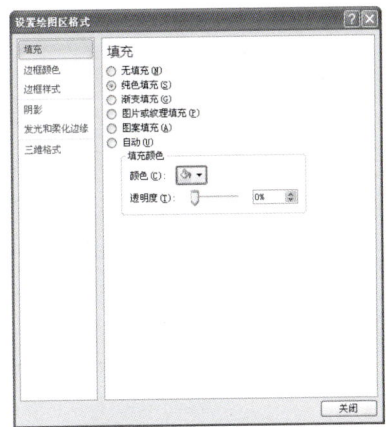

图5-84

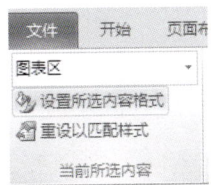

图5-85

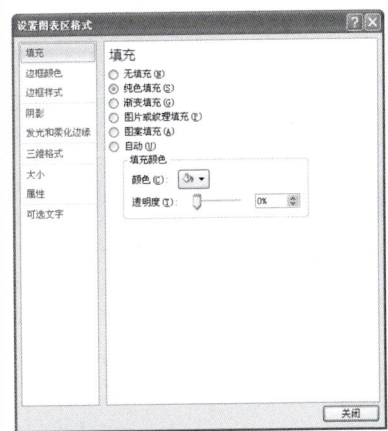

图5-86

4 单击"关闭"按钮后，即可看到图表区的效果，如图5-87所示。

Excel营销管理必须掌握的208个文件与108个函数

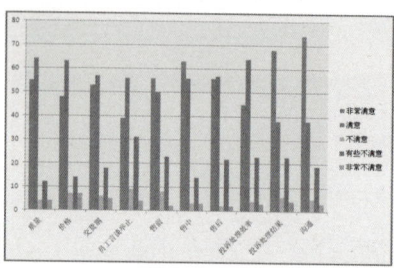

图5-87

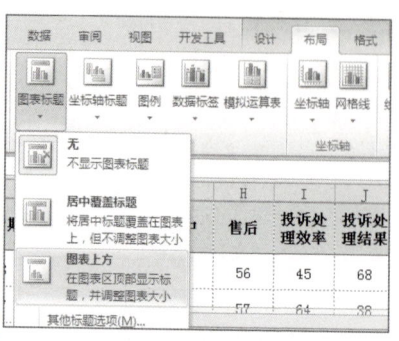

图5-88

⑤ 切换到"图表工具-布局"选项卡,单击"标签"选项组中的"图表标题"下三角形按钮,从展开的下拉列表中选择"图表上方"选项,如图5-88所示。

⑥ 更改图表标题,并进一步美化条形图表即可完成客户满意度调查结果与分析的制作,如图5-89所示。

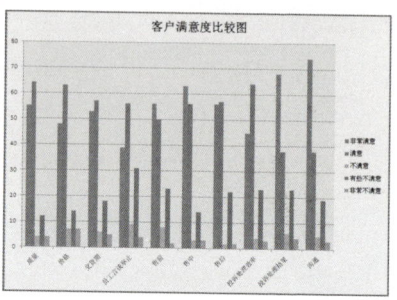

图5-87

文件37 消费者购买行为调查结果与分析

通过对消费者购买行为进行分析,从中找到影响不同消费者群体购买行为的因素,企业再根据这些因素来调整和完善现有的营销策略,或者重新制定相应的营销新策略。

制作要点与设计效果图

- SUMPRODUCT函数
- INDEX函数
- 创建圆环图
- 插入组合框
- 添加数据标签
- 设置数据标签格式

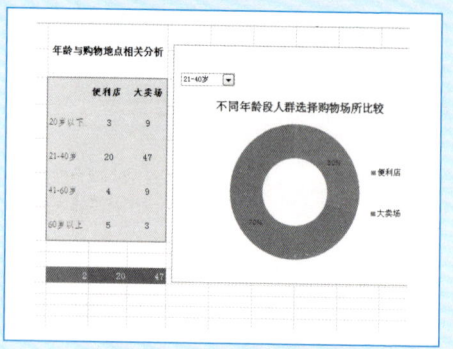

82

第5章 市场调查结果与分析

文件设计过程

步骤1：创建表格

新建"购物地点分析"工作表，将"资料库"工作表中的"年龄"和"购物场所"列的数据复制到新工作表中，并创建年龄与购物地点相关的分析表格，如图5-90所示。

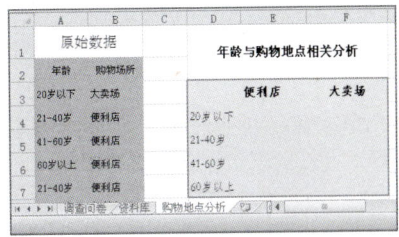

图5-90

步骤2：使用SUMPRODUCT函数

[1] 在E4单元格中输入公式"=SUMPRODUCT(($A$3:$A$102=D4)*($B$3:$B$102=$E$3))"后按回车键，如图5-91所示。

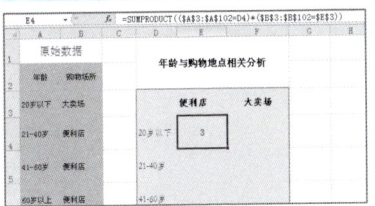

图5-91

[2] 在F4单元格中输入公式"=SUMPRODUCT(($A$3:$A$102=D4)*($B$3:$B$102=$F$3))"后按回车键，如图5-92所示。

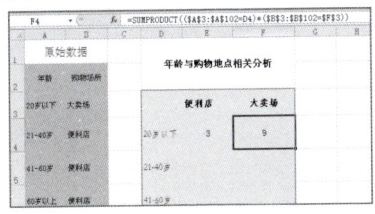

图5-92

[3] 选择E4:F4单元格区域，拖动F4单元格右下角的自动填充柄至F4单元格，如图5-93所示。

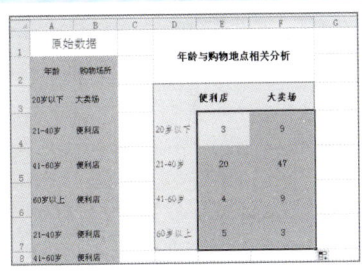

图5-93

[4] 在D10:F10单元格区域中创建表格，在D10单元格中输入数值"1"，在E10单元格中输入公式"=INDEX(E4:E7,$D$10)"后按回车键，如图5-94所示。

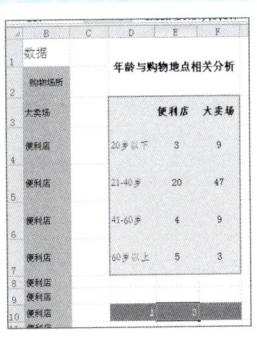

图5-94

步骤3：创建圆环图

1 复制公式到F10单元格后选取D3:F3和D10:F10单元格区域，切换到"插入"选项卡，单击"图表"选项组中"其他图表"的下三角形按钮，在展开的下拉列表中选择"圆环图"子图表，如图5-95所示。

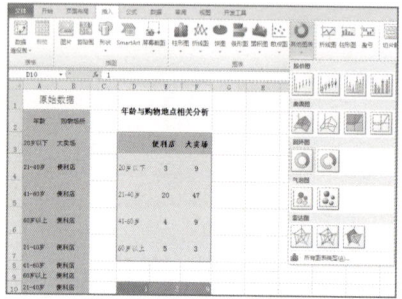

图5-95

2 切换到"开发工具"选项卡，单击"控件"选项组中的"插入"下三角形按钮，从展开的下拉列表中选择"组合框"，如图5-97所示。在图表区拖动鼠标绘制组合框并右键单击组合框，从弹出的快捷菜单中单击"设置控件格式"命令，如图5-98所示。

图5-97

图5-98

3 弹出"设置对象格式"对话框，设置数据源区域为"$D$4:$D$7"，单元格链接为"$D$10"，下拉显示项数为"4"，单击"确定"按钮，如图5-99所示。

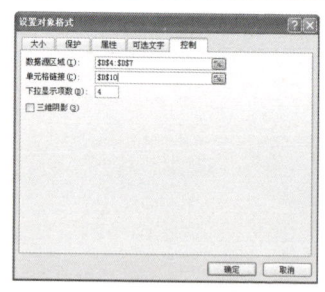

图5-99

4 更改图表标题后右键单击图表，从弹出的快捷菜单中单击"添加数据标签"命令，如图5-100所示。

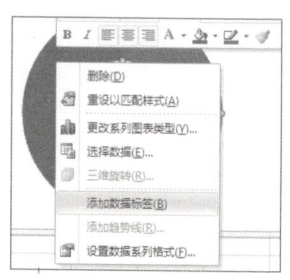

图5-100

第5章 市场调查结果与分析

5 双击数据标签,弹出"设置数据标签格式"对话框,选中"百分比"复选框,取消选中"值"复选框,如图5-101所示。

6 单击"关闭"按钮后,并进行相关设置,即可完成年龄与购物地点相关分析图表的制作,如图5-102所示。

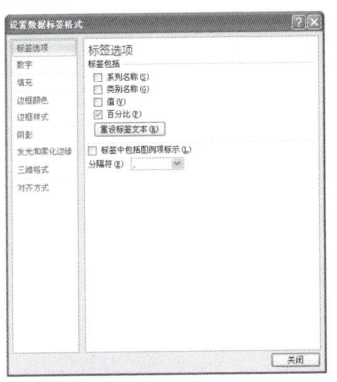

图5-101

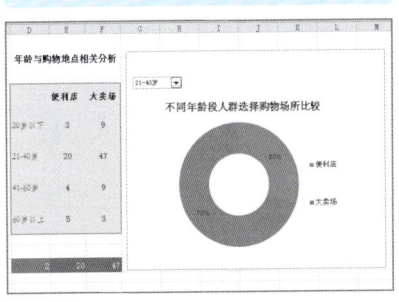

图5-102

文件38　商品房需求市场调查结果与分析

商品房需求市场调查不仅仅是完成对原始数据的搜集,更为重要的是要对这些原始数据进行分析,从而为企业制定市场方针提供理论依据。通过对商品房需求市场调查结果的分析,能了解到不同性别及年龄段人群在购买商品房时的需求。

制作要点与设计效果图

- 创建数据透视表
- 设置数据透视表
- 建立数据透视图
- 创建图表
- 设置数据标签格式
- F-检验 双样本方差
- 单因素方差分析

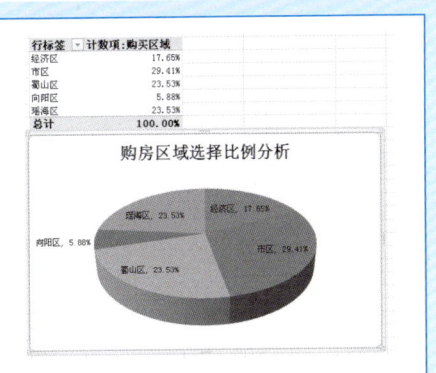

文件39 女性护肤品调查结果与分析

在Excel中,可以使用相关函数、公式和图表来分析各种护肤品的使用份额。

制作要点与设计效果图

- COUNTIF函数
- 输入公式
- 创建柱形图
- 设置数据标签格式
- 设置图标区格式
- 设置坐标轴刻度

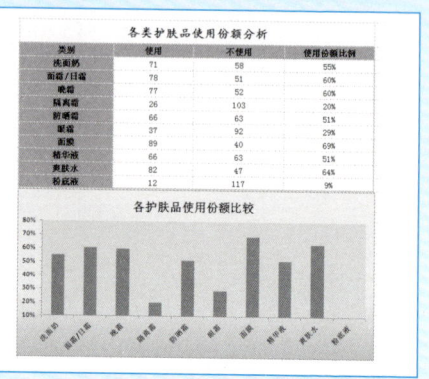

文件40 日常运动方式调查结果与分析

在Excel中,可以使用数据透视表和数据透视图来对各城市人群选择运动方式因素进行分析。

制作要点与设计效果图

- 创建数据透视表
- 设置数据透视表
- 建立数据透视图
- 设置数据标签格式

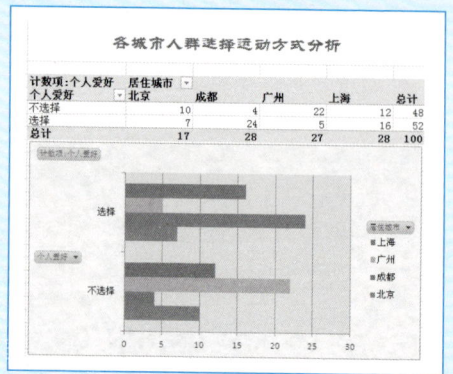

第5章 市场调查结果与分析

文件41 零售业调查结果与分析

对零售业调查结果进行分析，可以得到不同性别人群在选择零售业消费时的区别，利用直方图的形式来进行比较，很清晰地得出结果。

制作要点与设计效果图

- COUNTIF函数
- SUMPRODUCT函数
- 创建直方图
- 设置数据标签格式
- 设置条形图样式

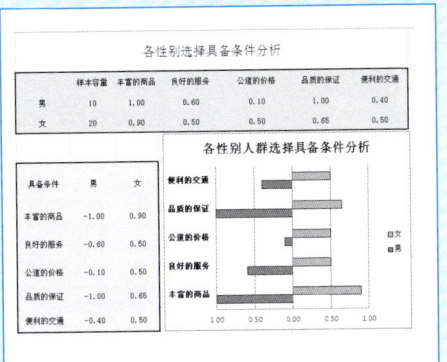

文件42 手机购买力调查结果与分析

对手机购买力结果进行分析，可以更好地为手机的功能设计、制定价格定位等策略提供依据。

制作要点与设计效果图

- 计算公式
- COUNTIF函数
- SUM函数

读书笔记

第6章 客户关系管理与分析

客户关系管理,也可以称作CRM。CRM的主要含义就是通过对客户详细资料的深入分析,来提高客户满意程度,从而提高企业的竞争力的一种手段。客户关系是指围绕客户生命周期发生、发展的信息归集。客户关系管理的核心是客户价值管理,通过"一对一"营销原则,满足不同价值客户的个性化需求,提高客户忠诚度和保有率,实现客户价值持续贡献,从而全面提升企业盈利能力。

下面在Excel中管理与分析客户关系,如:客户登记划分表、不同等级客户数量比较、客户月拜访计划表、客户类型及占比分析等。

编号	文件名称	光盘中对应数据源	重要星级
文件43	新增客户详情表	素材文件\第6章\新增客户详情表.xls	★★★
文件44	客户等级划分表	素材文件\第6章\客户等级划分表.xls	★★★
文件45	不同等级客户数量统计	素材文件\第6章\不同等级客户数量统计.xls	★★★
文件46	客户销售额排名	素材文件\第6章\客户销售额排名.xls	★★★
文件47	客户月拜访计划表	素材文件\第6章\客户月拜访计划表.xls	★★★
文件48	客户类型分析	素材文件\第6章\客户类型分析.xls	★★★
文件49	客户人数及平均消费金额分析	素材文件\第6章\客户人数及平均消费金额分析.xls	★★★
文件50	客户平均销售次数和金额分析	素材文件\第6章\客户平均销售次数和金额分析.xls	★★★
文件51	不同性别客户消费能力分析	素材文件\第6章\不同性别客户消费能力分析.xls	★★★★
文件52	不同年龄段客户消费能力分析	素材文件\第6章\不同年龄段客户消费能力分析.xls	★★★

文件43 新增客户详情表

由于新增客户会经常发生，为了方便顾客的管理和跟进，应创建新增客户详情表。可以设置一个新增客户详情表，当新增客户时只需根据模板创建表格即可。

制作要点与设计效果图

- 合并单元格
- 设置表格边框和填充
- 保存模板
- 新建工作簿

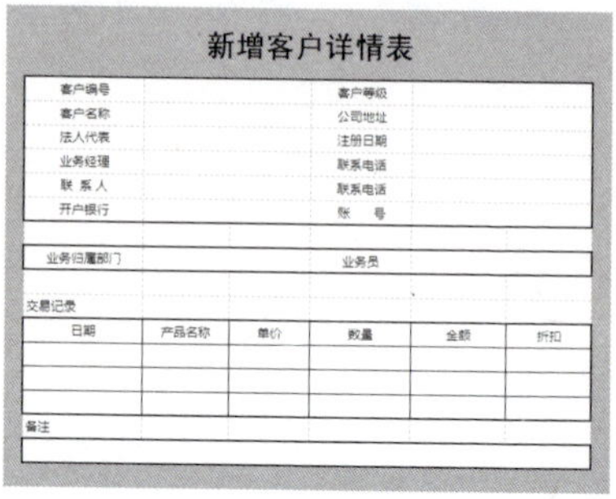

文件设计过程

步骤1：合并单元格

1 新建一个工作簿，在工作表中输入表格的各个项目。合并单元格区域B1:G1，设置字体格式，如图6-1所示。

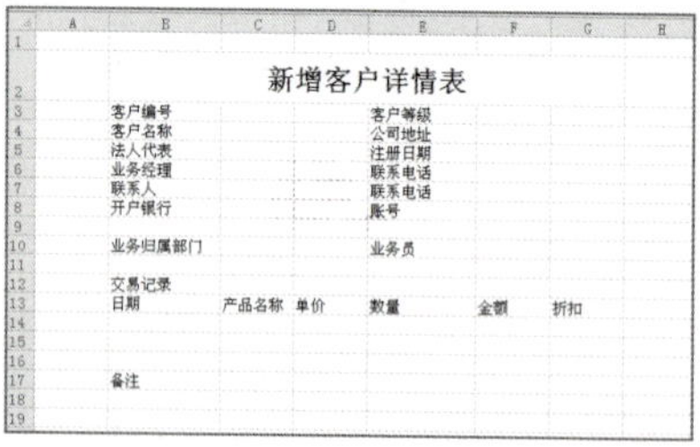

图6-1

2 按住Ctrl键，选中需要合并的多个单元格区域，单击"开始"选项卡下"对齐方式"选项组中的"合并单元格"下三角按钮，在下拉菜单中单击"跨越合并"选项，如图6-2所示。

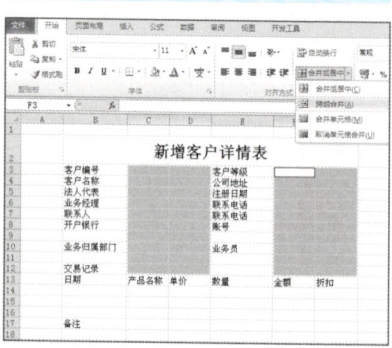

图6-2

第6章 客户关系管理与分析

步骤2：设置边框和底纹

[1] 选择单元格区域B13:G16，单击"开始"选项卡下"字体"选项组中的"边框"下拉按钮，在下拉菜单中单击"所有框线"选项，如图6-3所示。

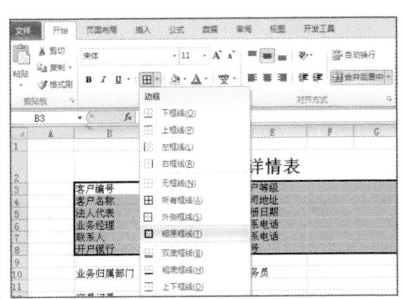

图6-4

[3] 接着完善表格格式，得出最终效果，如图6-5所示。

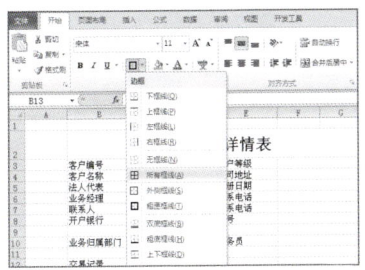

图6-3

[2] 选中单元格区域B3:G8，单击"开始"选项卡下"字体"选项组中的"边框"下拉按钮，在下拉菜单中单击"粗匣框线"选项。使用类似的方法设置其他单元格区域，如图6-4所示。

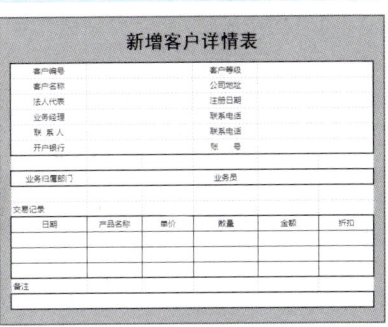

图6-5

步骤3：保存

[1] 单击"文件"选项卡，在下拉菜单中选择"另存为"命令，如图6-6所示，打开"另存为"对话框，在"保存类型"下拉列表中选择"Excel模板"，在"文件名"文本框中输入"新增客户详情模板"，单击"保存"按钮，如图6-7所示。

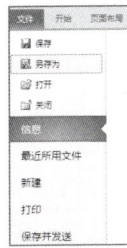

图6-6

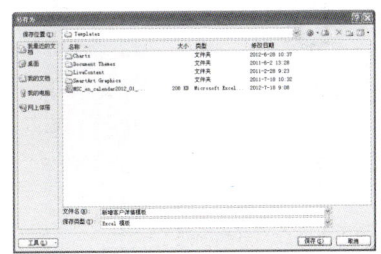

图6-7

② 单击"文件"选项卡,在下拉菜单中选择"新建"命令,如图6-8所示。单击"我的模板"图标,在"新建"对话框中双击"新增客户详情模板"图标,如图6-9所示。

③ Excel 会根据模板新建一个名称为"新增客户详情模板"的工作簿,内容和模板中的内容完全一致,如图6-10所示。

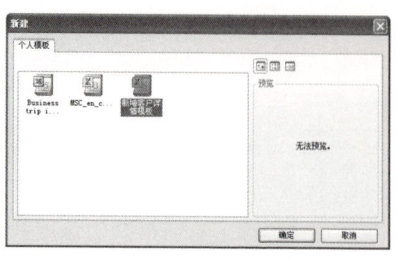

图6-9

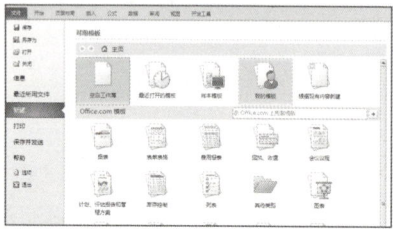

图6-8

图6-10

文件44　客户等级划分表

客户等级的划分是一种常见的客户管理方法,通常是根据客户的销售额将客户划分为不同的等级。

制作要点与设计效果图

- 插入行
- IF函数
- 设置条件格式

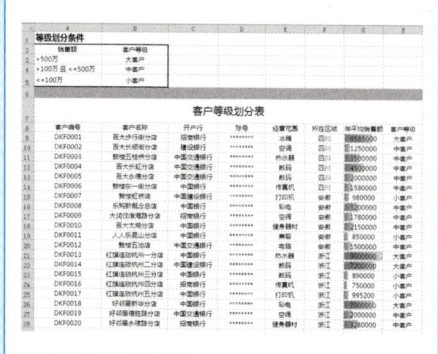

第6章 客户关系管理与分析

文件设计过程

步骤1：插入行并设置等级划分条件

① 选中行1至行6后单击鼠标右键，在弹出的快捷菜单中单击"插入"命令，如图6-11所示。

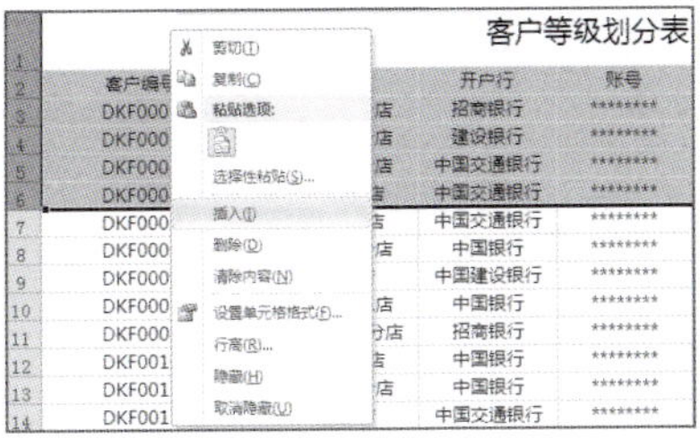

图6-11

② 在工作表最上方，输入"等级划分条件"并输入客户等级划分的条件，包括销售额的等级范围以及对应的客户等级。将条件区域与表格区域之间一行填充为浅绿色，用来区分条件区域和表格区域，如图6-12所示。

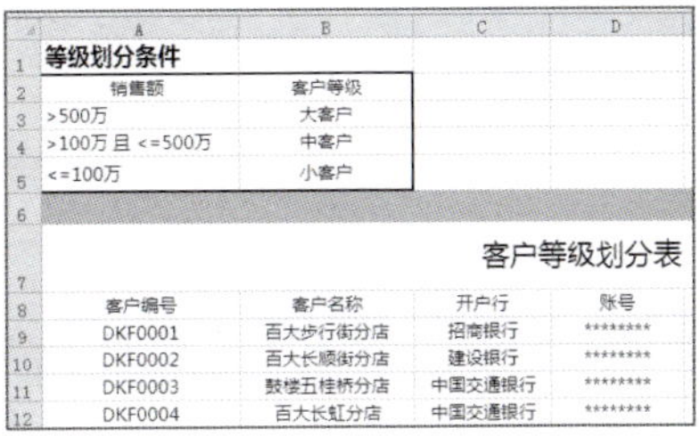

图6-12

步骤2：设置公式

在单元格H9中输入公式"=IF(G9>5000000,"大客户",IF(G9>=1000000,"中客户","小客户"))"，按回车键，向下复制公式至单元格E28，如图6-13所示。

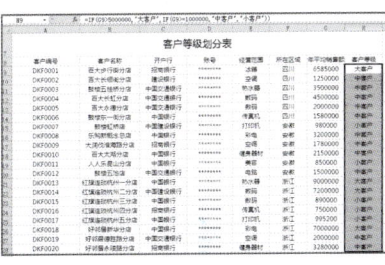

图6-13

步骤3：设置条件格式

① 选中"年平均销售额"列单元格区域，单击"开始"选项卡下"条件格式"下拉按钮，在下拉菜单中单击"数据条"选项，在下级列表中选择一个数据条样式，如图6-14所示。

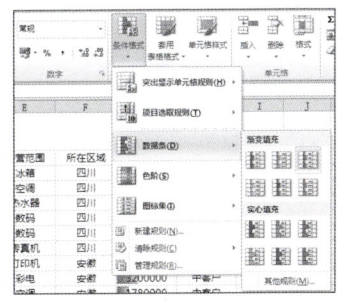

图6-14

2 此时，年平均销售额列单元格中将显示数据条。通过数据条的长短和客户等级的划分标准，如图6-15所示。

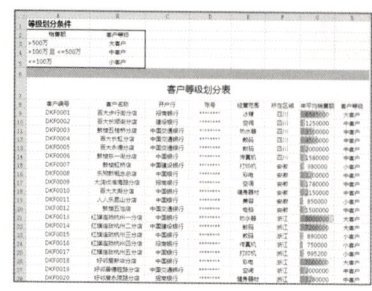

图6-15

文件45 不同等级客户数量统计

为了开发更多的优质客户，在Excel中可以使用函数轻松统计出不同等级的客户数量。

制作要点与设计效果图

- 复制、粘贴
- COUNTIF函数
- 创建柱形图

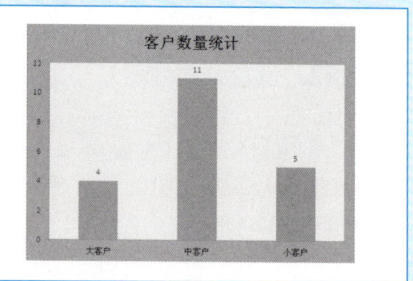

文件设计过程

步骤1：复制、粘贴

1 将工作表Sheet2标签更改为"不同等级客户数量统计"，在"客户等级划分表"工作表中，选择单元格区域A1:B5并单击鼠标右键，在弹出的菜单中按键"复制"命令，如图6-16所示。

2 切换到"不同等级客户数量统计"工作表，右键单击A1单

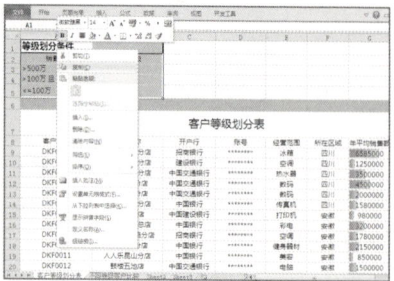

图6-16

第6章 客户关系管理与分析

元格,在弹出的菜单中单击"选择性粘贴"命令,从下级菜单中单击"保留源列宽粘贴"按钮,如图6-17所示。

③ 在工作表中得到与原表格完全一致的表格。接着设置表格标题并完善表格,如图6-18所示。

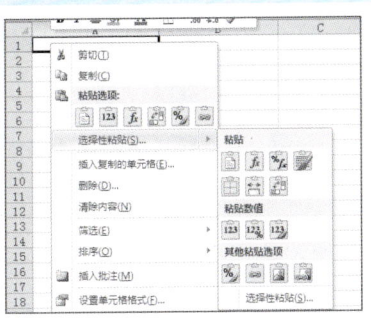

图6-17

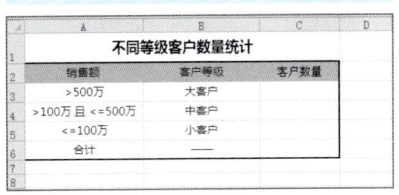

图6-18

步骤2:设置公式

① 在C3单元格中输入公式"=COUNTIF(客户等级划分表!$H$9:$H$28,B3)",按回车键,向下复制公式至C5单元格,如图6-19所示。

② 在C6单元格中输入公式"=SUM(C3:C5)",按回车键,统计客户的总数,如图6-20所示。

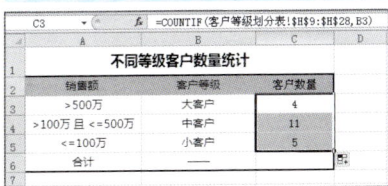

图6-19

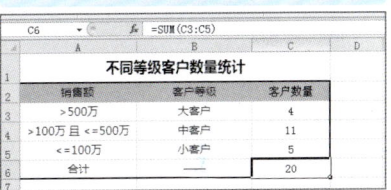

图6-20

步骤3:创建图表

① 选择B3:C5单元格区域,单击"插入"选项卡下"图表"选项组中的"柱形图"下拉按钮,在下拉菜单中选择"簇状柱形图"子图表类型,如图6-21所示。

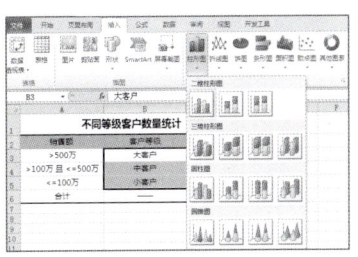

图6-21

② 即可在工作表中创建默认的簇状柱形图，如图6-22所示。

③ 接着对图表进行完善，得到最终图表效果如图所示，如图6-23所示。

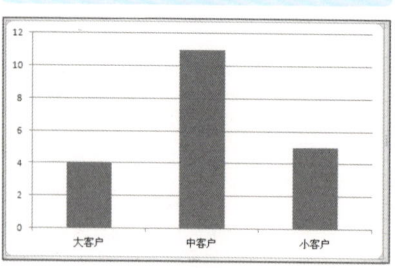

图6-22

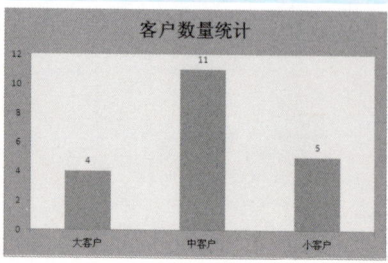

图6-23

文件46　客户销售额排名

在Excel 中，可以使用RANK 函数来计算排名，还可以使用簇状条形图来比较各个客户的平均销售额。

制作要点与设计效果图

- RANK函数
- 创建条形图
- 添加数据标签

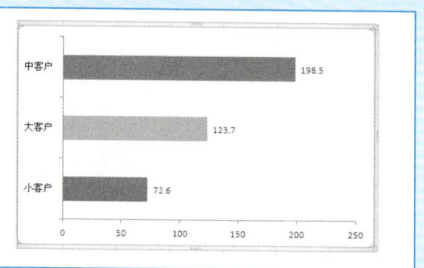

文件设计过程

步骤1：设置公式进行排名

在单元格C4中输入公式"=RANK(B4,$B$4:$B$6)"，按回车键，向下复制公式至单元格C6，如图6-24所示。

客户销售额排行榜		
	年月：	2011年8月
客户名称	月平均销售额(万)	本月排名
大客户	123.7	2
中客户	198.5	1
小客户	72.6	3

图6-24

第6章 客户关系管理与分析

步骤2：创建条形图

[1] 选中A4:B6单元格区域，单击"插入"选项卡下"图表"选项组中的"条形图"下拉按钮，在下拉菜单中选择"簇状条形图"子图表类型，如图6-25所示。

[2] 即可在工作表中创建默认的簇状条形图，如图6-26所示。

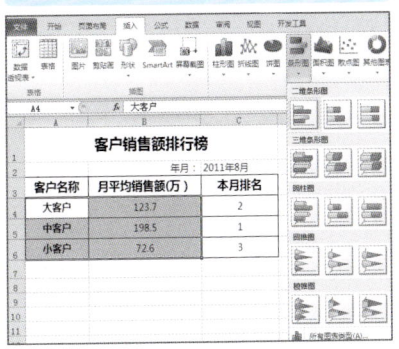

图6-25

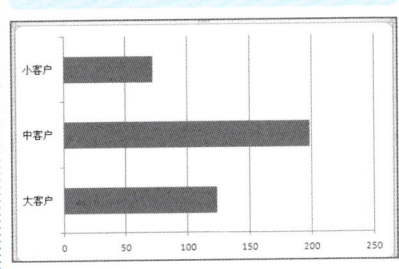

图6-26

步骤3：添加数据标签

[3] 删除图表中的网络线，右键单击图表中的数据系列，从弹出的菜单中单击"添加数据标签"命令，如图6-27所示。

同的颜色，如图6-29所示。

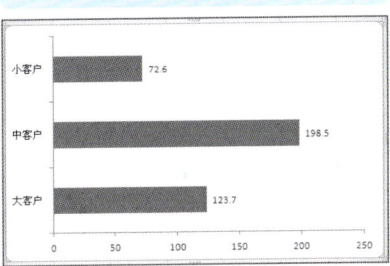

图6-28

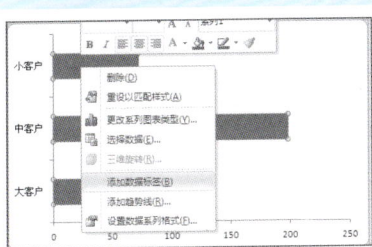

图6-27

[4] 工作表中的簇状条形图中的每个条形边上都会显示数据标签，如图6-28所示。

[5] 接着对图表进行完善，并设置数据点填充为与其他数据点不

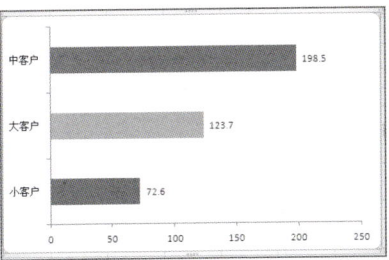

图6-29

文件47 客户月拜访计划表

在Excel中创建客户月拜访计划表，可以使用公式统计出每位客户每月的拜访次数以及每位客户的周拜访频率。

制作要点与设计效果图

- 设置条件格式
- 设置公式
- 简单计算

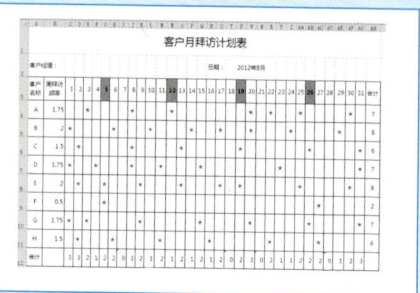

文件设计过程

步骤1：条件格式

[1] 选择"C3:AG3单元格区域，单击"开始"选项卡下"样式"选项组中的"条件格式"下拉按钮，在下拉菜单中单击"新建规则"命令，如图6-30所示。

确定要设置格式的单元格"，输入公式"=IF(WEEKDAY(DATE(YEAR($T$2),MONTH($T$2),C$3),3)=6,1,0)"，单击"格式"按钮，如图6-31所示。

图6-30

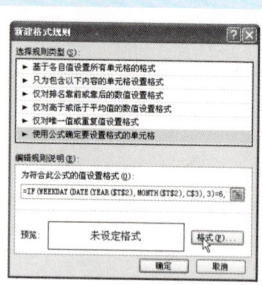

图6-31

[2] 打开"新建格式规则"对话框，在对话框中单击"使用公式

[3] 在"设置单元格格式"对话框中单击"填充"标签，选择一种合适的颜色，切换到"字体"选项

卡，单击"加粗"选项，如图6-32所示。

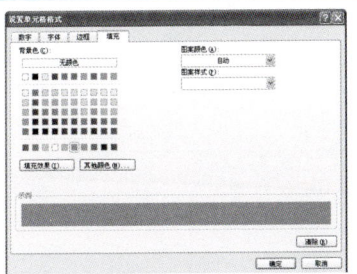

图6-32

④ 单击"确定"按钮，返回"新建格式规则"对话框，在"预览"区域会显示当条件为真时的单元格格式，单击"确定"按钮，如图6-33所示。

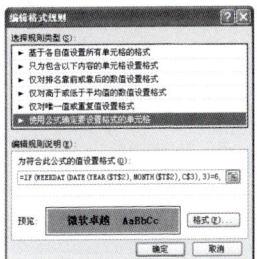

图6-33

⑤ 返回工作表中，Excel会使用条件格式中设置的格式突出显示日期为"星期日"的天数，如图6-34所示。

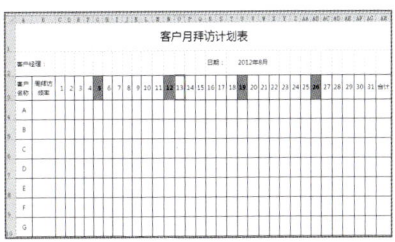

图6-34

⑥ 在表格中对应的日期列和客户列交叉处的单元格中插入符号，如图6-35所示。

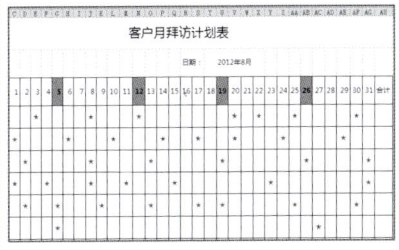

图6-35

步骤2：设置公式

① 在AH14单元格中输入公式"=COUNTIF(C4:AG4,"★")"，按回车键，向下复制公式至单元格AH11，如图6-36所示。

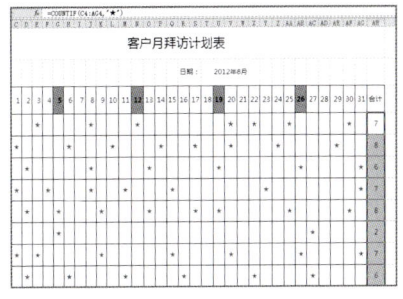

图6-36

② 在C12单元格中输入公式"=COUNTIF(C4:C11,"★")",按回车键,向右复制公式至AG12单元格,如图6-37所示。

③ 在B4单元格中输入公式"=AH4/4",按回车键,向下复制公式至B11单元格,如图6-38所示。

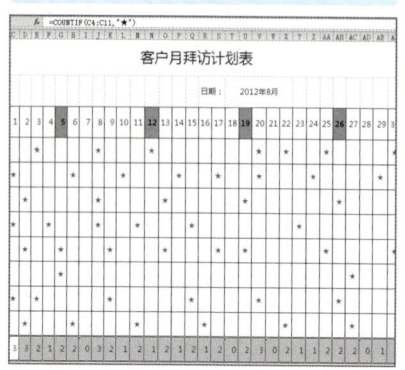

图6-37

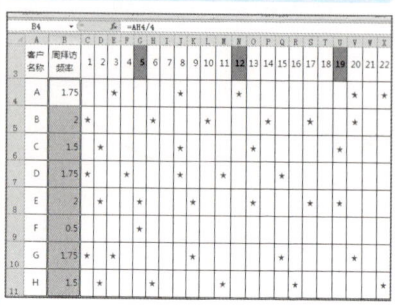

图6-38

文件48 客户类型分析

为了方便企业进一步调整客户管理措施,可以对不同类型的客户数量和占总客户数的百分比等指标进行计算。

制作要点与设计效果图

- COUNTIF函数
- 创建饼表
- 设置图表区格式

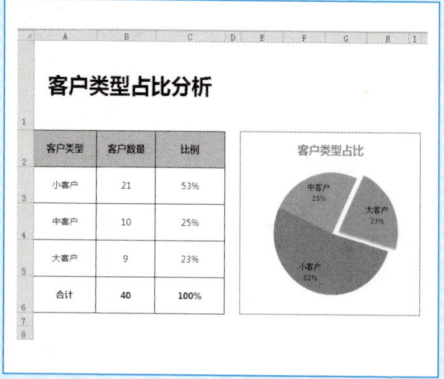

第6章 客户关系管理与分析

文件49 客户人数及平均消费金额分析

通过不同类型的客户数量与平均消费金额两项指标的计算和对比,可以发现客户数量与销售金额并不成对比。

制作要点与设计效果图

- COUNTIF函数
- SUMIF函数
- 创建柱形图
- 隐藏坐标轴
- 更改图标数值标签

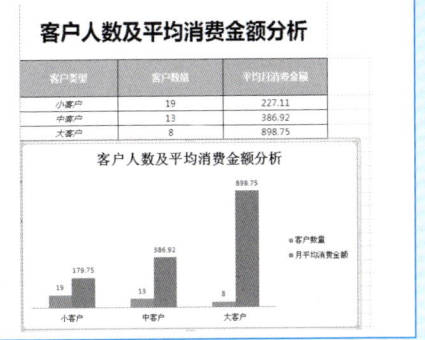

文件50 客户平均销售次数和金额分析

在原始Excel数据表中,可使用函数对不同客户类型的月平均消费次数和金额进行统计和比较,得出企业每个月所取得的销售成绩中不同客户类型的贡献。

制作要点与设计效果图

- COUNTIF函数
- SUMIF函数
- AVERAGE函数
- 设置条件格式

客户平均消费次数和金额分析

客户类型	平均月消费次数	平均月消费金额
小客户	4.37	233.95
中客户	6.92	396.92
大客户	10.75	903.75
平均	7.35	511.54

文件51　不同性别客户消费能力分析

比较不同性别的客户群体的消费能力，可通过对原始表格中的男性和女性客户的人数和月平均消费次数、月平均消费金额数据进行计算。

制作要点与设计效果图

- COUNTIF函数
- SUMIF函数
- AVERAGE函数
- 创建柱形图

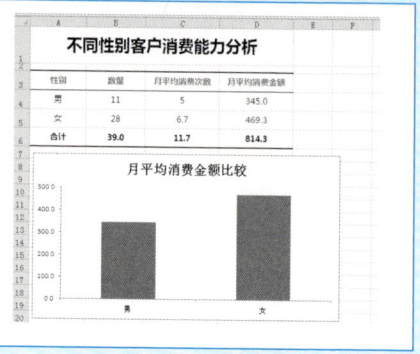

文件52　不同年龄段客户消费能力分析

为了调整客户管理策略，可以通过对企业不同年龄段的客户人数、平均月消费次数和平均月消费金额的统计。

制作要点与设计效果图

- SUMIF函数
- COUNTIF函数
- 创建柱形图

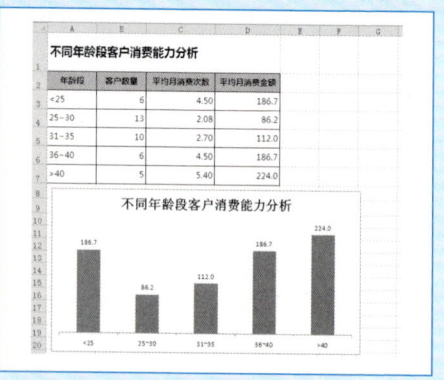

第7章 定价管理表

定价，是市场营销学里面最重要的组成部分之一，主要研究商品和服务的价格制定和变更的策略，以求得营销效果和收益的最佳。价格通常是影响交易成败的重要因素，同时又是市场营销组合中最难以确定的因素。企业定价的目标是促进销售，获取利润。这要求企业既要考虑成本的补偿，又要考虑消费者对价格的接受能力，从而使定价策略具有买卖双方双向决策的特征。

价格还是市场营销组合中最灵活的因素，它可以对市场作出灵敏的反映。所以在竞争激烈的市场经济中，无论什么产品，价格都是影响客户是否购买的重要因素之一。

编号	文件名称	光盘中对应数据源	重要星级
文件53	商品零售价格表	素材文件\第7章\商品零售价格表.xls	★★★
文件54	批量订货价格折扣表	素材文件\第7章\批量订货价格折扣表.xls	★★★
文件55	各级代理商价格表	素材文件\第7章\各级代理商价格表.xls	★★★
文件56	商品定价单	素材文件\第7章\商品定价单.xls	★★★
文件57	产品售价调整表	素材文件\第7章\产品售价调整表.xls	★★★
文件58	地区产品价格表	素材文件\第7章\地区产品价格表.xls	★★★

文件53 商品零售价格表

商品零售价格表主要是用于销售商品时随时查阅商品的价格等信息的表格。一般包含商品的名称、型号、单价等信息。

制作要点与设计效果图

- 设置差单元格样式
- 设置好单元格样式
- 设置注释单元格样式

护肤品零售价格表					
序号	商品名称	品牌	规格	单价(元)	备注
1	臀部紧肤膜	倩碧	40ml	250	
2	清新水质凝露	兰蔻	40ml	348	
3	舌肤修复霜（平衡型）	兰芝	50ml	165	
4	净白透白亮泽化妆露	欧莱雅	200ML	90	
5	柔和防晒露SPF8	资生堂	150ml	190	
6	清透平衡露	梵美诗	75ml	69	
7	俊仕剃须膏	欧柏莱	150g	67	
8	散粉	迪奥	30g	445	
9	男士香水	巴保莉	30ml	288	
10	女士香水	lanvin	30ML	260	
11	眼部滋养凝露	梵美诗	14g	90	

文件设计过程

步骤1：设置单元格样式

[1] 新建工作簿，在Sheet1工作表中建立输入商品零售价格表，并输入相关数据。接着选中标题行后单击"开始"选项卡下"样式"选项组中的"单元格样式"下三角形按钮，在展开的样式库中选择"差"样式，如图7-1所示。

[2] 选取A2:F2单元格区域后单击"开始"选项卡下"样式"选项组中的"单元格样式"下三角形按钮，在展开的样式库中选择"好"样式，如图7-2所示。

图7-1　　　　　　图7-2

③ 选取A3:F24单元格区域后单击"开始"选项卡下"样式"选项组中的"单元格样式"下三角形按钮,在展开的样式库中选择"注释"样式,如图7-3所示。

④ 给表格添加边框,调整表格列宽和行高后即可完成商品零售价格表的制作,如图7-4所示。

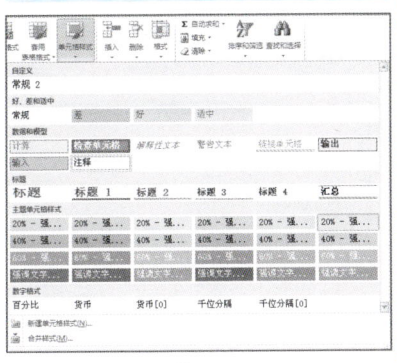

图7-3　　　　　　　　　图7-4

文件54　批量订货价格折扣表

折扣是市场经济的必然产物,正确运用折扣,有利于调动采购商的积极性和扩大销路,在国际贸易中,它是加强对外竞销的一种手段。批量订货价格折扣表是根据客户订购的货物的数量来确定商品的折扣,订货数量越多,价格折扣越低。

制作要点与设计效果图

- 复制工作表
- 套用表格样式
- 插入列
- IF函数
- 自动填充选项
- SUM函数

文件设计过程

步骤1：复制工作表

[1] 右键单击"商品订货单"工作表标签，在弹出的快捷菜单中单击"移动或复制"命令，如图7-5所示，选中"建立副本"复选框，在"下列选定工作表之前"中单击"移至最后"选项，单击"确定"按钮，如图7-6所示。

[2] 将复制的工作表重命名为"批量订货价格折扣表"，并更改表格标题为"服饰批量订货价格折扣表"，如图7-7所示。

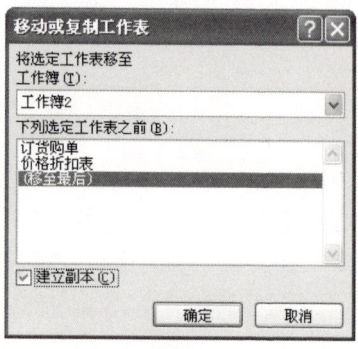

图7-6

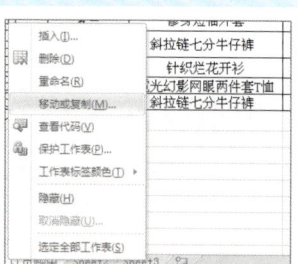

图7-5

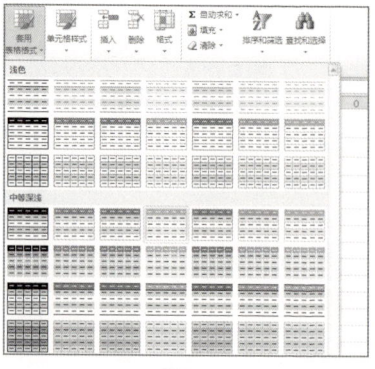

图7-7

步骤2：套用单元格样式

[1] 选择A3:H18单元格区域，单击"开始"选项卡下"样式"选项组中的"套用表格样式"下三角形按钮，在展开的样式库中选择一种合适的表格样式，如图7-8所示，在随后的对话框中单击"是"按钮，如图7-9所示。

图7-8

第7章 定价管理表

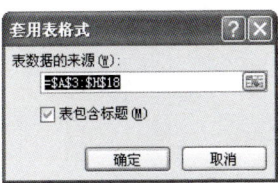

图7-9

2 单击表格中任意位置,然后在"表格工具"选项卡下"工具"选项组中单击"转换为区域"按钮,如图7-10所示,在弹出的对话框中单击"是"按钮,如图7-11所示。

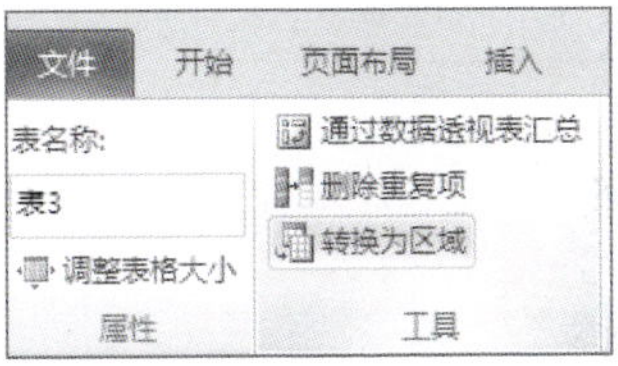

图7-10

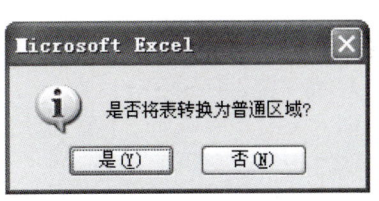

图7-11

3 工作表中显示出套用表格样式的最终效果,如图7-12所示。

图7-12

步骤3:插入列

右键单击G列,在弹出的快捷菜单中单击"插入"命令,如图7-13所示,在新增列中输入"折扣率",在"订购数量"列中输入订购数量,如图7-14所示。

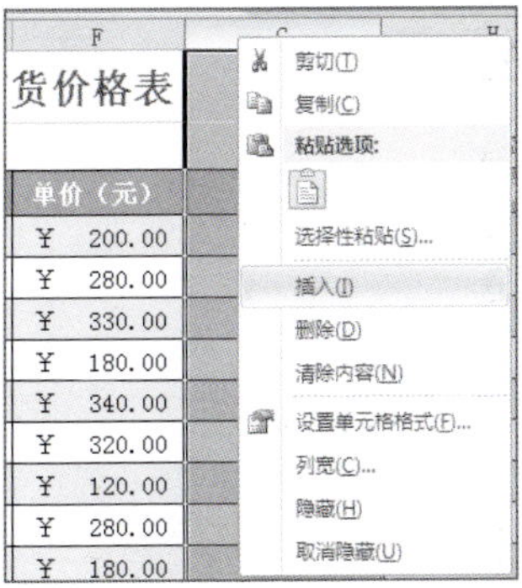

图7-13

图7-14

步骤4:使用IF函数计算折扣率

1 在G4单元格中输入公式"=IF(H4>=100,"0.88","0.90")",按回车

键，如图7-15所示，拖动F5单元格右下角的自动填充柄至F18单元格，单击“自动填充选项”下的“不带格式填充”选项，如图7-16所示。

G4　=IF(H4>=100,"0.88","0.90")

服饰批量订货价格表

客户名称:蓝天服饰

序号	品牌	产品名称	规格	单位	单价（元）	折扣率
1	夏兰	修身短袖外套	3色	件	¥ 200.00	0.88
2	Amue	华丽蕾丝亮面衬衫	黑白	件	¥ 280.00	
3	夏蔻	气质连衣裙	黑	件	¥ 330.00	
4	夏蔻	斜拉链七分牛仔裤	蓝色	条	¥ 180.00	
5	Zkite	绣花天丝牛仔中裤	3色	条	¥ 340.00	
6	夏蔻	斜拉链七分牛仔裤	蓝色	条	¥ 320.00	
7	依莲	欧美风尚百搭T恤	粉色	件	¥ 120.00	
8	夏兰	薰衣草飘袖雪纺连衣裙	淡蓝	件	¥ 280.00	
9	夏蔻	斜拉链七分牛仔裤	蓝色	条	¥ 180.00	
10	依莲	梦幻蕾丝边无袖T恤	蓝色	件	¥ 126.00	
11	夏兰	修身短袖外套	3色	件	¥ 190.00	
12	夏蔻	斜拉链七分牛仔裤	蓝色	条	¥ 180.00	

图7-15

件	¥ 120.00	0.88	400
件	¥ 280.00	0.88	100
条	¥ 180.00	0.90	80
件	¥ 126.00	0.90	70
件	¥ 190.00	0.88	120
条	¥ 180.00	0.88	100
件	¥ 69.00	0.90	90
件	¥ 100.00	0.90	80
条	¥ 185.00	0.88	130

复制单元格(C)
仅填充格式(F)
不带格式填充(O)

图7-16

2 在I4单元格中输入公式“=H4*F4*G4”，按回车键，如图7-17所示，拖动I5单元格右下角的自动填充柄至I18单元格，单击“自动填充选项”下的“不带格式填充”选项，如图7-18所示。

I4　=H4*F4*G4

服饰批量订货价格表

地址:安庆路八号

规格	单位	单价（元）	折扣率	数量	总计
3色	件	¥ 200.00	0.88	110	¥ 19,360.00
黑白	件	¥ 280.00	0.88	120	
黑	件	¥ 330.00	0.90	90	
蓝色	条	¥ 180.00	0.88	100	
3色	条	¥ 340.00	0.90	40	
蓝色	条	¥ 320.00	0.90	80	
粉色	件	¥ 120.00	0.88	400	
淡蓝	件	¥ 280.00	0.88	100	
蓝色	条	¥ 180.00	0.90	80	
蓝色	件	¥ 126.00	0.90	70	

图7-17

0.90	40	¥ 12,240.00
0.90	80	¥ 23,040.00
0.88	400	¥ 42,240.00
0.88	100	¥ 24,640.00
0.90	80	¥ 12,960.00
0.90	70	¥ 7,938.00
0.88	120	¥ 20,064.00
0.88	100	¥ 15,840.00
0.90	90	¥ 5,589.00
0.90	80	¥ 7,200.00
0.88	130	¥ 21,164.00

复制单元格(C)
仅填充格式(F)
不带格式填充(O)

图7-18

3 在I19单元格中输入公式“=SUM(I4:I18)”，按回车键，如图7-19所示。

I19　=SUM(I4:I18)

饰批量订货价格表

地址:安庆路八号

单位	单价（元）	折扣率	数量	总计
件	¥ 200.00	0.88	110	¥19,360.00
件	¥ 280.00	0.88	120	¥29,568.00
件	¥ 330.00	0.90	90	¥26,730.00
条	¥ 180.00	0.88	100	¥15,840.00
条	¥ 340.00	0.90	40	¥12,240.00
条	¥ 320.00	0.90	80	¥23,040.00
件	¥ 120.00	0.88	400	¥42,240.00
件	¥ 280.00	0.88	100	¥24,640.00
条	¥ 180.00	0.90	80	¥12,960.00
件	¥ 126.00	0.90	70	¥7,938.00
件	¥ 190.00	0.88	120	¥20,064.00
条	¥ 180.00	0.88	100	¥15,840.00
件	¥ 69.00	0.90	90	¥5,589.00
件	¥ 100.00	0.90	80	¥7,200.00
条	¥ 185.00	0.88	130	¥21,164.00
				¥ 284,413.00

图7-19

4 进一步完善表格后，即可完成批量订货价格折扣表的制作，如图7-20所示。

服饰批量订货价格表

客户名称:蓝天服饰　　地址:安庆路八号

序号	品牌	产品名称	规格	单位	单价（元）	折扣率	数量	总计
1	夏兰	修身短袖外套	3色	件	¥ 200.00	0.88	110	¥19,360.00
2	Amue	华丽蕾丝亮面衬衫	黑白	件	¥ 280.00	0.88	120	¥29,568.00
3	夏蔻	气质连衣裙	黑	件	¥ 330.00	0.90	90	¥26,730.00
4	夏蔻	斜拉链七分牛仔裤	蓝色	条	¥ 180.00	0.88	100	¥15,840.00
5	Zkite	绣花天丝牛仔中裤	3色	条	¥ 340.00	0.90	40	¥12,240.00
6	夏蔻	斜拉链七分牛仔裤	蓝色	条	¥ 320.00	0.90	80	¥23,040.00
7	依莲	欧美风尚百搭T恤	粉色	件	¥ 120.00	0.88	400	¥42,240.00
8	夏兰	薰衣草飘袖雪纺连衣裙	淡蓝	件	¥ 280.00	0.88	100	¥24,640.00
9	夏蔻	斜拉链七分牛仔裤	蓝色	条	¥ 180.00	0.90	80	¥12,960.00
10	依莲	梦幻蕾丝边无袖T恤	蓝色	件	¥ 126.00	0.90	70	¥7,938.00
11	夏兰	修身短袖外套	3色	件	¥ 190.00	0.88	120	¥20,064.00
12	夏蔻	斜拉链七分牛仔裤	蓝色	条	¥ 180.00	0.88	100	¥15,840.00
13	曼茜娜	针织烂花开衫	蓝色	件	¥ 69.00	0.90	90	¥5,589.00
14	Amue	霓光幻影网眼两件套T恤	2色	件	¥ 100.00	0.90	80	¥7,200.00
15	夏蔻	斜拉链七分牛仔裤	蓝色	条	¥ 185.00	0.88	130	¥21,164.00
总合计								¥ 284,413.00

图7-20

文件55 各级代理商价格表

在Excel中,可以通过数据有效性的设置来选择客户的不同代理级别。当需要调整某一代理级别的价格时,只需要更改一次即可自动更改对应级别客户的代理价格。

制作要点与设计效果图

- 数据有效性
- VLOOKUP函数

各级代理商代理价格表

代理级别	价格
一级	8000
二级	8500
三级	9000
四级	10000

客户编号	客户名称	所属片区	代理级别	代理价格
KH2011001	中能实业	西南片区	一级	8000
KH2011002	旺达有限公司	西南片区	二级	8500
KH2011003	东方电器	西北片区	三级	9000
KH2011004	明日集团	西北片区	四级	10000
KH2011005	佳美集团	东南片区	四级	10000
KH2011006	美洁集团	东南片区	一级	8000
KH2011007	创利电子	东北片区	二级	8500
KH2011008	旺利集团	东北片区	三级	9000
KH2011009	叶氏公司	华南片区	四级	10000
KH2011010	缆缆公司	华南片区	一级	8000
KH2011011	明月集团	华北片区	二级	8500
KH2011012	北安有限公司	华北片区	三级	9000
KH2011013	德利实业	西北片区	四级	10000
KH2011014	万能电子	西南片区	一级	8000

文件设计过程

步骤1:创建下拉列表

1 在工作表中建立各级代理商代理价格表,并输入相关数据,如图7-21所示。

2 选中D9:D22单元格区域,单击"数据"选项卡,在"数据工具"选项组中单击"数据有效性"下拉按钮,在下拉菜单中选择"数据有效性",如图7-22所示。

图7-21

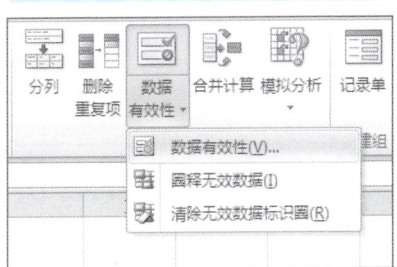

图7-22

③ 打开"数据有效性"对话框，选择"设置"选项卡，在"允许"下拉列表中选择"序列"，在源右侧下面的文本框输入"=$A$3:$A$6"，接着单击"确定"按钮返回到工作表中，如图7-23所示。

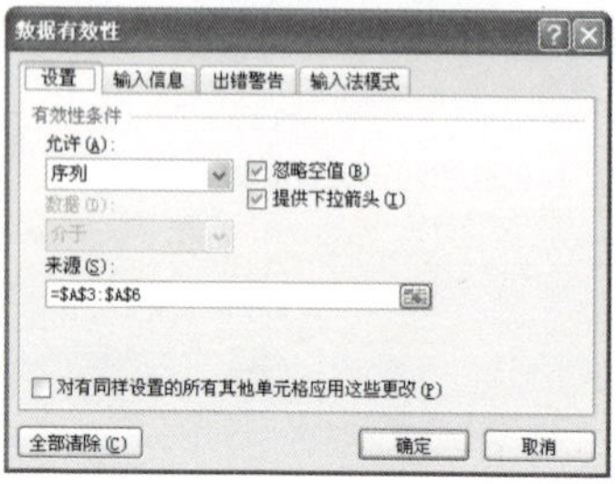

④ 在设置了数据有效性的任意单元格中单击，即可弹出下拉列表，接着选择对应的级别，如图7-24所示。

图7-23

图7-24

步骤2：VLOOKUP函数

① 在E9单元格中输入公式"=VLOOKUP(D9,$A$3:$B$6,2,FALSE)"，按回车键，拖动E9单元格右下角的自动填充柄至E22单元格，如图7-25所示。

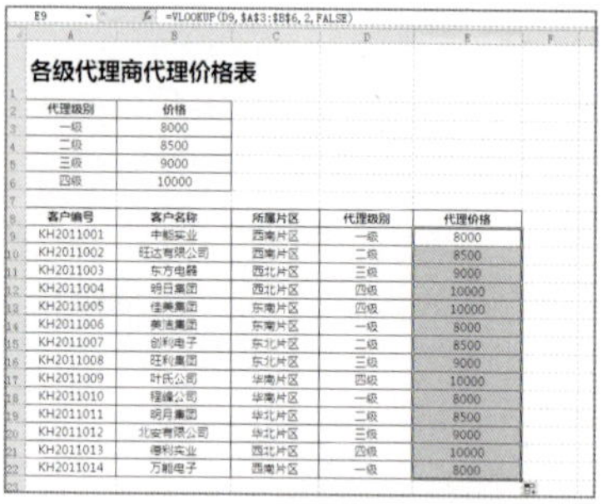

② 进一步完善表格后，即可完成各级代理商价格表的制作，如图7-26所示。

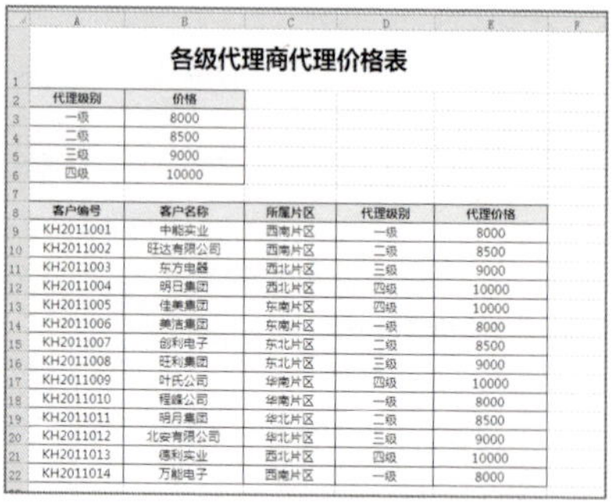

图7-25

图7-26

文件56 商品定价单

在Excel中，可以通过文字格式设置，来为企业创建一份简单而合理的定价单。

制作要点与设计效果图

- 设置边框和底纹
- 合并单元格
- 设置字体格式

公司定价单

发货	单位		收货	单位	
	定价日期			定价日期	
货物名称	单价	数量	金额		
金额大写：					
备注：					
领导签字：		财务部：		经手人：	

文件57　产品售价调整表

在激烈的市场竞争中，无论是什么原因引起的价格变动，企业都应该有详细的备案，记录价格变化的时间和原因等信息。

制作要点与设计效果图

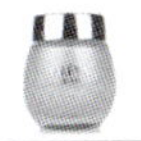

- 设置边框和底纹
- 设置日期格式
- 设置会计专用格式
- 插入图片

产品售价调整表

产品名称	奥洛菲金润焕彩眼霜	产品图片		
功能	抗皱、补水			
进入中国市场	2001年5月8日			
价格变动记录				
起始日期	结束日期	批发价格	零售价格	备注
2001年5月8日	2001年12月31日	￥118.00	￥328.00	新产品定价
2002年1月1日	2002年1月10日	￥78.00	￥268.00	迎新年，促销
2002年1月11日	至今	￥118.00	￥328.00	恢复原价

文件58　地区产品价格表

不是所有的产品都是全国统一价，在某些特殊情况下，有些产品的价格存在地区差异。当产品价格存在地区差异时，通常应根据不同地区的市场情况及其他综合因素为产品定价，但通常应以各地平均价格作为参考。

Excel营销管理必须掌握的208个文件与108个函数

  制作要点与设计效果图

- 设置货币格式
- AVERAGE函数

地区产品价格表

产品名称	西北地区	西南地区	华北地区	华南地区	华东地区	平均价格
产品A	¥428.00	¥438.00	¥418.00	¥398.00	¥408.00	¥518.00
产品B	¥318.00	¥308.00	¥328.00	¥338.00	¥358.00	¥430.00
产品C	¥518.00	¥508.00	¥528.00	¥538.00	¥568.00	¥632.00
产品D	¥308.00	¥318.00	¥328.00	¥338.00	¥358.00	¥430.00
产品E	¥418.00	¥408.00	¥428.00	¥438.00	¥458.00	¥530.00
产品F	¥198.00	¥198.00	¥188.00	¥208.00	¥218.00	¥302.00
产品H	¥178.00	¥168.00	¥189.00	¥198.00	¥178.00	¥282.20

第 8 章 产品定价分析

　　产品价格定价分析是营销工作中的一项非常重要的内容。在产品的定价分析中,要考虑的因素有很多,如产品成本、公司利润、客户可接受的价格范围等,所以要随时对产品的定价进行分析。

　　在竞争激烈的市场经济中,无论什么产品,价格都是营销客户是否购买产品的重要因素之一。在进行产品定价分析工作时,应根据企业的实际情况来指定相应的价格策略以及价格目标,如制定商品定价分析表、商品价格测试结果分析、价格敏感度分析图表、价格变动与年销量变动趋势分析、销售者可接受价格范围分析等。

编号	文件名称	光盘中对应数据源	重要星级
文件59	产品定价分析	素材文件\第8章\产品定价分析.xls	★★★
文件60	产品价格测算结果分析	素材文件\第8章\产品价格测算结果分析.xls	★★★
文件61	产品可接受价格范围分析	素材文件\第8章\产品可接受价格范围分析.xls	★★★★
文件62	年销量随价格变动趋势分析	素材文件\第8章\年销量随价格变动趋势分析.xls	★★★
文件63	价格敏感度分析	素材文件\第8章\价格敏感度分析.xls	★★★★
文件64	产品价格年度比较分析	素材文件\第8章\产品价格年度比较分析.xls	★★★

文件59 产品定价分析

根据生产某一产品所需要的各种成本进行统计，并将其与其他竞争产品进行比较，然后再根据企业的定价目标和策略而进行定价的过程就是产品定价分析。

制作要点与设计效果图

- 数据筛选
- 数据粘贴
- 计算公式
- 设置数字格式

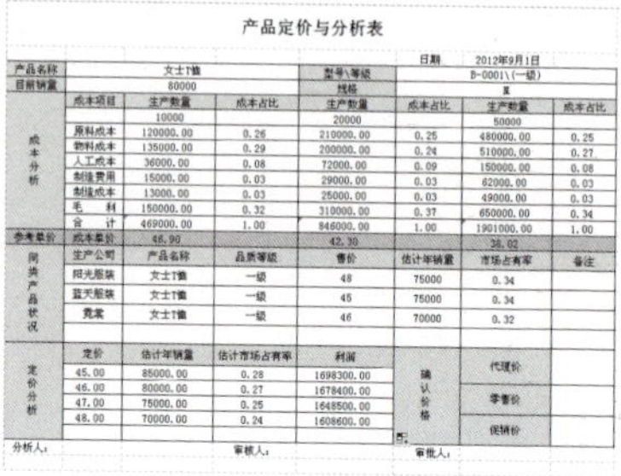

产品定价与分析表

					日期	2012年9月1日	
产品名称	女士T恤			型号\等级	B-0001\(一级)		
目前销量	80000			规格	M		
成本分析	成本项目	生产数量	成本占比	生产数量	成本占比	生产数量	成本占比
		10000		20000		50000	
	原料成本	120000.00	0.26	210000.00	0.25	480000.00	0.25
	物料成本	135000.00	0.29	200000.00	0.24	510000.00	0.27
	人工成本	36000.00	0.08	72000.00	0.09	150000.00	0.08
	制造费用	15000.00	0.03	29000.00	0.03	62000.00	0.03
	制造成本	13000.00	0.03	25000.00	0.03	49000.00	0.03
	毛 利	150000.00	0.32	310000.00	0.37	650000.00	0.34
	合 计	469000.00	1.00	846000.00	1.00	1901000.00	1.00
参考单价	成本单价	46.90		42.30		38.02	
同类产品状况	生产公司	产品名称	品质等级	售价	估计年销量	市场占有率	备注
	阳光服装	女士T恤	一级	48	75000	0.34	
	蓝天服装	女士T恤	一级	45	75000	0.34	
	竞裳	女士T恤	一级	46	70000	0.32	
定价分析	定价	估计年销量	估计市场占有率	利润	确认价格	代理价	
	45.00	85000.00	0.28	1698300.00			
	46.00	80000.00	0.27	1678400.00		零售价	
	47.00	75000.00	0.25	1648500.00			
	48.00	70000.00	0.24	1608600.00		促销价	
分析人：			审核人：		审批人：		

文件设计过程

步骤1：创建表格

新建“产品定价分析”工作表，在该工作表中创建“产品定价分析表”表格，如图8-1所示。

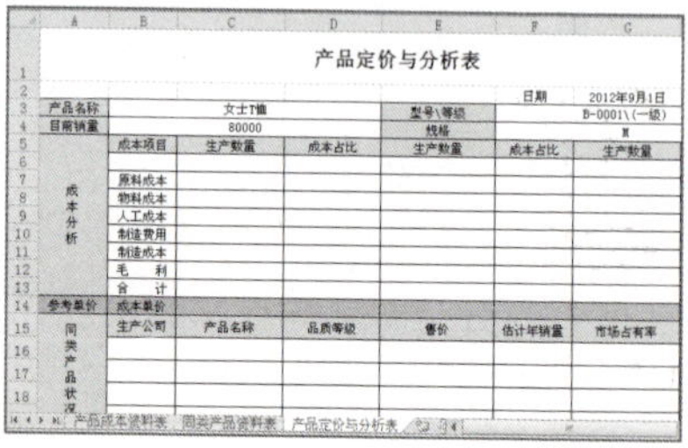

	A	B	C	D	E	F	G
1	产品定价与分析表						
2						日期	2012年9月1日
3	产品名称	女士T恤			型号\等级		B-0001\(一级)
4	目前销量	80000			规格		M
5	成本分析	成本项目	生产数量	成本占比	生产数量	成本占比	生产数量
6							
7		原料成本					
8		物料成本					
9		人工成本					
10		制造费用					
11		制造成本					
12		毛 利					
13		合 计					
14	参考单价	成本单价					
15	同类产品状况	生产公司	产品名称	品质等级	售价	估计年销量	市场占有率
16							
17							
18							

图8-1

步骤2：筛选数据

① 单击“产品成本子列表”工作表，单击“数据”选项卡下“排序和筛选”选项组中的“筛选”按钮，如图8-2所示。

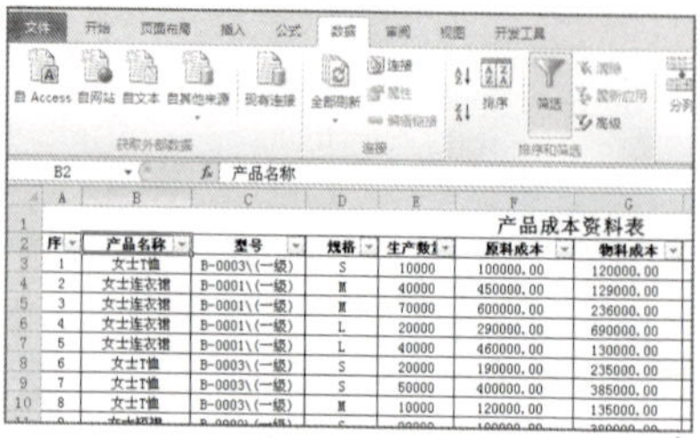

	A	B	C	D	E	F	G
1						产品成本资料表	
2	序	产品名称	型号	规格	生产数量	原料成本	物料成本
3	1	女士T恤	B-0003\(一级)	S	10000	100000.00	120000.00
4	2	女士连衣裙	B-0001\(一级)	M	40000	450000.00	129000.00
5	3	女士连衣裙	B-0001\(一级)	M	70000	600000.00	236000.00
6	4	女士连衣裙	B-0001\(一级)	L	20000	290000.00	690000.00
7	5	女士连衣裙	B-0001\(一级)	L	40000	460000.00	130000.00
8	6	女士T恤	B-0003\(一级)	S	20000	190000.00	235000.00
9	7	女士T恤	B-0003\(一级)	S	50000	400000.00	385000.00
10	8	女士T恤	B-0003\(一级)	M	10000	120000.00	135000.00

图8-2

第8章 产品定价分析

2 单击"产品名称"下三角按钮,在展开的下拉列表中只选中"女士T恤"复选框,单击"确定"按钮,如图8-3所示。

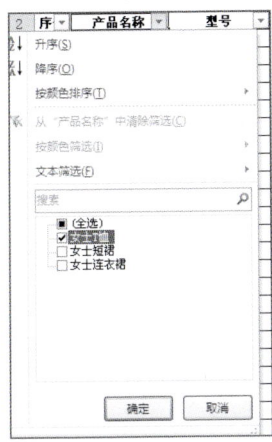

图8-3

3 单击"规格"下三角按钮,在展开的下拉列表中只选中"M"复选框,单击"确定"按钮,如图8-4所示。

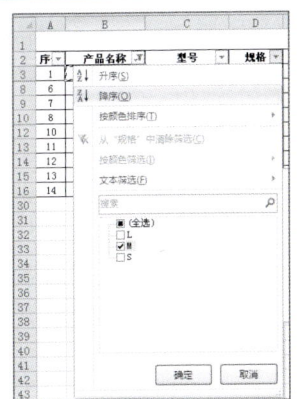

图8-4

4 选择E10:K13单元格区域后单击鼠标右键,从弹出的快捷菜单中单击"复制"命令,如图8-5所示,右键单击"产品定价分析"工作表的C6单元格,从弹出的快捷菜单中单击"转置"按钮,如图8-6所示。

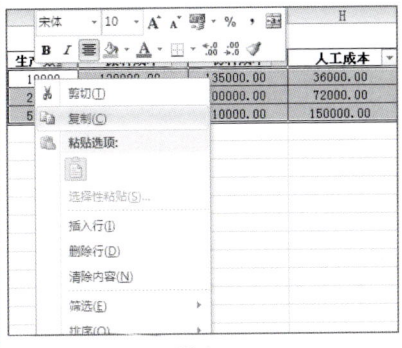

图8-5

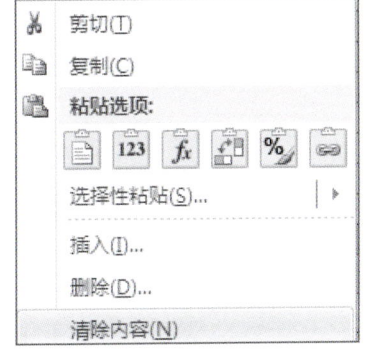

图8-6

5 接着如图所示完成成本分析原始数据的输入,如图8-7所示。

图8-7

⑥ 单击"同类产品资料表"工作表，单击"数据"选项卡下"排序和筛选"选项组中的"筛选"下拉按钮，如图8-8所示。

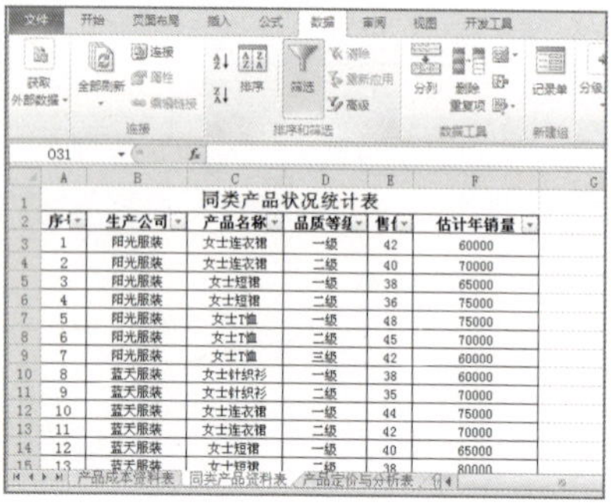

图8-8

⑦ 单击"产品名称"下三角按钮，在展开的下拉列表中只选中"女士T恤"复选框，单击"确定"按钮，如图8-9所示。

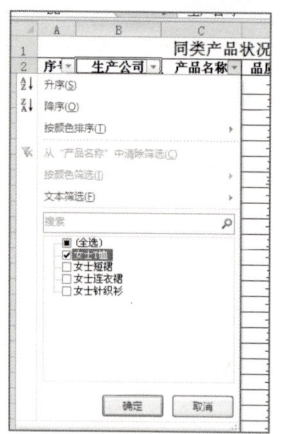

图8-9

⑧ 单击"品质等级"下三角按钮，在展开的下拉列表中只选中"一级"复选框，单击"确定"按钮，如图8-10所示。

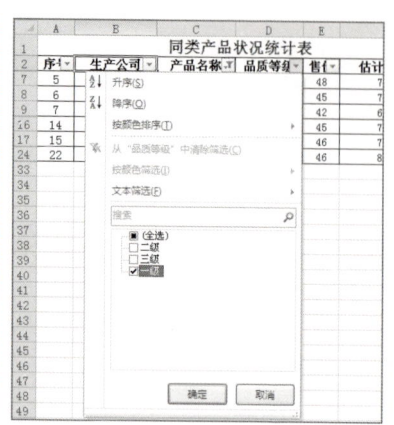

图8-10

⑨ 选择B7:F24单元格区域后单击鼠标右键，从弹出的快捷菜单中单击"复制"命令，如图8-11所示，右键单击 产品定价分析"工作表的B16单元格，从弹出的快捷菜单中单击"粘贴"命令，如图8-12所示。

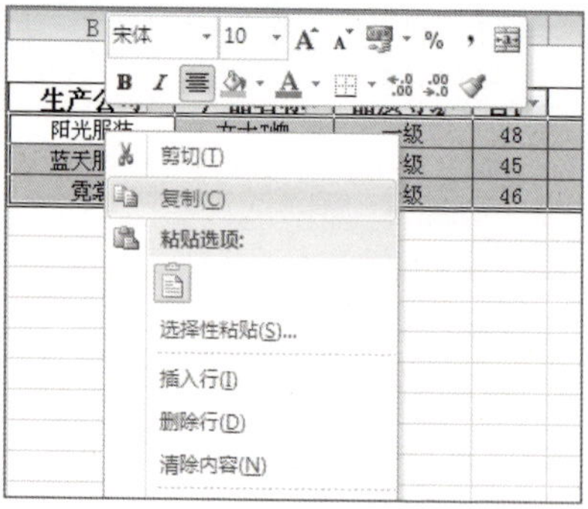

图8-11

图8-12

步骤3：计算公式

1 在D7单元格中输入公式"=C7/SUM($C$7:$C$12)"后按回车键，如图8-13所示，拖动D7单元格右下角的自动填充柄至D12单元格，如图8-14所示。

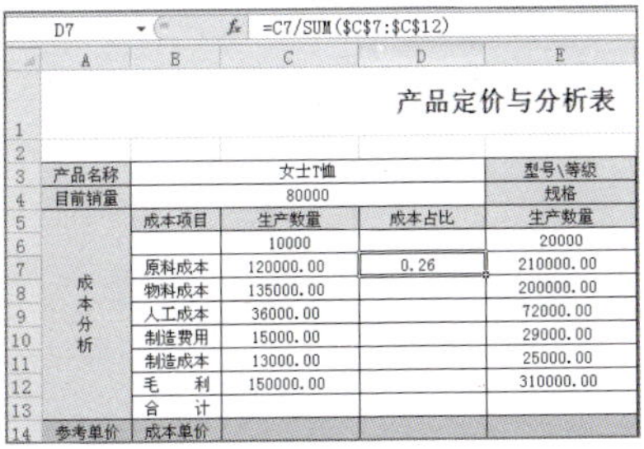

图8-13

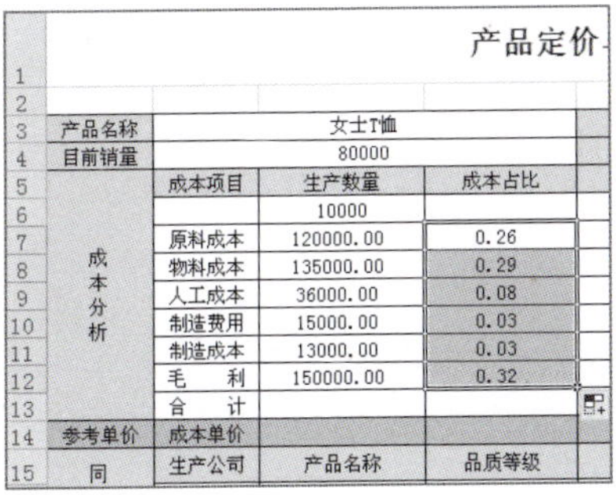

图8-14

2 在F7单元格中输入公式"=E7/SUM($E$7:$E$12)"并复制公式到F12单元格中，如图8-15所示。

图8-15

3 在H7单元格中输入公式"=G7/SUM($G$7:$G$12)"并复制公式到H12单元格中，如图8-16所示。

图8-16

4 选择C7:H12单元格区域，单击"开始"选项卡下"编辑"选项组中的"自动求和"按钮，在"合计"行中显示出各列数据的求和结果，如图8-17所示。

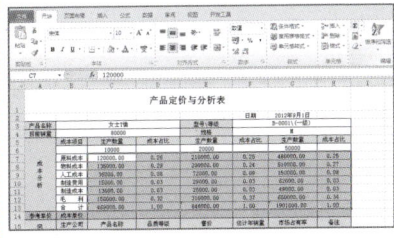

图8-17

5 在C14单元格中输入公式"=C13/C6"后按回车键，如图8-18所示。在E14单元格中输入公式"=E13/E6"后按回车键，如图8-19所示。

6 在G14单元格中输入公式"=G13/G6"后按回车键，如图8-20所示。

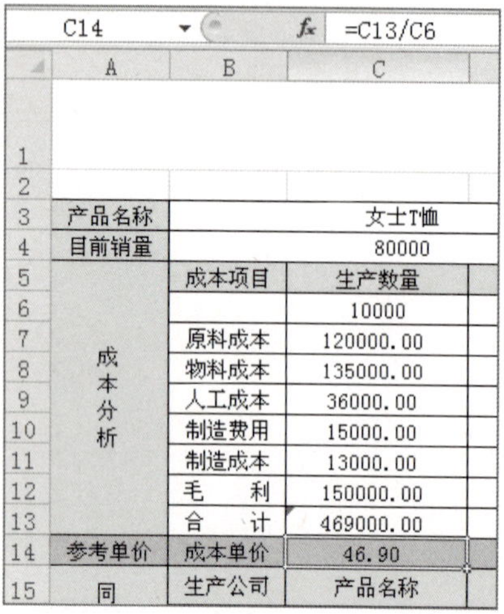

C14 =C13/C6

	A	B	C
1			
2			
3	产品名称	女士T恤	
4	目前销量	80000	
5	成本分析	成本项目	生产数量
6			10000
7		原料成本	120000.00
8		物料成本	135000.00
9		人工成本	36000.00
10		制造费用	15000.00
11		制造成本	13000.00
12		毛　利	150000.00
13		合　计	469000.00
14	参考单价	成本单价	46.90
15	同	生产公司	产品名称

图8-18

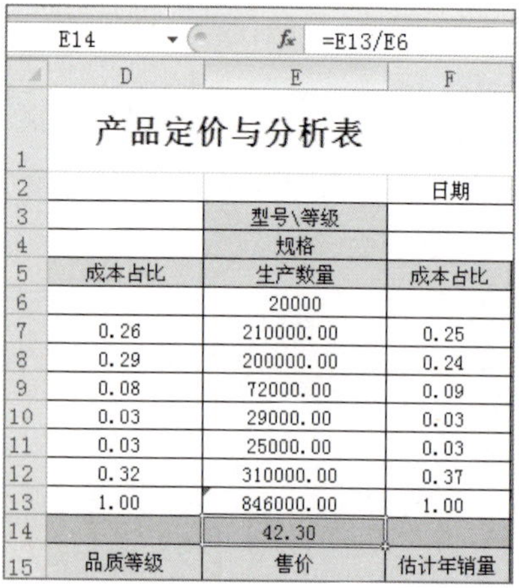

E14 =E13/E6

	D	E	F
1	产品定价与分析表		
2			日期
3		型号\等级	
4		规格	
5	成本占比	生产数量	成本占比
6		20000	
7	0.26	210000.00	0.25
8	0.29	200000.00	0.24
9	0.08	72000.00	0.09
10	0.03	29000.00	0.03
11	0.03	25000.00	0.03
12	0.32	310000.00	0.37
13	1.00	846000.00	1.00
14		42.30	
15	品质等级	售价	估计年销量

图8-19

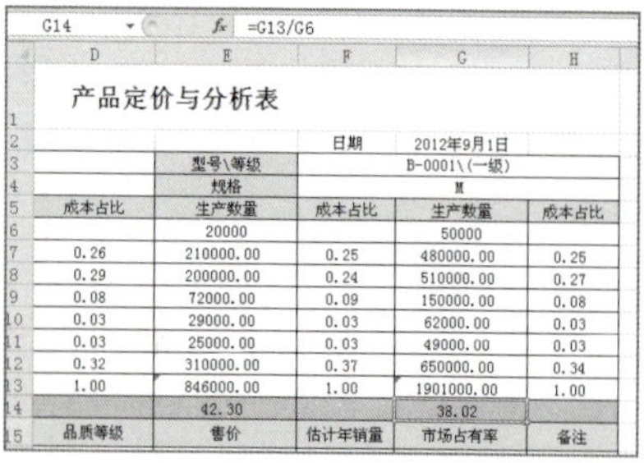

G14 =G13/G6

	D	E	F	G	H
1	产品定价与分析表				
2			日期	2012年9月1日	
3		型号\等级	B-0001\(一级)		
4		规格	M		
5	成本占比	生产数量	成本占比	生产数量	成本占比
6		20000		50000	
7	0.26	210000.00	0.25	480000.00	0.25
8	0.29	200000.00	0.24	510000.00	0.27
9	0.08	72000.00	0.09	150000.00	0.08
10	0.03	29000.00	0.03	62000.00	0.03
11	0.03	25000.00	0.03	49000.00	0.03
12	0.32	310000.00	0.37	650000.00	0.34
13	1.00	846000.00	1.00	1901000.00	1.00
14		42.30		38.02	
15	品质等级	售价	估计年销量	市场占有率	备注

图8-20

7 在G16单元格中输入公式“=F16/SUM($F$16:$F$19)”后按回车键。拖动G16单元格右下角的自动填充柄至F18单元格，如图8-21所示。

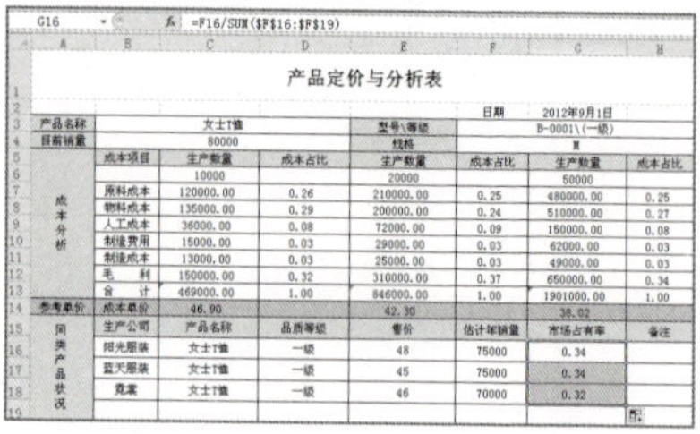

G16 =F16/SUM($F$16:$F$19)

	A	B	C	D	E	F	G	H
1	产品定价与分析表							
2						日期	2012年9月1日	
3	产品名称	女士T恤			型号\等级	B-0001\(一级)		
4	目前销量	80000			规格	M		
5	成本分析	成本项目	生产数量	成本占比	生产数量	成本占比	生产数量	成本占比
6			10000		20000		50000	
7		原料成本	120000.00	0.26	210000.00	0.25	480000.00	0.25
8		物料成本	135000.00	0.29	200000.00	0.24	510000.00	0.27
9		人工成本	36000.00	0.08	72000.00	0.09	150000.00	0.08
10		制造费用	15000.00	0.03	29000.00	0.03	62000.00	0.03
11		制造成本	13000.00	0.03	25000.00	0.03	49000.00	0.03
12		毛　利	150000.00	0.32	310000.00	0.37	650000.00	0.34
13		合　计	469000.00	1.00	846000.00	1.00	1901000.00	1.00
14	参考单价	成本单价	46.90		42.30		38.02	
15	同类产品状况	生产公司	产品名称	品质等级	售价	估计年销量	市场占有率	备注
16		阳光服装	女士T恤	一级	48	75000	0.34	
17		蓝天服装	女士T恤	一级	45	75000	0.34	
18		霓裳	女士T恤	一级	46	70000	0.32	
19								

图8-21

8 根据成本分析结果和同类产品状况结果在B21:C25单元格区域中输入产品单价和估计年销量，如图8-22所示。在D21单元格中输入公式“=C21/(SUM($F$16:$F$19)+C21)”并复制公式到D24单元格，在E21单元格中输入公式“=(B21-SUM($G$7:$G$11)/$G$6)*C21”并复制公式到E24单元格，如图8-23所示。

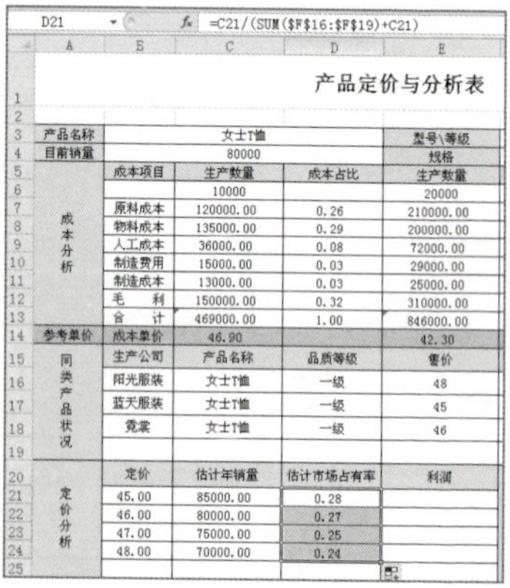

D21 =C21/(SUM($F$16:$F$19)+C21)

	A	B	C	D	E
1	产品定价与分析表				
2					
3	产品名称	女士T恤			型号\等级
4	目前销量	80000			规格
5	成本分析	成本项目	生产数量	成本占比	生产数量
6			10000		20000
7		原料成本	120000.00	0.26	210000.00
8		物料成本	135000.00	0.29	200000.00
9		人工成本	36000.00	0.08	72000.00
10		制造费用	15000.00	0.03	29000.00
11		制造成本	13000.00	0.03	25000.00
12		毛　利	150000.00	0.32	310000.00
13		合　计	469000.00	1.00	846000.00
14	参考单价	成本单价	46.90		42.30
15	同类产品状况	生产公司	产品名称	品质等级	售价
16		阳光服装	女士T恤	一级	48
17		蓝天服装	女士T恤	一级	45
18		霓裳	女士T恤	一级	46
19					
20	定价分析	定价	估计年销量	估计市场占有率	利润
21		45.00	85000.00	0.28	
22		46.00	80000.00	0.27	
23		47.00	75000.00	0.25	
24		48.00	70000.00	0.24	
25					

图8-22

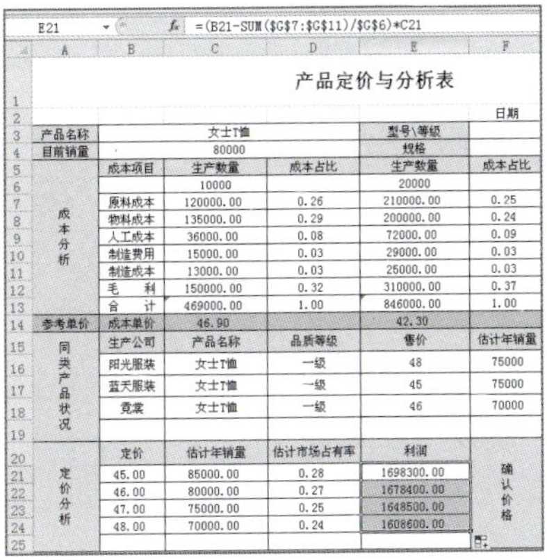

第8章 产品定价分析

图8-23

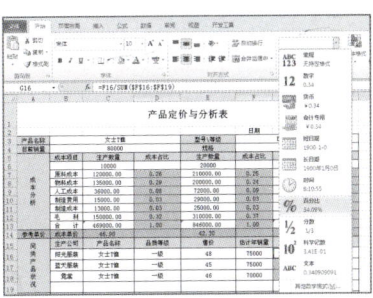

图8-24

⑩ 产品定价分析表最终效果如图所示,如图8-25所示。

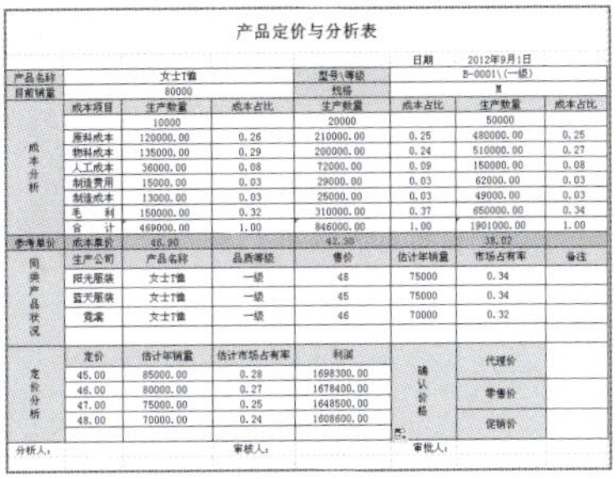

⑨ 按住Ctrl键,选择D7:D13、F7:F13、H7:H13、G16:G18、D21:D24单元格区域,单击"开始"选项卡下"数字"选项组汇总的"自定义"下三角按钮,在展开的下拉列表中选择"百分比"选项,如图8-24所示。

图8-25

文件60 产品价格测算结果分析

产品价格测试结果分析通常用于分析产品采购价格的编号情况,是对某一时期的价格统计进行分析。

制作要点与设计效果图

- 设置边框和底纹
- MAX函数
- 单元格格式

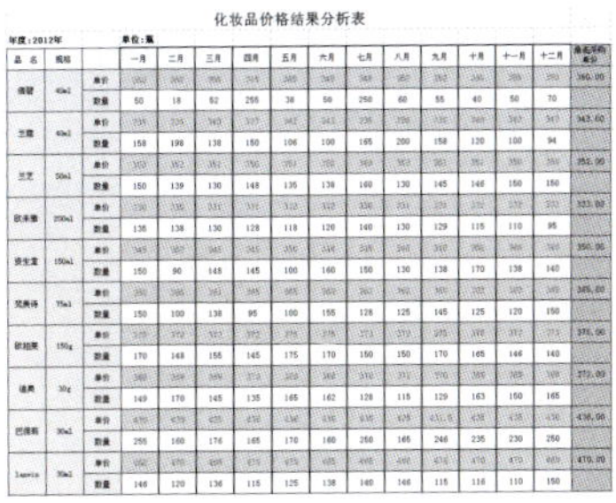

Excel营销管理必须掌握的208个文件与108个函数

文件设计过程

步骤1：使用MAX函数

① 新建"产品价格结果分析"工作表，在P3单元格中输入"最高采购单价"，将工作表的标题为"化妆品价格结果分析表"后并设置表格边框和底纹，如图8-26所示。

图8-26

图8-27

② 在P4单元格中输入公式"=MAX(D4:O4)"后按回车键，如图8-27所示，在P6单元格中输入公式"=MAX(D6:O6)"后按回车键，如图8-28所示。

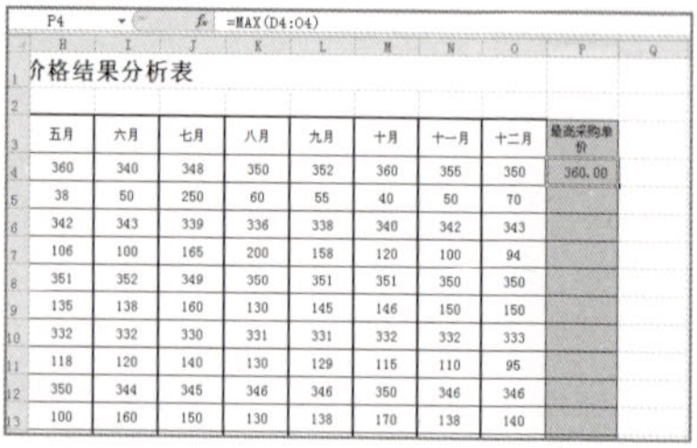

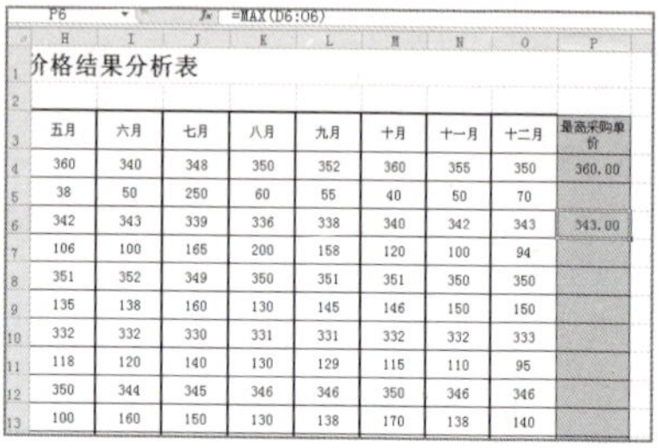

图8-28

③ 选择P4:P7单元格区域，拖动P7单元格右下角的自动填充柄至P23单元格，完成最高采购单价的提取，如图8-29所示。

图8-29

步骤2：设置条件格式

① 选择D4:O23单元格区域后切换到"开始"选项卡下"样式"选项组中的"条件格式"下三角按钮，在展开的下拉列表中单击"项目选取规则→高于平均值"选项，如图8-30所示，在弹出的对话框中单击"确定"按钮，如图8-31所示。

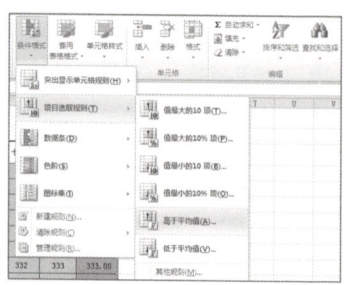

图8-30

第8章 产品定价分析

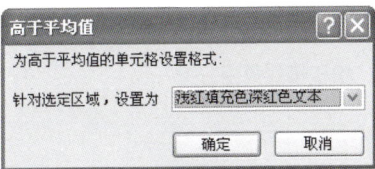

图 8-31

2 在工作表中即可看到每月采购价格高于全年平均值的单元格用浅红填充深红色文本的样式显示出来，即可完成该表的制作，如图8-32所示。

图 8-32

文件61　产品可接受价格范围分析

在Excel 中，假设通过市场调研已经得到一组可以接受和不接受的价格数据，现需要根据这些数据，使用更为直观的图表标识可接受价格范围和不可接受价格范围。

制作要点与设计效果图

- 创建面积图
- 设置轴标签区域
- 设置坐标轴格式
- 设置绘图区格式

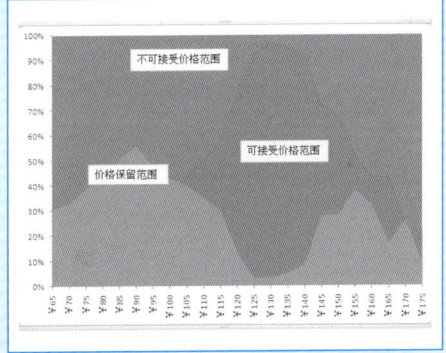

文件设计过程

步骤1：计算价格保留区域

在表格中B列右侧插入新列，在C2中输入"价格保留区域"，在C3中输入公式“=D3-B3”，向下复制公式至单元格C25，如图8-33所示。

C3 =D3-B3

价格接受范围分析

价格	可以接受	价格保留区域	不可接受
¥65	4%	31%	35%
¥70	7%	33%	40%
¥75	10%	39%	49%
¥80	12%	43%	55%
¥85	17%	51%	68%
¥90	20%	56%	76%
¥95	30%	48%	78%
¥100	37%	43%	80%
¥105	43%	40%	83%
¥110	50%	35%	85%
¥115	58%	30%	88%
¥120	77%	13%	90%

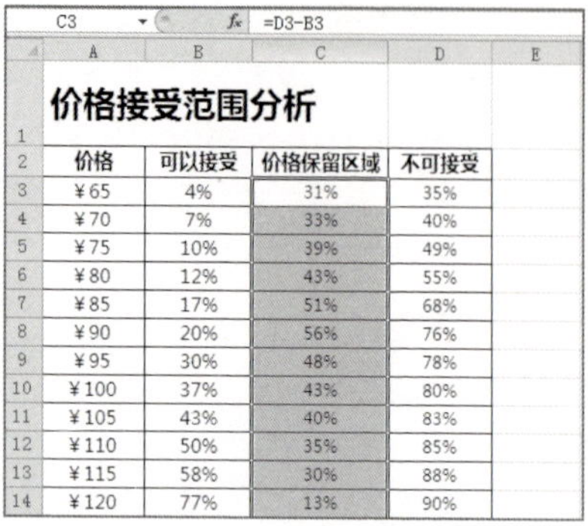

图8-33

步骤2：创建面积图

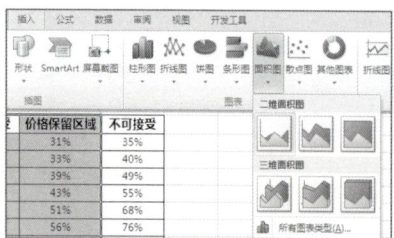

①选择B2:C25单元格区域，单击“插入”选项卡，在“图表”选项组中单击“面积图”，在下拉列表中选择堆积面积图图表类型，如图8-34所示。

图8-34

②即可在工作表中插入默认的堆积面积图，如图8-35所示。

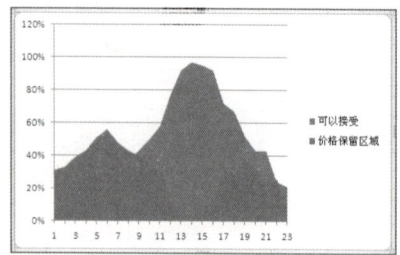

图8-35

③单击“数据”选项组中的“选择数据”按钮，打开“选择数据源”对话框，在“水平（分类）轴标签”区域单击“编辑”按钮，如图8-36所示。

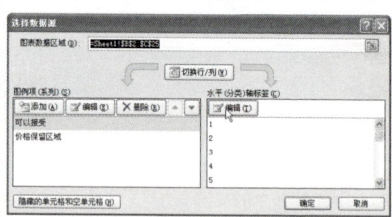

图8-36

④在“轴标签”对话框中选择“轴标签区域”为单元格区域A3:A25，单击“确定”按钮，如图8-37所示。

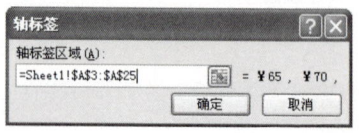

图8-37

⑤此时图标横坐标轴显示为表格中的价格序列，如图8-38所示。

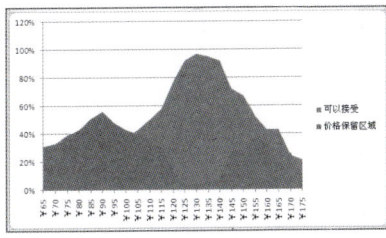

图8-38

6 双击图标总坐标轴打开"设置坐标轴格式"对话框,设置"最小值"为0,"最大值"为1,"主要刻度单位"为0.1,如图8-39所示。

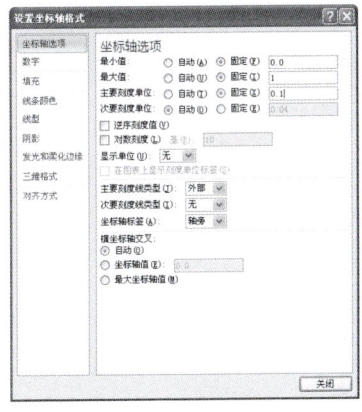

图8-39

7 双击图表绘图区打开"设置绘图区格式"对话框,选中"纯色填充"单选项按钮,在"颜色"下拉列表中选择"红色",如图8-40所示。

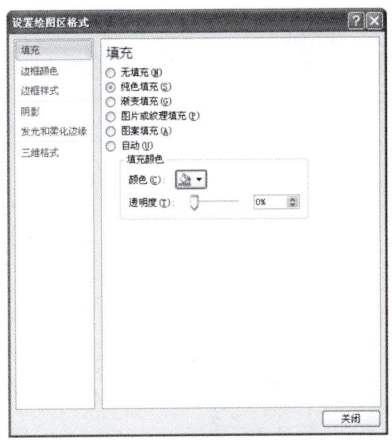

图8-40

8 返回工作表,对图表进行完善,分别使用三个文本框标识出可接受价格范围、价格保留范围和不可接受价格范围,得到图表最终效果,如图8-41所示。

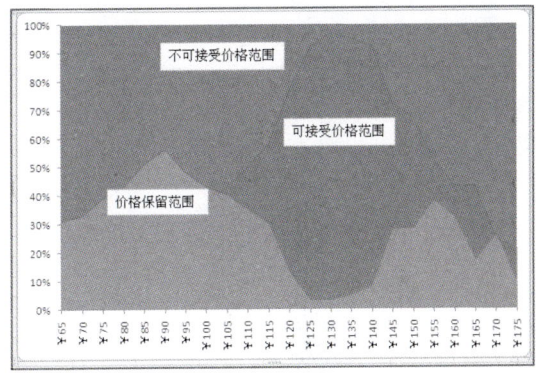

图8-41

文件62　年销量随价格变动趋势分析

假设某公司现要求分析价格变动对年销量的影响,通过市场调查和分析后,可以通过一个图表来分析销量在多大程度上收到产品价格编号的影响。

制作要点与设计效果图

- 创建柱形图
- 设置数据系列格式
- 设置图表区格式
- 添加趋势线

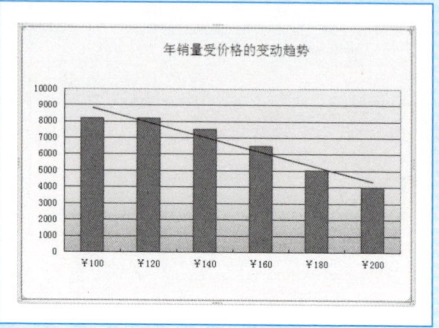

文件63　价格敏感度分析

为了使产品能够实现更好地销售业绩,企业可以通过对产品进行价格敏感度分析,来了解产品自身在消费市场中理想的价格区间,及时完成价格调整,为企业带来更多的利润。

制作要点与设计效果图

- 创建折线图
- 使用形状标识
- 插入文本框

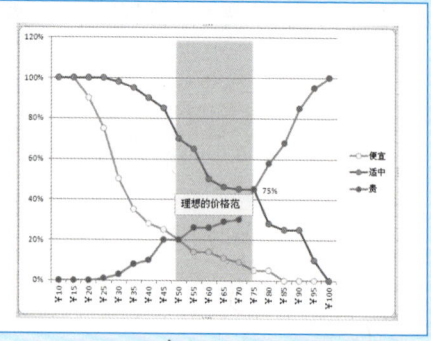

第8章 产品定价分析

文件64 产品价格年度比较分析

在Excel中，可以通过建立柱形图来分析比较年度产品价格，为下一年的产品定价提供依据。

制作要点与设计效果图

- 创建柱形图
- 添加数据系列
- 更改系列绘制坐标轴
- 更改系列的图表类型

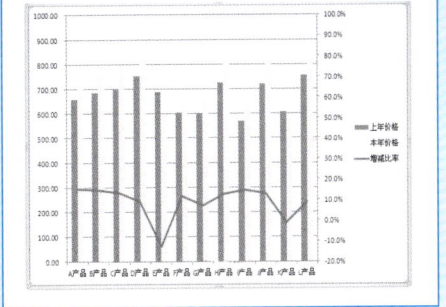

读书笔记

第9章

产品促销表格设计与分析

促销就是营销者向消费者传递有关本企业及产品的各种信息，说服或吸引消费者购买其产品，以达到扩大销售量的目的。促销实质上是一种沟通活动，即营销者（信息提供者或发送者）发出作为刺激消费的各种信息，把信息传递到一个或更多的目标对象（即信息接受者，如听众、观众、读者、消费者或用户等），以影响消费者的态度和行为。

促销的方式也是多种多样的，企业可根据实际情况及市场、产品等因素选择一种或多种促销手段的组合。促销是市场竞争过程中的一把利剑。本章介绍产品促销过程中的促销方案制定、促销管理、促销数据的统计与分析等。

编号	文件名称	光盘中对应数据源	重要星级
文件65	营销活动促销计划表	素材文件\第9章\营销活动促销计划表.xls	★★★
文件66	促销费用预算明细表	素材文件\第9章\促销费用预算明细表.xls	★★★
文件67	促销费用透视分析	素材文件\第9章\促销费用透视分析.xls	★★★
文件68	实际促销费用占比分析	素材文件\第9章\实际促销费用占比分析.xls	★★★★
文件69	促销业绩透视分析	素材文件\第9章\促销业绩透视分析.xls	★★★
文件70	实际与预计费用差异分析	素材文件\第9章\实际与预计费用差异分析.xls	★★★★
文件71	产品促销效果差异分析	素材文件\第9章\产品促销效果差异分析.xls	★★★
文件72	按日期分析销售排名	素材文件\第9章\按日期分析销售排名.xls	★★★
文件73	按门面分析销售效果	素材文件\第9章\按门面分析销售效果.xls	★★★
文件74	发放赠品记录单	素材文件\第9章\发放赠品记录单.xls	★★★

文件65　营销活动促销计划表

营销活动促销计划表，通常应该包括参加促销的产品名称、促销进行的方式、促销活动的开始和结束日期等。

制作要点与设计效果图

- 数据格式设置
- 自定义数字格式
- 数据有效期
- 批量输入相同值
- 简单计算

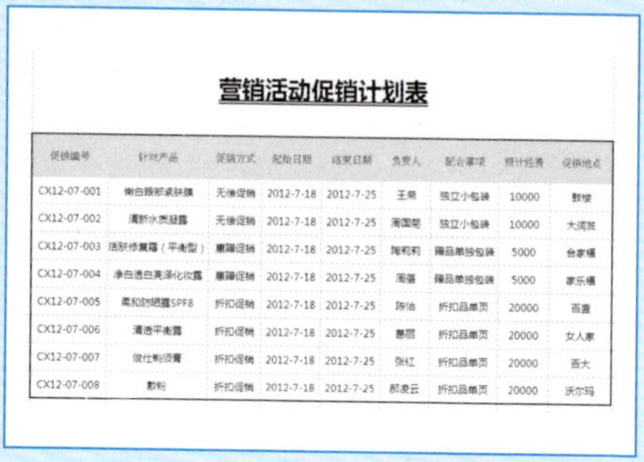

营销活动促销计划表

促销编号	针对产品	促销方式	起始日期	结束日期	负责人	配合事项	预计经费	促销地点
CX12-07-001	南自酸奶袋装牌	无偿促销	2012-7-18	2012-7-25	王旺	独立小包装	10000	家乐
CX12-07-002	清新水果酸露	无偿促销	2012-7-18	2012-7-25	湘国娟	独立小包装	10000	大润发
CX12-07-003	法妮丝魔膜（平衡型）	赠降促销	2012-7-18	2012-7-25	陶利利	赠品单独包装	5000	合家褔
CX12-07-004	净自透白美净化浴露	赠降促销	2012-7-18	2012-7-25	湘国	赠品单独包装	5000	家乐褔
CX12-07-005	高知妙娉娉SPF8	折扣促销	2012-7-18	2012-7-25	陈佳	折扣品单页	20000	百盈
CX12-07-006	清击平击露	折扣促销	2012-7-18	2012-7-25	黎丽	折扣品单页	20000	女人家
CX12-07-007	弹性有活霜	折扣促销	2012-7-18	2012-7-25	张红	折扣品单页	20000	百大
CX12-07-008	影彩	折扣促销	2012-7-18	2012-7-25	郑波丘	折扣品单页	20000	沃尔玛

文件设计过程

步骤1：创建表格

[1] 新建一个工作簿，在工作表Sheet1的单元格A1中输入表名称"促销活动计划表"，在A2:J2单元格中输入表格字段名称，并进行相关设置，如图9-1所示。

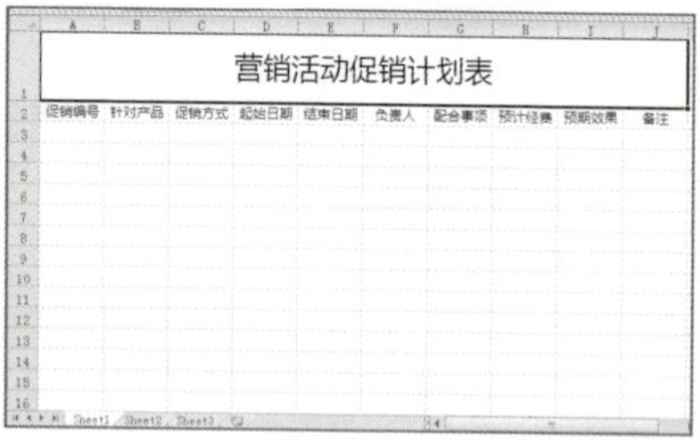

图9-1

[2] 选择A1:J1单元格区域，在"字体"选项组中单击"下划线"下拉按钮，在下拉列表中选择"双下划线"选项，如图9-2所示。

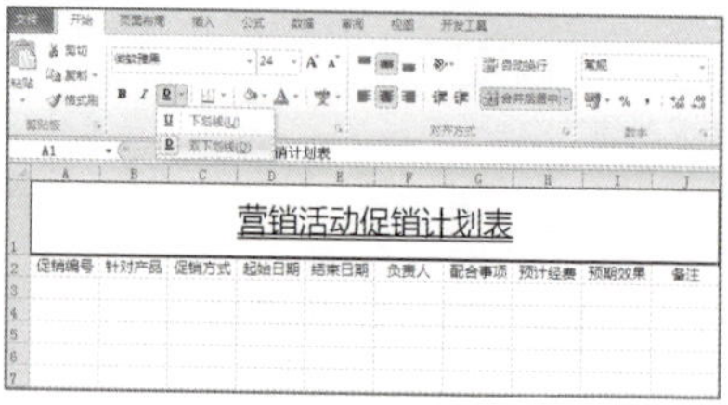

图9-2

[3] 在单元格A3中输入数字1，如图9-3所示，然后向下拖动填充柄，释放鼠标后，单击"填充选项"按钮，选中"填充序列"选项，如图9-4所示。

第9章 产品促销表格设计与分析

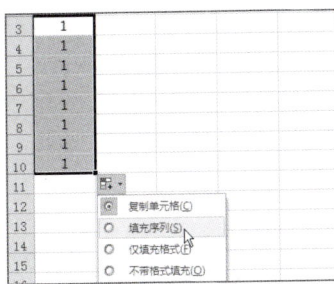

图9-3

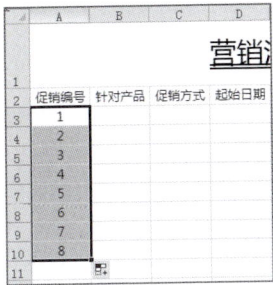

图9-4

[4] 打开"数字单元格格式"对话框，如图9-5所示，在对话框中单击"自定义"选项，在"类型"框中输入自定义格式代码""CX12-07-00"#"，如图9-6所示。

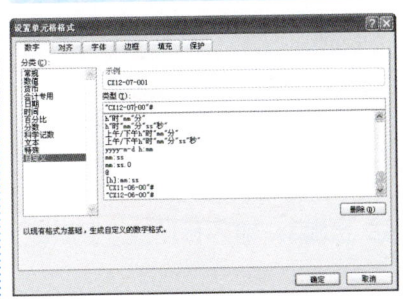

图9-5

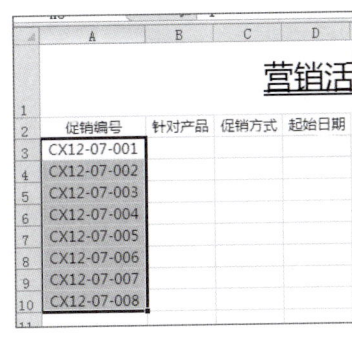

图9-6

步骤2：设置数据有效性

[1] 选择C3:C10单元格区域，在"数据"选项卡下的"数据工具"选项组中单击"数据有效性"下拉按钮，在下拉菜单中选择"数据有效性"选项，如图9-7所示。打开"数据有效性"对话框，在"设置"选项卡下的"允许"下拉列表中选择"序列"选项，在"来源"框中输入"无偿促销,惠赠促销,折扣促销"，如图9-8所示。

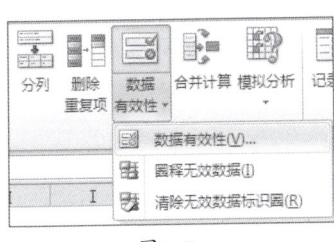

图9-7

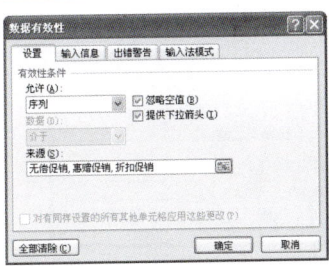

图9-8

②单击设置了数据有效性任意单元格时，会显示下拉箭头，在下拉列表中可以选择选用的值，如图9-9所示。

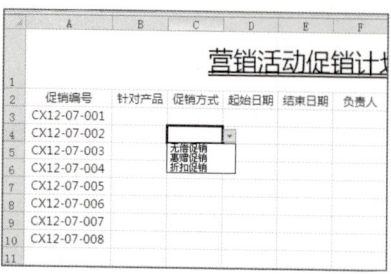

图9-9

步骤3：输入日期

①选择D3:D10单元格区域，输入"2012-7-18"，按<Ctrl+Enter>组合键，完成日期输入，如图9-10所示。

②这里设定促销的周期为一周，在E3单元格中输入公式"=D3+7"，向下复制公式，计算各产品促销的结束日期，如图9-11所示。

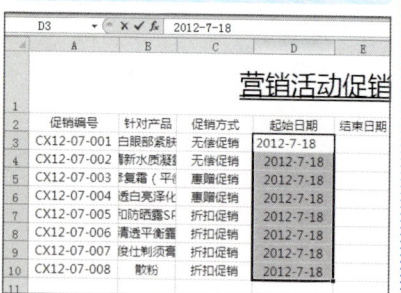

图9-10

图9-11

步骤4：设置单元格格式

①选中要调整行高的单元格区域，打开"行高"对话框，在"行高"对话框中输入值"20"，单击"确定"按钮，如图9-12所示。

②接着对表格进行完善，得到表格最终效果，如图9-13所示。

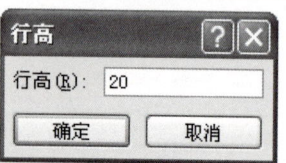

图9-12

图9-13

文件66 促销费用预算明细表

促销费用预算明细表里应明确每天可能发生的促销费用类别、金额，以及每一天促销费用的总金额，以便管理者对促销活动可能产生的费用有全面的掌控。

制作要点与设计效果图

- 重命名工作表标签
- 复制、粘贴
- SUMPRODUCT函数
- SUM函数

促销费用预算明细表

日期	场地租金	广告宣传	场地布置	赠送礼品	临时工资	合计
2011-7-18	2200	800	500	300	200	4000
2011-7-19	2000	450	400	180	300	3330
2011-7-20	1800	660	300	200	200	3160
2011-7-21	2000	100	300	300	200	2900
2011-7-22	1800	750	268	200	200	3218
2011-7-23	1800	480	50	120	200	2650
合计	11600	3240	1818	1300	1300	19258

文件设计过程

步骤1：创建表格

1 在"促销费用预算明细表一"工作表中，分别输入本次促销活动每天各种费用的预计金额，如图9-14所示。

日期	费用类别	预计金额
2011-7-18	场地租金	2200
2011-7-18	广告宣传	800
2011-7-18	场地布置	500
2011-7-18	赠送礼品	300
2011-7-18	临时工资	200
2011-7-19	场地租金	2000
2011-7-19	广告宣传	450
2011-7-19	场地布置	400
2011-7-19	赠送礼品	180
2011-7-19	临时工资	300
2011-7-20	场地租金	1800
2011-7-20	广告宣传	660
2011-7-20	场地布置	300
2011-7-20	赠送礼品	200
2011-7-20	临时工资	200
2011-7-21	场地租金	2000
2011-7-21	广告宣传	100
2011-7-21	场地布置	300
2011-7-21	赠送礼品	300
2011-7-21	临时工资	200
2011-7-22	场地租金	1800
2011-7-22	广告宣传	750

图9-14

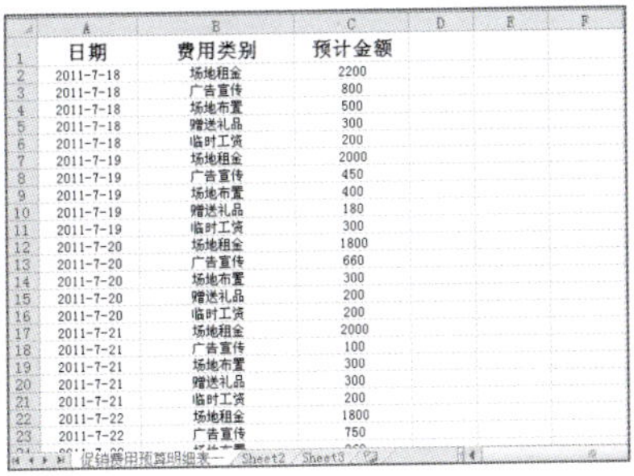

2 右键单击工作表标签Sheet2，在弹出的快捷菜单中单击"重命名"命令，如图9-15所示，输入需要的名称"促销费用预算明细表二"，如图9-16所示。

图9-15

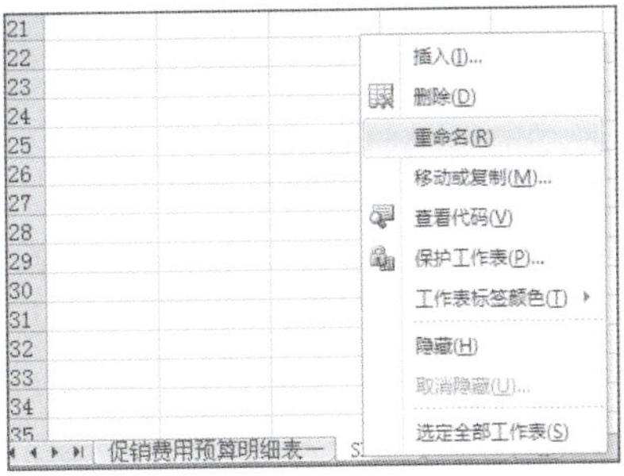

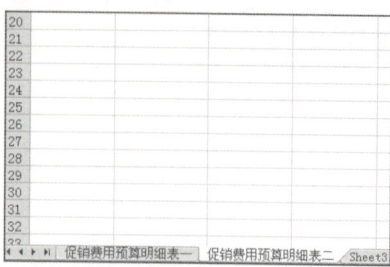

图9－16

3 在单元格A3中输入日期“2012-7-18”，然后使用序列填充日期到“2012-7-23”，如图9-17所示，切换到“促销费用预算明细表一”工作表中，选择单元格区域B2：B6，按<Ctrl>组合键复制该区域，如图9-18所示。

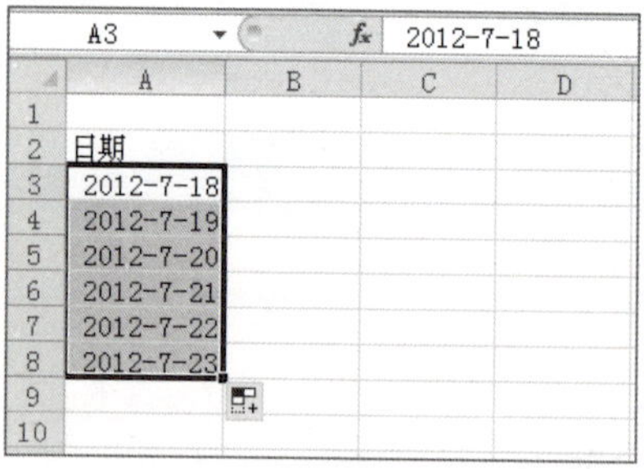

A3 | 2012-7-18

	A	B	C	D
1				
2	日期			
3	2012-7-18			
4	2012-7-19			
5	2012-7-20			
6	2012-7-21			
7	2012-7-22			
8	2012-7-23			
9				
10				

图9－17

	A	B	C
1	日期	费用类别	预计金额
2	2011-7-18	场地租金	2200
3	2011-7-18	广告宣传	800
4	2011-7-18	场地布置	500
5	2011-7-18	赠送礼品	300
6	2011-7-18	临时工资	200
7	2011-7-19	场地租金	2000
8	2011-7-19	广告宣传	450
9	2011-7-19	场地布置	400
10	2011-7-19	赠送礼品	180
11	2011-7-19	临时工资	300
12	2011-7-20	场地租金	1800
13	2011-7-20	广告宣传	660

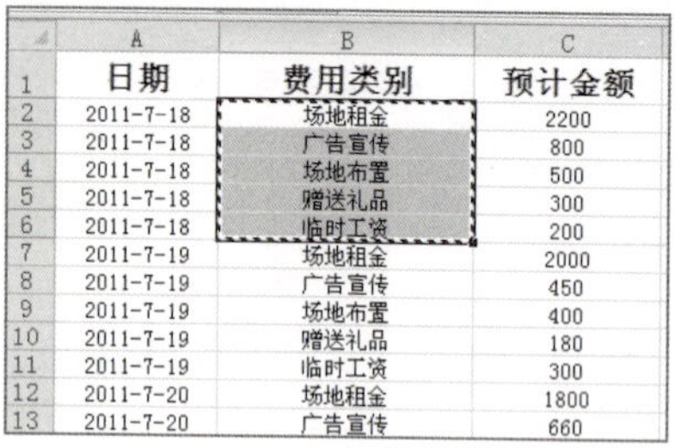

图9－18

4 切换到“促销费用预算明细表二”工作表中，选择B2单元格，单击“粘贴”下拉按钮，在展开的下拉列表中单击“转置粘贴”选项，如图9-19所示。

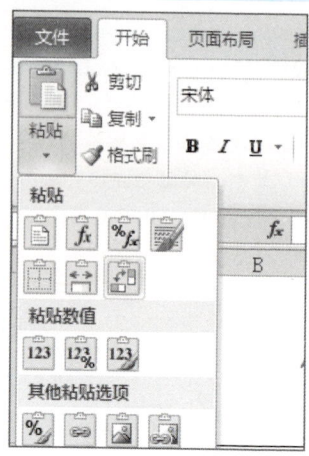

图9－19

5 为表格设置边框和底纹，并合并表格上方的单元格区域，输入表格标题即可得到一个空的统计表，如图9-20所示。

促销费用预算明细表

日期	场地租金	广告宣传	场地布置	赠送礼品	临时工资	合计
2011-7-18						
2011-7-19						
2011-7-20						
2011-7-21						
2011-7-22						
2011-7-23						
合计						

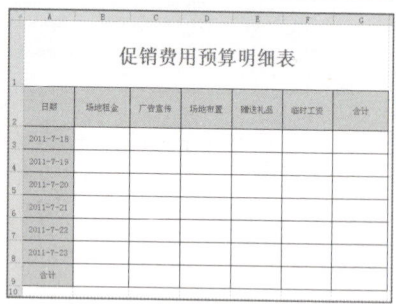

图9－20

步骤2：计算公式

1 在单元格B3中输入公式“=SUMPRODUCT((促销费用预算明细表

一!A2:A31=A3)*(促销费用预算明细表一!B2:B31=促销费用预算明细表二!B2)*(促销费用预算明细表一!C2:C31))",按回车键,即可计算出单元格中的结果,如图9-21所示。

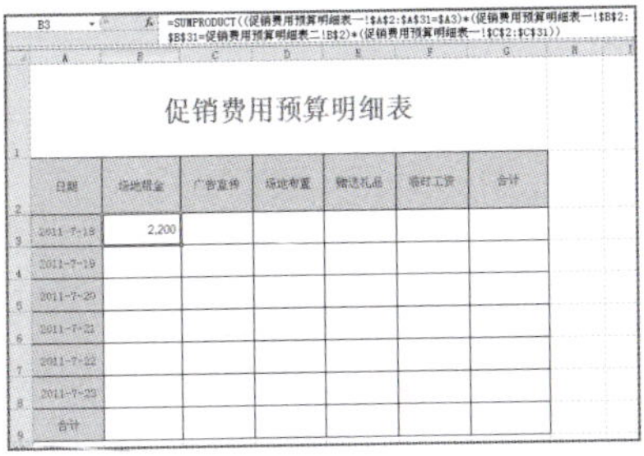

图9-21

[2] 更改公式中单元格的引用方式,公式改为"=SUMPRODUCT((促销费用预算明细表一!$A$2:$A$31=$A3)*(促销费用预算明细表一!$B$2:$B$31=促销费用预算明细表二!B$2)*(促销费用预算明细表一!$C$2:$C$31))",向右和向下复制公式,得出其余值,如图9-22所示。

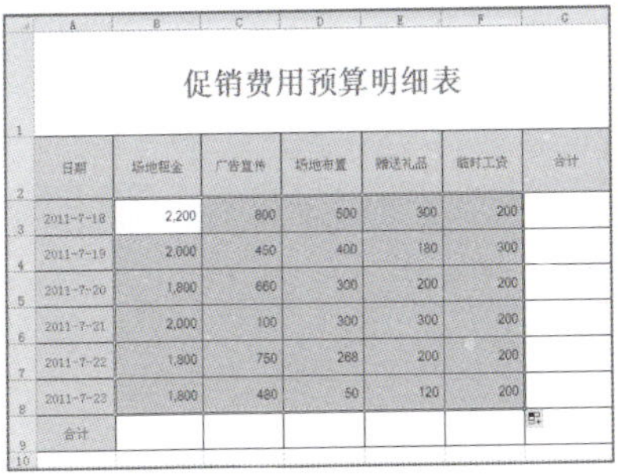

图9-22

[3] 在单元格B9中输入公式"=SUM(B3:B8)",然后复制公式至单元格F9,在单元格G3中输入公式"=SUM(B3:F3)",然后复制公式至单元格G9,如图9-23所示。

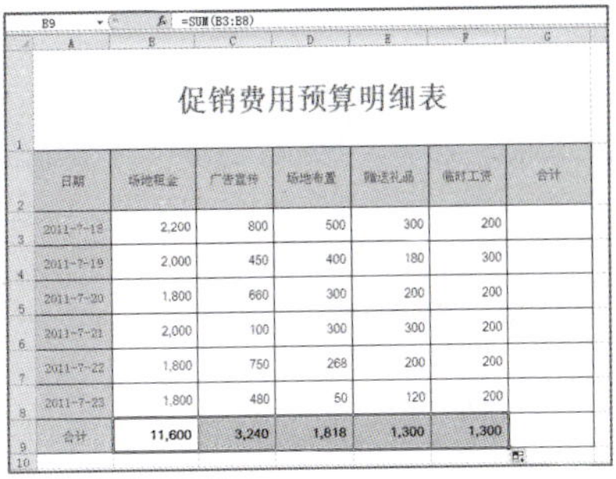

图9-23

[4] 合并表格上方的单元格区域,输入表格标题,如图9-24所示。

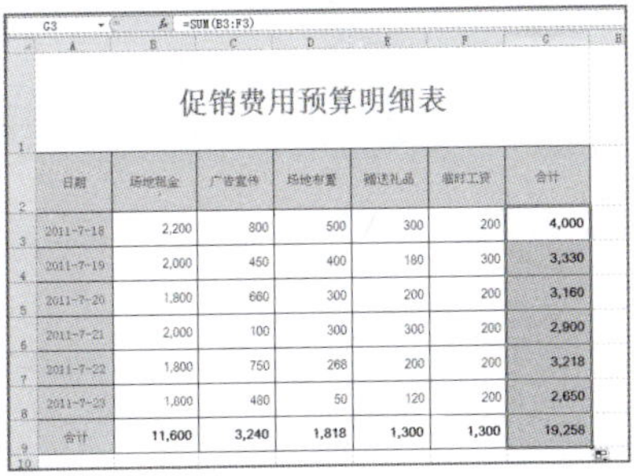

图9-24

[5] 接着对表格进行完善,即可完成促销费用预算明细表,如图9-25所示。

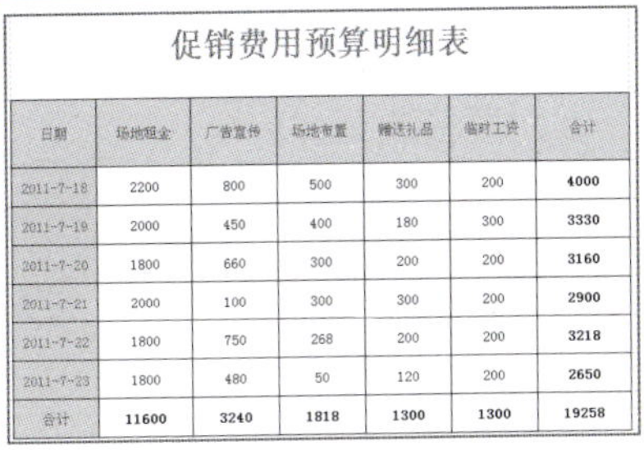

图9-25

文件67 促销费用透视分析

在Excel中,可以通过数据透视表来展现数据之间的规律,通过对促销费用表进行分析,可以按日期和费用类别对数据进行分类汇总。

制作要点与设计效果图

- 创建数据透视表
- 添加字段
- 设置字段标签
- 更改报表布局
- 应用数据透视表样式

求和项:预计金额	费用类别					
日期	场地布置	场地租金	广告宣传	临时工资	赠送礼品	总计
2012-7-18	500	2,200	800	200	300	4,000
2012-7-19	400	2,000	450	300	180	3,330
2012-7-20	300	1,800	660	200	200	3,160
2012-7-21	300	2,000	100	200	300	2,900
2012-7-22	268	1,800	750	200	200	3,218
2012-7-23	50	1,800	480	200	120	2,650
总计	1,818	11,600	3,240	1,300	1,300	19,258

文件设计过程

步骤1:创建数据透视表

[1] 选择"促销费用预算明细表一"工作表中任意数据单元格,在"插入"选项卡下单击"数据透视表"下拉按钮,在展开的列表中单击"数据透视表"选项,如图9-26所示。

[2] 打开"创建数据透视表"对话框,在"表/区域"框中会自动显示默认的数据区域,如需更改,单击右侧的按钮,单击选中"新工作表"单选按钮,单击"确定"按钮,如图9-27所示。

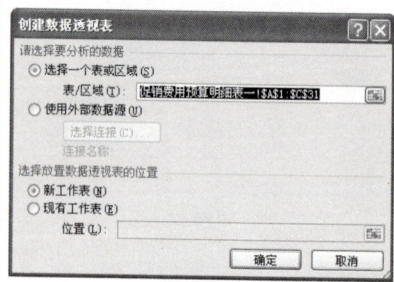

图9-26

图9-27

第9章 产品促销表格设计与分析

③ 在工作簿中会插入一个新工作表,并在该工作表中创建一个空白透视表,如图9-28所示。

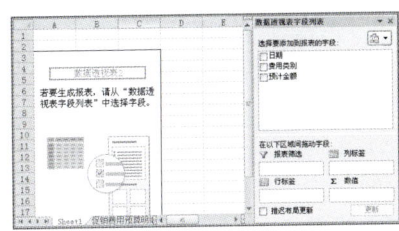

图9-28

步骤2:数值字段

① 将"日期"自动添加至"行标签",将"费用类别"字段添加至"列标签",将"预计金额"字段添加至"数值"区域,得到按日期和类别汇总的数据透视表,如图9-29所示。

② 将"行标签"更改为"日期",将"列标签"更改为"费用类别",数值数据透视表字体和数字格式,如图9-30所示。

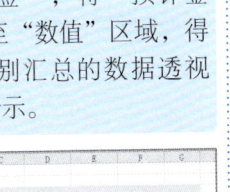

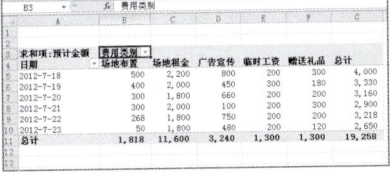

图9-29　　　　　　　　图9-30

步骤3:更改报表布局

① 在"数据透视表工具-设计"选项卡下的"布局"选项组中单击"报表布局"按钮,在展开的下拉列表中单击"以表格形式显示"选项,如图9-31所示,单击"总计"下拉按钮,从列表中单击"对行和列禁用"选项,如图9-32所示。

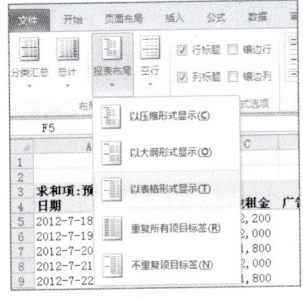
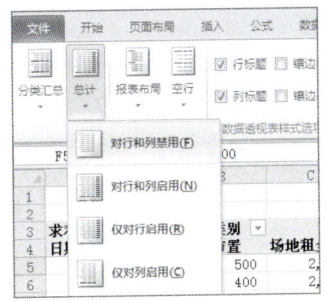

图9-31　　　　　　　　图9-32

Excel营销管理必须掌握的208个文件与108个函数

② 数据透视表会以表格形式显示，同时会隐藏总计行和总计列，如图9-33所示。

图9-33

步骤4：设置数据透视表样式

① 在"数据透视表工具-设计"选项卡下的"数据透视表样式"库中选择一种适当的数据透视表样式，如图9-34所示。

② 在"数据透视表工具-设计"选项卡下的"布局"选项组中单击"总计"下拉按钮，在展开的下拉列表中单击"对行和列启用"选项，显示总计行和总计列，得到数据透视表最终效果，如图9-35所示。

图9-34

图9-35

文件68　实际促销费用占比分析

在Excel中，不仅可以分析促销期间所有费用的费用占比，还可以具体到分析某一天的各类费用的占比，具有极强的灵活性。通过对促销期间各类费用的结果分析，可以掌握整个费用的构成比例，对费用是否合理提供数据依据。

 制作要点与设计效果图

- 创建数据透视表
- 数值字段值显示方式
- 添加报表筛选字段
- 隐藏明细数据
- 设置数据填充和颜色

第9章 产品促销表格设计与分析

文件设计过程

步骤1：设置字段

① 单击"插入"选项卡下"表格"选项组中的"数据透视表"按钮，在展开的下拉列表中单击"数据透视表"选项，如图9-36所示。

图9-36

② 打开"创建数据透视表"对话框，在工作表中创建一个空白透视表。将"费用类别"字段添加到"行标签"区域，如图9-37所示。

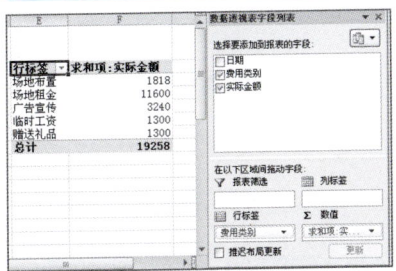

图9-37

③ 将"实际金额"字段添加至"数值"区域，如图9-38所示。

④ 双击"求和项：实际金额"字段标签，在"值字段设置"对话框的"自定义名称"框中输入"费用合计"，单击"确定"按钮，如图9-39所示。

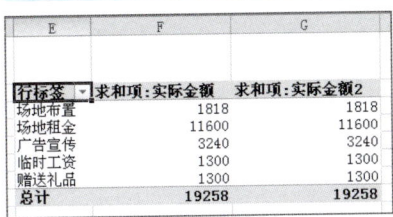

图9-38

图9-39

⑤ 单击"数值"区域下方的"求和项：实际金额"字段，在展开的下拉列表中单击"值字段设置"命令，如图9-40所示，在"自定义名称"框中输入"费用占比"，单击"值显示方式"标签，如图9-41所示。

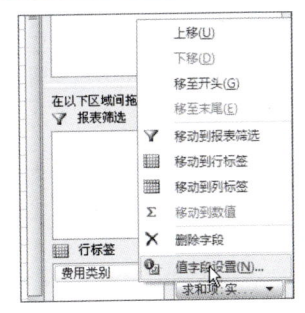

图9-40

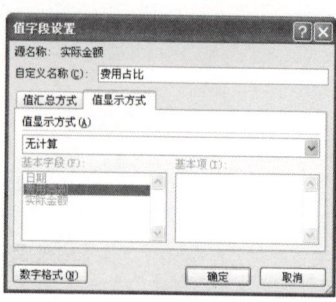

图9-41

段千分位格式，如图9-43所示。

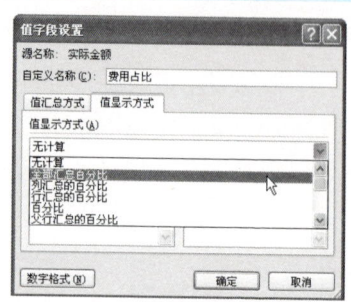

图9-42

⑥ 单击"值显示方式"下拉按钮，在展开的下拉菜单中选择"全部汇总百分比"选项，如图9-42所示。

⑦ "费用占比"显示为百分比数据，将"行标签"更改为"费用类别"，然后设置"费用合计"字

行标签	费用合计	费用占比
场地布置	1,818	9.44%
场地租金	11,600	60.23%
广告宣传	3,240	16.82%
临时工资	1,300	6.75%
赠送礼品	1,300	6.75%
总计	19258	100.00%

图9-43

步骤2：添加"日期"字段

① 将"日期"字段拖至"行标签"区域的最上方，数据透视表会增加显示"日期"字段及日期的汇总行，如图9-44所示。

② 设置隐藏明细数据，只显示每一天的费用合计和费用占比，如图9-45所示。

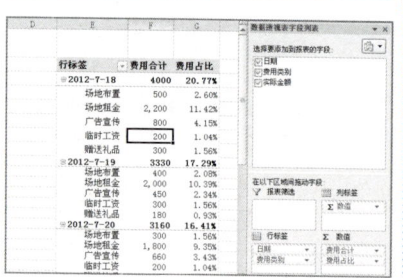

图9-44

行标签	费用合计	费用占比
⊞2012-7-18	4000	20.77%
⊞2012-7-19	3330	17.29%
⊞2012-7-20	3160	16.41%
⊞2012-7-21	2900	15.06%
⊞2012-7-22	3218	16.71%
⊞2012-7-23	2650	13.76%
总计	19258	100.00%

图9-45

步骤3：将"日期"字段移至报表筛选区域

① 将"日期"字段移至"报表筛选"区域，单击数据透视表日期字段旁的下拉按钮，在筛选下拉列表中选择需要筛选的日期，单击"确定"按钮，如图9-46所示。

第9章 产品促销表格设计与分析

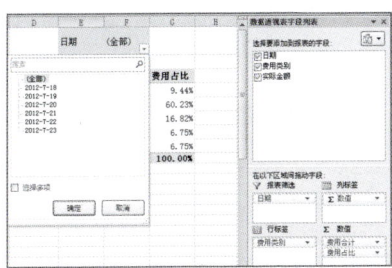

图9-46

图9-47

② 筛选后的数据透视表只显示"2012-7-20"这一天的各类费用的合计及费用占比，如图9-47所示。

③ 接着选择数据表标签和总计单元格区域，设置填充和字体的颜色，数据透视表会将字段标签和总计行显示为绿色背景和黄色字体的最终效果，如图9-48所示。

图9-48

文件69　促销业绩透视分析

通常在促销活动结束后，需要对促销目标的达成情况进行分析。如果企业是以增加销售额为目标的促销，那么可以通过分析销售额的增长情况，与去年同期的销售额进行比较，通过具体的数据来说明本次促销所产生的效果。

 制作要点与设计效果图

- 设置数据透视表布局
- 添加字段置字段
- 设置字段公式
- 值字段设置
- 筛选字段

	促销业绩透视分析			
日期	(全部)			
行标签	促销期销售额	去年同期销售额	绝对增长数	同比增长率
A	5,527	3,554	1,973	55.51%
B	5,532	3,881	1,651	42.54%
C	5,557	4,009	1,548	38.61%
D	5,756	3,849	1,907	49.55%
总计	22,372	15,293	7,079	46.29%

文件设计过程

步骤1：创建数据透视表并设置格式

1 单击"插入"选项卡下"表格"选项组中的"数据透视表"按钮，在展开的下拉列表中单击"数据透视表"选项，如图9-49所示。

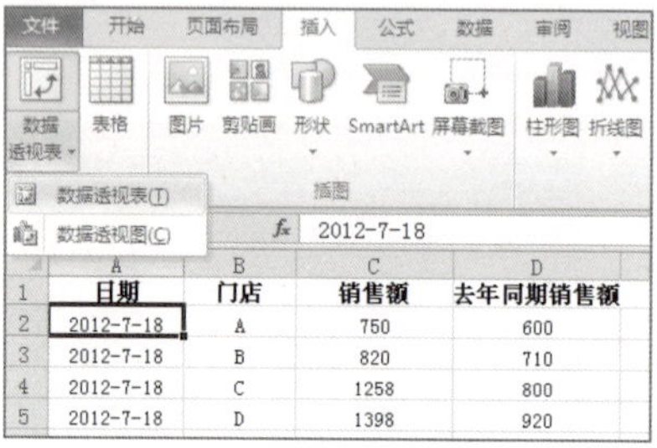

2 将"门面"字段添加到"行标签"区域，将"销售额"和"去年同期销售额"添加至"数值"区域，然后设置数据为千分位格式，如图9-50所示。

图9-49

图9-50

步骤2：更改值字段标签

1 选中G6单元格，将值字段标签更改为"促销期销售额"，选中H6单元格，将值字段标签更改为"去年同期销售额"，如图9-51所示。

图9-51

2 在"数据透视表-工具"选项卡下的"计算"选项组中单击"域、项目和集-计算字段"选项，如图9-52所示，在"插入计算字段"对话框中的"名称"文本框中输入"绝对增长数"，如图9-53所示。

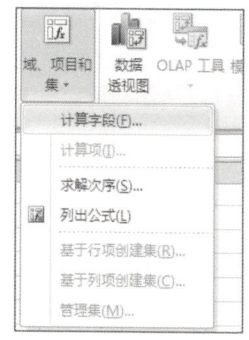

图9-52

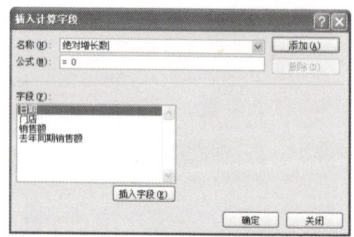

图9-53

步骤3：计算并添加字段

1 在"公式"框中输入"="，在"字段"列表中选择"销售额"，如图9-54所示，单击"插入字段"按钮，完善公式"=销售额-去年同期销售额"，单击"添加"按钮，如图9-55所示。

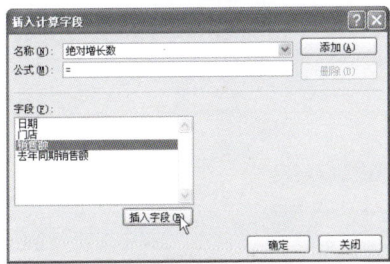

图9-54

图9-55

2 "绝对增长数"字段会添加到"字段"列表，单击选择该字段，单击"确定"按钮，如图9-56所示。

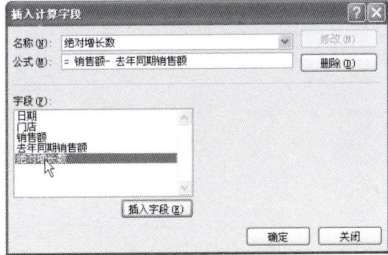

图9-56

3 返回工作表中，数据透视表中会自动添加"求和项：绝对增长数"字段，将字段标签更改为"绝对增长数"，如图9-57所示。

行标签	促销期销售额	去年同期销售额	绝对增长数
A	5,527	3,554	1,973
B	5,532	3,881	1,651
C	5,557	4,009	1,548
D	5,756	3,849	1,907
总计	22,372	15,293	7,079

图9-57

4 单击"域、项目和集-计算字段"下拉按钮，在下拉列表中单击"计算字段"选项，打开"插入计算字段"对话框，如图9-58所示，在"插入计算字段"对话框中的"名称"框中输入"同比增长率"，设置"公式"为"=绝对增长数/去年同期销售额"，单击"确定"按钮，如图9-59所示。

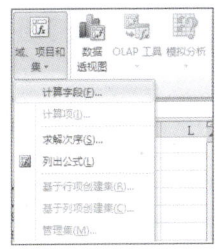

图9-58

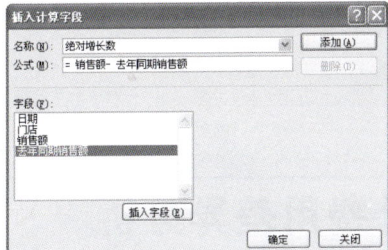

图9-59

⑤ 返回数据透视表中，设置"同比增长率"字段中的数据为百分比数据格式，如图9-60所示。

行标签	促销期销售额	去年同期销售额	绝对增长数	求和项:同比增长率
A	5,527	3,554	1,973	55.51%
B	5,532	3,881	1,651	42.54%
C	5,557	4,009	1,548	38.61%
D	5,756	3,849	1,907	49.55%
总计	22,372	15,293	7,079	0

图9-60

步骤4：添加报表筛选字段

① 在"数据透视表字段列表"中，选中并拖动"日期"字段至"数据透视表报表筛选区域"，如图9-61所示。

② 合并数据透视表上方的单元格区域，输入标题"促销业绩透视分析"，并设置字体格式，得到数据透视表最终效果，如图9-62所示。

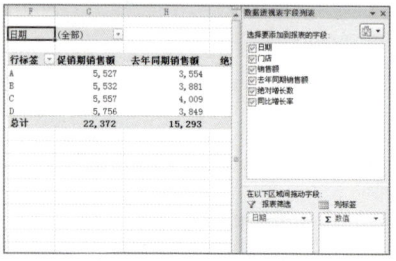

图9-61

促销业绩透视分析

日期	(全部)			
行标签	促销期销售额	去年同期销售额	绝对增长数	同比增长率
A	5,527	3,554	1,973	55.51%
B	5,532	3,881	1,651	42.54%
C	5,557	4,009	1,548	38.61%
D	5,756	3,849	1,907	49.55%
总计	22,372	15,293	7,079	46.29%

图9-62

文件70 实际与预计费用差异分析

为进一步分析超出预计或不达预计的费用，可以使用透视表对实际发生的促销费用与预计的各项费用进行对比分析。

制作要点与设计效果图

- 设置计算字段公式
- 添加字段
- 值字段设置
- 设置数据格式
- 应用数据透视表样式

实际费用与预计费用差异分析

费用类型	预计金额		实际金额		差异百分比
场地布置	¥	1,818	¥	1,905	4.79%
场地租金	¥	11,600	¥	10,469	-9.75%
广告宣传	¥	3,240	¥	1,968	-39.26%
临时工资	¥	1,300	¥	1,085	-16.54%
赠送礼品	¥	1,300	¥	1,398	7.54%
总计	¥	19,258	¥	16,825	-12.63%

文件71 产品促销效果差异分析

按产品比较销售额，可反映促销对不同产品产生的效果差异，使用数据透视表对每种产品的销量和销售额进行分析。

制作要点与设计效果图

- 添加字段
- 设置数据格式
- 排序

各产品销量和销售额分析

产品名称	数量小计	销售额小计
A	60	￥47,640.00
D	47	￥51,418.00
B	64	￥76,160.00
C	75	￥120,375.00
E	59	￥126,260.00
F	49	￥149,450.00
总计	354	￥3,495,042.00

文件72 按日期分析销售排名

创建数据透视表后，可以按日期进行销售排名分析，由于数据源中没有排名的字段，通过更改值显示方式设置来实现排名效果。

制作要点与设计效果图

- 添加字段
- 设置数据格式
- 更改值显示方式
- 排序

按促销日期分析销售排名

销售日期	数量小计	销量排名	销售额小计	销售额排名
2012-7-18	58	1	￥114,526.80	1
2012-7-19	84	5	￥165,866.40	5
2012-7-20	74	4	￥146,120.40	4
2012-7-21	66	2	￥130,323.60	2
2012-7-22	72	3	￥142,171.20	3
总计	354		￥3,495,042.00	

Excel营销管理必须掌握的208个文件与108个函数

文件73　按门面分析销售效果

可以通过数据透视表对各个门面在促销期间所发生的销售额以及促销费用进行分析。

制作要点与设计效果图

- 添加字段
- 设置值显示方式
- 设置数字格式
- 应用数据透视表样式

文件74　发放赠品记录单

发放赠品记录单，可以对客户的信息进行记录，同时也可以对促销工作起到监督作用。

制作要点与设计效果图

- 复制单元格
- 数据有效性
- 设置数字格式
- 公式计算

144

第10章
销售任务的制定与分析

提升销售业绩不仅是企业的目标,也是每个销售人员所追求的目标。在许多企业销售任务都是一个问题,如何设定销售任务,如何合理分解销售任务,在实际工作中都要合理实施。如果企业缺乏正确的任务分配原则,就难以制定出正确的销售目标,也就难有正确的结果,所以销售任务的分配至关重要。

下面以销售任务的制定和管理工作中常见的案例为例,介绍如何使用Excel来管理、制定和分配销售任务。如年度销售计划、各月销售任务细分表、销售员单月任务完成情况分析、销售任务分解表等。

编号	文件名称	光盘中对应数据源	重要星级
文件75	年度销售计划表	素材文件\第10章\年度销售计划表.xls	★★★
文件76	各月销售任务细分表	素材文件\第10章\各月销售任务细分表.xls	★★★
文件77	销售员单月任务完成情况分析	素材文件\第10章\销售员单月任务完成情况分析.xls	★★★
文件78	年度销售任务完成进度分析	素材文件\第10章\年度销售任务完成进度分析.xls	★★★★
文件79	月度销售任务完成进度分析	素材文件\第10章\月度销售任务完成进度分析.xls	★★★★
文件80	销售任务分解表	素材文件\第10章\销售任务分解表.xls	★★★
文件81	年度任务完成进度条形图	素材文件\第10章\年度任务完成进度条形图.xls	★★★
文件82	销售员任务完成比例分析	素材文件\第10章\销售员任务完成比例分析.xls	★★★★
文件83	各月销售目标达成分析图表	素材文件\第10章\各月销售目标达成分析图表.xls	★★★
文件84	各销售点任务完成情况分析	素材文件\第10章\各销售点任务完成情况分析.xls	★★★

文件75 年度销售计划表

年度销售计划表是公司对来年销售工作制定的一个目标，该计划中应尽量使用可以量化的指标，如计划年增长率。

制作要点与设计效果图

- 设置数据有效性
- 设置数据格式
- IF函数
- SUM函数

文件设计过程

步骤1：数据有效性

1 选中A4:A12单元格区域，单击"数据"选项卡下"数据工具"选项组下的"数据有效性"下拉按钮，在下拉菜单中选择"数据有效性"命令，如图10-1所示。

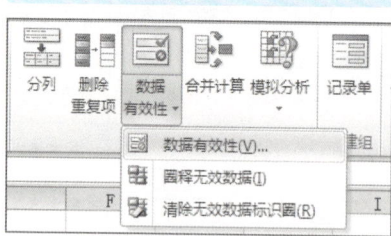

图10-1

2 打开"数据有效性"对话框，在"允许"下拉列表中选择"序列"，在"来源"文本框中输入"老产品，成熟产品，新产品"，如图10-2所示。

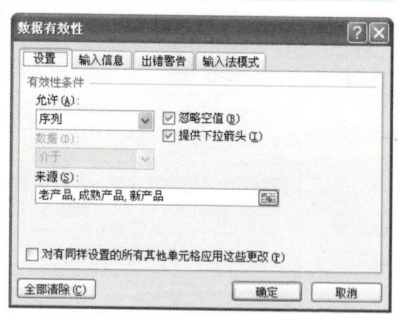

图10-2

3 单击"输入信息"标签，在"输入信息"文本框中输入"请从下拉列表中选择产品性质！"，如图10-3所示。

第10章 销售任务的制定与分析

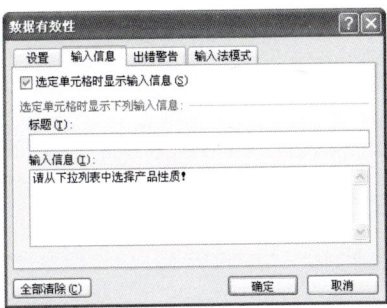

图10-3

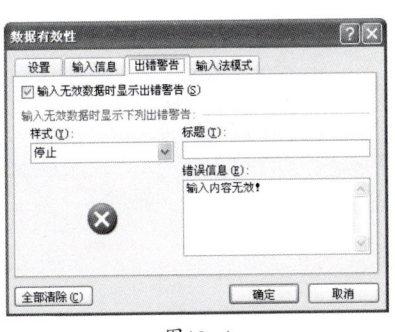

图10-4

④ 单击"出错警告"标签，在"错误信息"文本框中输入"输入内容无效"，单击"确定"按钮，如图10-4所示。

⑤ 单击设置了数据有效性的单元格区域，可以从下拉列表中选择要输入的值，如图10-5所示。

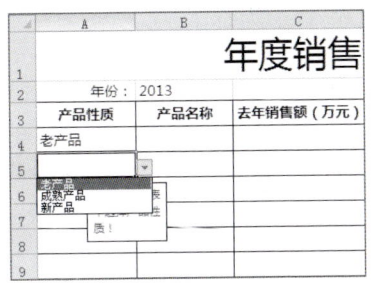

图10-5

步骤2：输入数据并设置数据格式

在C4:C9单元格区域中输入去年销售额，单击"开始"选项卡下"数字"选项组中的"数字格式"下拉按钮，在下拉列表中选择"数字"类型，如图10-6所示。

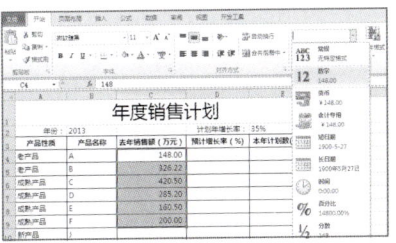

图10-6

步骤3：设置公式

① 在D4单元格中输入公式"=IF(A4="老产品",0,IF(A4="成熟产品",20%/COUNTIF($A$4:$A$12,"成熟产品"),10%/COUNTIF($A$4:$A$12,"新产品")))"，按回车键，然后向下复制公式至单元格D12，如图10-7所示。

图10-7

② 选中D4:D12单元格区域，单击"开始"选项卡下"数字"选项组中的"数字格式"下拉按钮，在下拉列表中选择"百分比"类型，并设置为两位小数的百分比格式，如图10-8所示。

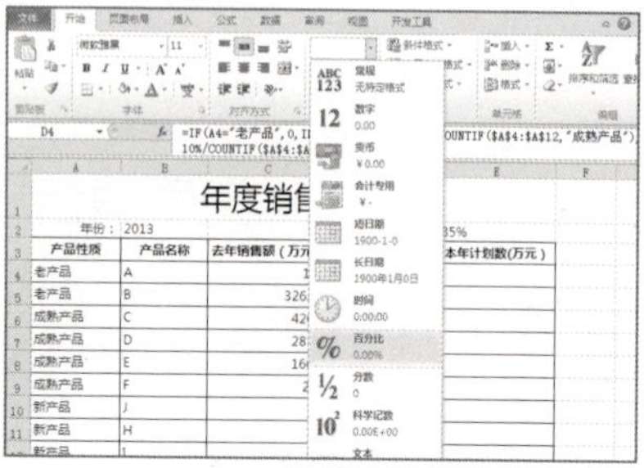

图10-8

③ 在E4单元格中输入公式"=C4*(1+D4)"，按回车键，向下复制公式至E9单元格，计算本年计划数。设置E4:E13单元格区域数据为"数字"类型，如图10-9所示。

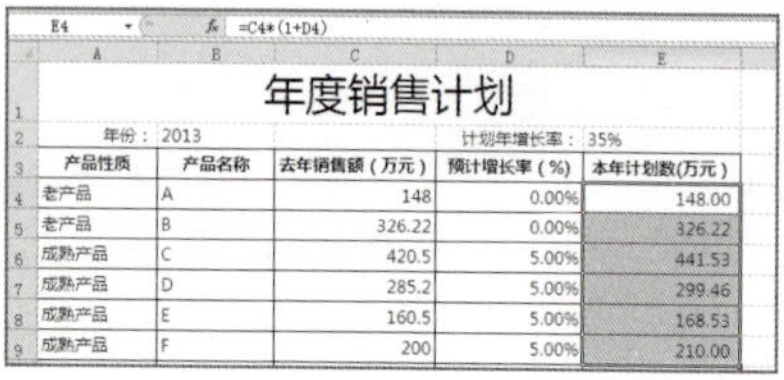

图10-9

④ 假设2012年上市的3种新产品预计销售额均为30万元，选择单元格区域E10:E12，输入30，按<Ctrl+Enter>组合键，如图10-10所示。

图10-10

⑤ 在D13单元格中输入公式"=SUM(D4:D12)"，计算合计增长率，如图10-11所示，并设置数据格式为"百分比"类型，在E13单元格中输入公式"=SUM(E4:E12)"，计算合计计划销售额，并设置数据格式为"数值"类型，得到年度销售计划表的最终效果，如图10-12所示。

图10-11

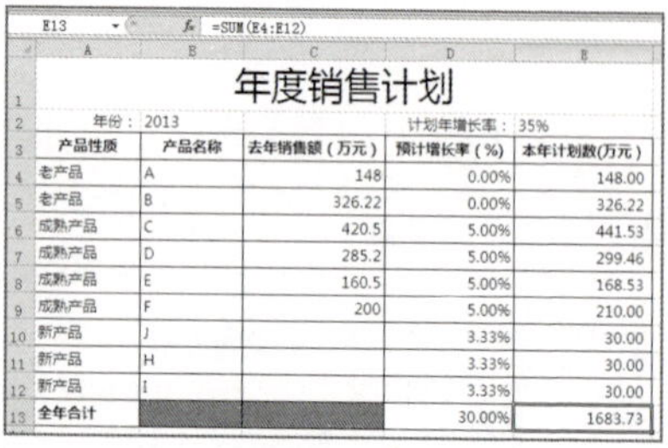

图10-12

文件76 各月销售任务细分表

为了保证年度销售计划顺利完成，需要科学、合理地将整年的销售任务细分到每个月。

制作要点与设计效果图

- SUM函数
- 复制公式
- 公式计算

各月销售任务细分表

年份：	2012	年度销售任务：	2000.00	单位：（万元）
月份	去年销售额	销售额占比	本年计划数	计划增长率
1月	167	11%	221.05	32%
2月	95.4	6%	126.27	32%
3月	85.5	6%	113.17	32%
4月	71.7	5%	94.90	32%
5月	72.6	5%	96.10	32%
6月	87.9	6%	116.35	32%
7月	109.6	7%	145.07	32%
8月	122.7	8%	162.41	32%
9月	155.6	10%	205.96	32%
10月	171.9	11%	227.53	32%
11月	208.7	14%	276.24	32%
12月	162.4	11%	214.96	32%
合计	1511	100%	2000	

文件设计过程

步骤1：输入销售额

在单元格区域B4:B15中输入各月的销售额，如图10-13所示。

各月销售任务细分表

年份：	2012	年度销售任务：	2000.00	单位：（万元）
月份	去年销售额	销售额占比	本年计划数	计划增长率
1月	167			
2月	95.4			
3月	85.5			
4月	71.7			
5月	72.6			
6月	87.9			
7月	109.6			
8月	122.7			
9月	155.6			
10月	171.9			
11月	208.7			
12月	162.4			
合计				

图10-13

步骤2：设置公式

1 在B16单元格中输入公式"=SUM(B4:B15)"，如图10-14所示，按回车键，向右复制公式至D16单元格，如图10-15所示。

B16　=SUM(B4:B15)

各月销售任务细分表

年份：	2012	年度销售任务：	2000.00
月份	去年销售额	销售额占比	本年计划数
1月	167		
2月	95.4		
3月	85.5		
4月	71.7		
5月	72.6		
6月	87.9		
7月	109.6		
8月	122.7		
9月	155.6		
10月	171.9		
11月	208.7		
12月	162.4		
合计	1511		

图10-14

各月销售任务细分表

年份：	2012	年度销售任务：	2000.00	单位：（万元）
月份	去年销售额	销售额占比	本年计划数	计划增长率
1月	167			
2月	95.4			
3月	85.5			
4月	71.7			
5月	72.6			
6月	87.9			
7月	109.6			
8月	122.7			
9月	155.6			
10月	171.9			
11月	208.7			
12月	162.4			
合计	1511	0	0	

图10-15

2 在C4单元格中输入公式“=B4/$B$16”，按回车键，向下复制公式至C15单元格。计算出去年各月的销售额占比，并将数据设置为百分比格式，如图10-16所示。

C4　=B4/$B$16

各月销售任务细分表

年份：	2012	年度销售任务：	2000.00
月份	去年销售额	销售额占比	本年计划数
1月	167	11%	
2月	95.4	6%	
3月	85.5	6%	
4月	71.7	5%	
5月	72.6	5%	
6月	87.9	6%	
7月	109.6	7%	
8月	122.7	8%	
9月	155.6	10%	
10月	171.9	11%	
11月	208.7	14%	
12月	162.4	11%	
合计	1511	100%	0

图10-16

3 在D4单元格中输入公式“=$D$2*C4”，按回车键，向下复制公式至D15单元格。计算本年各月销售额计划数，如图10-17所示。

D4　=$D$2*C4

各月销售任务细分表

年份：	2012	年度销售任务：	2000.00
月份	去年销售额	销售额占比	本年计划数
1月	167	11%	221.05
2月	95.4	6%	126.27
3月	85.5	6%	113.17
4月	71.7	5%	94.90
5月	72.6	5%	96.10
6月	87.9	6%	116.35
7月	109.6	7%	145.07
8月	122.7	8%	162.41
9月	155.6	10%	205.96
10月	171.9	11%	227.53
11月	208.7	14%	276.24
12月	162.4	11%	214.96
合计	1511	100%	2000

图10-17

4 在E4单元格中输入公式“=(D4-B4)/B4”，按回车键，向下复制公式至E15单元格，计算出各月的计划增长率，如图10-18所示。

各月销售任务细分表

年份：	2012	年度销售任务：	2000.00	单位：（万元）
月份	去年销售额	销售额占比	本年计划数	计划增长率
1月	167	11%	221.05	32%
2月	95.4	6%	126.27	32%
3月	85.5	6%	113.17	32%
4月	71.7	5%	94.90	32%
5月	72.6	5%	96.10	32%
6月	87.9	6%	116.35	32%
7月	109.6	7%	145.07	32%
8月	122.7	8%	162.41	32%
9月	155.6	10%	205.96	32%
10月	171.9	11%	227.53	32%
11月	208.7	14%	276.24	32%
12月	162.4	11%	214.96	32%
合计	1511	100%	2000	

图10-18

文件77 销售员单月任务完成情况分析

在Excel 中，可以通过设置条件格式，突出显示已完成任务的销售员的行，并使用数据条对实际与目标销售额的差异值进行分析。

制作要点与设计效果图

- 设置公式
- 设置数据百分比格式
- 应用条件格式
- 使用色阶分析数据

销售员单月任务完成情况分析

销售员	目标销售额	实际销售额	完成率	差异值分析
月份：	2012年8月			
王荣	35000	37895	108.27%	2895
周国菊	30000	16582	55.27%	-13418
陶莉莉	25000	17235	68.94%	-7765
林逸	20000	16245	81.23%	-3755
吴廷烨	15000	20850	139.00%	5850
赵民	10000	8900	89.00%	-1100
林佳佳	9000	7200	80.00%	-1800
罗宾	9000	6800	75.56%	-2200
赵航	7000	5800	82.86%	-1200
李萍	10000	13850	138.50%	3850

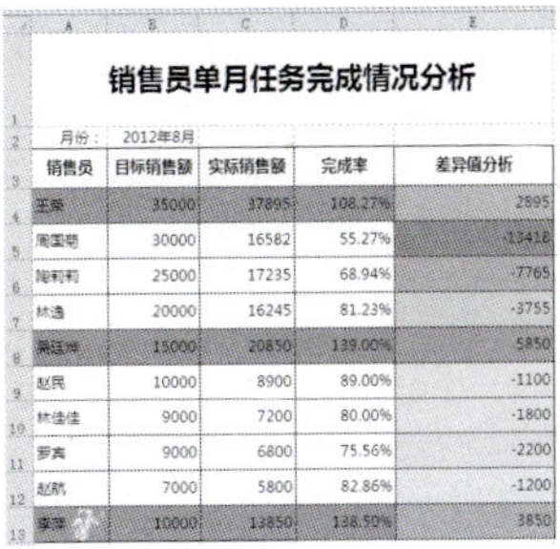

文件设计过程

步骤1：设置公式

1 在D4单元格中输入公式“=C4/B4”，按回车键，向下复制公式至单元格D13，计算该月各销售员的任务完成比率，如图10-19所示。

D4　=C4/B4

销售员单月任务完成情况分析

销售员	目标销售额	实际销售额	完成率
月份：	2012年8月		
王荣	35000	37895	1.082714286
周国菊	30000	16582	0.552733333
陶莉莉	25000	17235	0.6894
林逸	20000	16245	0.81225
吴廷烨	15000	20850	1.39
赵民	10000	8900	0.89
林佳佳	9000	7200	0.8
罗宾	9000	6800	0.755555556
赵航	7000	5800	0.828571429

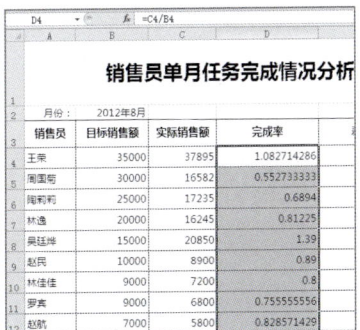

图10-19

2 单击“开始”选项卡下“数字”选项组中的“数字格式”下拉按钮，在下拉菜单中选择“百分比”类型，如图10-20所示。

3 在E4单元格中输入公式“=C4-B4”，按回车键，向下复制公式至单元格E13，计算各销售月本月实际销售额与目标销售额的差异值，如图10-21所示。

D4　=C4/B4

销售员单月任务完成情况分析

销售员	目标销售额	实际销售额	完成率	差异值分析
月份：	2012年8月			
王荣	35000	37895	108.27%	
周国菊	30000	16582	55.27%	
陶莉莉	25000	17235	68.94%	
林逸	20000	16245	81.23%	
吴廷烨	15000	20850	139.00%	
赵民	10000	8900	89.00%	
林佳佳	9000	7200	80.00%	
罗宾	9000	6800	75.56%	

图10-20

E4　=C4-B4

销售员单月任务完成情况分析

销售员	目标销售额	实际销售额	完成率	差异值分析
月份：	2012年8月			
王荣	35000	37895	108.27%	2895
周国菊	30000	16582	55.27%	-13418
陶莉莉	25000	17235	68.94%	-7765
林逸	20000	16245	81.23%	-3755
吴廷烨	15000	20850	139.00%	5850
赵民	10000	8900	89.00%	-1100
林佳佳	9000	7200	80.00%	-1800
罗宾	9000	6800	75.56%	-2200
赵航	7000	5800	82.86%	-1200
李萍	10000	13850	138.50%	3850

图10-21

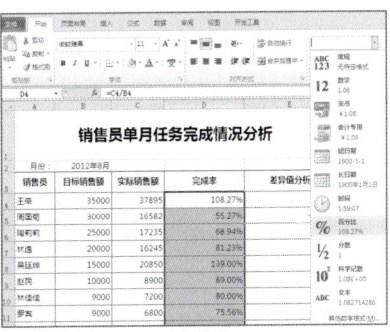

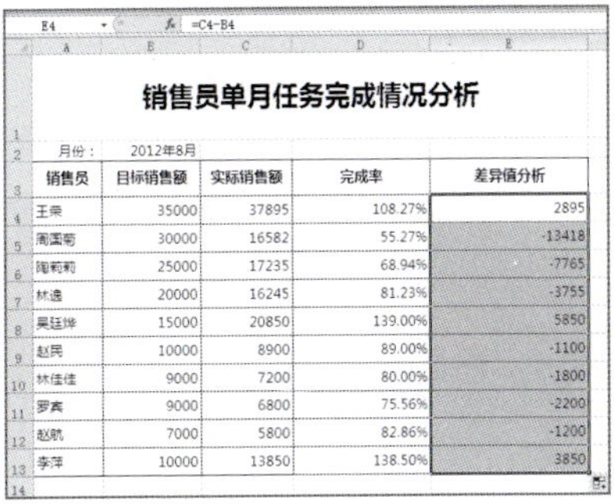

步骤2：设置条件格式

1 选中A4:D13单元格区域，单击"开始"选项卡下"样式"选项组中的"条件格式"下拉按钮，在下拉菜单中选择"新建规则"选项，如图10-22所示。

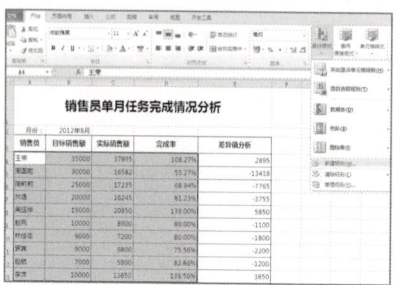

图10-22

2 打开"新建格式规则"对话框，在对话框中选择"使用公式确定要设置格式的单元格"，在"为符合此公式的值设置格式"文本框中输入公式"=IF($D4>=1,1,0)"，单击"格式"按钮。在"设置单元格格式"对话框中单击"填充"标签，选择一种合适的颜色，如图10-23所示。

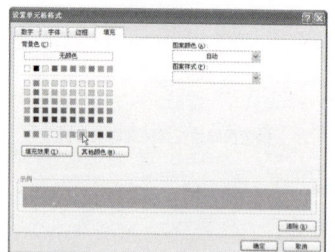

图10-23

3 返回"新建格式规则"对话框，单击"确定"按钮返回工作表，即可显示设置的条件格式，如图10-24所示。

图10-24

4 选择单元格区域E4:E13，单击"开始"选项卡下"样式"选项组中的"条件格式"下拉按钮，在下拉菜单中单击"色阶"选项，在下级列表中选择一种合适的填充效果，如图10-25所示。

图10-25

5 工作表中会使用色阶来分析差异值，如图10-26所示。

销售员单月任务完成情况分析

图10-26

文件78　年度销售任务完成进度分析

在Excel中，可以使用柱形图图表类型，通过任务进程图来指示任务的完成进度，而且随着任务时间的推移，该进程图表数据还可实现自动更新。

制作要点与设计效果图

- SUM函数
- COUNTAHANS
- 创建图表
- 编辑数据系列
- 设置坐标轴格式
- 设置绘图区格式

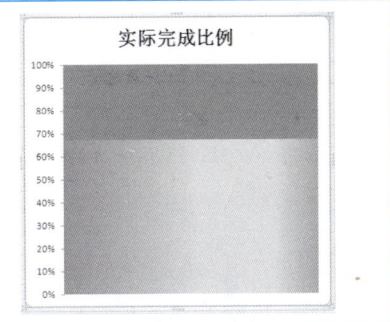

文件设计过程

步骤1：设置公式

① 在B15单元格中输入公式"=SUM(B3:B14)"，按回车键，复制公式至单元格C15，如图10-27所示。

B15　=SUM(B3:B14)

年度销售任务完成进度分析

月份	本年计划数	实际销售额		当前月份	
1月	221.05	167		实际完成比例	
2月	126.27	95.4			
3月	113.17	85.5			
4月	94.90	71.7			
5月	96.10	72.6			
6月	116.35	87.9			
7月	145.07	109.6			
8月	162.41	122.7			
9月	205.96	155.6			
10月	227.53	171.9			
11月	276.24				
12月	214.96				
合计	2000.00	1139.90			

图10-27

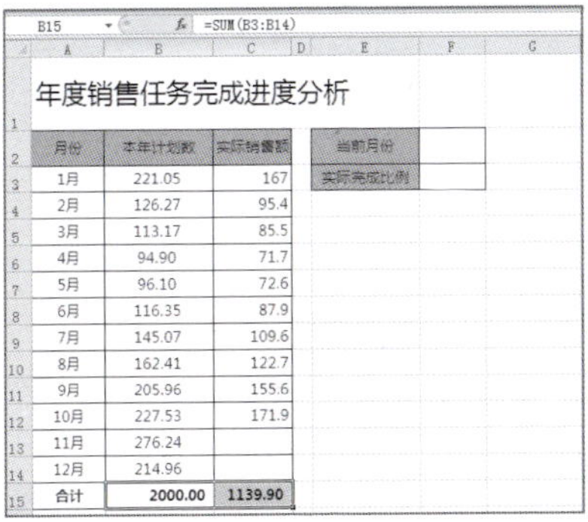

② 在F2单元格中输入公式"=COUNTA($C$3:$C$14)"，按回车键，返回当前月份数10，如图10-28所示。

F2　=COUNTA($C$3:$C$14)

年度销售任务完成进度分析

月份	本年计划数	实际销售额		当前月份	10
1月	221.05	167		实际完成比例	
2月	126.27	95.4			
3月	113.17	85.5			
4月	94.90	71.7			
5月	96.10	72.6			
6月	116.35	87.9			
7月	145.07	109.6			
8月	162.41	122.7			
9月	205.96	155.6			
10月	227.53	171.9			
11月	276.24				

图10-28

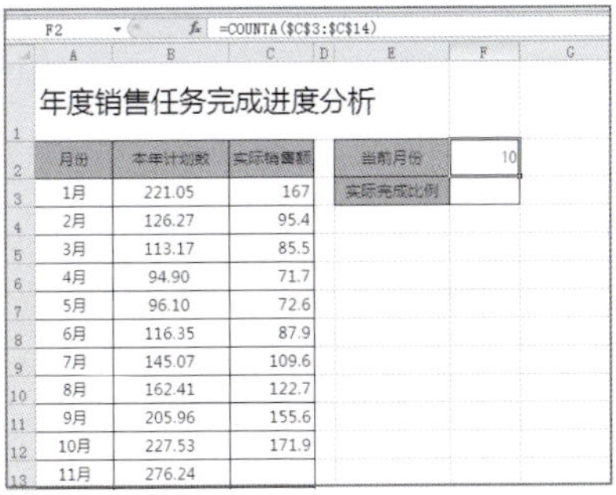

3 在F3单元格中输入公式"=C15/B15"，计算当前月份销售任务的完成比例，如图10-29所示。

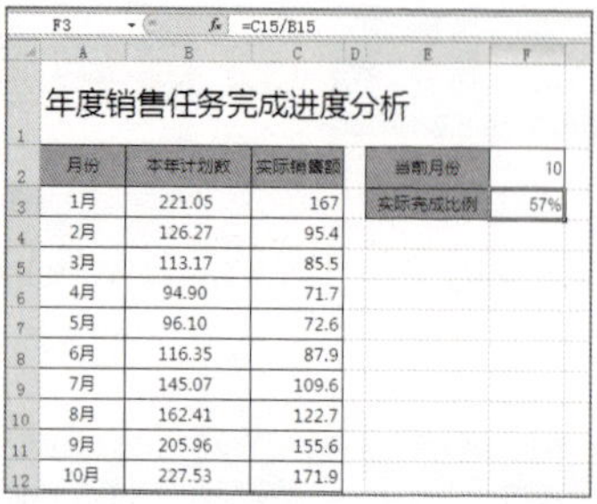

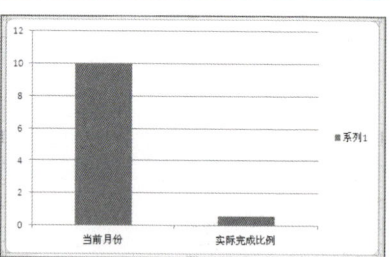

F3 =C15/B15

	A	B	C	D	E	F
1	年度销售任务完成进度分析					
2	月份	本年计划数	实际销售额		当前月份	10
3	1月	221.05	167		实际完成比例	57%
4	2月	126.27	95.4			
5	3月	113.17	85.5			
6	4月	94.90	71.7			
7	5月	96.10	72.6			
8	6月	116.35	87.9			
9	7月	145.07	109.6			
10	8月	162.41	122.7			
11	9月	205.96	155.6			
12	10月	227.53	171.9			

图10-29

步骤2：创建柱形图

1 单击"插入"选项卡下"图表"选项组中的"柱形图"下拉按钮，在下拉菜单中单击"簇状柱形图"子图表类型，如图10-30所示。

图10-30

2 即可在工作表中显示默认图表，如图10-31所示。

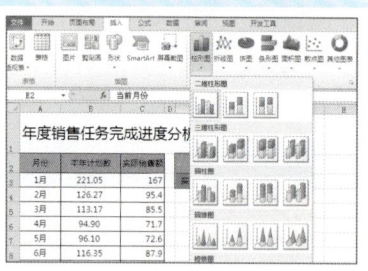

图10-31

步骤3：编辑图表

1 在"图表工具-设计"选项卡下的"数据"选项组中单击"选择数据"按钮，打开"选择数据源"对话框，单击"切换行/列"按钮，选择"当前月份"系列，单击"删除"按钮，接着单击"确定"按钮，如图10-32所示。

图10-32

2 此时图表中只显示"实际完成比例"数据系列，如图10-33所示。

图10-33

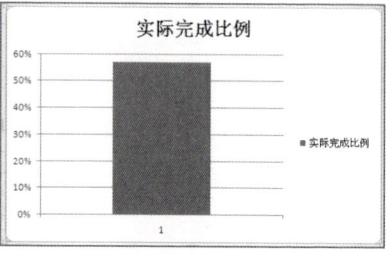

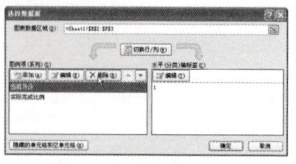

第10章 销售任务的制定与分析

步骤4：设置坐标轴格式

[1] 在"图表工具-布局"选项卡下的"坐标轴"选项组中单击"坐标轴"下拉按钮，在下拉菜单中选择"主要横坐标轴"，在子菜单中选择"无"选项，如图10-34所示。双击纵坐标打开"设置坐标轴格式"对话框，设置"最小值"为0，"最大值"为1，"主要刻度单位"为0.1，如图10-35所示。

[2] 返回图表，删除图例，此时图表的数值轴从0%显示至100%，如图10-36所示。

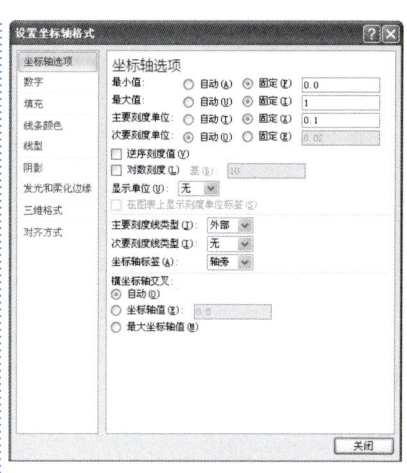

图10-35

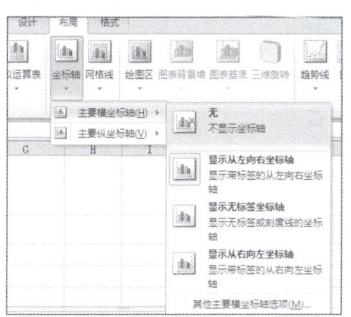

图10-34

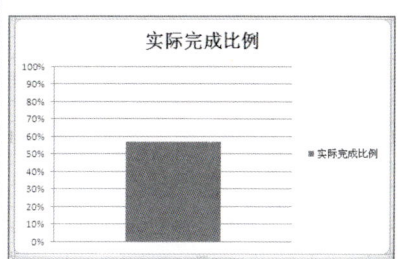

图10-36

步骤5：设置数据系列格式

[1] 双击数据系列打开"设置数据系列格式"对话框，设置"分类间距"为0%，如图10-37所示，单击"填充"标签，选中"渐变填充"单选按钮，设置渐变填充效果，如图10-38所示。

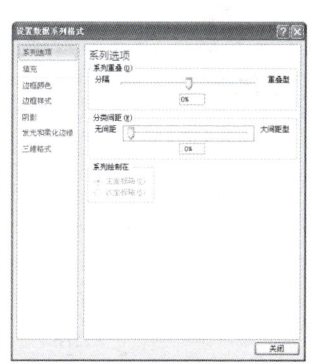

图10-37

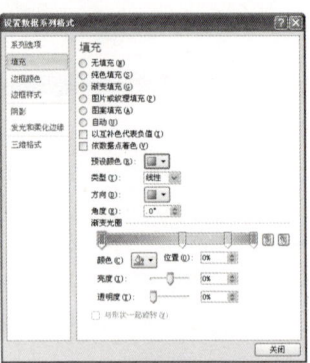

图 10-38

2 返回工作表中,删除网络线,得到填充后的数据系列效果,如图10-39所示。

图 10-39

步骤6:设置绘图区格式

1 右键单击图表绘图区,在弹出的菜单中单击"设置绘图区格式"命令,如图10-40所示。

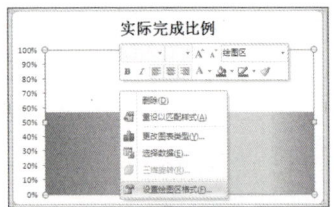

图 10-40

2 在"设置绘图区格式"对话框中单击选中"纯色填充"单选按钮。单击"颜色"下拉按钮,从"颜色"下拉列表中选择一个合适的颜色,如图10-41所示。

图 10-41

3 单击"标签"选择组中的"数据标签"下拉按钮,在下拉菜单中选择"数据标签内"选项,如图10-42所示,设置数据标签字号和颜色,并将数据标签移至数据系列的上方,如图10-43所示。

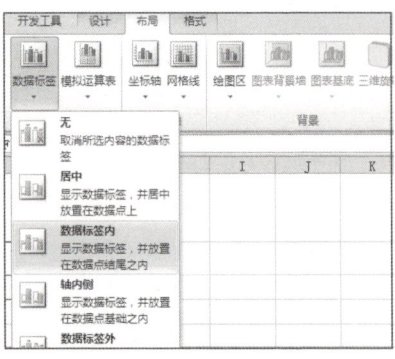

图 10-42

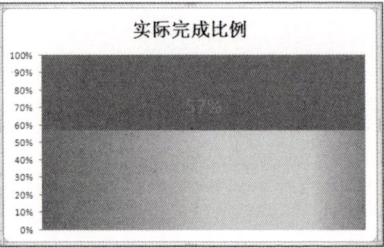

图 10-43

④ 如果得到7月和8月的实际销售额,将数据输入到表格中,此时图表中的完成比例会自动更新,如图10-44所示。

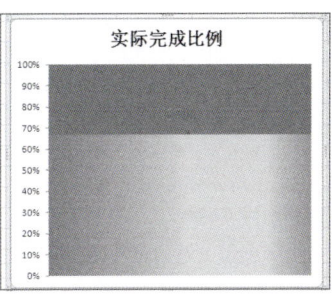

图10-44

文件79　月度销售任务完成进度分析

在Excel中,还可以使用半圆图来表示任务完成进度,但需要根据计算出的实际完成比例,通过设置饼图格式来实现半圆进度图表效果。

制作要点与设计效果图

- 创建数据透视表
- 数值字段值显示方式
- 添加报表筛选字段
- 隐藏明细数据
- 设置数据填充和颜色

文件设计过程

步骤1:设置公式

① 在E3单元格中输入公式"=SUM(B3:B33)",计算当前实际完成销售额,如图10-45所示。

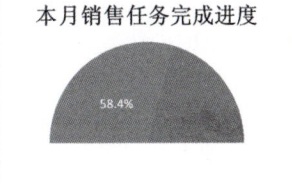

图10-45

2 在E4单元格中输入公式"=E3/E2"，计算完成比例，如图10-46所示。

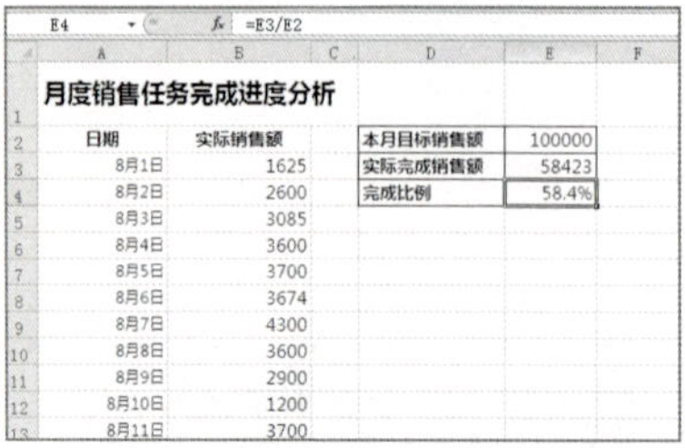

E4 =E3/E2

	A	B	C	D	E
1	月度销售任务完成进度分析				
2	日期	实际销售额		本月目标销售额	100000
3	8月1日	1625		实际完成销售额	58423
4	8月2日	2600		完成比例	58.4%
5	8月3日	3085			
6	8月4日	3600			
7	8月5日	3700			
8	8月6日	3674			
9	8月7日	4300			
10	8月8日	3600			
11	8月9日	2900			
12	8月10日	1200			
13	8月11日	3700			

图10-46

3 在E8单元格中输入数据50%，在E6单元格中输入公式"=E4/2"，如图10-47所示，在E7单元格中输入公式"=E8-E6"，如图10-48所示。

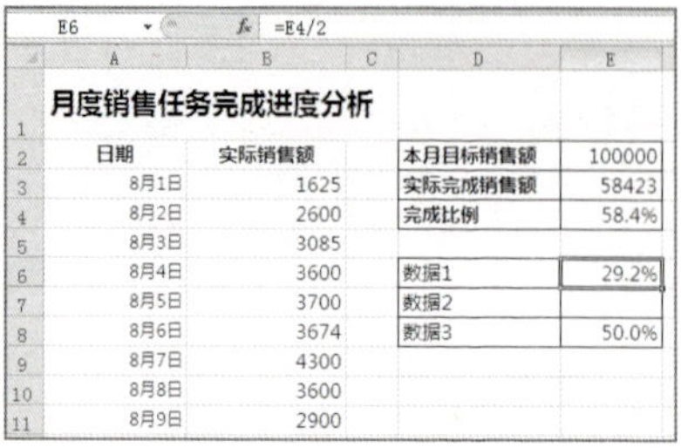

E6 =E4/2

	A	B	C	D	E
1	月度销售任务完成进度分析				
2	日期	实际销售额		本月目标销售额	100000
3	8月1日	1625		实际完成销售额	58423
4	8月2日	2600		完成比例	58.4%
5	8月3日	3085			
6	8月4日	3600		数据1	29.2%
7	8月5日	3700		数据2	
8	8月6日	3674		数据3	50.0%
9	8月7日	4300			
10	8月8日	3600			
11	8月9日	2900			

图10-47

E7 =E8-E6

	A	B	C	D	E
1	月度销售任务完成进度分析				
2	日期	实际销售额		本月目标销售额	100000
3	8月1日	1625		实际完成销售额	58423
4	8月2日	2600		完成比例	58.4%
5	8月3日	3085			
6	8月4日	3600		数据1	29.2%
7	8月5日	3700		数据2	20.8%
8	8月6日	3674		数据3	50.0%
9	8月7日	4300			
10	8月8日	3600			

图10-48

步骤2：创建饼图

1 选中E6:E8单元格区域，单击"插入"选项卡下"图表"选项组中的"饼图"下拉按钮，在下拉菜单中选择"二维饼图"子图表类型，如图10-49所示。

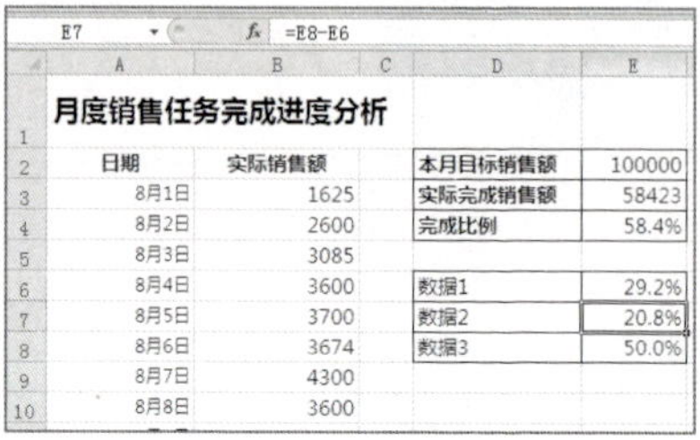

图10-49

2 工作表中会显示以选定的单元格区域为数据创建的饼图，如图10-50所示。

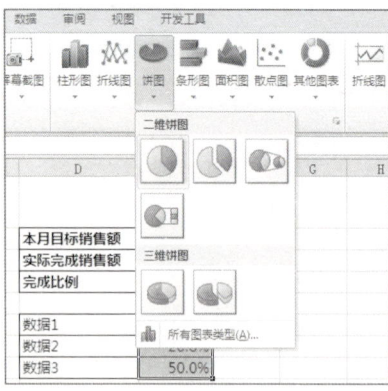

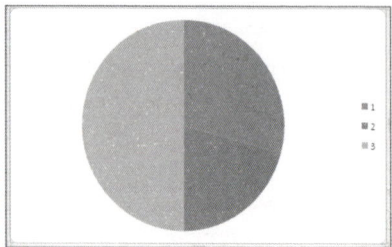

图10-50

步骤3：设置数据系列格式

1 双击图表数据系列打开"设置数据系列格式"对话框，设置"第一扇区起始角度"为"270"，如图10-51所示。

图10-51

2 选中最下方的数据点并单击鼠标右键，在弹出的快捷菜单中单击"设置数据点格式"命令，如图10-52所示，在"设置数据点格式"对话框中单击"填充"标签，单击选中"无填充"单选按钮，如图10-53所示。

3 在"标签"选项组中单击"数据标签"下拉按钮，单击"居中"选项，只保留第一个数据点的标签，如图10-54所示，删除其余两个标签，并为标签设置字体格式。选中标签，在公式编辑栏中输入公式"=Sheet1!$E$4"，如图10-55所示。

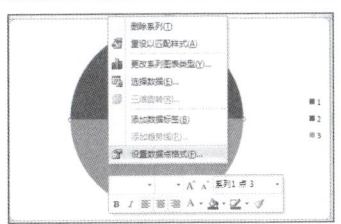

图10-52

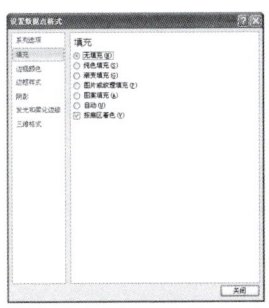

图10-53

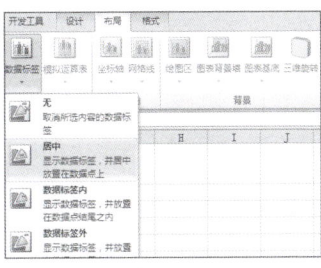

图10-54

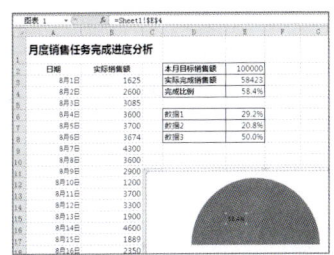

图10-54

4 接着对图表进行完善，当输入更多的实际销售额值时，半圆进程图会自动变化，如图10-56所示。

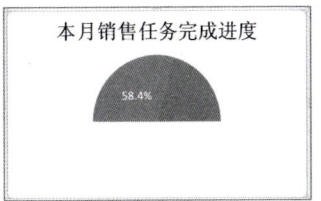

图10-55

文件80 销售任务分解表

假设公司根据产品的季节特点为一年各月划分了销售比例,可以根据该比例为各员工的年销售目标计算出各个月份的销售目标。

制作要点与设计效果图

- 自动换行
- 设置数据格式
- 设置公式

销售任务分解表

销售员	本年度销售目标	1月 8%	2月 10%	3月 10%	4月 8%	5月 5%	6月 7%	7月 8%	8月 10%	9月 7%	10月 9%	11月 10%	12月 8%
王聿	8500	680	850	850	680	425	595	680	850	595	765	850	680
周国菊	12000	960	1200	1200	960	600	840	960	1200	840	1080	1200	960
陶莉莉	8800	704	880	880	704	440	616	704	880	616	792	880	704
林逸	10000	800	1000	1000	800	500	700	800	1000	700	900	1000	800
吴廷烨	98000	7840	9800	9800	7840	4900	6860	7840	9800	6860	8820	9800	7840
赵民	8000	640	800	800	640	400	560	640	800	560	720	800	640
林佳佳	8800	544	680	680	544	340	476	544	680	476	612	680	544
罗宾	6000	480	600	600	480	300	420	480	600	420	540	600	480
赵航	7800	624	780	780	624	390	546	624	780	546	702	780	624
李萍	10000	800	1000	1000	800	500	700	800	1000	700	900	1000	800

文件81 年度任务完成进度条形图

使用Excel中的条形图来创建图表,也可以展示出任务的完成进度。

制作要点与设计效果图

- 创建条形图
- 设置数据系列格式
- 设置绘图区格式

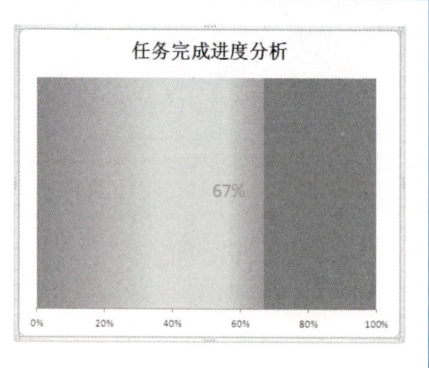

文件82 销售员任务完成比例分析

按完成比例分等级统计出销售员的人数，并计算出占总人数的比例，还可以用更直观的饼图来反映整个部门处于不同等级的员工比例。

制作要点与设计效果图

- COUNTIF函数
- 设置数据格式
- 创建图表
- 设置数据系列格式

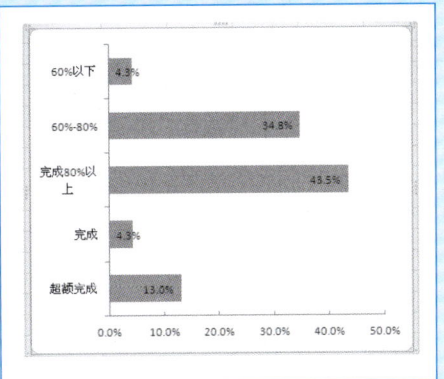

文件83 各月销售目标达成分析图表

为了反映各月销售目标的完成情况，可以在Excel中创建堆积柱形图并添加折线数据系列。

制作要点与设计效果图

- 创建条形图
- 添加数据系列
- 更改系列图表类型

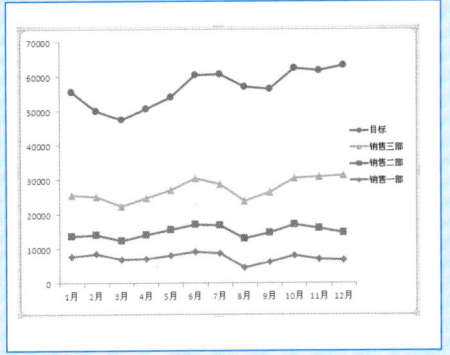

文件84　各销售点任务完成情况分析

在Excel中创建各销售部门任务完成情况分析表格，可以使用条件格式来分析表格中的数据，突出各个部门的差异情况。

制作要点与设计效果图

- 计算公式
- 设置数据格式
- 数据条分析
- 数据图标集分析
- 编辑条件格式规则

第11章
订单与库存管理

订单管理是客户关系管理的有效延伸,良好的订单管理能更好地把个性化、差异化服务有机地融入到客户管理中去,能推动经济效益和客户满意度的提升。库存管理是指在物流过程中商品数量的管理。库存多,占用资金多,利息负担加重。但是如果过分降低库存,则会出现断档。所以订单管理和库存管理是现代企业商品销售和流通中不可避免的两大环节,企业应重视对订单和库存环节的数据管理和分析,为企业善良完成产品的销售提供必要的保证。

编号	文件名称	光盘中对应数据源	重要星级
文件85	按月汇总订单数量	素材文件\第11章\按月汇总订单数量.xls	★★★
文件86	按销售员汇总订单数量	素材文件\第11章\按销售员汇总订单数量.xls	★★★
文件87	按产品和销售员统计订单	素材文件\第11章\按产品和销售员统计订单.xls	★★★
文件88	按客户和月份统计订单	素材文件\第11章\按客户和月份统计订单.xls	★★★
文件89	月销售情况统计表	素材文件\第11章\商品进销存月报表.xls	★★★★
文件90	安全库存量预警报表	素材文件\第11章\安全库存量预警报表.xls	★★★
文件91	商品短缺表	素材文件\第11章\商品短缺表	★★★
文件92	库存商品盘点表	素材文件\第11章\库存商品盘点表	★★★★
文件93	商品库龄分析	素材文件\第11章\商品库龄分析	★★★★
文件94	按客户名称统计各产品订购数量	素材文件\第11章\按客户名称统计各产品订购数量	★★★

文件85 按月汇总订单数量

在Excel 中，可以使用公式和函数来完成按月份对订单数量和产品订购数量的汇总。

制作要点与设计效果图

- 创建名称
- MONTH函数
- COUNTIF函数
- LEFT函数
- SUMIF函数

按月份汇总订单

月份	业务笔数	产品订购数量
1月	254	3237505
2月	337	5580177
3月	378	5772377
4月	336	5611245
5月	298	4444559
6月	30	252029
7月	31	404133
8月	31	361470
9月	30	343657
10月	254	3237505
11月	254	3237505
12月	254	3237505
合计	2487	35719667

文件设计过程

步骤1：创建表格

1 将工作表标签Sheet2更改为“按月汇总订单”，在工作表中创建统计表格，并输入行标识，如图11-1所示。

按月份汇总订单

月份	业务笔数	产品订购数量
1月		
2月		
3月		
4月		
5月		
6月		
7月		
8月		
9月		
10月		
11月		

订单 / 按月汇总订单 / Sheet3

图11-1

2 在“订单”工作表中，右键单击A列列标签，在弹出的菜单中单击“插入”命令，如图11-2所示。

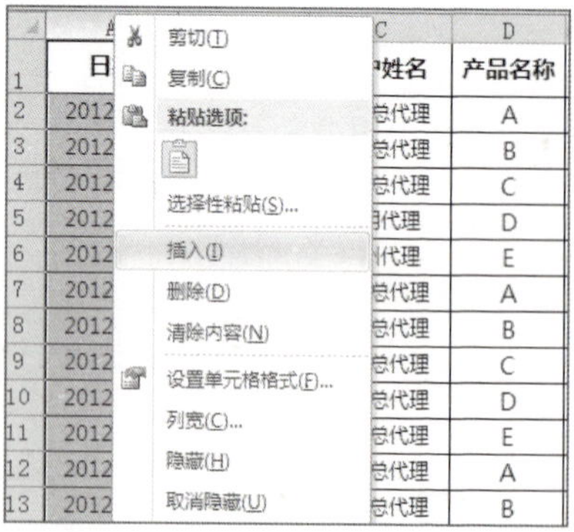

图11-2

步骤2：设置公式获取月份

在A1单元格中输入"月份"，在A2单元格中输入公式"=MONTH(B2)"，按回车键，向下复制公式，从"日期"列中提取月份，如图11-3所示。

	A	B	C	D
1	月份	日期	订单号	客户姓名
2	1	2012-1-2	10012	川西总代理
3	1	2012-1-2	10002	川西总代理
4	1	2012-1-2	10001	川西总代理
5	1	2012-1-2	10006	昆明代理
6	1	2012-1-2	10014	郑州代理
7	1	2012-1-3	10029	川北总代理
8	1	2012-1-3	10020	川北总代理
9	1	2012-1-3	10024	川北总代理
10	1	2012-1-3	10017	川南总代理
11	1	2012-1-3	10028	川南总代理
12	1	2012-1-3	10027	川南总代理

图11-3

步骤3：定义名称

[1] 选择A1:G18单元格区域，单击"公式"选项卡下"定义的名称"选项组中的"根据所选内容创建"的按钮，如图11-4所示。

[2] 打开"以选定区域创建名称"对话框，在对话框中选中"首行"复选框，单击"确定"按钮，如图11-5所示。

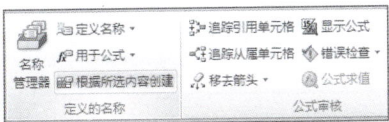

图11-4

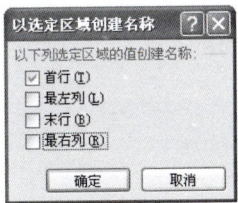

图11-5

步骤4：设置公式统计数据

[1] 在"按月汇总订单"工作表中，在B3单元格中输入公式"=COUNTIF(月份,LEFT(A3,1))"，按回车键，向下复制公式，得到各月的业务笔数，如图11-6所示。

	A	B	C
1	按月份汇总订单		
2	月份	业务笔数	产品订购数量
3	1月	254	
4	2月	337	
5	3月	378	
6	4月	336	
7	5月	298	
8	6月	30	
9	7月	31	
10	8月	31	
11	9月	30	
12	10月	254	
13	11月	254	
14	12月	254	

图11-6

2 在C3单元格中输入公式“=SUMIF(月份,LEFT(A3,1)，订购数量)”，按回车键，向下复制公式，得到各月的产品订购数量，如图11-7所示。

C3 =SUMIF(月份,LEFT(A3,1),订购数量)

按月份汇总订单

月份	业务笔数	产品订购数量
1月	254	3237505
2月	337	5580177
3月	378	5772377
4月	336	5611245
5月	298	4444559
6月	30	252029
7月	31	404133
8月	31	361470
9月	30	343657
10月	254	3237505
11月	254	3237505
12月	254	3237505

图11-7

3 在B15单元格中输入公式“=SUM(B3:B14)”，按回车键，向右复制公式，得到本年订单总笔数和产品订购总数，如图11-8所示。

B15 =SUM(B3:B14)

按月份汇总订单

月份	业务笔数	产品订购数量
1月	254	3237505
2月	337	5580177
3月	378	5772377
4月	336	5611245
5月	298	4444559
6月	30	252029
7月	31	404133
8月	31	361470
9月	30	343657
10月	254	3237505
11月	254	3237505
12月	254	3237505
合计	2487	35719667

图11-8

文件86 按销售员汇总订单数量

如果要按销售员来统计订单数量，可以按每张订单的产品数量将订单划分为大额订单、中额订单和小额订单来统计各自的订单数量和所有订单中的产品数量。

制作要点与设计效果图

- 定义名称
- IF函数
- INDEX函数
- INDIREC函数
- SUMPRODUCT函数

按销售员汇总订单

业务员	大额订单		中额订单		小额订单	
	业务笔数	产品数量	业务笔数	产品数量	业务笔数	产品数量
王乘	10	873332	29	608724	153	686599
何玲玲	20	1757987	49	1056604	176	678162
张丽丽	17	2455171	51	1005203	169	435814
李贝贝	13	995916	73	1686985	127	484061
王帆	0	0	17	349339	0	0
刘菲	7	599504	19	500650	22	105528
秦刘云	4	485639	14	347085	4	16600

大额订单	>10万
中额订单	5万>=,且<=10万
小额订单	<5万

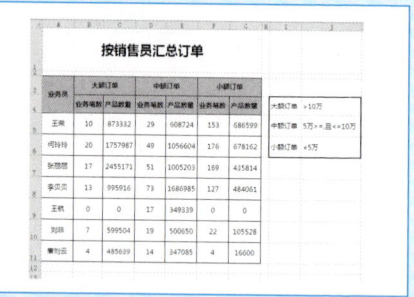

文件设计过程

步骤1：创建表头

将工作表标签Sheet2更改为“按销售员汇总订单”，在工作表汇总订

第11章 订单与库存管理

单中输入统计表格的标题和表头,如图11-9所示。

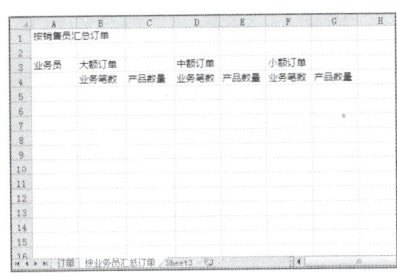

图11-9

步骤2：新建名称

[1] 打开"新建名称"对话框，在"名称"框汇总输入"salesman"，在"引用位置"文本框中输入公式"=OFFSET(订单!$F$2,,,COUNTA(订单!$F:$F)-1,)"，单击"确定"按钮，如图11-10所示。

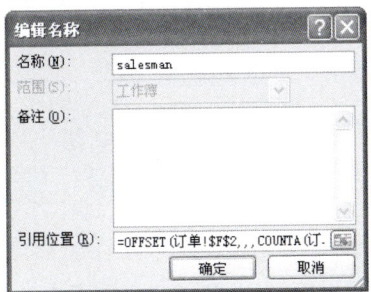

图11-10

[2] 打开"新建名称"对话框，在"名称"框汇总输入"data1"，在"引用位置"文本框中输入公式"=ROUND(SUM(1/COUNTIF(salesman,salesman)),0)"，单击"确定"按钮，如图11-11所示。

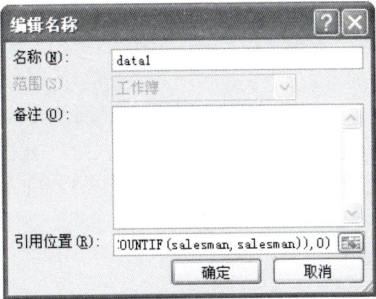

图11-11

[3] 打开"新建名称"对话框，在"名称"框汇总输入"data2"，在"引用位置"文本框中输入公式"=MATCH (salesman,salesman,0)"，单击"确定"按钮，如图11-12所示。

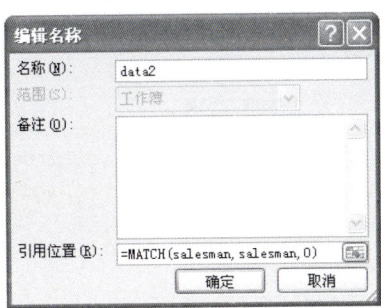

图11-12

步骤3：设置公式提前销售员姓名

在A5单元格中输入数组公式“=IF(ROW($A1)<=data1,INDEX(salesman,SMALL(IF(data2=ROW(INDIRECT("1:"&ROWS(salesman))),ROW(INDIRECT("1:"&ROWS(salesman)))),ROW($A1))),"")”，向下复制公式得到不重复的销售员姓名，如图11-13所示。

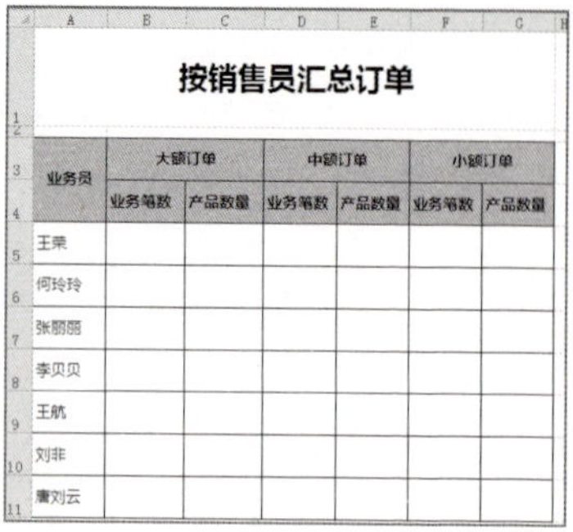

按销售员汇总订单

业务员	大额订单		中额订单		小额订单	
	业务笔数	产品数量	业务笔数	产品数量	业务笔数	产品数量
王荣						
何玲玲						
张丽丽						
李贝贝						
王航						
刘菲						
曹刘云						

图11-13

步骤4：创建辅助表格

在I4:J6单元格区域中创建订单分类表格，即订单中产品大于10万为大额订单；在5万与10万之间为中额订单；小于5万为小额订单，如图11-14所示。

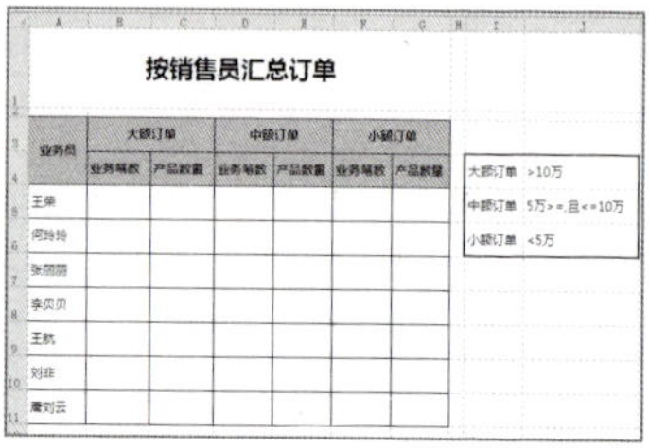

按销售员汇总订单

业务员	大额订单		中额订单		小额订单	
	业务笔数	产品数量	业务笔数	产品数量	业务笔数	产品数量
王荣						
何玲玲						
张丽丽						
李贝贝						
王航						
刘菲						
曹刘云						

大额订单	>10万
中额订单	5万>=,且<=10万
小额订单	<5万

图11-14

步骤5：使用SUMPRODUCT函数格

1 在B5单元格汇总输入公式“=SUMPRODUCT((订单!$F$2:$F$1151=$A5)*(订单!$E$2:$E$1151>50000)*1)”，然后向下复制公式，计算出各销售员大额订单的数量，如图11-15所示。

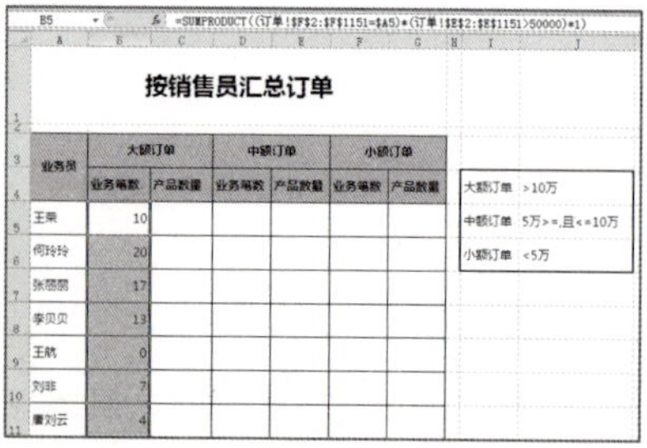

B5 =SUMPRODUCT((订单!$F$2:$F$1151=$A5)*(订单!$E$2:$E$1151>50000)*1)

按销售员汇总订单

业务员	大额订单		中额订单		小额订单	
	业务笔数	产品数量	业务笔数	产品数量	业务笔数	产品数量
王荣	10					
何玲玲	20					
张丽丽	17					
李贝贝	13					
王航	0					
刘菲	7					
曹刘云	4					

大额订单	>10万
中额订单	5万>=,且<=10万
小额订单	<5万

图11-15

2 在C5单元格中输入公式“=SUMPRODUCT((订单!$F$2:$F$1151=$A5)*(订单!$E$2:$E$1151>50000)*订单!$E$2:$E$1151)”，然后向下复制公式，计算出各销售员大额订单的产品数量合计，如图11-16所示。

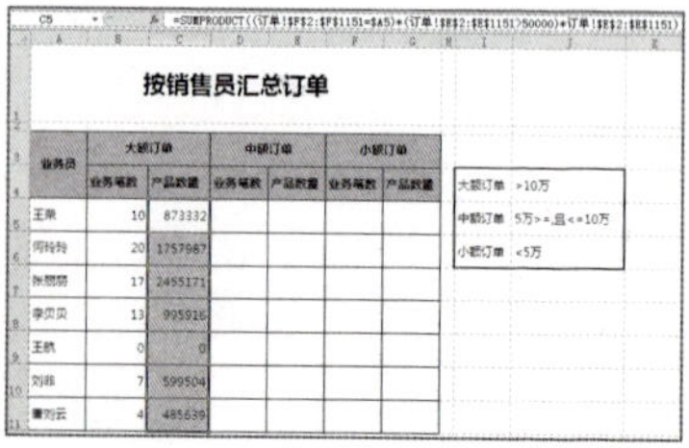

C5 =SUMPRODUCT((订单!$F$2:$F$1151=$A5)*(订单!$E$2:$E$1151>50000)*订单!$E$2:$E$1151)

按销售员汇总订单

业务员	大额订单		中额订单		小额订单	
	业务笔数	产品数量	业务笔数	产品数量	业务笔数	产品数量
王荣	10	873332				
何玲玲	20	1757967				
张丽丽	17	2455171				
李贝贝	13	995916				
王航	0	0				
刘菲	7	599504				
曹刘云	4	485639				

大额订单	>10万
中额订单	5万>=,且<=10万
小额订单	<5万

图11-16

3 在D5单元格中输入公式“=SUMPRODUCT((订单!$F$2:$F$1151=$A5)*(订单!$E$2:$E$1151<=50000)*(订单!$E$2:$E$1151>=10000)*1)”，然后向下复制公式，计算出中额订单数量，如图11-17所示。

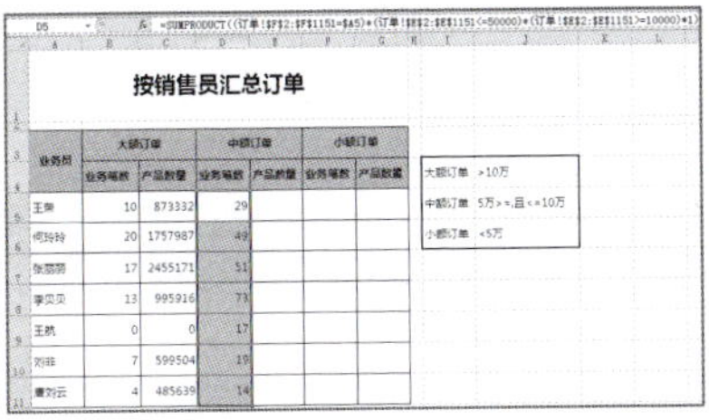

业务员	大额订单		中额订单		小额订单	
	业务笔数	产品数量	业务笔数	产品数量	业务笔数	产品数量
王乘	10	873332	29			
何玲玲	20	1757987	49			
张丽丽	17	2455171	51			
李贝贝	13	995916	73			
王航	0	0	17			
刘菲	7	599504	19			
曹刘云	4	485639	14			

图11-17

4 在E5单元格汇总输入公式“=SUMPRODUCT((订单!$F$2:$F$1151=$A5)*(订单!$E$2:$E$1151<=50000)*(订单!$E$2:$E$1151>=10000)*订单!$E$2:$E$1151)”，然后向下复制公式，计算出各销售员中额订单的产品数量合计，如图11-18所示。

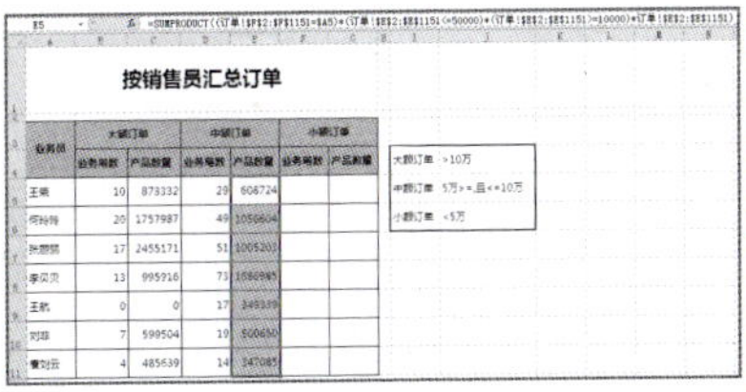

业务员	大额订单		中额订单		小额订单	
	业务笔数	产品数量	业务笔数	产品数量	业务笔数	产品数量
王乘	10	873332	29	608724		
何玲玲	20	1757987	49	1056604		
张丽丽	17	2455171	51	1005203		
李贝贝	13	995916	73	1686985		
王航	0	0	17	349339		
刘菲	7	599504	19	500650		
曹刘云	4	485639	14	347085		

图11-18

5 在F5单元格中输入公式“=SUMPRODUCT((订单!$F$2:$F$1151=$A5)*(订单!$E$2:$E$1151<10000)*1)”，然后向下复制公式，计算出各销售员小额订单数量，如图11-19所示。

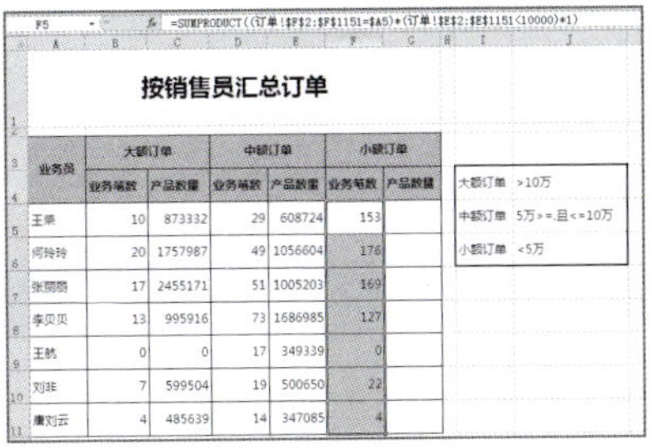

业务员	大额订单		中额订单		小额订单	
	业务笔数	产品数量	业务笔数	产品数量	业务笔数	产品数量
王乘	10	873332	29	608724	153	
何玲玲	20	1757987	49	1056604	176	
张丽丽	17	2455171	51	1005203	169	
李贝贝	13	995916	73	1686985	127	
王航	0	0	17	349339	0	
刘菲	7	599504	19	500650	22	
曹刘云	4	485639	14	347085	4	

图11-19

6 在G5单元格中输入公式“=SUMPRODUCT((订单!$F$2:$F$1151=$A5)*(订单!$E$2:$E$1151<10000)*订单!$E$2:$E$1151)”，然后向下复制公式，计算出小额订单数量，如图11-20所示。

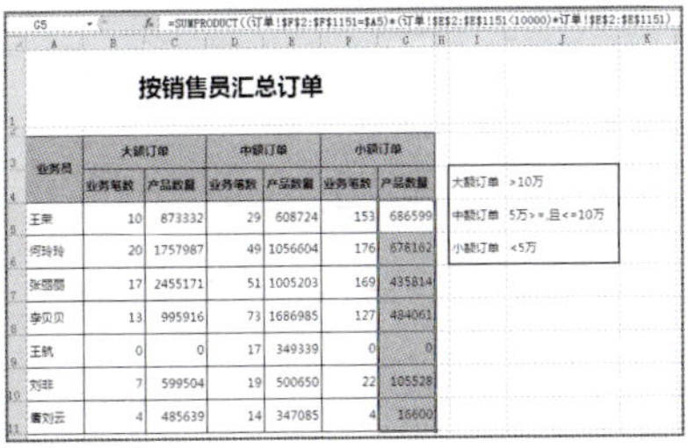

业务员	大额订单		中额订单		小额订单	
	业务笔数	产品数量	业务笔数	产品数量	业务笔数	产品数量
王乘	10	873332	29	608724	153	686599
何玲玲	20	1757987	49	1056604	176	678162
张丽丽	17	2455171	51	1005203	169	435814
李贝贝	13	995916	73	1686985	127	484061
王航	0	0	17	349339	0	0
刘菲	7	599504	19	500650	22	105528
曹刘云	4	485639	14	347085	4	16600

图11-20

文件87 按产品和销售员统计订单

需要统计不同销售员销售的不同产品的订单数量与产品数量时，可以在Excel中使用COUNTIFS函数和SUMIFS函数来完成多条件计数与多条件求和。

制作要点与设计效果图

- COUNTIF函数
- SUMIFS函数

按产品和销售员统计订单数量

业务员	产品名称				
	A	B	C	D	E
王荣	33	41	36	40	42
何玲玲	49	58	48	44	45
张丽丽	49	42	46	52	48
李贝贝	42	37	46	43	45
王航	4	3	1	5	4
刘菲	12	9	13	7	7
唐刘云	5	5	5	4	3

按产品和业务员统计产品数量

业务员	产品名称				
	A	B	C	D	E
王荣	206334	809520	371636	284331	516034
何玲玲	702621	822700	855814	666493	465247
张丽丽	385880	650206	1126871	964266	792665
李贝贝	511639	713730	602005	588107	772781
王航	88362	46437	16798	110589	88853
刘菲	147893	273382	250841	291913	246453
唐刘云	78875	155343	231613	333144	52549

文件设计过程

步骤1：创建表格

将工作表标签Sheet2更改为“按产品和销售员统计”，并创建统计表格，如图11-21所示。

按产品和销售员统计订单数量

业务员	产品名称				
	A	B	C	D	E
王荣					
何玲玲					
张丽丽					
李贝贝					
王航					
刘菲					
唐刘云					

按产品和业务员统计产品数量

业务员	产品名称				
	A	B	C	D	E
王荣					
何玲玲					
张丽丽					
李贝贝					
王航					

图11-21

步骤2：设置公式统计数量

①在B4单元格中输入公式“=COUNTIFS(订单!$F$2:$F$975,$A4,订单!$D$2:$D$975,B$3)”，计算结果为33，如图11-22所示。

B4 =COUNTIFS(订单!$F$2:$F$975,$A4,订单!$D$2:$D$975,B$3)

按产品和销售员统计订单数量

业务员	产品名称			
	A	B	C	D
王荣	33			
何玲玲				
张丽丽				
李贝贝				
王航				
刘菲				
唐刘云				

按产品和业务员统计产品数量

图11-22

②向右拖动单元格B4右下角的填充柄至单元格F4，然后向下复制公式至单元格F10，计算出所有销售员每一种产品的订单数量，如图11-23所示。

B4 =COUNTIFS(订单!$F$2:$F$975,$A4,订单!$D$2:$D$975,B$3)

按产品和销售员统计订单数量

业务员	产品名称				
	A	B	C	D	E
王荣	33	41	36	40	42
何玲玲	49	58	48	44	45
张丽丽	49	42	46	52	48
李贝贝	42	37	46	43	45
王航	4	3	1	5	4
刘菲	12	9	13	7	7
唐刘云	5	5	5	4	3

按产品和业务员统计产品数量

产品名称

图11-23

第11章 订单与库存管理

③ 在B14单元格中输入公式"=SUMIFS(订单!$E$2:$E$975,订单!$F$2:$F$975,$A4,订单!$D$2:$D$975,B$3)",然后向右,再向下复制公式,统计出各销售员的每一种产品的销售数量,如图11-24所示。

图11-24

文件88 按客户和月份统计订单

在Excel中,企业要统计出各客户在第一季度里每个月的订单数量和产品数量,需要通过函数和公式来完成。

🔍 制作要点与设计效果图

- INDEX函数
- SAMLL函数
- MATCH函数
- SUM函数

⭐ 文件设计过程

➡ 步骤1:创建表格

将工作表标签Sheet2更改为"按客户统计订单",在工作表汇总输入统计表格的标题和表头,如图11-25所示。

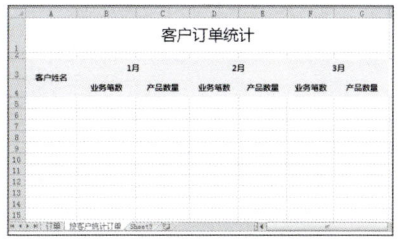

图11-25

步骤2：设置公式

1 在A5单元格中输入公式“=INDEX(订单!C:C,SMALL(IF(MATCH(订单!C$2:C$975,订单!C$2:C$975,)=ROW($1:$974),ROW($2:$975),976),ROW(A1)))&""”，然后向下复制公式，从“订单”表中提取不重复的客户姓名，如图11-26所示。

A5 =INDEX(订单!C:C,SMALL(IF(MATCH(订单!C$2:C$975,订单!C$2:C$975,)=ROW($1:$974),ROW($2:$975),976),ROW(A1)))&""

客户姓名	1月 业务笔数	1月 产品数量	2月 业务笔数	2月 产品数量	3月 业务笔数	3月 产品数量
川北总代理						
川南总代理						
川西总代理						
昆明代理						
郑州代理						
洛阳代理						
东北总代理						
重庆代理						
临汾代理						
安阳代理						
长沙代理						
华南总代理						
西安代理						
上海代理						
贵阳代理						
成都代理						
北京代理						
供应部						
芜湖代理						

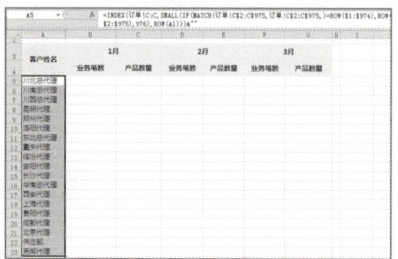

图11-26

2 在B5单元格中输入公式“=SUM(((MONTH(订单!$A$2:$A$975)=VALUE(LEFT($B$3,1)))*(订单!$C$2:$C$975=$A5)))”，然后向下复制公式，计算1月各客户的订单数量，如图11-27所示。

B5 {=SUM(((MONTH(订单!$A$2:$A$975)=VALUE(LEFT($B$3,1)))*(订单!$C$2:$C$975=$A5)))}

客户姓名	1月 业务笔数	1月 产品数量	2月 业务笔数	2月 产品数量	3月 业务笔数	3月 产品数量
川北总代理	71					
川南总代理	59					
川西总代理	70					
昆明代理	6					
郑州代理	4					
洛阳代理	4					
东北总代理	9					
重庆代理	3					
临汾代理	2					
安阳代理	2					
长沙代理	6					
华南总代理	8					
西安代理	3					
上海代理	4					
贵阳代理	2					
成都代理	1					
北京代理	1					
供应部	2					
芜湖代理	2					

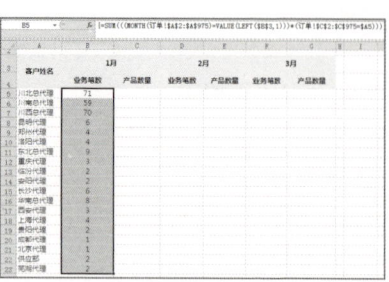

图11-27

3 在C5单元格中输入公式“=SUM(((MONTH(订单!$A$2:$A$975)=VALUE(LEFT($B$3,1)))*(订单!$C$2:$C$975=$A5))*(订单!$E$2:$E$975))”，然后向下复制公式，计算1月各客户的产品数量，如图11-28所示。

C5 {=SUM(((MONTH(订单!$A$2:$A$975)=VALUE(LEFT($B$3,1)))*(订单!$C$2:$C$975=$A5))*(订单!$E$2:$E$975))}

客户姓名	1月 业务笔数	1月 产品数量	2月 业务笔数	2月 产品数量	3月 业务笔数	3月 产品数量
川北总代理	71	921621				
川南总代理	59	660218				
川西总代理	70	980590				
昆明代理	6	112344				
郑州代理	4	110533				
洛阳代理	4	36025				
东北总代理	9	211111				
重庆代理	3	79980				
临汾代理	2	4068				
安阳代理	2	12082				
长沙代理	6	19502				
华南总代理	8	141592				
西安代理	3	12768				
上海代理	4	61240				
贵阳代理	2	46511				
成都代理	1	2770				
北京代理	1	6506				
供应部	2	303390				
芜湖代理	2	15048				

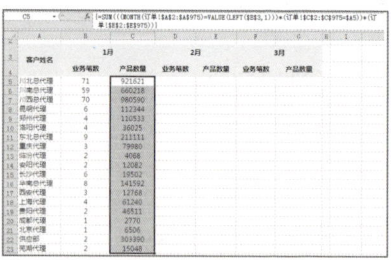

图11-28

步骤3：复制公式

1 复制单元格B5中的公式代码至单元格D5，然后在编辑栏中将公式中单元格B3的引用更改为单元格D3，接着向下复制公式，如图11-29所示。

D5 {=SUM(((MONTH(订单!$A$2:$A$975)=VALUE(LEFT($D$3,1)))*(订单!$C$2:$C$975=$A5)))}

客户姓名	1月 业务笔数	1月 产品数量	2月 业务笔数	2月 产品数量	3月 业务笔数	3月 产品数量
川北总代理	71	921621	73			
川南总代理	59	660218	98			
川西总代理	70	980590	80			
昆明代理	6	112344	2			
郑州代理	4	110533	4			
洛阳代理	4	36025	2			
东北总代理	9	211111	10			
重庆代理	3	79980	4			
临汾代理	2	4068	4			
安阳代理	2	12082	3			
长沙代理	6	19502	2			
华南总代理	8	141592	22			
西安代理	3	12768	1			
上海代理	4	61240	3			
贵阳代理	2	46511	3			
成都代理	1	2770	4			
北京代理	1	6506	5			

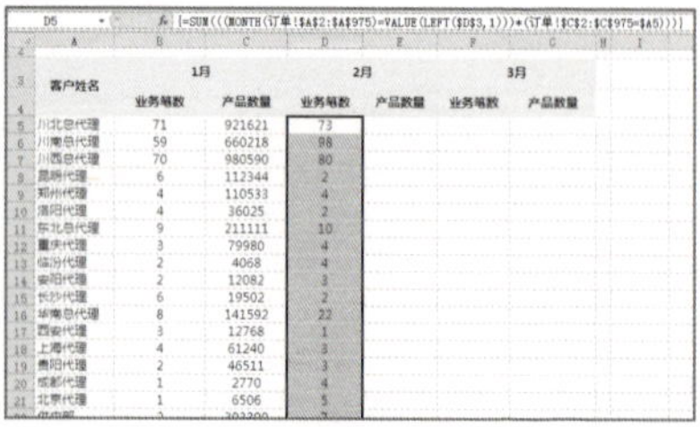

图11-29

② 将单元格C5中的公式代码至单元格E5，同样将公式代码中对单元格B3的引用更改为单元格D3，然后向下复制公式，计算出2月各客户的产品数量，如图11-30所示。

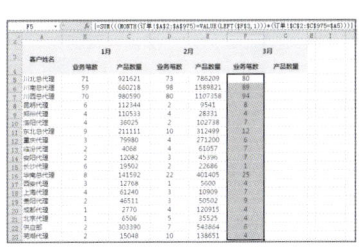

图11-31

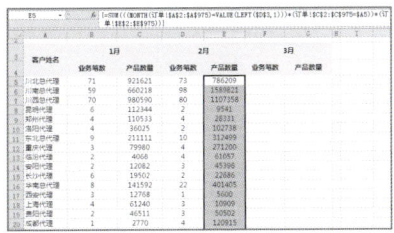

图11-30

③ 复制单元格B5中的公式代码至单元格F5，将公式代码中对单元格B3的引用更改为单元格F3，然后向下复制公式，计算出3月各客户的产品数量，如图11-31所示。

④ 按照同样的方法复制并修改公式"=SUM(((MONTH(订单!$A$2:$A$975)=VALUE(LEFT($F$3,1)))*(订单!$C$2:$C$975=$A5))*(订单!$E$2:$E$975))"至G5单元格，计算出3月各客户的产品数量，如图11-32所示。

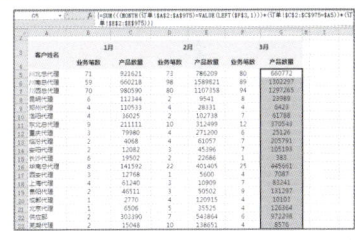

图11-32

文件89　商品进出销存月报表

在Excel中，企业可以结合自身商品和管理的特点，设计出更灵活、更贴切的进出销存月报表并进行相关的数据分析。

制作要点与设计效果图

- IF函数
- VLOOKUP函数
- ROUND函数
- SUMIF函数
- SUBTOAL函数

文件设计过程

步骤1：设置公式计算上月结存

1 在“商品进出销存月报表”工作表的F6单元格中输入公式“=IF($B6=" "," ",VLOOKUP($B6,上月余额!$A:$F,6,FALSE))”，按回车键，然后向下复制公式，如图11-33所示。

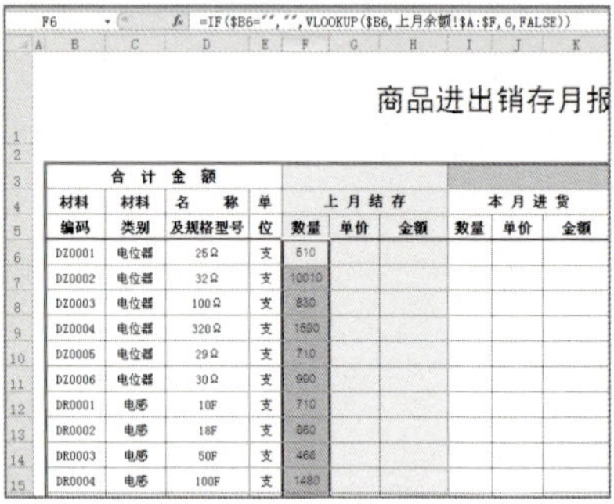
F6 =IF($B6="","",VLOOKUP($B6,上月余额!$A:$F,6,FALSE))

商品进出销存月报

合计金额				上月结存			本月进货		
材料编码	材料类别	名称及规格型号	单位	数量	单价	金额	数量	单价	金额
DZ0001	电位器	25Ω	支	510					
DZ0002	电位器	32Ω	支	10010					
DZ0003	电位器	100Ω	支	830					
DZ0004	电位器	320Ω	支	1590					
DZ0005	电位器	29Ω	支	710					
DZ0006	电位器	30Ω	支	990					
DR0001	电感	10F	支	710					
DR0002	电感	18F	支	860					
DR0003	电感	50F	支	466					
DR0004	电感	100F	支	1480					

图11-33

2 在G6单元格中输入公式“=IF($B6=" "," ",VLOOKUP($B6,上月余额!$A:$F,5,FALSE))”，按回车键，向下复制公式，得到各商品单价，如图11-34所示。

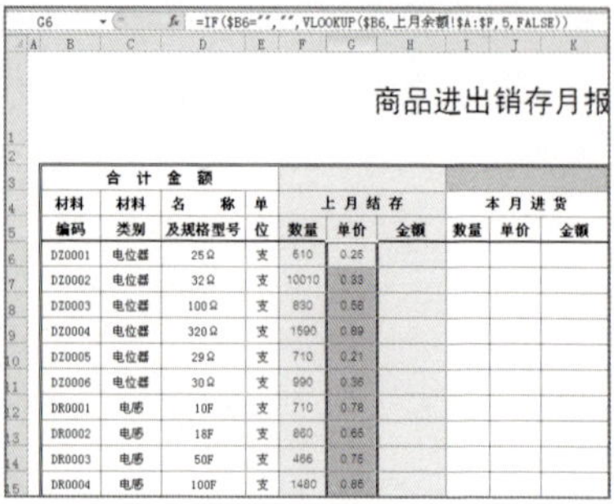
G6 =IF($B6="","",VLOOKUP($B6,上月余额!$A:$F,5,FALSE))

商品进出销存月报

合计金额				上月结存			本月进货		
材料编码	材料类别	名称及规格型号	单位	数量	单价	金额	数量	单价	金额
DZ0001	电位器	25Ω	支	510	0.25				
DZ0002	电位器	32Ω	支	10010	0.33				
DZ0003	电位器	100Ω	支	830	0.58				
DZ0004	电位器	320Ω	支	1590	0.89				
DZ0005	电位器	29Ω	支	710	0.21				
DZ0006	电位器	30Ω	支	990	0.36				
DR0001	电感	10F	支	710	0.78				
DR0002	电感	18F	支	860	0.65				
DR0003	电感	50F	支	466	0.75				
DR0004	电感	100F	支	1480	0.85				

图11-34

3 在H6单元格中输入公式“=ROUND(F6*G6,2)”，按回车键，向下复制公式，得到各商品结存金额，如图11-35所示。

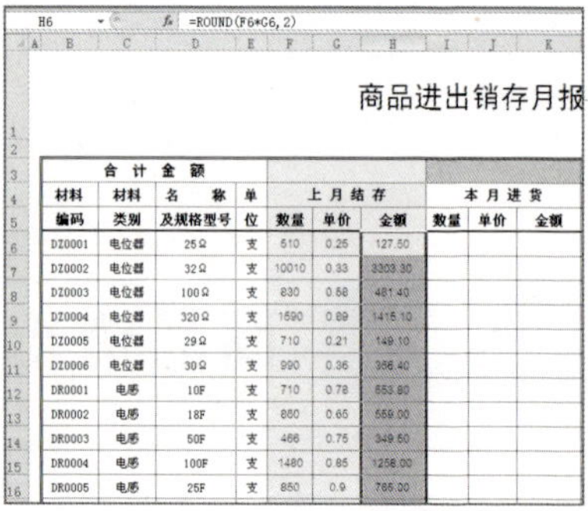
H6 =ROUND(F6*G6,2)

商品进出销存月报

合计金额				上月结存			本月进货		
材料编码	材料类别	名称及规格型号	单位	数量	单价	金额	数量	单价	金额
DZ0001	电位器	25Ω	支	510	0.25	127.50			
DZ0002	电位器	32Ω	支	10010	0.33	3303.30			
DZ0003	电位器	100Ω	支	830	0.58	481.40			
DZ0004	电位器	320Ω	支	1590	0.89	1415.10			
DZ0005	电位器	29Ω	支	710	0.21	149.10			
DZ0006	电位器	30Ω	支	990	0.36	356.40			
DR0001	电感	10F	支	710	0.78	553.80			
DR0002	电感	18F	支	860	0.65	559.00			
DR0003	电感	50F	支	466	0.75	349.50			
DR0004	电感	100F	支	1480	0.85	1258.00			
DR0005	电感	25F	支	850	0.9	765.00			

图11-35

步骤2：设置公式计算本月进货

1 在I6单元格中输入公式“=IF($B6=" "," ",SUMIF(商品入库明细表!$G$4:$G$83,商品进销存月报表!$B6,商品入库明细表!$K$4:$K$83))”，按回车键，然后向下复制公式，统计出本月商品的入库数量，如图11-36所示。

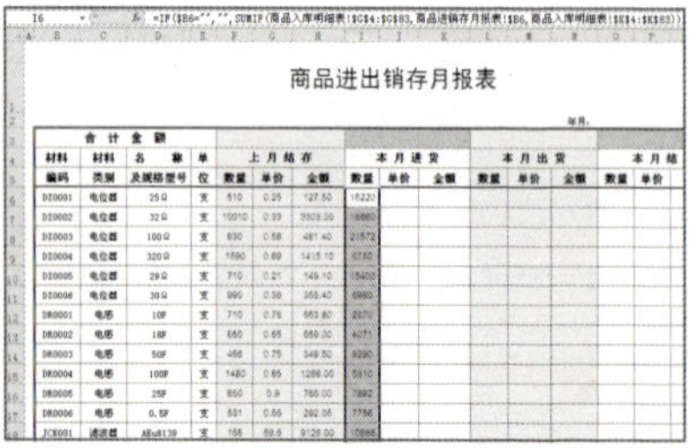
I6 =IF($B6="","",SUMIF(商品入库明细表!$G$4:$G$83,商品进销存月报表!$B6,商品入库明细表!$K$4:$K$83))

商品进出销存月报表

年月：

合计金额				上月结存			本月进货			本月出货			本月结	
材料编码	材料类别	名称及规格型号	单位	数量	单价	金额	数量	单价	金额	数量	单价	金额	数量	单价
DZ0001	电位器	25Ω	支	510	0.25	127.50	15220							
DZ0002	电位器	32Ω	支	10010	0.33	3303.30	16660							
DZ0003	电位器	100Ω	支	830	0.58	481.40	21572							
DZ0004	电位器	320Ω	支	1590	0.89	1415.10	6750							
DZ0005	电位器	29Ω	支	710	0.21	149.10	15400							
DZ0006	电位器	30Ω	支	990	0.36	356.40	6980							
DR0001	电感	10F	支	710	0.78	553.80	2070							
DR0002	电感	18F	支	860	0.65	559.00	4071							
DR0003	电感	50F	支	466	0.75	349.50	9290							
DR0004	电感	100F	支	1480	0.85	1258.00	5910							
DR0005	电感	25F	支	850	0.9	765.00	7892							
DR0006	电感	0.5F	支	531	0.55	292.05	7756							
JCK001	滤波器	AEu8139	支	156	58.5	9126.00	10866							

图11-36

第11章 订单与库存管理

2 商品的入库单价与库存单价一致，在J6单元格中输入公式"=IF(B6="","",G6)"，然后向下复制公式，如图11-37所示。在K6单元格中输入公式"=ROUND(I6*J6,2)"，按回车键，向下复制公式，计算出本月入库商品金额，如图11-38所示。

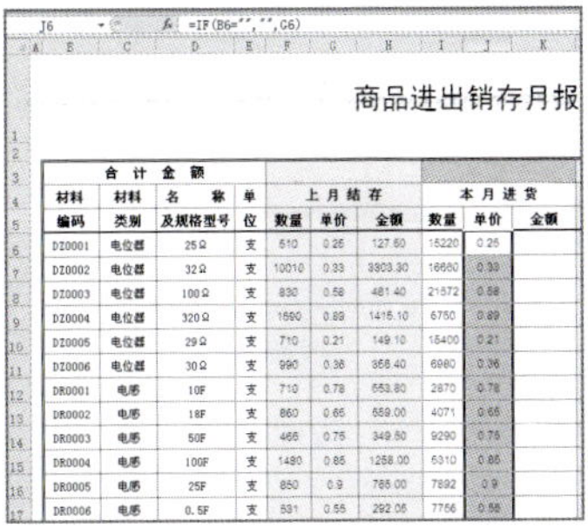

图11-37

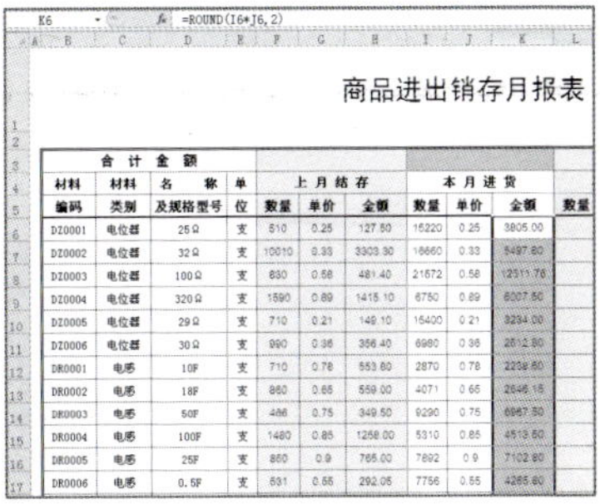

图11-38

步骤3：设置公式计算本月出货

1 在L6单元格中输入公式"=IF($B6="","",SUMIF(出库明细表!$F$5:$F$49,商品进销存月报表!$B6,出库明细表!$K$5:$K$49))"，按回车键，向下复制公式，计算出出库数量，如图11-39所示。

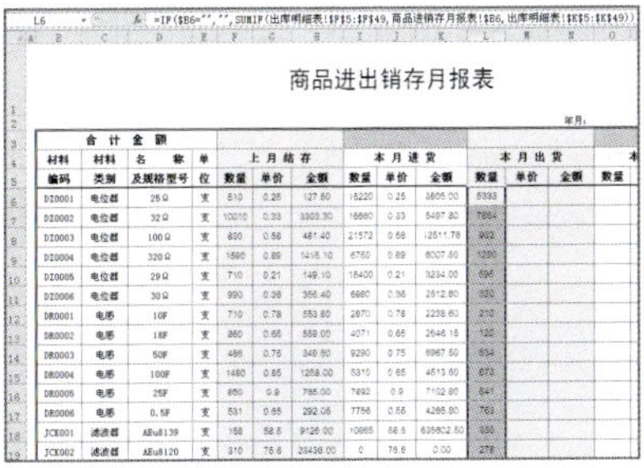

图11-39

2 在M6单元格中输入公式"=J6"，如图11-40所示，得到单价，在N6单元格中输入公式"=ROUND(L6*M6,2)"，按回车键，向下复制公式，计算出库金额，如图11-41所示。

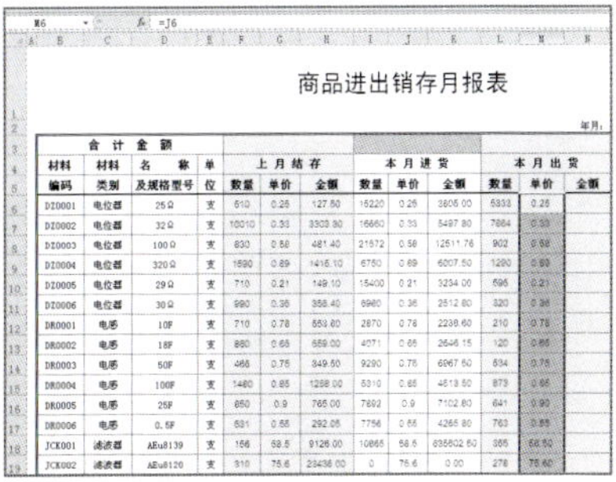

图11-40

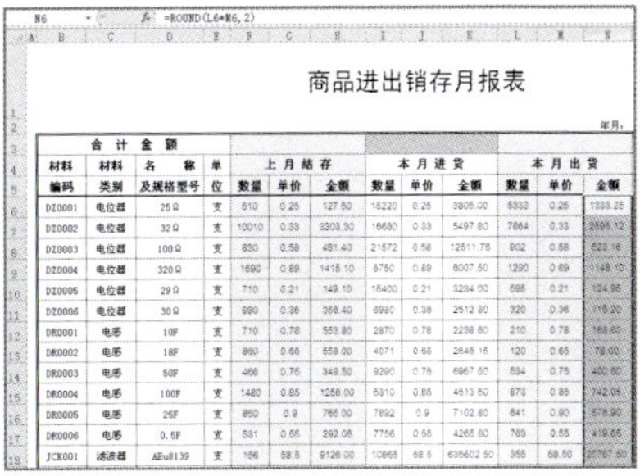

图11-41

步骤4：设置公式计算本月结存

① 在O6单元格中输入公式"=IF(B6="","",F6+I6-L6)"，按回车键，向下复制公式，计算出本月库存数量，如图11-42所示。

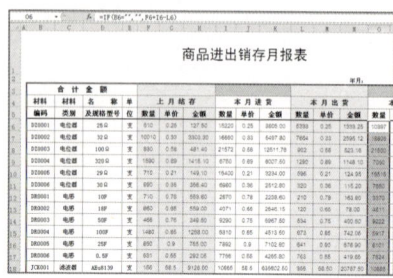

图11-42

② 在P6单元格中输入公式"=M6"，得到单价，如图11-43所示，在Q6单元格中输入公式"=O6*P6"，按回车键，向下复制公式，计算出本月各商品库存金额，如图11-44所示。

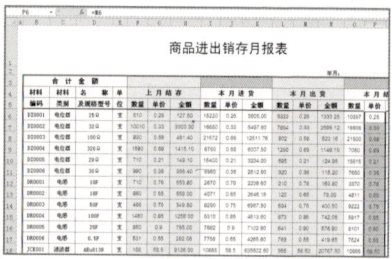

图11-43

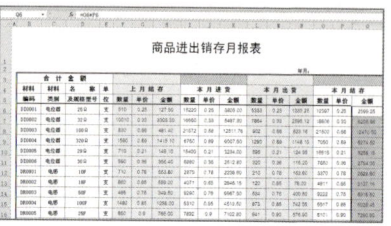

图11-44

步骤5：设置公式判断商品唯一性

在R6单元格中输入公式"=COUNTIF($B$6:$B$24,B6)"，按回车键，向下复制公式，判断商品在该表中是否具有唯一性，如图11-45所示。

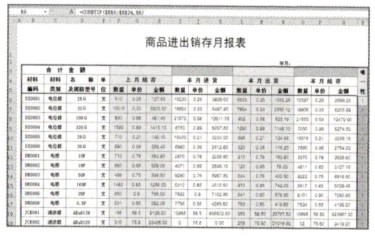

图11-45

步骤6：设置公式计算出入库、库存总金额

① 在F3单元格中输入公式"=SUBTOTAL(9,H6:H24)"，按回车键，计算上月结余的总金额，如图11-46所示。

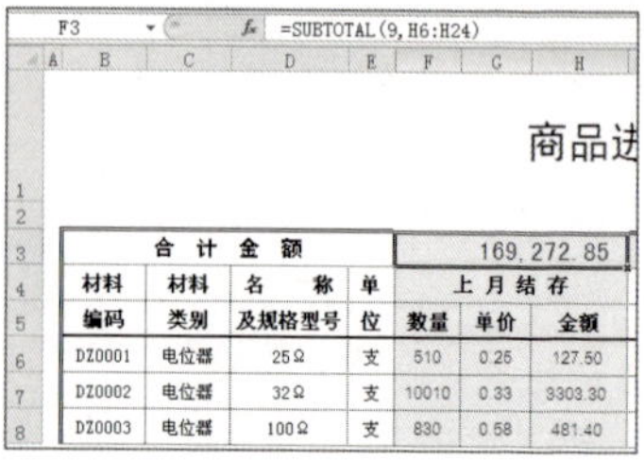

图11-46

② 复制公式至O3，计算本月入库、出库商品总金额和本月库存商品总金额，如图11-47所示。

图11-47

文件90　安全库存量预警报表

为了避免企业在商品流通环节中发生存销脱节的现象，可以设置一个安全库存量。

制作要点与设计效果图

- IF函数
- 设置数据条件格式

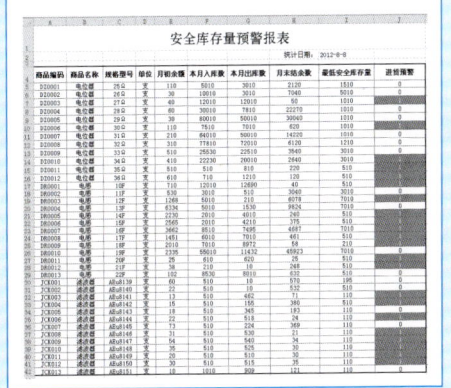

文件91　商品短缺表

为了方便企业及时制定相应的采购或生产计划，可以制作商品短缺表，在表格中详细整理出短缺商品的编码、名称、规格、现有存量等数据。

制作要点与设计效果图

- OFFSET函数
- SMALL函数
- IF函数
- ROW函数
- 设置公式

文件92　库存商品盘点表

盘点，是按指定期或临时对库存商品的实际数量进行清查、清点的作业，即为了掌握货物的流动情况，企业都应及时对库存商品进行盘点。

制作要点与设计效果图

- IF函数
- 设置数据条件格式
- 编辑条件格式规则

文件93 商品库龄分析

在Excel中通过对商品库存进行分析，企业可以对一些库房时间较长的商品及时做出处理。

制作要点与设计效果图

- SUMIF函数
- SUMIFS函数
- DAYS360函数

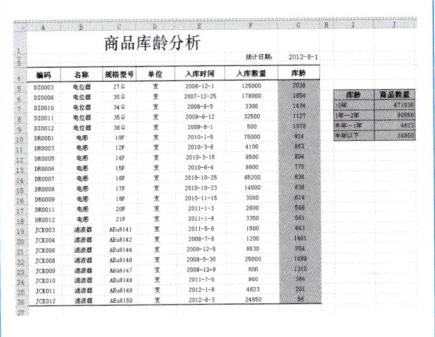

文件94 按客户名称统计各产品订购数量

可以使用SUMIFS函数在统计表格中，分别以客户和产品名称为条件进行求和计算。

制作要点与设计效果图

- 创建表格
- SUMIFS函数

读书笔记

第12章

销售记录管理与分析

在实际工作和生活中发生的销售业务可以将原始数据记录下来。一般按月记录,所以数据表的数据量非常的庞大。

在实际生活中,Excel中的排序、筛选和分类汇总功能应用非常广泛,而且这些功能非常简单,它可以帮助用户更直观地显示数据,也方便了用户对复杂数据的管理。所以在这里,也可以使用排序、筛选和分类汇总功能,来对数据进行分析,也可以按照特定的规律进行重新组织。

下面通过具体的实例,来详细介绍如何使用排序、筛选和分类汇总来分析销售业务中发生的数据。

编号	文件名称	光盘中对应数据源	重要星级
文件95	对销售记录进行排序	素材文件\第12章\对销售记录进行排序.xls	★★★
文件96	自定义排序销售记录	素材文件\第12章\自定义排序销售记录.xls	★★★
文件97	自定义筛选销售记录	素材文件\第12章\自定义筛选销售记录.xls	★★★
文件98	对销售记录进行高级筛选	素材文件\第12章\对销售记录进行高级筛选.xls	★★★
文件99	分类汇总销售记录	素材文件\第12章\分类汇总销售记录.xls	★★★★
文件100	按升序查看各部门销售额	素材文件\第12章\按升序查看各部门销售额.xls	★★★
文件101	按部门和销售额筛选	素材文件\第12章\按部门和销售额筛选.xls	★★★
文件102	按多条件筛选销售数据	素材文件\第12章\按多条件筛选销售数据.xls	★★★
文件103	筛选销售记录到新工作表	素材文件\第12章\筛选销售记录到新工作表.xls	★★★
文件104	按月份和部门汇总销售额	素材文件\第12章\按月份和部门汇总销售额.xls	★★★

文件95 对销售记录进行排序

对销售记录中的数据进行排序，可以使销售记录数据的组织更有条理，同时便于用户对销售记录进行查看、比较等，有利于掌握数据的规律。

制作要点与设计效果图

- 设置关键字
- 添加次要关键字

文件设计过程

步骤1：单击"降序"按钮

选中需要排序的字段列的任意数据单元格。单击"数据"选项卡下"排序和筛选"选项组中的"降序"按钮。销售记录表中的数据会按"销售额"字段的数据以降序排序，如图12-1所示。

图12-1

步骤2：设置关键字

[1] 单击"数据"选项卡下"排序和筛选"选项组中的"排序"按钮，打开"排序"对话框，在对话框中从"主要关键字"下拉列表中选择"销售日期"，从"排序依据"下拉列表中选择"数值"，从"次序"下拉列表中选择"升序"，如图12-2所示。

图12-2

2 在"排序"对话框中单击"添加条件"按钮,设置"次要关键字"为"实际收款","排序依据"为"数值","次序"为"升序",单击"确定"按钮,如图12-3所示。

3 工作表中的销售记录以"销售日期"为主关键字升序排序,在日期相同的情况下,以"实际收款"为次关键字升序排序,如图12-4所示。

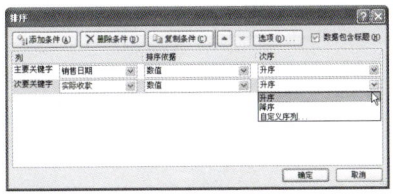

图12-3

图12-4

文件96 自定义排序销售记录

需要对特定的产品名称的顺序来对销售记录进行排序,可以使用自定义排序,将特定的产品名称定义为一个序列,然后销售记录是按该自定义序列进行排序。

制作要点与设计效果图

- 自定义排序
- 添加自定义序列
- 复制条件
- 移动条件

文件设计过程

步骤1:自定义序列

1 选中需要排序的字段列的任意数据单元格。单击"数据"选项卡下"排序和筛选"选项组中的"排序"按钮,如图12-5所示。在对话框中从"主要关键字"下拉列表中选择"产品名称",单击"次序"下拉列表中选择"自定义序列"，如图12-6所示。

[2] 弹出"自定义序列"对话框，在对话框中的"输入序列"列表中输入序列项，单击"添加"按钮，输入的序列被添加至"自定义序列"列表框中，单击"确定"按钮，如图12-7所示。

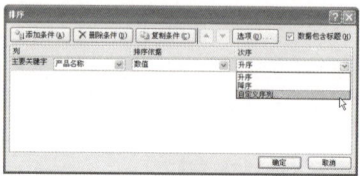

图12-6

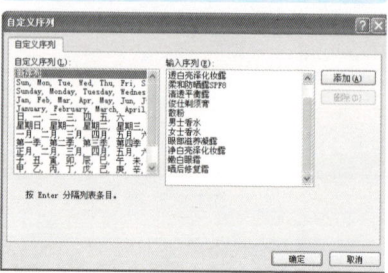

图12-7

步骤2：设置次要关键字

[1] 返回"排序"对话框，单击"添加条件"按钮。设置"次要关键字"为"销售日期"，"排序依据"为"数值"，"次序"为"升序"，单击"确定"按钮，如图12-8所示。

[2] 此时工作表中的数据按"产品名称"自定义序列排序，然后按"销售日期"升序排列，如图12-9所示。

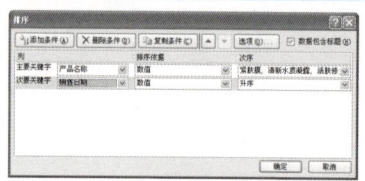

图12-8

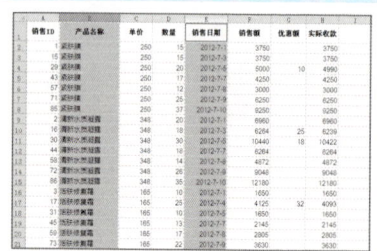

图12-9

步骤3：复制条件

将鼠标移至"次要关键字"上方，单击选定该关键字行，单击"复制条件"按钮，如图12-10所示。

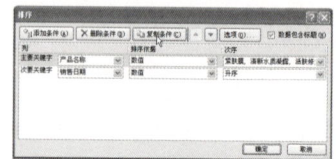

图12-10

第12章 销售记录管理与分析

▶ 步骤4：更改、移动关键字

1 Excel会在"排序"对话框中增加一行相同的次要关键字，将第三关键字字段更改为"销售额"，"次序"更改为"降序"，单击"上移"按钮，单击"确定"按钮，如图12-11所示。

2 此时表格首先按"产品名称"字段自定义排序，然后按"销售额"降序排序，最后按"销售日期"升序排序，如图12-12所示。

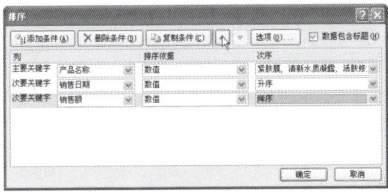

图12-11

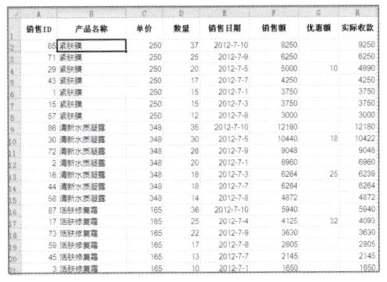

图12-12

文件97 自定义筛选销售记录

在销售记录中，按住产品名称、销售日期、销售额等不同数据类型的字段来筛选，可以设置非常灵活的多条件筛选、某个日期条件的值、销售额最大的几项等。

🔍 制作要点与设计效果图

- 应用筛选
- 按单元格值筛选
- 清除筛选
- 设置多条件筛选

⭐ 文件设计过程

▶ 步骤1：对销售日期字段进行值筛选

1 选择"销售记录"工作表中的任意数据单元格，在"数据"选项卡下的"排序和筛选"选项组中单击"筛选"按钮,如图12-13所示。

图12-13

[2] 单击"销售日期"单元格右侧的下三角按钮,在下拉菜单中取消"2012"和"七月"复选框的选中状态,选中"02"复选框,如图12-14所示。

图12-14

[3] 工作表中只显示"销售日期"为"2012-7-2"的销售记录,如图12-15所示。

单价	数量	销售日期	销售额	优惠额	实际收款
190	5	2012-7-2	950		950
69	9	2012-7-2	621	21	600
67	8	2012-7-2	536		536
445	12	2012-7-2	5340		5340
288	14	2012-7-2	4032		4032
260	20	2012-7-2	5200		5200

图12-15

[4] 单击"销售日期"单元格中的筛选按钮,从筛选列表中单击"从'销售日期'中清除筛选"选项,如图12-16所示。

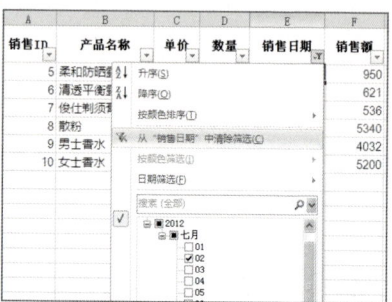

图12-16

[5] 再次单击"销售日期"右侧的下三角按钮,在下拉菜单中单击"日期筛选"选项,从下级列表中单击"等于"选项,如图12-17所示。

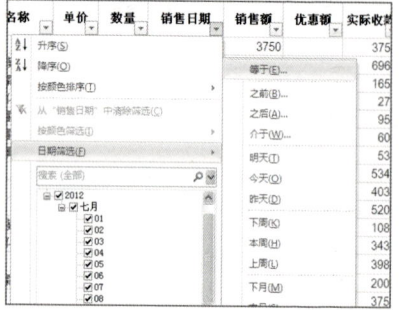

图12-17

第12章 销售记录管理与分析

➡ 步骤2：自定义筛选

1 设置第一个日期条件"等于""2012-7-5",选中"或"单选按钮,设置另一个日期条件为"等于""2012-7-7",单击"确定"按钮,如图12-18所示。

"销售日期"为"2012-7-5"和"2012-7-7"的记录,如图12-19所示。

图12-18

2 工作表中的表格会筛选出

图12-19

提 示：

设置自定义筛选方式时,在对话框中可以设置两个条件,它们之间是"与"或"或"的关系。"与"运算表示两个条件需要同时成立,而"或"运算则代表其中任意一个条件成立即可。通过在对话框中设置"与"或"或",可是实现两个条件的筛选。

➡ 步骤3：筛选销售前15个最大值

1 单击"销售日期"筛选按钮,从下拉列表中单击"从'销售日期'中清除筛选"选项,如图12-20所示,单击"销售额"按钮,在下拉列表中单击"数字筛选→10个最大的值"选项,如图12-21所示。

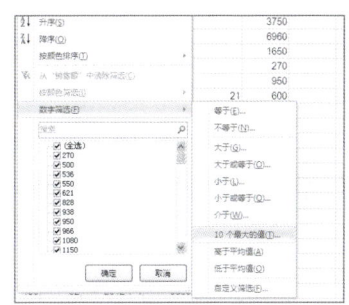

图12-21

2 在对话框中将10更改为12,单击"确定"按钮,如图12-22所示。

图12-20

图12-22

Excel营销管理必须掌握的208个文件与108个函数

③ 工作表中将会显示前12个销售额最大的记录。选中"销售额"列的任意单元格,单击"升序"按钮,该字段将以升序排序,并从最大值开始显示12个较大值,如图12-23所示。

图12-23

文件98 对销售记录进行高级筛选

高级筛选是指根据需要设置更复杂的筛选条件,设置的多个条件之间既可以是"与"关系,也可以是"或"关系。在销售记录中,要筛选出销售日期大于2012年7月3日,同时销售额大于1000元的记录,此时可以使用高级筛选。

制作要点与设计效果图

- 创建条件区域
- 设置高级筛选
- 设置筛选字段

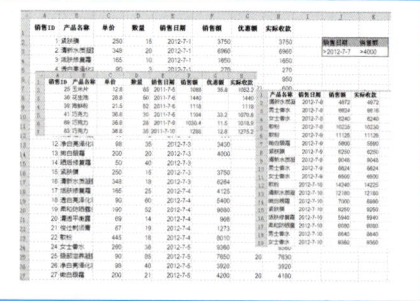

文件设计过程

 步骤1: 创建高级筛选条件区域并设置高级筛选

① 在单元格区域J2:K3中创建高级筛选条件,在"数据"选项卡下的"排序和筛选"选项组中单击"高级"按钮,如图12-24所示。

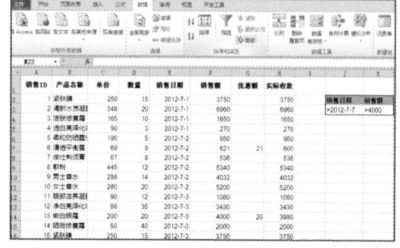

图12-24

第12章 销售记录管理与分析

2 在"高级筛选"对话框中设置"列表区域"为A1：H96单元格，"条件区域"为J2：K3单元格，单击"确定"按钮，如图12-25所示。

3 表格中只显示"销售日期"大于"2012-7-7"且"销售额"大于"4000"元的记录。如果要移除筛选，需要在"排序和筛选"选项组中单击"清除"按钮，如图12-26所示。

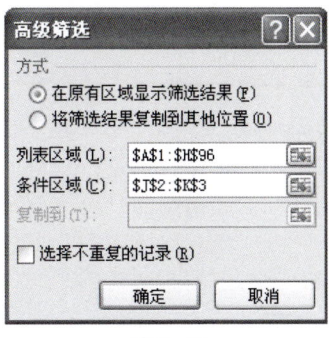

图12-25

图12-26

步骤2：设置高级筛选选项

1 插入"筛选结果"工作表，单击"高级"按钮，如图12-27所示，打开"高级筛选"对话框，单击选中"将筛选结果复制到其他位置"单选按钮，设置"列表区域"、"条件区域"和"复制到"区域，单击"确定"按钮，如图12-28所示。

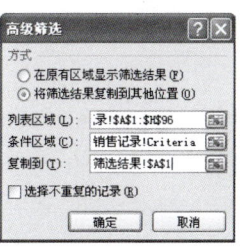

图12-28

2 得到筛选结果，只显示销售日期大于2012-7-7且销售额大于4000元的记录，如图12-29所示。

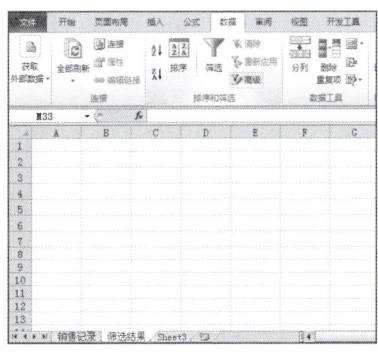

图12-27

图12-29

189

步骤3：设置筛选结果显示的字段

在工作簿中插入"显示部分字段的筛选结果"工作簿，在单元格A1:D1中输入要显示的字段名，单击"高级"按钮，如图12-30所示。

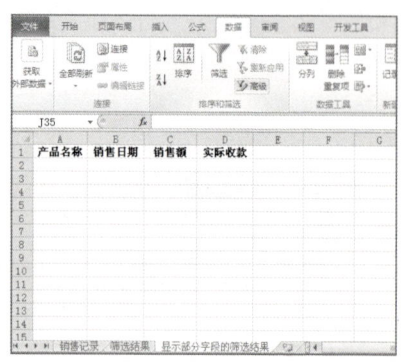

图12-30

步骤4：高级筛选设置

[1] 打开"高级筛选"对话框，单击选中"将筛选结果复制到其他位置"单选按钮，设置"列表区域"为"销售记录!$A$1:$H$96"，"条件区域"为"销售记录!Criteria"，"复制到"为当前工作表的A1:D1。单击"确定"按钮，如图12-31所示。

[2] 随后"显示部分字段的筛选结果"工作表中将显示筛选结果中指定的部分字段，如图12-32所示。

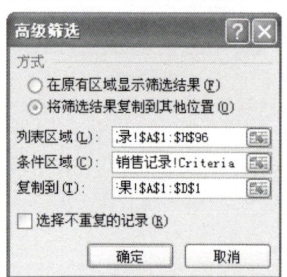

图12-31

	产品名称	销售日期	销售额	实际收款
2	清新水质凝	2012-7-8	4872	4872
3	男士香水	2012-7-8	6624	6616
4	女士香水	2012-7-8	6240	6240
5	散粉	2012-7-8	10235	10230
6	散粉	2012-7-9	11125	11125
7	嫩白眼霜	2012-7-9	5600	5590
8	紧肤膜	2012-7-9	6250	6250
9	清新水质凝	2012-7-9	9048	9048
10	男士香水	2012-7-9	6624	6624
11	女士香水	2012-7-9	6500	6500
12	散粉	2012-7-10	14240	14225
13	清新水质凝	2012-7-10	12180	12180
14	嫩白眼霜	2012-7-10	7000	6990
15	紧肤膜	2012-7-10	9250	9250
16	活肤修复霜	2012-7-10	5940	5940
17	柔和防晒露	2012-7-10	6080	6080
18	男士香水	2012-7-10	8640	8640
19	女士香水	2012-7-10	9360	9360

图12-32

文件99 分类汇总销售记录

分类汇总功能可以根据销售记录中指定列的类别进行汇总，Excel会自动在原始数据的下方添加汇总行，方便用户查看汇总结果。

第12章 销售记录管理与分析

制作要点与设计效果图

- 分类汇总
- 添加多级分类汇总
- 更改分类汇总方式

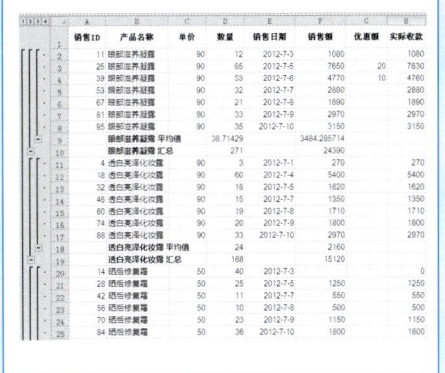

文件设计过程

步骤1：对要分类汇总的字段排序

选择"产品名称"字段中的任意单元格，在"数据"选项卡下的"排序和筛选"选项组中单击"降序"按钮，如图12-33所示。

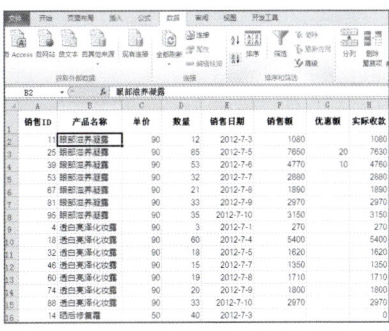

图12-33

步骤2：选择分类汇总字段

① 在"数据"选项卡下的"分级显示"选项组中单击"分类汇总"按钮，打开"分类汇总"对话框，在对话框中单击"分类字段"下三角按钮，在展开的下拉列表中选择"产品名称"字段，如图12-34所示。

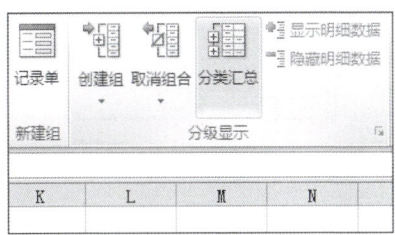

图12-34

2 在“分类汇总”对话框的“选定汇总项”列表中选中“数量”复选框，选中“销售额”复选框，单击“确定”按钮，如图12-35所示。

图12-35

3 返回工作表，在每种产品名称的数据下方，会显示该产品的分类汇总行，如图12-36所示。

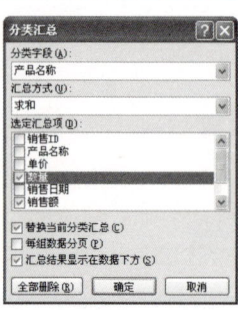

	销售ID	产品名称	单价	数量	销售日期	销售额	优惠额	实际收款
2	11	眼部滋养凝露	90	12	2012-7-3	1080		1080
3	25	眼部滋养凝露	90	85	2012-7-5	7650	20	7630
4	39	眼部滋养凝露	90	53	2012-7-6	4770	10	4760
5	53	眼部滋养凝露	90	32	2012-7-7	2880		2880
6	67	眼部滋养凝露	90	21	2012-7-8	1890		1890
7	81	眼部滋养凝露	90	33	2012-7-9	2970		2970
8	95	眼部滋养凝露	90	35	2012-7-10	3150		3150
9		眼部滋养凝露 汇总		271		24390		
10	4	透白亮泽化妆露	90	3	2012-7-1	270		270
11	18	透白亮泽化妆露	90	60	2012-7-4	5400		5400
12	32	透白亮泽化妆露	90	18	2012-7-5	1620		1620
13	46	透白亮泽化妆露	90	15	2012-7-7	1350		1350
14	60	透白亮泽化妆露	90	19	2012-7-8	1710		1710
15	74	透白亮泽化妆露	90	20	2012-7-9	1800		1800
16	88	透白亮泽化妆露	90	33	2012-7-10	2970		2970
17		透白亮泽化妆露 汇总		168		15120		
18	14	晒后修复霜	50	40	2012-7-3			0
19	28	晒后修复霜	50	25	2012-7-5	1250		1250
20	42	晒后修复霜	50	11	2012-7-7	550		550
21	56	晒后修复霜	50	10	2012-7-8	500		500
22	70	晒后修复霜	50	23	2012-7-9	1150		1150
23	84	晒后修复霜	50	36	2012-7-10	1800		1800

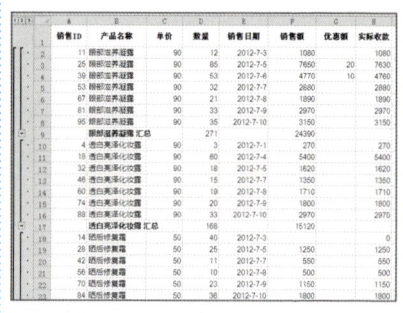

图12-36

步骤3：添加多级分类汇总

1 打开“分类汇总”对话框，从“汇总方式”下拉列表中选择“平均值”，取消选中“替换当前分类汇总”复选框，单击“确定”按钮，如图12-37所示。

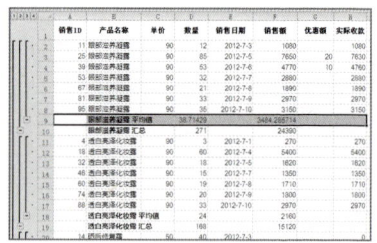

图12-37

2 此时在原来的汇总行上方会显示对各产品按平均值的分类汇总结果，如图12-38所示。

	销售ID	产品名称	单价	数量	销售日期	销售额	优惠额	实际收款
2	11	眼部滋养凝露	90	12	2012-7-3	1080		1080
3	25	眼部滋养凝露	90	85	2012-7-5	7650	20	7630
4	39	眼部滋养凝露	90	53	2012-7-6	4770	10	4760
5	53	眼部滋养凝露	90	32	2012-7-7	2880		2880
6	67	眼部滋养凝露	90	21	2012-7-8	1890		1890
7	81	眼部滋养凝露	90	33	2012-7-9	2970		2970
8	95	眼部滋养凝露	90	35	2012-7-10	3150		3150
9		眼部滋养凝露 平均值		38.71429		3484.285714		
10		眼部滋养凝露 汇总		271		24390		
11	4	透白亮泽化妆露	90	3	2012-7-1	270		270
12	18	透白亮泽化妆露	90	60	2012-7-4	5400		5400
13	32	透白亮泽化妆露	90	18	2012-7-5	1620		1620
14	46	透白亮泽化妆露	90	15	2012-7-7	1350		1350
15	60	透白亮泽化妆露	90	19	2012-7-8	1710		1710
16	74	透白亮泽化妆露	90	20	2012-7-9	1800		1800
17	88	透白亮泽化妆露	90	33	2012-7-10	2970		2970
18		透白亮泽化妆露 平均值		24		2160		
19		透白亮泽化妆露 汇总		168		15120		
20	14	晒后修复霜	50	40	2012-7-3			0

图12-38

3 在行标签右侧的分级显示符中单击分级符2，此时只显示各产品的求和汇总以及所有数据的总计和总计平均值汇总，而隐藏平均值的汇总和明显数据，如图12-39所示。

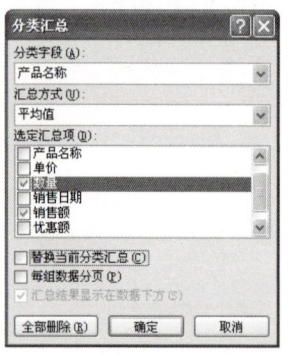

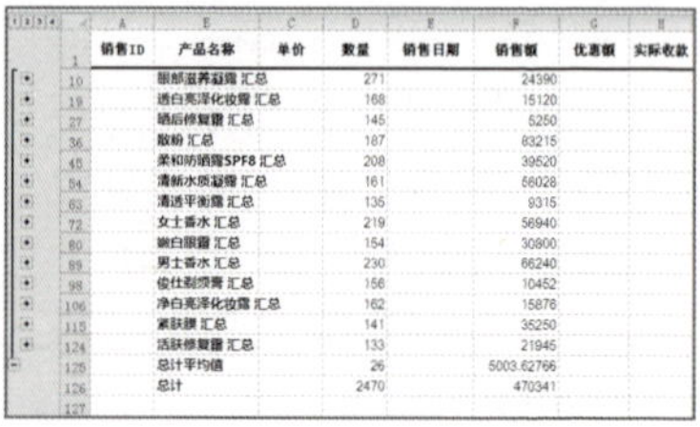

	销售ID	产品名称	单价	数量	销售日期	销售额	优惠额	实际收款
10		眼部滋养凝露 汇总		271		24390		
19		透白亮泽化妆露 汇总		168		15120		
27		晒后修复露 汇总		145		5250		
36		散粉 汇总		187		83215		
45		柔和防晒露SPF8 汇总		208		39520		
54		清新水质凝露 汇总		161		56028		
63		清透平衡露 汇总		135		9315		
72		女士香水 汇总		219		56940		
80		嫩白眼霜 汇总		154		30800		
89		男士香水 汇总		230		66240		
98		俊仕剃须膏 汇总		156		10452		
106		净白亮泽化妆露 汇总		162		15876		
115		紧肤膜 汇总		141		35250		
124		活肤修复霜 汇总		133		21945		
125		总计平均值		26		5003.62766		
126		总计		2470		470341		
127								

图12-39

4 在分级显示符中单击分级符3，此时会显示所有产品的求和、平均值分类汇总数据，而隐藏具体的明显数据，如图12-40所示。

	销售ID	产品名称	单价	数量	销售日期	销售额	优惠额	实际收款
9		眼部滋养凝露 平均值		38.71429		3484.285714		
10		眼部滋养凝露 汇总		271		24390		
18		透白亮泽化妆露 平均值		24		2160		
19		透白亮泽化妆露 汇总		168		15120		
26		晒后修复露 平均值		24.16667		1050		
27		晒后修复露 汇总		145		5250		
35		散粉 平均值		26.71429		11887.85714		
36		散粉 汇总		187		83215		
44		柔和防晒露SPF8 平均值		29.71429		5645.714286		
45		柔和防晒露SPF8 汇总		208		39520		
53		清新水质凝露 平均值		23		8004		
54		清新水质凝露 汇总		161		56028		
62		清透平衡露 平均值		19.28571		1330.714286		
63		清透平衡露 汇总		135		9315		
71		女士香水 平均值		31.28571		8134.285714		
72		女士香水 汇总		219		56940		
79		嫩白眼霜 平均值		25.66667		5133.333333		
80		嫩白眼霜 汇总		154		30800		
88		男士香水 平均值		32.85714		9462.857143		
89		男士香水 汇总		230		66240		
97		俊仕剃须膏 平均值		22.28571		1493.142857		

图12-40

文件100　按升序查看各部门销售额

在销售记录表中，为了分别比较各个部门的销售额，可以将表格按销售部门为主关键字、销售额为次要关键字升序排序。

制作要点与设计效果图

- 设置主要关键字
- 设置次要关键字

	月份	销售部门	销售员	销售额	销售量
2	2012年5月	合肥分公司	赵明学	￥21,521.30	215
3	2012年5月	合肥分公司	王佳	￥69,521.20	695
4	2012年4月	合肥分公司	刘思宇	￥78,541.20	785
5	2012年5月	合肥分公司	张盼盼	￥78,541.20	785
6	2012年4月	合肥分公司	刘思思	￥85,123.60	851
7	2012年6月	合肥分公司	刘思思	￥85,123.60	85
8	2012年4月	合肥分公司	赵明学	￥85,921.20	85
9	2012年6月	合肥分公司	赵明学	￥85,921.20	859
10	2012年4月	合肥分公司	张盼盼	￥95,632.10	956
11	2012年6月	合肥分公司	张盼盼	￥95,632.10	956
12	2012年4月	合肥分公司	王佳	￥112,045.20	112
13	2012年6月	合肥分公司	王佳	￥112,045.20	112
14	2012年5月	合肥分公司	刘思宇	￥148,521.00	148
15	2012年5月	合肥分公司	刘思思	￥789,562.30	789
16	2012年6月	合肥分公司	刘思宇	￥789,562.30	789
17	2012年4月	深圳分公司	周国菊	￥18,542.60	185
18	2012年6月	深圳分公司	王京	￥21,521.30	215
19	2012年4月	深圳分公司	王燕	￥78,541.20	785
20	2012年5月	深圳分公司	周国菊	￥85,921.20	85

文件101　按部门和销售额筛选

如果需要查看销售数据表中上海分公司在第二季度中所有销售额大于8万元的销售记录，则需要使用Excel 中的自定义筛选。

Excel营销管理必须掌握的208个文件与108个函数

制作要点与设计效果图

- 筛选
- 选择筛选值
- 设置自定义筛选

文件102　按多条件筛选销售数据

当要对原始表格中的数据进行比较复杂的条件筛选时,需要使用Excel中的高级筛选。

制作要点与设计效果图

- 创建条件区域
- 设置高级条件筛选

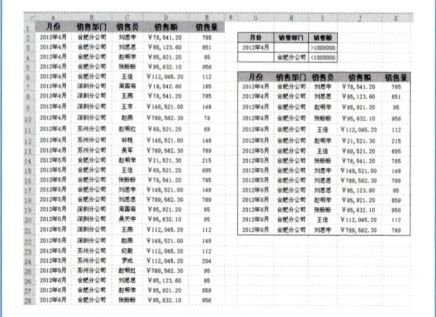

文件103　筛选销售记录到新工作表

可以通过设置相应的数据区域和条件区域及显示位置,使用高级筛选,筛选出合肥分公司的销售额小于100万元的记录的同时,筛选出2012年4月销售额大于100万元的记录。

第12章 销售记录管理与分析

制作要点与设计效果图

- 创建条件区域
- 设置高级条件筛选

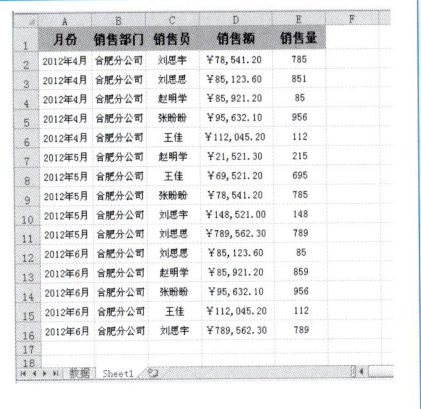

文件104 按月份和部门汇总销售额

如果希望在表格中分别汇总各个月份和各月中各销售部门的销售额，可以使用Excel中的分类汇总功能。

制作要点与设计效果图

- 对分类字段排序
- 添加分类汇总
- 添加二级分类汇总

读书笔记

第13章 销售报表

销售报表，主要负责销售报表的管理，它是用来反映企业各类产品的销售状况、各个销售部门甚至每位销售员的销售业绩的数据报表。每一类报表都有检索功能，能使用户按照各种检索条件快速检索到相应的信息。可以查看业务员以及部门的业绩。

销售报表不仅起到了一个销售量、销售额、员工销售业绩等数据的统计分析的作用，对于企业领导者来说，还可以作为决策的依据之一。通过销售报表中的数据，可以清晰地反映企业在某个阶段的产品销售状况以及整个企业的经营状况。

下面使用Excel来创建销售报表并对报表数据进行分析，如：销售月报表、商品销售流通费用计算报表、销售员业绩报表、促销期间商品销售报表等。

编号	文件名称	光盘中对应数据源	重要星级
文件105	销售日报表	素材文件\第13章\销售日报表.xls	★★★
文件106	销售月报表	素材文件\第13章\销售月报表.xls	★★★
文件107	销售员业绩报表	素材文件\第13章\销售员业绩报表.xls	★★★
文件108	销售费用计划报表	素材文件\第13章\销售费用计划报表.xls	★★★★
文件109	产品销售情况分析报表	素材文件\第13章\产品销售情况分析报表.xls	★★★
文件110	销售订金与应收款统计报表	素材文件\第13章\销售订金与应收款统计报表.xls	★★★
文件111	区域销售额统计报表	素材文件\第13章\区域销售额统计报表.xls	★★★
文件112	销售量增减变动报表	素材文件\第13章\销售量增减变动报表.xls	★★★★
文件113	销售员业绩增减变动报表	素材文件\第13章\销售员业绩增减变动报表.xls	★★★
文件114	销售利润年度报表	素材文件\第13章\销售利润年度报表.xls	★★★
文件115	促销期间商品销售报表	素材文件\第13章\促销期间商品销售报表.xls	★★★★

文件105 销售日报表

销售日报表是对每日销售情况的统计，也就是对企业销售部门每日各类产品销售情况进行汇总。

制作要点与设计效果图

- 设置边框和底纹
- SUM函数
- 计算公式

文件设计过程

步骤1：创建表格

[1] 打开"销售清单"工作表，重命名Sheet2工作表为"日销售收入变动趋势分析"，接着在工作表中输入标题、日期、销售额以及在C2单元格输入起始日期值，如图13-1所示。

[2] 选中C2:M2单元格区域，在"编辑"选项组单击"填充"下拉按钮，在其下拉列表中选择"系列"选项，如图13-2所示。

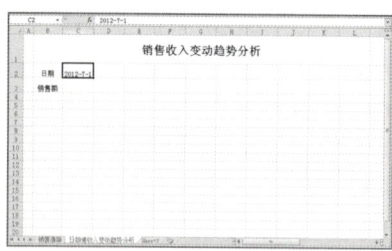

图13-1

图13-2

第13章 销售报表

图13-4

3 在工作表中,即可得到一个步长值为3的序列,接着对工作表进行格式设置,如图13-3所示。

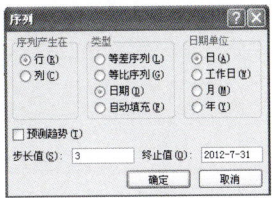

图13-3

5 选中C3单元格,在公式编辑栏中输入公式"=SUMIF(销售清单!$A:$A,日销售收入变动趋势分析!C2,销售清单!$I:$I)",按Enter键后向右复制公式,分别统计出对应日期的销售额,如图13-5所示。

4 打开"序列"对话框,在"类型"列表中单击"日期"单选按钮,接着设置步长值为"3",设置终止值为"2012-7-31",如图13-4所示。

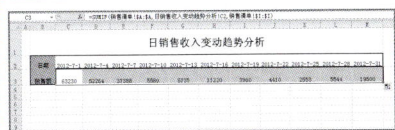

图13-5

步骤2:创建折线图

1 选中B2:M2单元格区域,切换到"插入"选项卡,在"图表"选项组中单击折线图下拉按钮,在其下拉列表中选择"带数据标记的折线图",如图13-6所示。

2 返回工作表中,系统会根据当前选择的数据区域创建带数据标记的折线图,如图13-7所示。

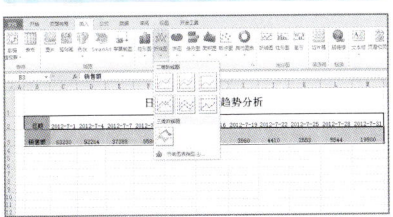

图13-6

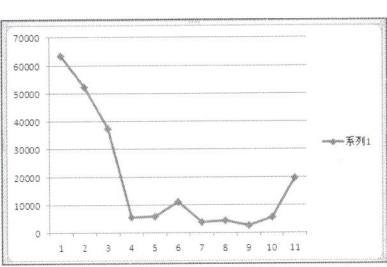

图13-7

步骤3:更改图表数据源区域

1 在"图表工具-设计"选项卡中的"数据"选项组中单击"选择数据"按钮编辑图表数据区域,如图13-8所示。

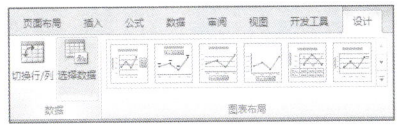

图13-8

② 单击"图表数据区域"右侧的按钮选择单元格区域C2:M3，接着单击"确定"按钮，如图13-9所示。

③ 此时图表中的分类坐标轴并没有按表格中的日期显示，接着删除图例并双击分类坐标轴稍后进行设置，如图13-10所示。

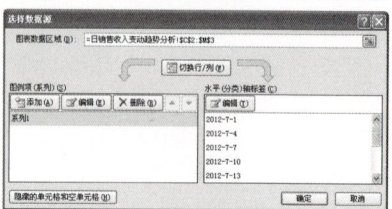

图13-9

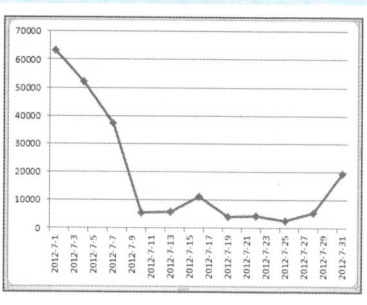

图13-10

➡ 步骤4：设置坐标轴格式

① 在"设置坐标轴格式"对话框中设置"最小值"为"固定"，值为2012-7-1，接着设置最大值为"2012-7-31"，设置主要刻度单位为"3"，如图13-11所示。

② 设置坐标轴格式后，得到图表最终结果，如图13-12所示。

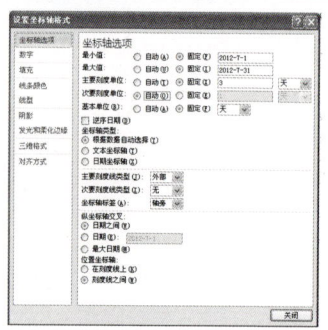

图13-11

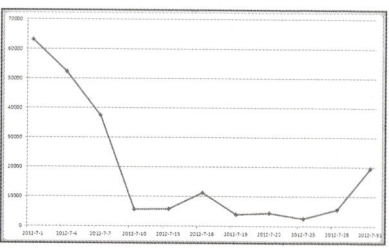

图13-12

文件106　销售月报表

在Excel中，可以通过设置公式引用数据，轻松地根据日报表创建销售月报表。

第13章 销售报表

制作要点与设计效果图

- 复制工作表
- 设置日期数据格式
- 合并计算
- SUM函数
- 计算公式

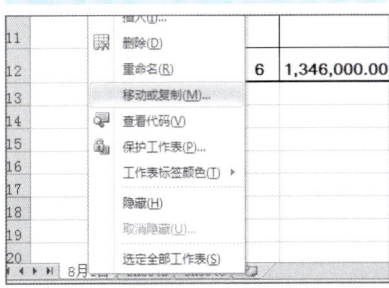

文件设计过程

步骤1：移动或复制工作表

[1] 右键单击"8月31日"工作表标签，从快捷菜单中单击"移动或复制"命令，如图13-13所示。

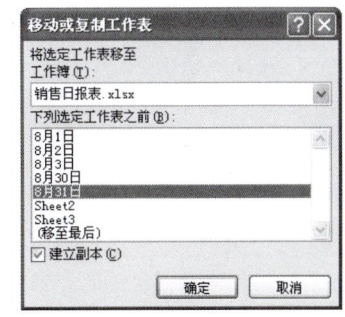

图13-14

图13-13

[2] 打开"移动或复制工作表"对话框中选择位置，选中"建立副本"复选框，单击"确定"按钮，将复制的工作表标签更改为"销售月报表"，如图13-14和图13-15所示。

图13-15

步骤2：设置日期格式

[1] 更改表格标题，选中日期单元格，打开"设置单元格格式"对话

框,选择"分类"为"日期"、"类型"为"2001年3月"选项,如图13-16所示。

②删除表格中的所有数据,将"本日合计"全部更改为"本月合计",得到销售月报表格式,如图13-17所示。

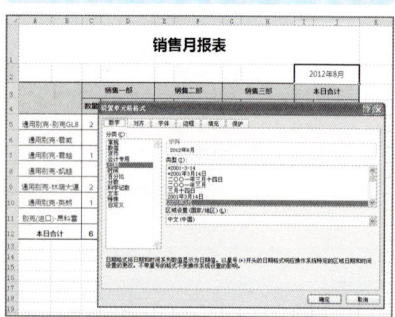

图13-16

图13-17

步骤3:合并计算

①选择单元格区域C5:H11,在"数据"选项卡下的"数据工具"选项组中单击"合并计算"按钮,如图13-18所示。

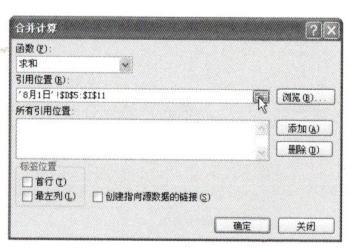

图13-19

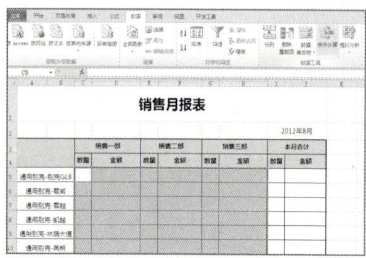

图13-18

③在"合并计算"对话框中单击"添加"按钮,再次单击"引用位置"右侧的按钮,然后单击"8月2日"工作表,此时Excel会自动将引用更改为当前选择的工作表中的相同单元格区域,如图13-20所示。

②在"合并计算"对话框中保留默认的"求和"函数,单击"引用位置"右侧的拾取器按钮,对话框会折叠,单击"8月1日"工作表标签,然后选择该工作表的单元格区域C5:H11,单击"引用位置"右侧的按钮回到"合并计算"对话框,如图13-19所示。

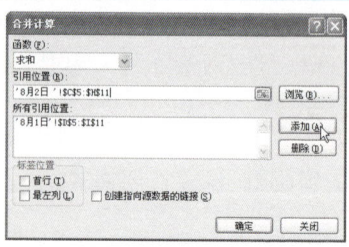

图13-20

4 重复操作，添加其余日报表单元格区域的引用位置，添加完成后，单击“确定”按钮，如图13-21所示。

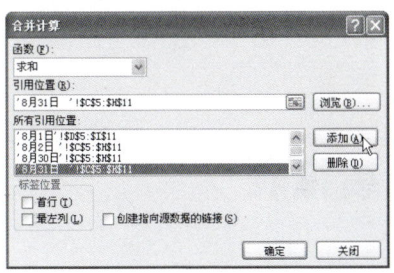

图13-21

5 返回工作表中，此时“销售月报表”工作表中的单元格区域C5:H11中将显示合并计算的结果，与使用公式不同的是，合并计算结果的值为数据，选中任意合计的单元格，编辑栏中不会显示公式，如图13-22所示。

销售月报表

2012年8月

	销售一部		销售二部		销售三部		本月合计	
	数量	金额	数量	金额	数量	金额	数量	金额
通用别克-别克GL8	10	2,425,000			15	3,375,000		
通用别克-君威			15	3,040,000	5	1,050,000		
通用别克-君越	5	190,000						
通用别克-凯越					5	550,000		
通用别克-林荫大道	10	4,040,000						
通用别克-英朗	5	75,000	10	1,540,000				
别克(进口)-昂科雷					5	2,540,000		
本月合计								

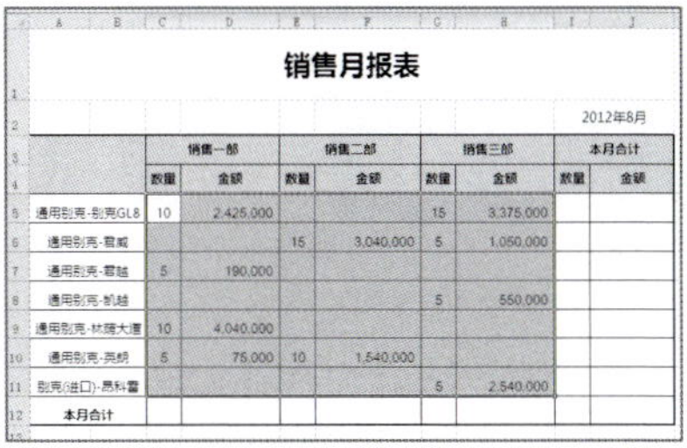

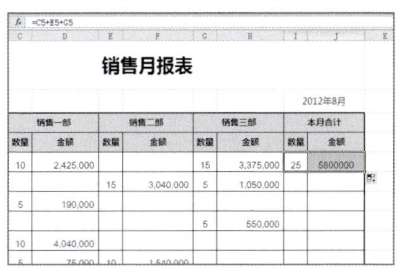

图13-22

步骤4：计算公式

1 在单元格C12中输入公式“=SUM(C5:C11)”，向右复制公式，计算各部门本月的销售数量和销售金额合计，如图13-23所示。

C12 =SUM(C5:C11)

销售月报表

2012年8月

	销售一部		销售二部		销售三部		本月合计	
	数量	金额	数量	金额	数量	金额	数量	金额
通用别克-别克GL8	10	2,425,000			15	3,375,000		
通用别克-君威			15	3,040,000	5	1,050,000		
通用别克-君越	5	190,000						
通用别克-凯越					5	550,000		
通用别克-林荫大道	10	4,040,000						
通用别克-英朗	5	75,000	10	1,540,000				
别克(进口)-昂科雷					5	2,540,000		
本月合计	30	6730000	25	4580000	30	7515000	0	0

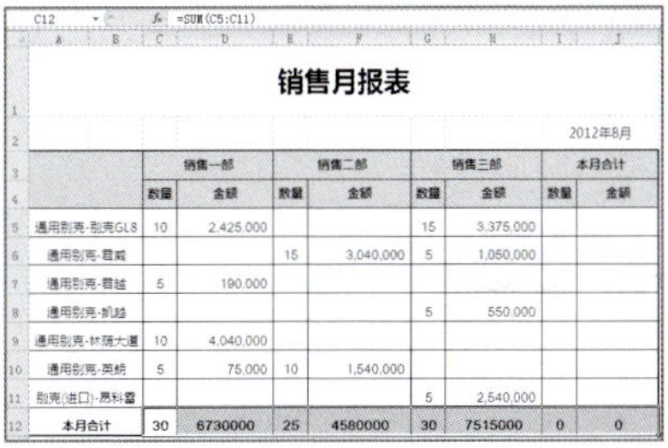

图13-23

2 在单元格I5中输入公式“=C5+E5+G5”，计算数量合计，向右复制公式至单元格J5，然后向下复制公式至单元格J11，得到各产品本月的销售数量和销售金额合计，如图13-24和图13-25所示。

=C5+E5+G5

销售月报表

2012年8月

销售一部		销售二部		销售三部		本月合计	
数量	金额	数量	金额	数量	金额	数量	金额
10	2,425,000			15	3,375,000	25	5800000
		15	3,040,000	5	1,050,000		
5	190,000						
				5	550,000		
10	4,040,000						
5	75,000	10	1,540,000				

图13-24

I5 =C5+E5+G5

销售月报表

2012年8月

	销售一部		销售二部		销售三部		本月合计	
	数量	金额	数量	金额	数量	金额	数量	金额
通用别克-别克GL8	10	2,425,000			15	3,375,000	25	5800000
通用别克-君威			15	3,040,000	5	1,050,000	20	4090000
通用别克-君越	5	190,000					5	190000
通用别克-凯越					5	550,000	5	550000
通用别克-林荫大道	10	4,040,000					10	4040000
通用别克-英朗	5	75,000	10	1,540,000			15	1615000
别克(进口)-昂科雷					5	2,540,000	5	2540000
本月合计	30	6730000	25	4580000	30	7515000	85	18825000

图13-25

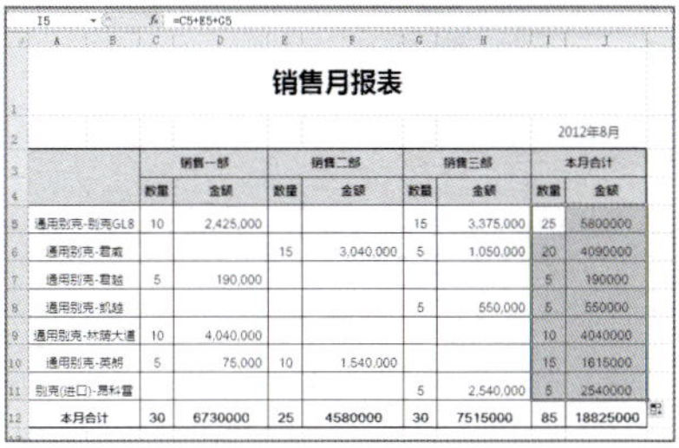

③ 将工作表中的所有金额数据设置为千分位、无小数位的数据格式，得到表格最终效果，如图13-26所示。

公司名称：合肥中能汽车有限公司　　制表日期：2012-9-1

销售月报表

2012年8月

	销售一部		销售二部		销售三部		本月合计	
	数量	金额	数量	金额	数量	金额	数量	金额
通用别克-别克GL8	10	2,425,000			15	3,375,000	25	5,800,000
通用别克-君威			15	3,040,000	5	1,050,000	20	4,090,000
通用别克-君越	5	190,000					5	190,000
通用别克-凯越					5	550,000	5	550,000
通用别克-林荫大道	10	4,040,000					10	4,040,000
通用别克-英朗	5	75,000	10	1,540,000			15	1,615,000
别克(进口)-昂科雷					5	2,540,000	5	2,540,000
本月合计	30	6,730,000	25	4,580,000	30	7,515,000	85	18,825,000

图13-26

文件107 销售员业绩报表

销售员业绩报表是反映企业各个销售员在本月内的销售状况的报表。根据销售报表的统计结果计算销售员该月的销售提成或奖金，还可以使企业领导掌握每个销售员的工作表状况。

制作要点与设计效果图

- SUMIF函数
- COUNTIF函数
- SUM函数
- AVERSGE函数

公司名称：合肥中能汽车有限公司　　制表日期：2012-10-1

销售员业绩报表

月份：　2012年9月

销售员	销售量	销售额	平均日销售量	平均日销售额
王荣	105	10,290.00	5	490.00
周国菊	200	25,600.00	10	1,280.00
李丽丽	360	18,000.00	20	1,000.00
张航	170	16,660.00	10	980.00
刘明	288	20,966.40	18	1,310.40
合计	1123	91,516.40	63	5,060.40
平均	224.6	18,303.28	12.6	1,012.08

文件设计过程

步骤1：使用SUMIF函数

① 在单元格B4中输入公式“=SUMIF(销售清单!$E$2:$E$93,$A4,销售清单!C$2:C$93)”，按回车键，向下复制公式至单元格B8，如图13-27所示。

B4　=SUMIF(销售清单!$E$2:$E$93,$A4,销售清单!C$2:C$93)

	A	B	C	D	E
1	销售员业绩报表				
2				月份：	2012年9月
3	销售员	销售量	销售额	平均日销售量	平均日销售额
4	王荣	105			
5	周国菊	200			
6	李丽丽	360			
7	张航	170			
8	刘明	288			
9	合计				

图13-27

2 在单元格C4中输入公式“=SUMIF(销售清单!$E$2:$E$93,$A4,销售清单!D$2:D$93)”，按回车键，向下复制公式至单元格C8，计算各销售员的销售额，如图13-28所示。

C4 =SUMIF(销售清单!$E$2:$E$93,$A4,销售清单!D$2:D$93)

销售员业绩报表

月份：2012年9月

销售员	销售量	销售额	平均日销售量	平均日销售额
王荣	105	10,290.00		
周国菊	200	25,600.00		
李丽丽	360	18,000.00		
张航	170	16,660.00		
刘明	288	20,966.40		
合计				

图13-28

步骤2：使用CUUNTIF函数

1 在单元格D4中输入公式：“=B4/COUNTIF(销售清单!$E$2:$E$93,$A4)”，按回车键，向下复制公式至单元格D8，计算各销售员的平均日销售量，如图13-29所示。

D4 =B4/COUNTIF(销售清单!$E$2:$E$93,$A4)

销售员业绩报表

月份：

销售员	销售量	销售额	平均日销售量	平
王荣	105	10,290.00	5	
周国菊	200	25,600.00	10	
李丽丽	360	18,000.00	20	
张航	170	16,660.00	10	
刘明	288	20,966.40	18	
合计				

图13-29

2 在单元格E4中输入公式：“=C4/COUNTIF(销售清单!$E$2:$E$93,$A4)”，按回车键，向下复制公式至单元格E8，计算各销售员的平均日销售额，如图13-30所示。

E4 =C4/COUNTIF(销售清单!$E$2:$E$93,$A4)

销售员业绩报表

月份：2012年9月

销售员	销售量	销售额	平均日销售量	平均日销售额
王荣	105	10,290.00	5	490.00
周国菊	200	25,600.00	10	1,280.00
李丽丽	360	18,000.00	20	1,000.00
张航	170	16,660.00	10	980.00
刘明	288	20,966.40	18	1,310.40
合计				

图13-30

步骤3：使用AVERAGE函数

1 在单元格B9中输入公式“=SUM(B4:B8)”，并复制公式至单元格E9，计算合计值。在单元格B9中输入公式“=AVERAGE(B4:B8)”，并复制公式至单元格E10，计算平均值，如图13-31和图13-32所示。

B9 =SUM(B4:B8)

销售员业绩报表

月份：2012年9月

销售员	销售量	销售额	平均日销售量	平均日销售额
王荣	105	10,290.00	5	490.00
周国菊	200	25,600.00	10	1,280.00
李丽丽	360	18,000.00	20	1,000.00
张航	170	16,660.00	10	980.00
刘明	288	20,966.40	18	1,310.40
合计	1123	91,516.40	63	5,060.40
平均				

图13-31

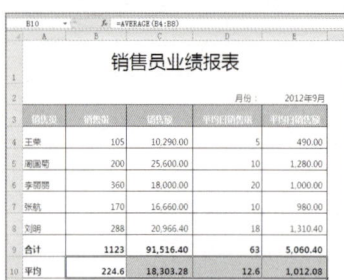

B10	f_x =AVERAGE(B4:B8)				
	A	B	C	D	E
1	销售员业绩报表				
2				月份：	2012年9月
3	销售员	销售量	销售额	平均日销售量	平均日销售额
4	王荣	105	10,290.00	5	490.00
5	周国菊	200	25,600.00	10	1,280.00
6	李丽丽	360	18,000.00	20	1,000.00
7	张航	170	16,660.00	10	980.00
8	刘明	288	20,966.40	18	1,310.40
9	合计	1123	91,516.40	63	5,060.40
10	平均	224.6	18,303.28	12.6	1,012.08

图13-32

2 接着对表格进行完善，即可完成销售员业绩报表的编制，如图13-33所示。

公司名称：合肥中能汽车有限公司			制表日期：2012-10-1	
销售员业绩报表				
			月份：	2012年9月
销售员	销售量	销售额	平均日销售量	平均日销售额
王荣	105	10,290.00	5	490.00
周国菊	200	25,600.00	10	1,280.00
李丽丽	360	18,000.00	20	1,000.00
张航	170	16,660.00	10	980.00
刘明	288	20,966.40	18	1,310.40
合计	1123	91,516.40	63	5,060.40
平均	224.6	18,303.28	12.6	1,012.08

图13-33

文件108 销售费用计划报表

销售费用是企业在销售商品过程中产生的费用，在制定销售费用计划报表之前，应先根据企业的实际情况确定企业销售费用的项目。

制作要点与设计效果图

- SUM函数
- 设置公式
- 简单运算
- 自定义数据格式

公司名称：合肥中能科技有限公司				制表日期：2011-12-15		
商品销售费用计划报表						
		年份：2012年			单位：万元	
[illegible]	[illegible]		[illegible]		[illegible]	
	[illegible]	[illegible]	[illegible]	[illegible]	[illegible]	[illegible]
商品销售额	3,000,000.00	[illegible]	3,889,000.00	16.44%	889,000.00	-22.89%
商品流通费用总额	1,180,000.00		639,520.00		[illegible]	0.00%
其中：						
工资	120,000.00	10.17%	132,000.00	20.64%	12,000.00	10.47%
福利费	80,000.00	6.78%	84,800.00	13.26%	4,800.00	6.48%
运杂费	650,000.00	55.08%	82,430.00	12.89%	[illegible]	[illegible]
保管费	50,000.00	4.24%	52,140.00	8.15%	2,140.00	3.92%
包装费	100,000.00	8.47%	81,000.00	12.67%	[illegible]	4.19%
手续费	20,000.00	1.69%	12,000.00	1.88%	[illegible]	0.18%
业务费	20,000.00	1.69%	21,800.00	3.41%	1,800.00	1.71%
利息	10,000.00	0.85%	8,950.00	1.40%	[illegible]	0.55%
修理费	50,000.00	4.24%	49,800.00	7.79%	[illegible]	3.55%
保险费	50,000.00	4.24%	72,000.00	11.26%	22,000.00	7.02%
低值易耗品摊销	20,000.00	1.69%	24,800.00	3.88%	4,800.00	2.18%
其他	10,000.00	0.85%	17,800.00	2.78%	7,800.00	1.94%

文件设计过程

步骤1：计算费用总额

1 在单元格B6中输入公式"=SUM(B8:B19)"，计算计划销售费用总额，如图13-34所示。

B6	f_x =SUM(B8:B19)		
	A	B	C
1			商品销售
2			年份：
3	费用项目	计划数	
4		金额	费用率
5	商品销售额	3,000,000.00	
6	商品流通费用总额	1,180,000.00	
7	其中：		

图13-34

2 在单元格D6中输入公式“=SUM(D8:D19)”，计算实际商品销售费用总额，如图13-35所示。

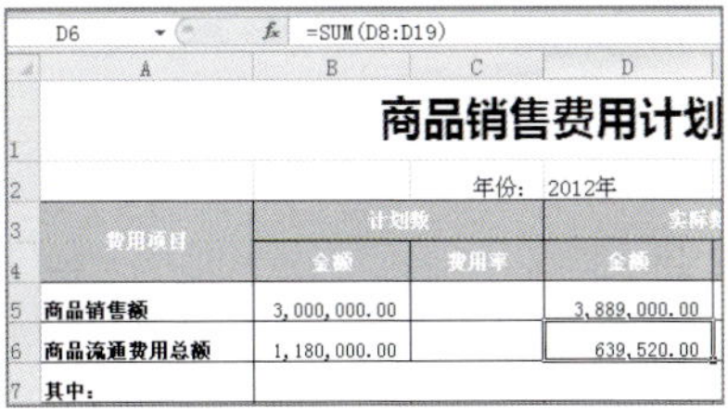

D6　=SUM(D8:D19)

	A	B	C	D
1	商品销售费用计划			
2		年份：2012年		
3	费用项目	计划数		实际数
4		金额	费用率	金额
5	商品销售额	3,000,000.00		3,889,000.00
6	商品流通费用总额	1,180,000.00		639,520.00
7	其中：			

图13-35

步骤2：计算费用率

1 在单元格C5中输入公式“=B6/B5”，计算计划费用率。在单元格E5中输入公式“=D6/D5”，计算实际费用率，如图13-36和图13-37所示。

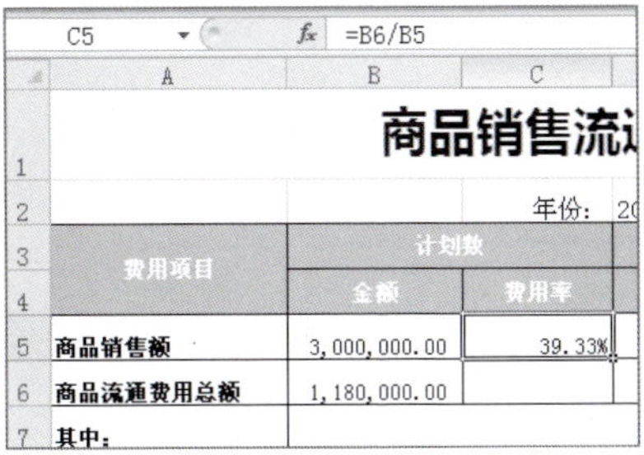

C5　=B6/B5

	A	B	C
1	商品销售流通		
2		年份：20	
3	费用项目	计划数	
4		金额	费用率
5	商品销售额	3,000,000.00	39.33%
6	商品流通费用总额	1,180,000.00	
7	其中：		

图13-36

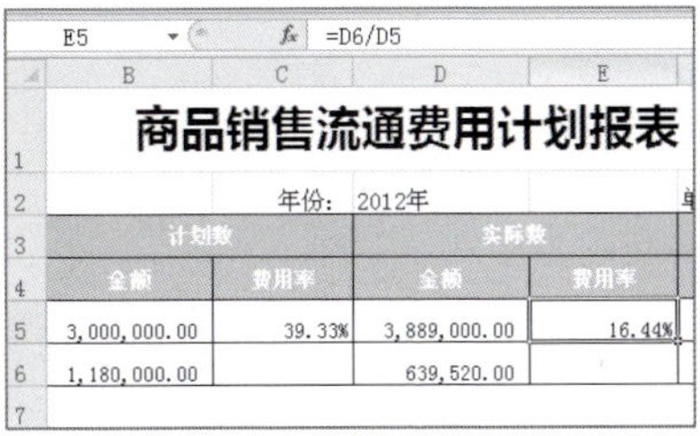

E5　=D6/D5

	B	C	D	E
1	商品销售流通费用计划报表			
2		年份：2012年		
3	计划数		实际数	
4	金额	费用率	金额	费用率
5	3,000,000.00	39.33%	3,889,000.00	16.44%
6	1,180,000.00		639,520.00	
7				

图13-37

2 在单元格C8中输入公式“=B8/$B$6”，按回车键，向下复制公式至单元格C19，如图13-38所示。

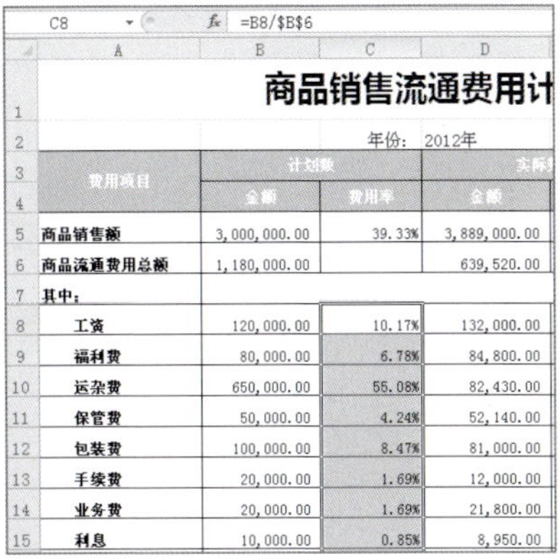

C8　=B8/$B$6

	A	B	C	D
1	商品销售流通费用计			
2		年份：2012年		
3	费用项目	计划数		实际数
4		金额	费用率	金额
5	商品销售额	3,000,000.00	39.33%	3,889,000.00
6	商品流通费用总额	1,180,000.00		639,520.00
7	其中：			
8	工资	120,000.00	10.17%	132,000.00
9	福利费	80,000.00	6.78%	84,800.00
10	运杂费	650,000.00	55.08%	82,430.00
11	保管费	50,000.00	4.24%	52,140.00
12	包装费	100,000.00	8.47%	81,000.00
13	手续费	20,000.00	1.69%	12,000.00
14	业务费	20,000.00	1.69%	21,800.00
15	利息	10,000.00	0.85%	8,950.00

图13-38

3 在单元格E8中输入公式“=D8/$D$6”，按回车键，向下复制公式至单元格E19，如图13-39所示。

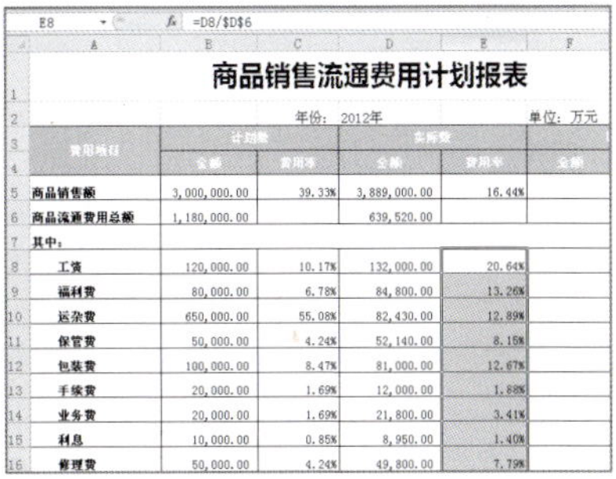

E8　=D8/$D$6

	A	B	C	D	E	F
1	商品销售流通费用计划报表					
2		年份：2012年				单位：万元
3	费用项目	计划数		实际数		
4		金额	费用率	金额	费用率	金额
5	商品销售额	3,000,000.00	39.33%	3,889,000.00	16.44%	
6	商品流通费用总额	1,180,000.00		639,520.00		
7	其中：					
8	工资	120,000.00	10.17%	132,000.00	20.64%	
9	福利费	80,000.00	6.78%	84,800.00	13.26%	
10	运杂费	650,000.00	55.08%	82,430.00	12.89%	
11	保管费	50,000.00	4.24%	52,140.00	8.15%	
12	包装费	100,000.00	8.47%	81,000.00	12.67%	
13	手续费	20,000.00	1.69%	12,000.00	1.88%	
14	业务费	20,000.00	1.69%	21,800.00	3.41%	
15	利息	10,000.00	0.85%	8,950.00	1.40%	
16	修理费	50,000.00	4.24%	49,800.00	7.79%	

图13-39

步骤3：计算差额

1 在单元格F5中输入公式“=D5-B5”，按回车键，向右向下复制公式至单元格G6，如图13-40所示。

商品销售流通费用计划报表

年份：2012年　单位：万元

	计划数		实际数		比较	
	金额	费用率	金额	费用率	金额	费用率
5	3,000,000.00	39.33%	3,889,000.00	16.44%	889000	-0.228890032
6	1,180,000.00		639,520.00		-540480	0
7						
8	120,000.00	10.17%	132,000.00	20.64%		
9	80,000.00	6.78%	84,800.00	13.26%		
10	650,000.00	55.08%	82,430.00	12.89%		
11	50,000.00	4.24%	52,140.00	8.15%		
12	100,000.00	8.47%	81,000.00	12.67%		

图13-40

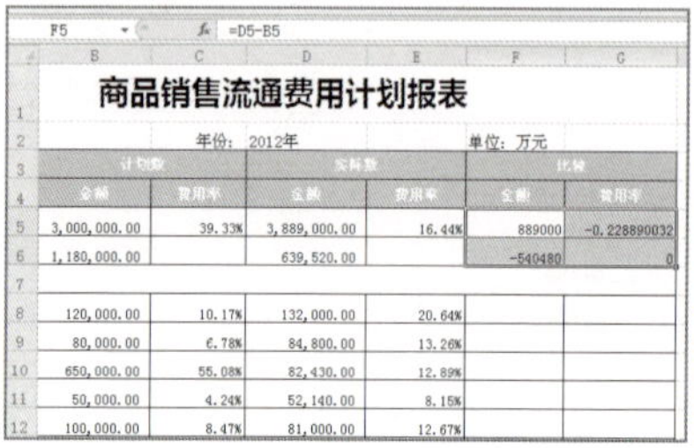

2 在单元格F8中输入公式“=D8-B8”，按回车键，向右向下复制公式至单元格G19，如图13-41所示。

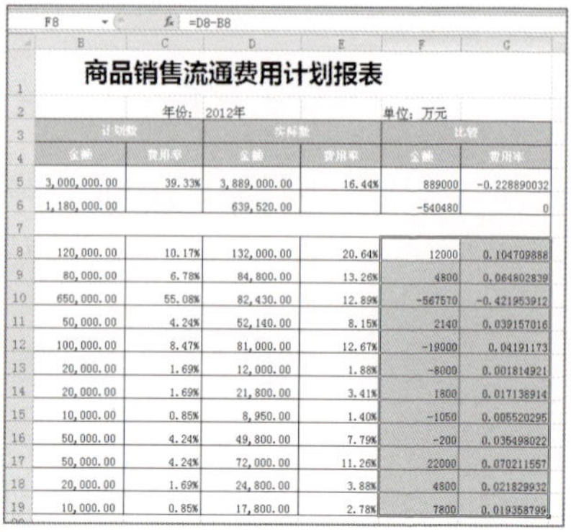

商品销售流通费用计划报表

年份：2012年　单位：万元

	计划数		实际数		比较	
	金额	费用率	金额	费用率	金额	费用率
5	3,000,000.00	39.33%	3,889,000.00	16.44%	889000	-0.228890032
6	1,180,000.00		639,520.00		-540480	0
7						
8	120,000.00	10.17%	132,000.00	20.64%	12000	0.104709888
9	80,000.00	6.78%	84,800.00	13.26%	4800	0.064802839
10	650,000.00	55.08%	82,430.00	12.89%	-567570	-0.421953912
11	50,000.00	4.24%	52,140.00	8.15%	2140	0.039157016
12	100,000.00	8.47%	81,000.00	12.67%	-19000	0.04191173
13	20,000.00	1.69%	12,000.00	1.88%	-8000	0.001814921
14	20,000.00	1.69%	21,800.00	3.41%	1800	0.017138914
15	10,000.00	0.85%	8,950.00	1.40%	-1050	0.005520295
16	50,000.00	4.24%	49,800.00	7.79%	-200	0.035498022
17	50,000.00	4.24%	72,000.00	11.26%	22000	0.070211557
18	20,000.00	1.69%	24,800.00	3.88%	4800	0.021829932
19	10,000.00	0.85%	17,800.00	2.78%	7800	0.019358799

图13-41

步骤4：设置数字格式

1 选中F列，在“设置单元格格式”对话框中设置小数位数为2，显示千位分隔符。选中G列，在“设置单元格格式”对话框中单击“自定义”，在“类型”框中收件人自定义代码，如图13-42所示。

图13-42

2 完成设置后，表格中的F列的数值会显示为带千分位、两位小数的格式，同时会将负数显示为红色带括号的格式。同样，G列中的负数也会显示为红色带括号的格式，如图13-43所示。

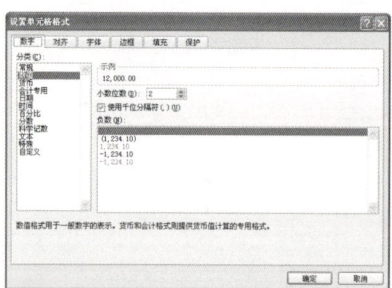

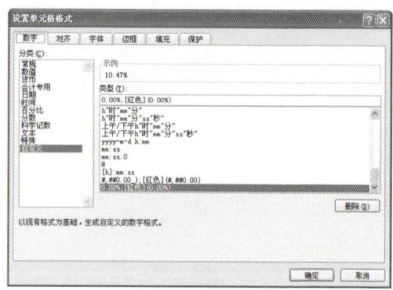

图13-43

3 接着对表格进行完善，即可完成销售费用计划报表的编制，如图13-44所示。

公司名称：合肥中能科技有限公司　　　　制表日期：2011-12-15

商品销售费用计划报表

年份：2012年　　　　单位：万元

[illegible]	[illegible]		[illegible]		[illegible]	
	[illegible]	[illegible]	[illegible]	[illegible]	[illegible]	[illegible]
商品销售额	3,000,000.00	[illegible]	3,889,000.00	16.44%	889,000.00	-22.89%
商品流通费用总额	1,180,000.00		639,520.00		[illegible]	0.00%
其中：						
工资	120,000.00	10.17%	132,000.00	20.64%	12,000.00	10.47%
福利费	80,000.00	6.78%	84,800.00	13.26%	4,800.00	6.48%
运杂费	650,000.00	55.08%	82,430.00	12.89%	[illegible]	[illegible]
保管费	50,000.00	4.24%	52,140.00	8.15%	2,140.00	3.92%
包装费	100,000.00	8.47%	81,000.00	12.67%	[illegible]	4.19%
手续费	20,000.00	1.69%	12,000.00	1.88%	[illegible]	0.18%
业务费	20,000.00	1.69%	21,800.00	3.41%	1,800.00	1.71%
利息	10,000.00	0.85%	8,950.00	1.40%	[illegible]	0.55%
修理费	50,000.00	4.24%	49,800.00	7.79%	[illegible]	3.55%
保险费	50,000.00	4.24%	72,000.00	11.26%	22,000.00	7.02%
低值易耗品摊销	20,000.00	1.69%	24,800.00	3.88%	4,800.00	2.18%
其他	10,000.00	0.85%	17,800.00	2.78%	7,800.00	1.94%

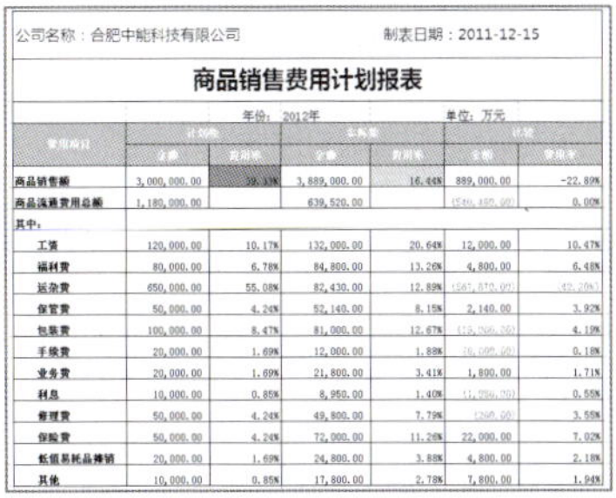

图13-44

文件109　产品销售情况分析报表

通过分析企业最近半年的销售量统计，找出畅销产品和滞销产品，对未来市场进行科学的预测，可以重新调整企业的订货信息或者销售策略。

制作要点与设计效果图

- 条件格式
- 设置公式
- SUMIF函数
- COUNTIF函数
- IF函数

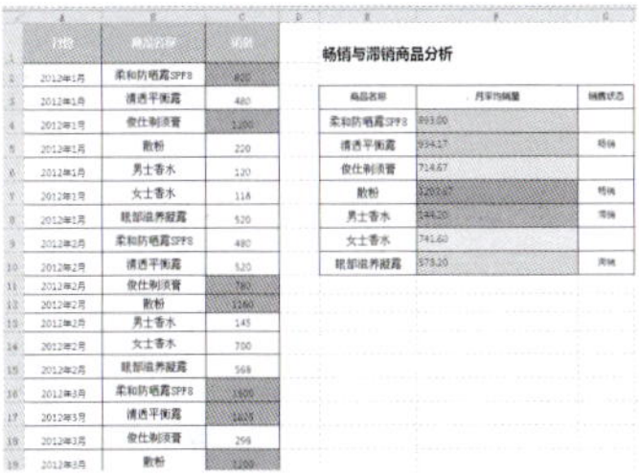

文件设计过程

步骤1：条件格式

1 选择“销量”数据所在的单元格区域，单击“开始”选项卡下“样式”选项组中的“条件格式”下拉按钮，在下拉菜单中单击“新建规则”选项，如图13-45所示。

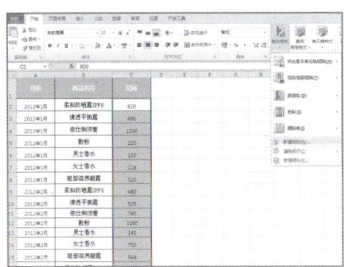

图13-45

②在"新建格式规则"对话框中的"选择规则类型"列表中选择"使用公式确定要设置格式的单元格",在"为符合此公式的值设置格式"框中输入公式"=C2>AVERAGE($C$2:$C$40)",单击"格式"按钮,如图13-46所示。

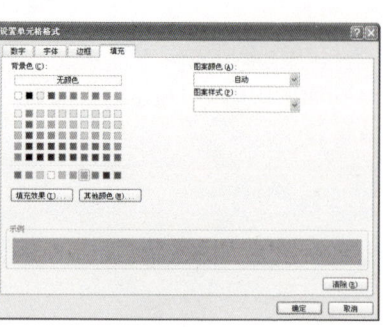

图13-47

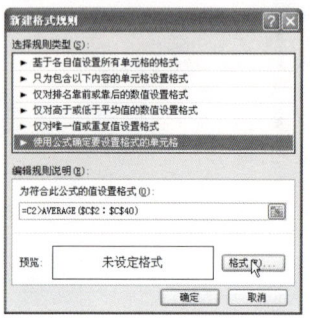

图13-46

③在"设置单元格格式"对话框中单击"填充"标签,选择一种合适的颜色,返回"新建格式规则"对话框,单击"确定"按钮,如图13-47所示。

④此时工作表中将使用蓝色的底纹突出显示所有销量大于平均值的单元格,如图13-48所示。

月份	商品名称	销量
2012年1月	柔和防晒露SPF8	820
2012年1月	清透平衡露	480
2012年1月	俊仕剃须膏	1200
2012年1月	散粉	220
2012年1月	男士香水	120
2012年1月	女士香水	118
2012年1月	眼部滋养凝露	520
2012年2月	柔和防晒露SPF8	480
2012年2月	清透平衡露	520
2012年2月	俊仕剃须膏	780
2012年2月	散粉	1160
2012年2月	男士香水	145
2012年2月	女士香水	700

图13-48

步骤2:创建统计表

在原始表格的右侧创建一个畅销与滞销商品分析表格,行标签为各商品名称,列标签包括商品名称、月平均销量和销售状态,如图13-49所示。

图13-49

步骤3:设置公式

①在单元格F4中输入公式"=SUMIF($B$2:$B$40,$E4,$C$2:$C$40)/

COUNTIF($B$2:$B$40,$E4)"，按回车键，向下复制公式至F10单元格，计算各个产品的月平均销量，如图13-50所示。

图13-50

2 这里设定平均销售量大于900为畅销产品，小于600为滞销产品。在单元格G4中输入公式"=IF(F4>900,"畅销",IF(F4<600,"滞销",""))"，按回车键向下复制公式至G10单元格，判断各产品的销售状态，如图13-51所示。

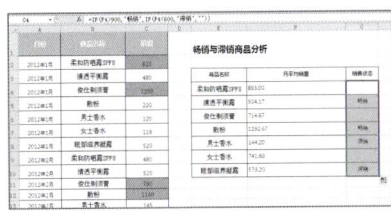

图13-51

3 选择单元格区域F4:F10，单击"条件格式"按钮，从"条件格式"下拉列表中单击"色阶"选项，选择红-黄-绿色阶，如图13-52所示。

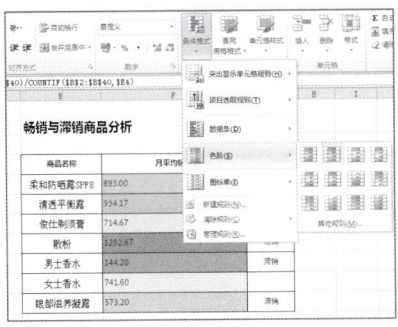

图13-52

4 在单元格F4:F10中，在显示平均销量数据的同时，还在单元格中使用不同色阶显示了数值的大小，如图13-53所示。

图13-53

文件110 销售订金与应收款统计报表

若企业在每个月的某一天进行订金与应收账款统计，需要按客户统计货款总额，对已收订金数和未收货款余额等进行统计。

Excel营销管理必须掌握的208个文件与108个函数

制作要点与设计效果图

- 定义名称
- 数据有效性
- VLOOKUP函数
- INDEX函数

订金与应收货款统计报表

客户代码	KF0003	客户名称	佳美实业	订单数量		7
货款总额	1583000	已动订金总额	316600	应收款余额		1266400

订单与应收账款明细

日期	订单号	商品名称	单价	数量	货款总额	已动订金
2012-11-1	20121020-004	清透平衡露	1380.00	320.00	441600.00	88320.00
2012-11-8	20121020-005	俊仕制须膏	1488.00	510.00	758880.00	151776.00
2012-11-9	20121020-010	紧肤膜	788.00	80.00	63040.00	12608.00
2012-11-9	20121020-011	通白亮泽化妆露	1188.00	90.00	106920.00	21384.00
2012-11-12	20121020-016	男士香水	1688.00	80.00	135040.00	27008.00
2012-11-12	20121020-017	女士香水	1788.00	20.00	35760.00	7152.00
2012-11-14	20121020-020	滋白眼霜	2088.00	20.00	41760.00	8352.00

文件111 区域销售额统计报表

按销售区域对各类产品的销售数据进行汇总，可以体现出区域销售营销策略对销售额的影响。

制作要点与设计效果图

- SUM函数
- SUMPRODUCT函数
- 隐藏零值

公司名称：上海中能电器　　　　　　　　　制表日期：2012-10-1

各区域销售额统计表

	柜式空调	电话	微波炉	电脑	冰箱	合计
苏州	4,176,950.0	1,175,500.0	261,960.0	1,239,910.0	507,700.0	7,362,020.0
常州	2,061,220.0	627,010.0	61,700.0	927,240.0	-	3,677,170.0
合肥	2,351,040.0	858,680.0	166,220.0		120,260.0	3,496,200.0
南京	1,623,320.0	606,300.0	168,820.0	649,780.0	259,980.0	3,308,200.0
上海	400,260.0	490,780.0	109,020.0	671,780.0	-	1,671,840.0
嘉兴	4,056,870.0	1,175,360.0	259,360.0	1,239,900.0	507,700.0	7,239,190.0
合计	14,669,660.0	4,933,630.0	1,027,080.0	4,728,610.0	1,395,640.0	26,754,620.0

文件112 销售量增减变动报表

销售量增加变动报表可以反映企业在一定期间的总销售量、总增长率、平均销量、平均增长率等数据指标。

第13章　销售报表

制作要点与设计效果图

- IF函数
- 设置条件格式
- 公式运算

公司名称：合肥中能汽车有限公司		制表日期：2013-1-1	
年度销售量增减变动报表			
月份	销量	增长率	关注
2012年1月	2500	--	
2012年2月	2800	12.00%	
2012年3月	3300	17.86%	
2012年4月	3700	12.12%	
2012年5月	4500	21.62%	
2012年6月	3500	-22.22%	关注，负增长
2012年7月	3200	-8.57%	
2012年8月	3000	-6.25%	关注，负增长
2012年9月	3900	30.00%	
2012年10月	4800	23.08%	
2012年11月	5000	4.17%	
2012年12月	5200	4.00%	
合计	45400	87.80%	
平均	3783.33	7.98%	

文件113　销售员业绩增减变动报表

企业可以通过销售员业绩增减变动报表来比较各个销售员的客户数量的维持和新增、销售业绩的变化。

制作要点与设计效果图

- SUM函数
- SUMPRODUCT函数
- 简单运算
- 设置数据格式

公司名称：上海中能科技有限公司					制表日期：2012-10-1				
销售员业绩增减变动报表									
业务人员		客户数量			销售业绩				业绩备注
姓名	原有	新增	减少	现有	增加%	原客户	新客户	本期销售	上期销售	增加%
王蜜	4	4	1	7	75.00%	288000	423000	711000	540000	31.67%
唐伟	3	2	0	5	66.67%	336000	88000	424000	308000	37.66%
周国菊	8	1	2	7	-12.50%	340800	60000	400800	600000	-33.20%
徐蛋	4	5	0	9	125.00%	279000	288000	567000	250000	126.80%
合计	19	12	3	28	254.17%	1243800	859000	2102800	1698000	162.93%

213

文件114 销售利润年度报表

销售利润年度报表可以按产品的分类来编制,既可以反映该年度利润的构成情况,还可以比较各产品之间的单位利润。

制作要点与设计效果图

- 设置数据格式
- RANK函数
- 简单运算
- 输入公式
- 复制公式

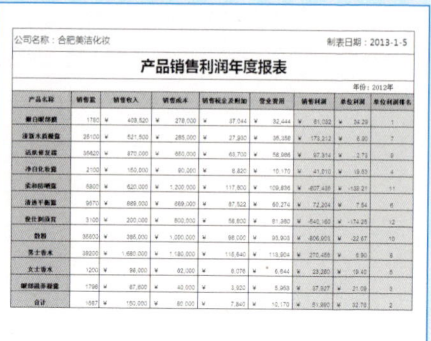

文件115 促销期间商品销售报表

促销期间商品销售报表统计了企业在进行一些促销活动期间各类商品的销售情况。

制作要点与设计效果图

- SUMIF函数
- 输入公式
- 简单运算
- 设置数据格式

第14章 销售收入

销售收入是销售商品产品、自制半成品或提供劳务等而收到的货款、劳务价款或取得索取价款凭证确认的收入。销售收入也称为营业收入。营业收入按比重和业务的主次及经常性情况,一般可分为主营业务收入和其他业务收入。

在管理和分析销售收入时,可以根据企业的实际情况将销售收入细分到不同的产品中去,也可以分析销售收入随时间的变动趋势,还可以将销售收入与上年同期进行同比分析、将销售收入与销售成本、销售费用与销售税金等销售过程中发生的数据进行对比分析等。

编号	文件名称	光盘中对应数据源	重要星级
文件116	日销售收入变动趋势分析	素材文件\第14章\日销售收入变动趋势分析.xls	★★★
文件117	各店面销售收入统计与分析	素材文件\第14章\各店面销售收入统计与分析.xls	★★★
文件118	按品牌统计分析销售收入	素材文件\第14章\按品牌统计分析销售收入.xls	★★★
文件119	统计各店面各产品销售收入	素材文件\第14章\统计各店面各产品销售收入.xls	★★★
文件120	各月销售收入及增长率分析	素材文件\第14章\各月销售收入及增长率分析.xls	★★★★
文件121	不同品牌收入占比分析	素材文件\第14章\不同品牌收入占比分析.xls	★★★
文件122	各月销售收入与平均销售收入	素材文件\第14章\各月销售收入与平均销售收入.xls	★★★
文件123	价格对销售收入的影响	素材文件\第14章\价格对销售收入的影响.xls	★★★
文件124	日销售收入变化图	素材文件\第14章\日销售收入变化图.xls	★★★★
文件125	财务科目日报表	素材文件\第14章\财务科目日报表.xls	★★★

文件116 日销售收入变动趋势分析

通过统计一个月内每日的销售金额，并对每日销售金额创建图表进行分析，可以反映企业在该月内销售收入的变动趋势。在Excel中，常用来进行趋势分析的图表类型有折线图、散点图等。

制作要点与设计效果图

- 使用序列填充日期
- SUMIF函数
- 创建折线图
- 删除图例
- 更改图标数据源区域
- 设置坐标轴格式

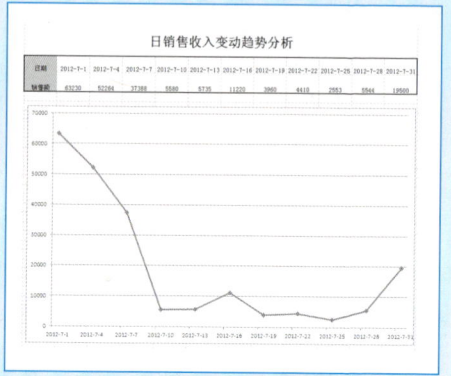

文件设计过程

步骤1：创建表格

[1] 打开"销售清单"工作表，重命名Sheet2工作表为"日销售收入变动趋势分析"，接着在工作表中输入标题、日期、销售额以及在C2单元格输入起始日期值，如图14-1所示。

[2] 选中C2:M2单元格区域，在"编辑"选项组单击"填充"下拉按钮，在其下拉列表中选择"系列"选项，如图14-2所示。

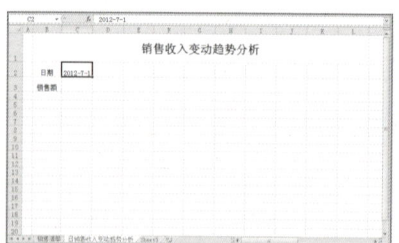

图14-1

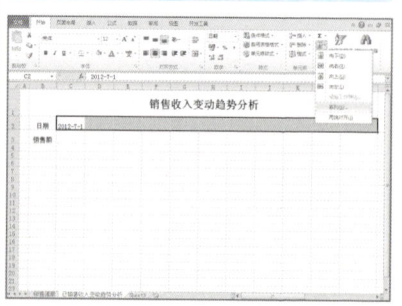

图14-2

第14章　销售收入

3 在工作表中，即可得到一个步长值为3的日期序列，接着并对工作表进行格式设置，如图14-3所示。

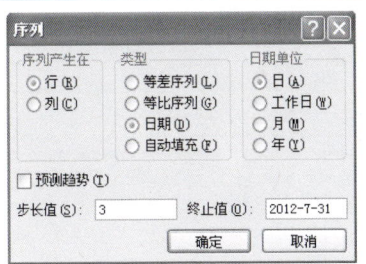

图14-3

4 打开"序列"，对话框，在"类型"列表中单击"日期"单选按钮，接着设置步长值为"3"，设置终止值为"2012-7-31"，如图14-4所示。

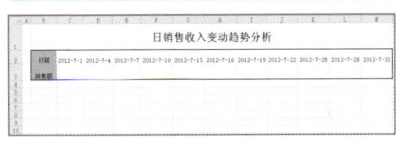

图14-4

5 选中C3单元格，在公式编辑栏中输入公式"=SUMIF(销售清单!$A:$A,日销售收入变动趋势分析!C2,销售清单!$I:$I)"，按Enter键后向右复制公式，分别统计出对应日期的销售额，如图14-5所示。

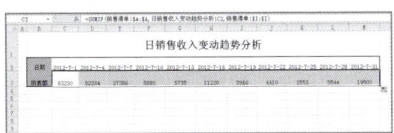

图14-5

步骤2：创建折线图

1 选中B2:M3单元格区域，切换到"插入"选项卡，在"图表"选项组单击折线图图下拉按钮，在其下拉列表中选择"带数据标记的折线图"，如图14-6所示。

2 返回工作表中，系统会根据当前选择的数据区域创建带数据标记的折线图，如图14-7所示。

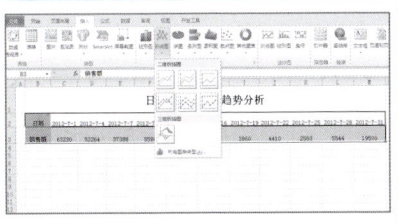

图14-6

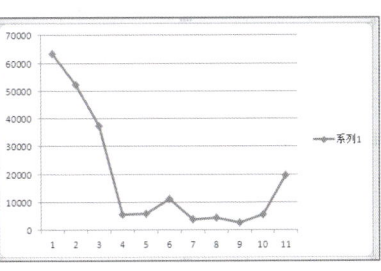

图14-7

步骤3：更改图表数据源区域

1 在"图表工具-设计"选项卡中的"数据"选项组中单击"选择数据"按钮编辑图表数据区域，如图14-8所示。

217

Excel营销管理必须掌握的208个文件与108个函数

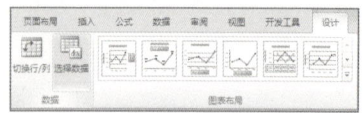

图14-8

②单击"图表数据区域"右侧的按钮选择单元格区域C2：M3，接着单击"确定"按钮，如图14-9所示。

③此时图表中的分类坐标轴并没有按表格中的日期显示，接着删除图例并双击分类坐标轴稍后进行设置，如图14-10所示。

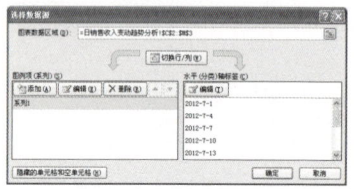

图14-9

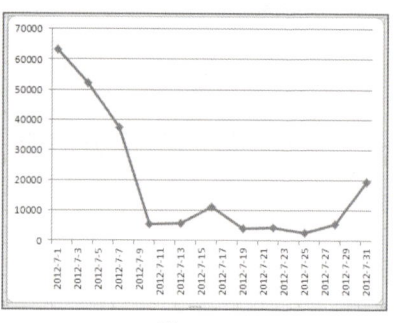

图14-10

步骤4：设置坐标轴格式

①在"设置坐标轴格式"对话框中设置"最小值"为"固定"，值为2012-7-1，接着设置最大值为"2012-7-31"，设置主要刻度单位为"3"，如图14-11所示。

②设置坐标轴格式后，得到图表最终结果，如图所示，如图14-12所示。

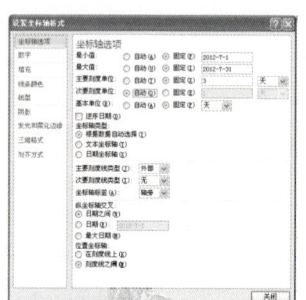

图14-11

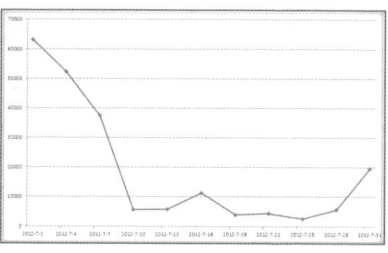

图14-12

文件117　各店面销售收入统计与分析

在Excel中可以使用公式快速统计出各个店面的销售收入数据，然后使用图表对销售收入的结果进行分析。

制作要点与设计效果图

- SUMIF函数
- 创建条形图
- 设置坐标轴格式
- 设置图表区格式

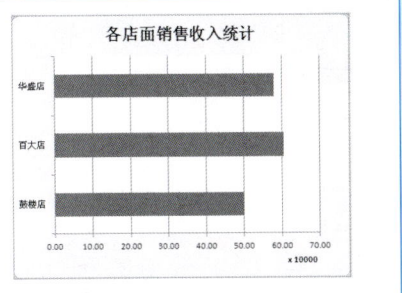

文件设计过程

步骤1：创建表格

1 在工作表中创建“各店面销售收入统计与分析”表格，如图14-13所示。

部门	产品	销售收入
鼓楼店	修身短袖外套	9876.38
鼓楼店	华丽蕾丝亮面衬衫	468.83
鼓楼店	气质连衣裙	5346.13
鼓楼店	绣花天丝牛仔中裤	5736.87
百大店	修身短袖外套	8145.63
百大店	华丽蕾丝亮面衬衫	5888.65
百大店	气质连衣裙	691.12
百大店	绣花天丝牛仔中裤	5319.62
华盛店	修身短袖外套	2956.41
华盛店	华丽蕾丝亮面衬衫	6031.08
华盛店	气质连衣裙	5888.70
华盛店	绣花天丝牛仔中裤	7905.24
鼓楼店	修身短袖外套	7309.80
鼓楼店	华丽蕾丝亮面衬衫	2378.64
鼓楼店	气质连衣裙	5555.68
鼓楼店	绣花天丝牛仔中裤	7945.52
百大店	修身短袖外套	197.84
百大店	华丽蕾丝亮面衬衫	9522.04
百大店	气质连衣裙	6562.89

各店面销售收入统计与分析

店面	销售收入
鼓楼店	
百大店	
华盛店	
合计	

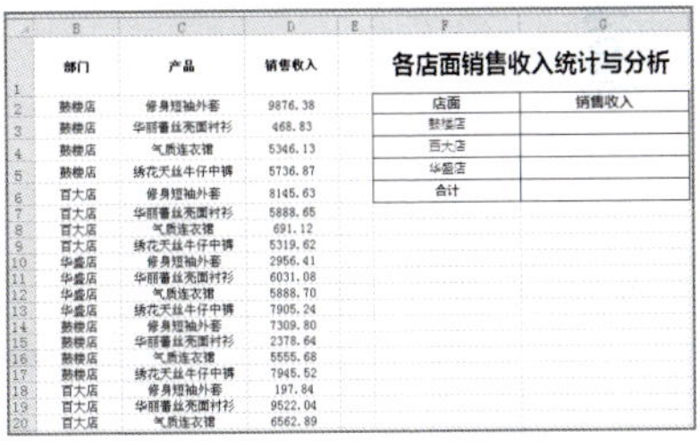

图14-13

2 在单元格G3中 输入公式“=SUMIF($B$2:$B$342,F3,$D$2:$D$342)”，按回车键，向下复制公式至单元格G5，如图14-14所示。

3 在单元格G6中 输入公式“=SUM(G3:G5)”，按回车键，计算各店面该月的销售收入合计，如图14-15所示。

G3 =SUMIF($B$2:$B$342,F3,$D$2:$D$342)

部门	产品	销售收入
鼓楼店	修身短袖外套	9876.38
鼓楼店	华丽蕾丝亮面衬衫	468.83
鼓楼店	气质连衣裙	5346.13
鼓楼店	绣花天丝牛仔中裤	5736.87
百大店	修身短袖外套	8145.63
百大店	华丽蕾丝亮面衬衫	5888.65
百大店	气质连衣裙	691.12
百大店	绣花天丝牛仔中裤	5319.62
华盛店	修身短袖外套	2956.41
华盛店	华丽蕾丝亮面衬衫	6031.08
华盛店	气质连衣裙	5888.70
华盛店	绣花天丝牛仔中裤	7905.24
鼓楼店	修身短袖外套	7309.80
鼓楼店	华丽蕾丝亮面衬衫	2378.64
鼓楼店	气质连衣裙	5555.68
鼓楼店	绣花天丝牛仔中裤	7945.52
百大店	修身短袖外套	197.84
百大店	华丽蕾丝亮面衬衫	9522.04
百大店	气质连衣裙	6562.89
百大店	绣花天丝牛仔中裤	6887.02

各店面销售收入统计与分析

店面	销售收入
鼓楼店	498496.91
百大店	605158.84
华盛店	579687.05
合计	

图14-14

G6 =SUM(G3:G5)

部门	产品	销售收入
鼓楼店	修身短袖外套	9876.38
鼓楼店	华丽蕾丝亮面衬衫	468.83
鼓楼店	气质连衣裙	5346.13
鼓楼店	绣花天丝牛仔中裤	5736.87
百大店	修身短袖外套	8145.63
百大店	华丽蕾丝亮面衬衫	5888.65
百大店	气质连衣裙	691.12
百大店	绣花天丝牛仔中裤	5319.62
华盛店	修身短袖外套	2956.41
华盛店	华丽蕾丝亮面衬衫	6031.08
华盛店	气质连衣裙	5888.70
华盛店	绣花天丝牛仔中裤	7905.24
鼓楼店	修身短袖外套	7309.80
鼓楼店	华丽蕾丝亮面衬衫	2378.64
鼓楼店	气质连衣裙	5555.68
鼓楼店	绣花天丝牛仔中裤	7945.52
百大店	修身短袖外套	197.84

各店面销售收入统计与分析

店面	销售收入
鼓楼店	498496.91
百大店	605158.84
华盛店	579687.05
合计	1683342.79

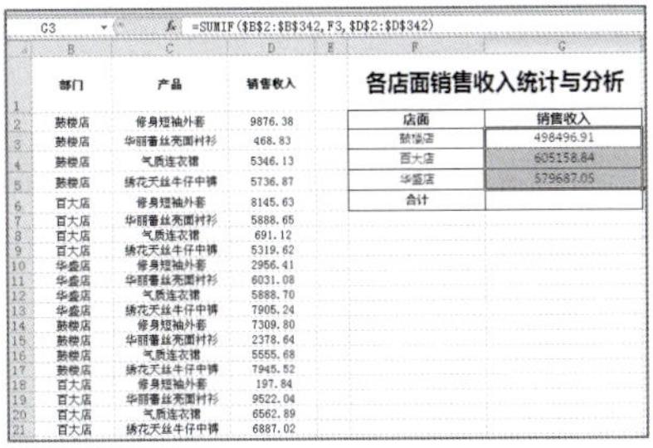

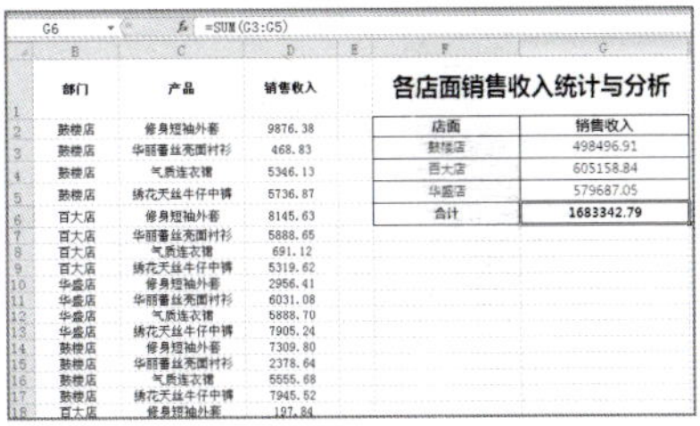

图14-15

步骤2：创建并设置条形表

1 选择单元格F3:G5单元格区域，单击“插入”选项卡下“图表”选项组中"条形图"下拉按钮,在下拉列表中选择"簇状条形图"子图表类型,如图14-16所示。

式"对话框,单击"显示单位"下三角按钮,在下拉列表中选择"10000"选项,如图14-20所示。

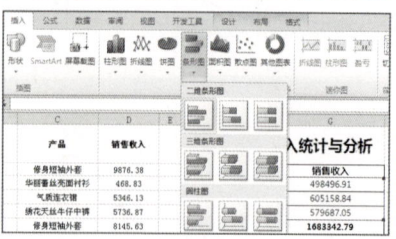

图14-16

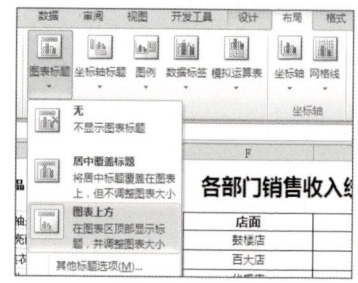

图14-18

[2] 工作表中会显示默认效果的条形图并显示图例,如图14-17所示。

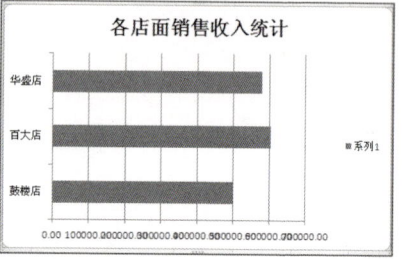

图14-19

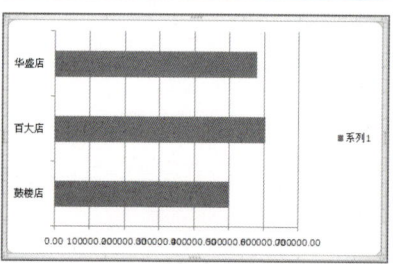

图14-17

[3] 单击"布局"选项卡下"标签"选项组中"图表标题"下拉按钮,在下拉菜单中选择"图表上方"选项,将图表标题改为"各部门销售收入统计",如图14-18和图14-19所示。

[4] 删除图例,并双击图表中的纵坐标轴打开"设置坐标轴格

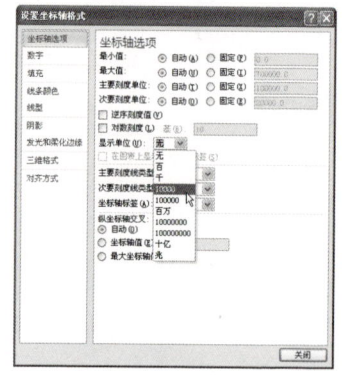

图14-20

步骤3:设置图表区格式

[1] 打开"设置图表区格式"对话框,单击"纯色填充"单选按钮,在"颜色"下拉菜单中选择一种合适的颜色,如图14-21所示。

第14章 销售收入

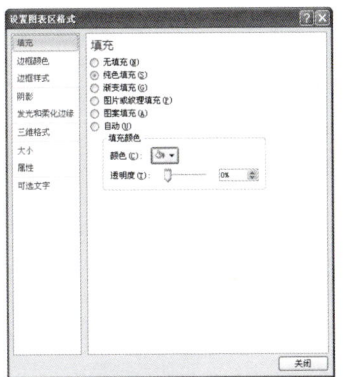

图14-21

②单击"关闭"按钮即可看到图表区的效果,如图14-22所示。

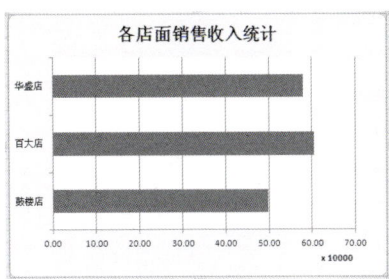

图14-22

文件118　按品牌统计分析销售收入

在实际工作中,统计产品销售收入时,在Excel中通常根据产品的品牌设置明细科目,可以通过设置条件求和公式分别统计出各类产品的销售收入,还可以创建饼图直观地表明收入的结构。

制作要点与设计效果图

- SUMIF函数
- 创建饼图
- 显示百分比数据标签

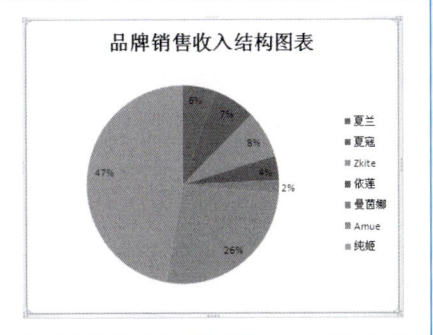

文件设计过程

步骤1：创建表格

①打开"销售清单"工作表,重命名Sheet2工作表为"按品牌统计销售收入",接着在工作表中输入表格内容,如图14-23所示。

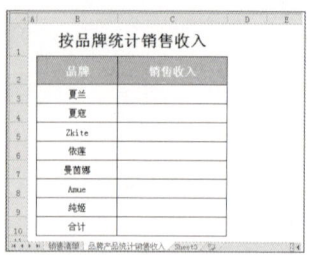

图14-23

图14-24

2 选中C3单元格在公式编辑栏中输入公式"=SUMIF(销售清单!$C:$C,B3,销售清单!$I:$I)",按Enter键后向下复制公式到C9单元格,即可得到各个品牌的总销售金额,如图14-24所示。

3 选中C10单元格,在公式编辑栏中输入公式"=SUM(C3:C9)",按Enter键,即可计算出合计数,如图14-25所示。

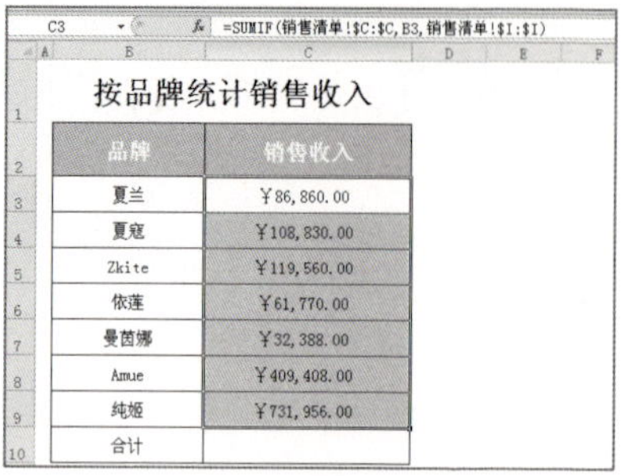

图14-25

步骤2:创建饼图

1 按Ctrl键依次选中B3:C9单元格区域,切换到"开始"选项卡,在"图表"选项组中单击"饼图"下拉按钮,在其下拉列表中选择"二维饼图"图形样式,如图14-26所示。

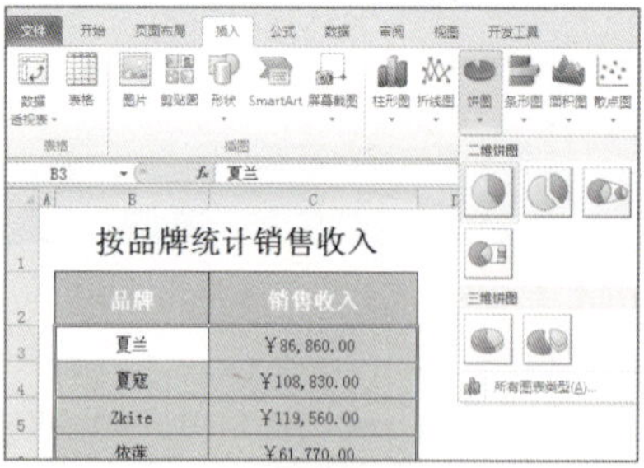

2 返回工作表中,系统根据选中的数据源和图形样式在工作表中创建饼形图,如图14-27所示。

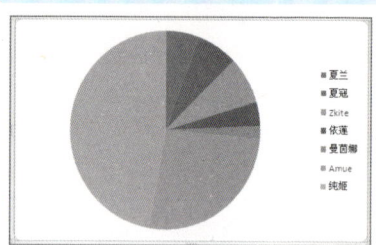

图14-27

3 选中图表,在右键菜单中选择"添加数据标签"选项,即可为饼型图数据系列添加数据标签,如图14-28所示。

图14-26

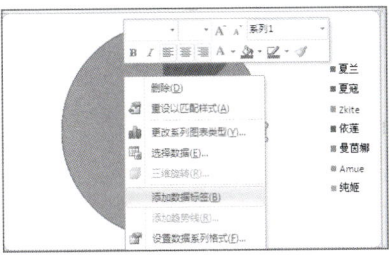

图14-28

4 打开"设置数据标签格式"对话框,在"标签包括"列表中取消选中"值"复选框,接着选中"百分比"复选框,单击"关闭"按钮,如图14-29所示。

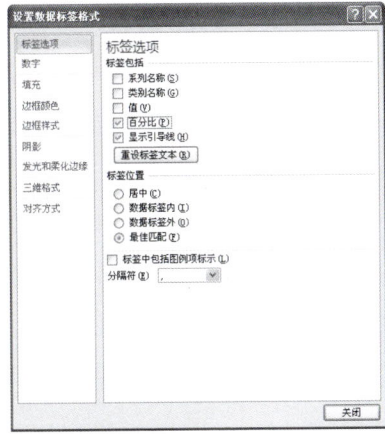

图14-29

5 返回工作表中,即可看到图表的数据标签格式更改为百分比

数据标签格式,如图14-30所示。

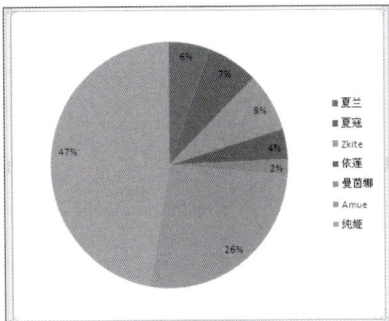

图14-30

6 选中"图表"切换到"布局"选项卡,在"标签"选项组中单击"图表标题"下拉按钮,在其下拉列表中选择"图表上方"选项,接着在图表中将图表标题更改为"品牌销售收入结构图表",如图14-31所示。

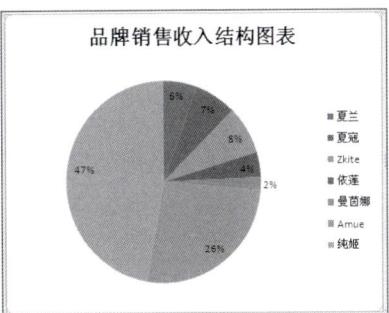

图14-31

文件119 统计各店面各产品销售收入

在Excel中可以创建圆环图来分析多个数据系列的结果占比,可以使用SUMPRODUCT函数来进行多条件求和。

制作要点与设计效果图

- SUMPRODUCT函数
- SUM函数
- 创建条形图
- 设置坐标轴格式

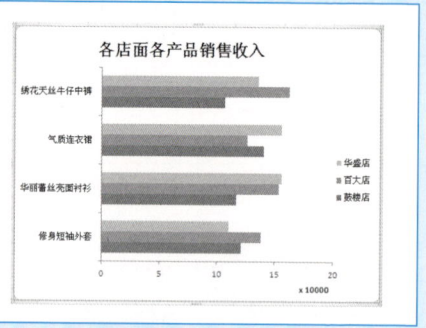

文件设计过程

步骤1：创建图表

在"销售收入数据"工作表中创建表格，如图14-32所示。

图14-32

步骤2：设置公式统计销售收入

①在G3单元格中输入公式"=SUMPRODUCT((B2:B330=F3)*(C2:C330=G2)*(D2:D330))"，按回车键，单元格中会显示"鼓楼店"该月所有"修身短袖外套"的销售收入，如图14-33所示。

②将G3单元格中的公式更改为"=SUMPRODUCT(($B$2:$B$330=$F3)*($C$2:$C$330=G$2)*($D$2:$D$330))"，向右填充至J3单元格，再向下拖动填充至J5单元格，如图14-34所示。

图14-33

图14-34

第14章 销售收入

3 在G6单元格中输入公式"=SUM(G3:G5)",按回车键,向右复制公式至J6单元格,在K3单元格中输入公式"=SUM(G3:J3)",然后向下复制公式至K6单元格,如图14-35和图14-36所示。

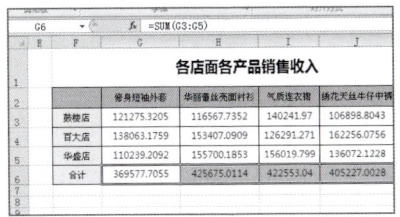

图14-35   图14-36

步骤3:创建图表

1 选择F2:J5单元格区域,单击"插入"选项卡下"图表"选项组中"条形图"下三角按钮,在下拉菜单中单击"条形图"子类型,如图14-37所示。

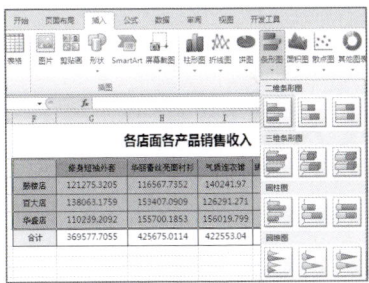

图14-37

2 此时工作表中会自动创建默认的条形图,如图14-38所示。

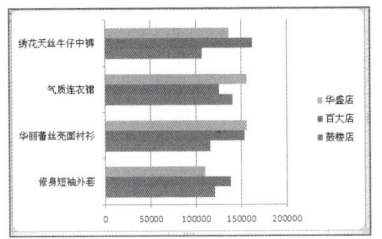

图14-38

3 选中"图表"切换到"布局"选项卡,在"标签"选项组单击"图表标题"下拉按钮,在其下拉列表中选择"图表上方"选项,接着在图表中将图表标题更改为"各店面各产品销售收入",如图14-39和图14-40所示。

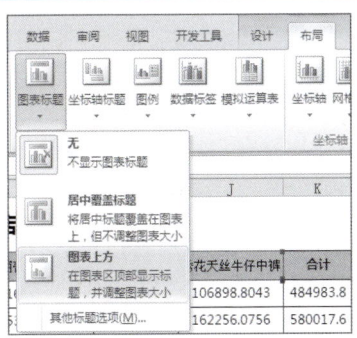

图14-39

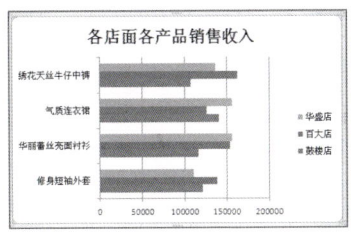

图14-40

[4] 双击图表中的横坐标轴打开"设置坐标轴格式"对话框，单击"显示单位"下拉按钮，在下拉列表中选择"10000"选项，如图14-41所示。

式"选项组中选择一种合适的样式，并对其进行完善，如图14-42和图14-43所示。

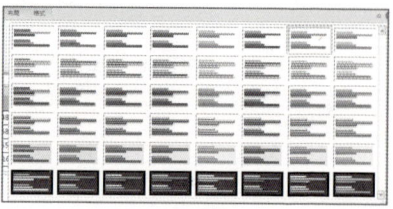

图14-42

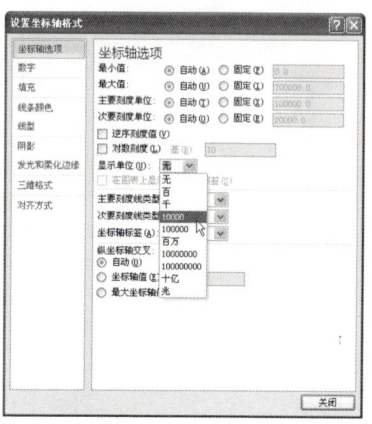

图14-41

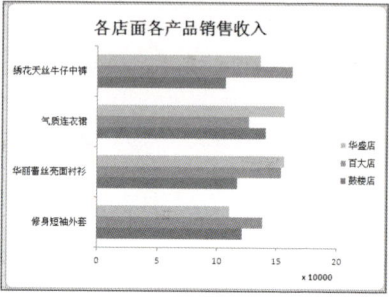

图14-43

[5] 删除网络线，在"图表样

文件120 各月销售收入及增长率分析

在Excel中可以建立柱形图，并绘制增长率折线图来查看一年中销售收入增长率的变化趋势。

制作要点与设计效果图

- 创柱形图
- 添加数据系列
- 设置数据系列格式
- 更改系列图表类型

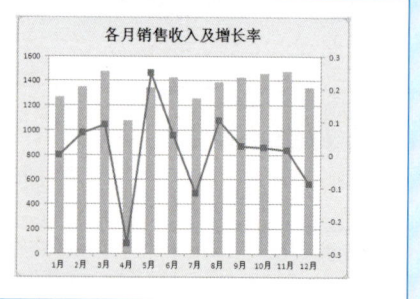

文件设计过程

步骤1：创建图表

1 在C2单元格中输入0，接着在C3单元格中输入公式“=（B3-B2）/B2”，向下复制公式至C13单元格，计算出销售收入增长率，如图14-44所示。

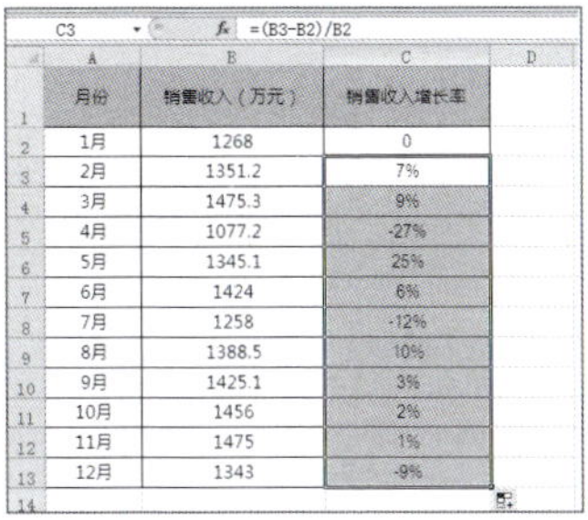

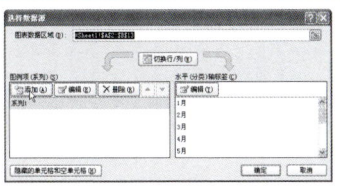

月份	销售收入（万元）	销售收入增长率
1月	1268	0
2月	1351.2	7%
3月	1475.3	9%
4月	1077.2	-27%
5月	1345.1	25%
6月	1424	6%
7月	1258	-12%
8月	1388.5	10%
9月	1425.1	3%
10月	1456	2%
11月	1475	1%
12月	1343	-9%

图14-44

2 选择A2:B13单元格区域，单击“插入”选项卡下“图表”选项组中的“柱形图”下拉按钮，在下拉列表中选择“簇状柱形图”子图表类型，如图14-45所示。

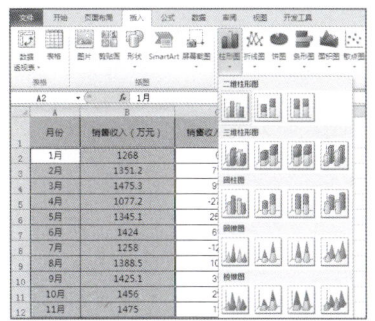

图14-45

3 返回工作表中，系统根据选中的数据源和图形样式在工作表中创建柱形图，如图14-46所示。

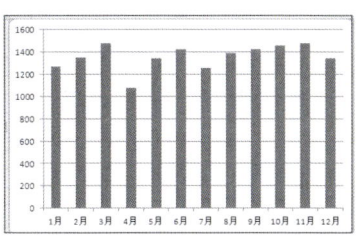

图14-46

步骤2：添加并设置数据系列

1 单击“设计”选项卡下“数据”选项组中“选择数据”按钮，打开“选择数据源”对话框，在对话框中单击“添加”按钮，如图14-47所示。

图14-47

2 在“系列名称”框中输入“增长率”，单击“系列值”右侧的按钮选择C2:C13单元格区域，如图14-48所示。

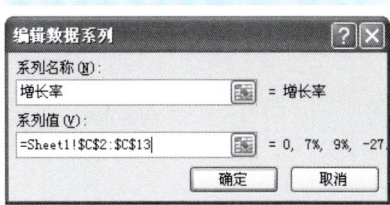

图14-48

③ 返回"选择数据源"对话框中,在"轴标签"区域单击"编辑"按钮,打开"轴标签"对话框,设置"轴标签区域"为单元格区域A2:A13,如图14-49所示。

图14-49

④ 右键单击添加的数据系列,在弹出的菜单中选择"设置数据系列格式"命令,如图14-50所示。

图14-50

⑤ 在"设置数据系列格式"对话框中的"系列绘制在"区域单击选中"次坐标轴"单选按钮,如图14-51所示。

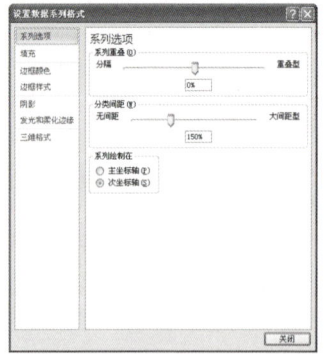

图14-51

⑥ 右键单击"增长率"数据系列,在弹出的菜单中选择"更改系列图表类型"命令,如图14-52所示。

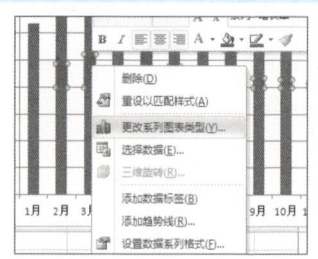

图14-52

⑦ 在"更改图表类型"对话框中选择"折线图"子图表类型,如图14-53所示。

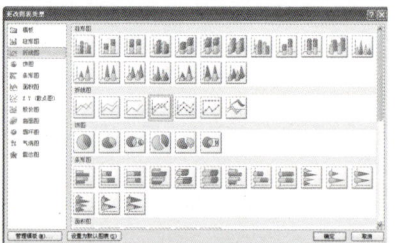

图14-53

⑧ 返回到工作表中,在"标签"选项组单击"图表标题"下拉按钮,在其下拉列表中选择"图表上方"选项,接着在图表中将图表标题更改为"各月销售收入及增长率",如图14-54所示。

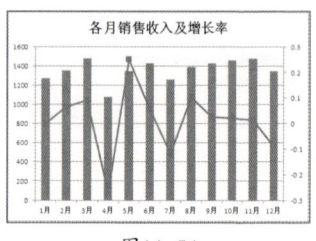

图14-54

⑨ 对图表区格式进行设置，可以从图表中比较各月销售收入的同时，也可以比较销售收入的增长率，如图14-55所示。

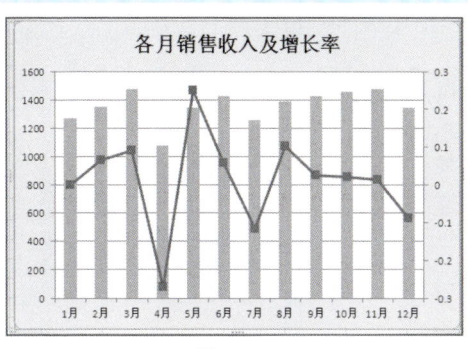

图14-55

文件121　不同品牌收入占比分析

为了分析各产品的收入占总收入的比例，可以创建饼图来分析。

制作要点与设计效果图

- 创柱形图
- 添加数据系列
- 设置数据系列格式
- 更改系列图表类型

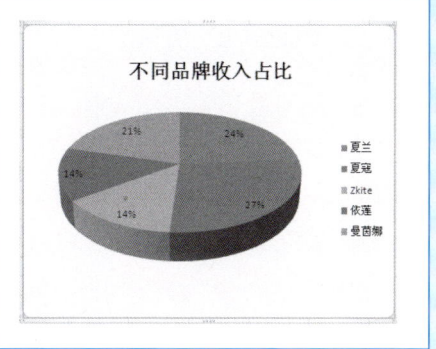

文件122　各月销售收入与平均销售收入

在Excel中为了直观地显示高于或低于平均值的月份，可以创建柱形图并使用散点图和误差线添加一条平均值直线。

 Excel营销管理必须掌握的208个文件与108个函数

制作要点与设计效果图

- AVERAGE函数
- 创柱形图
- 添加散点图和误差线
- 设置误差线格式
- 添加系列标签

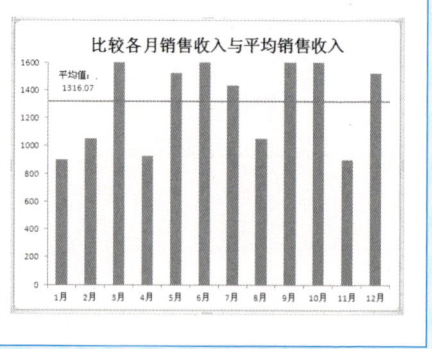

文件123　价格对销售收入的影响

在Excel中分析两组量是否具有相关性时，可以使用相关函数，也可以使用散点图进行分析。

制作要点与设计效果图

- CORREL函数
- 创建柱形图
- 添加趋势线

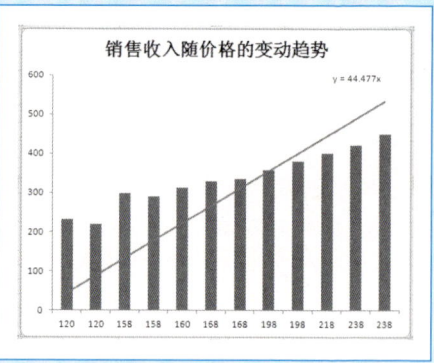

文件124　日销售收入变化图

为了描绘某个月份中日销售收入的变化情况，在Excel中可以通过创建散点图和误差线来设置。

第14章 销售收入

 制作要点与设计效果图

- HLOOKUP函数
- 创建散点图
- 设置坐标轴格式
- 添加误差线

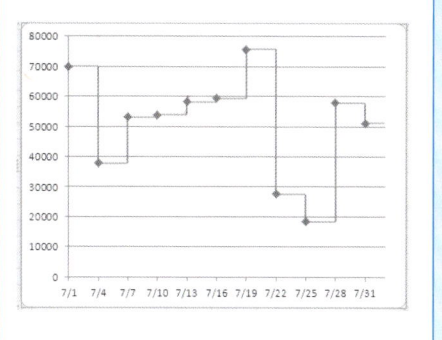

文件125 计划与实际收入比较分析

通常在年初的时候企业都会为各个销售店面指定销售计划，在年末根据实际取得的收入与计划收入进行对比分析。

 制作要点与设计效果图

- 创建柱形图
- 显示数据标签
- 设置坐标轴格式

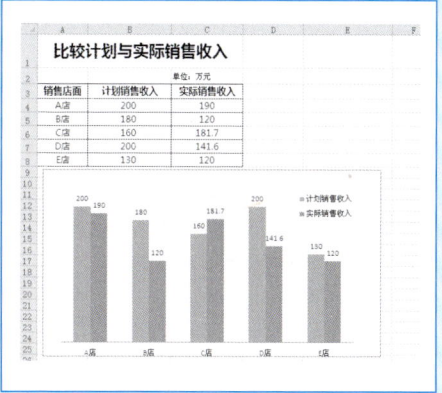

读书笔记

第15章

销售成本、费用

销售成本是指已销售产品的生产成本或已提供劳务的劳务成本以及其他销售的业务成本。包括主营业务成本和其他业务支出两部分。其中,主营业务成本是企业销售商品产品、半成品以及提供工业性劳务等业务所形成的成本;其他业务支出是企业销售材料、出租包装物、出租固定资产等业务所形成的成本。

销售费用是企业在销售产品、自制半成品和提供劳务等过程中发生的费用,包括由企业负担的包装费、运输费、广告费、装卸费、保险费、委托代销手续费、展览费、租赁费(不含融资租赁费)和销售服务费、销售部门人员工资、职工福利费、差旅费、办公费、折旧费、修理费、物料消耗、低值易耗品摊销以及其他经费等。本章介绍如何对企业的销售成本和销售费用相关数据进行分析,如产品销售成本变动趋势分析、不同区域销售成本比较、成本费用结果分析等。

编号	文件名称	光盘中对应数据源	重要星级
文件126	销售成本变动趋势分析	素材文件\第15章\销售成本变动趋势分析.xls	★★★
文件127	产品成本降低完成情况分析	素材文件\第15章\产品成本降低完成情况分析.xls	★★★
文件128	产品单位成本升降分析	素材文件\第15章\产品单位成本升降分析.xls	★★★★
文件129	比较不同区域销售成本	素材文件\第15章\比较不同区域销售成本.xls	★★★
文件130	按成本性分析季度成本和费用	素材文件\第15章\按成本性分析季度成本和费用.xls	★★★★
文件131	按产品比较单位成本	素材文件\第15章\按产品比较单位成本.xls	★★★
文件132	按季度分析销售成本	素材文件\第15章\按季度分析销售成本.xls	★★★
文件133	行业成本费用结果分析	素材文件\第15章\行业成本费用结果分析.xls	★★★
文件134	成本费用收入结构分析	素材文件\第15章\成本费用收入结构分析.xls	★★★★
文件135	比较不同区域销售费用	素材文件\第15章\比较不同区域销售费用.xls	★★★

文件126 销售成本变动趋势分析

在Excel中创建折线图可以分析销售成本随月份数据的变化而产生的变动趋势。

制作要点与设计效果图

- 创建折线图
- 设置坐标轴格式
- 设置数据系列格式
- 添加数据标签

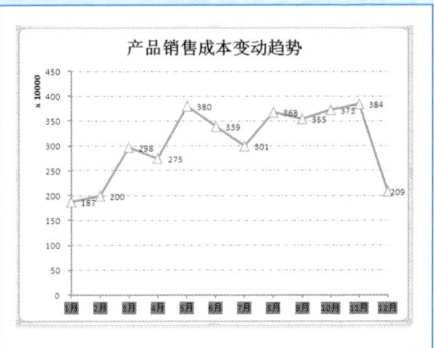

文件设计过程

步骤1：创建折线图

[1] 选择A3:B14单元格区域，单击"插入"选项卡下"图表"选项组中的"折线图"下拉按钮，在下拉菜单中选择"折线图"子类型，如图15-1所示。

[2] 返回工作表中，系统根据选中的数据源和图形样式在工作表中创建折线图，并删除图例，如图15-2所示。

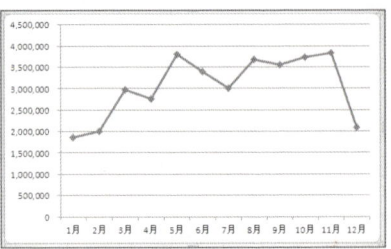

图15-1　　　　　　　图15-2

步骤2：设置坐标轴格式

1 双击图表横坐标打开"设置坐标轴格式"对话框，在"位置坐标轴"区域中单击选中"在刻度线上"单选按钮，如图15-3所示。

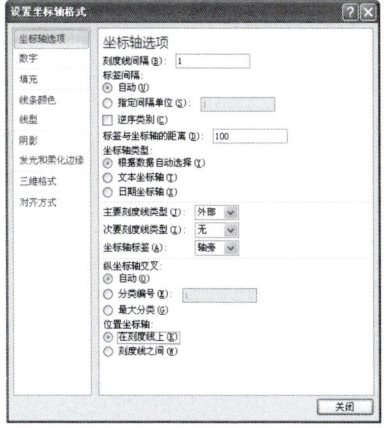

图15-3

2 单击"线条颜色"标签，单击选中"实线"单选按钮，从"颜色"下拉列表中选择一种合适的颜色，如图15-4所示。

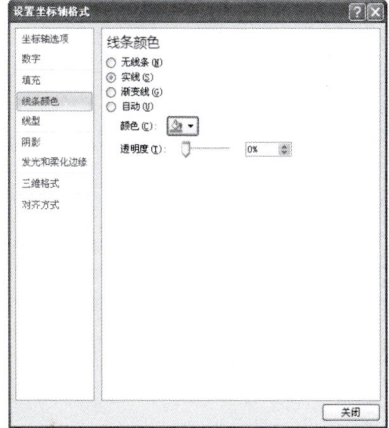

图15-4

3 单击"线型"标签，设置宽度，单击"填充"标签，单击选中"纯色填充"单选按钮，在"颜色"下拉列表中选择一种合适的颜色，如图15-5和图15-6所示。

图15-5

图15-6

4 双击图表纵坐标，打开"设置坐标轴格式"对话框，单击"显示单位"下三角按钮，在下拉菜单中选择"10000",如图15-7所示。

图15-7

[5] 单击"线条颜色"标签,单击选中"实线"单选按钮,从"颜色"下拉列表中选择一种合适的颜色,如图15-8所示。

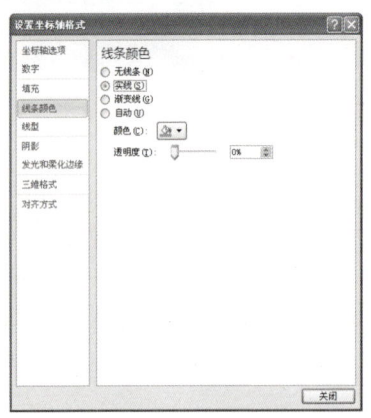

图15-8

[6] 单击"线型"标签,设置宽度,如图15-9所示。

图15-9

[7] 选中"图表"切换到"布局"选项卡,在"标签"选项组单击"图表标题"下拉按钮,在其下拉列表中选择"图表上方"选项,接着在图表中将图表标题更改为"产品销售成本变动趋势",如图15-10所示。

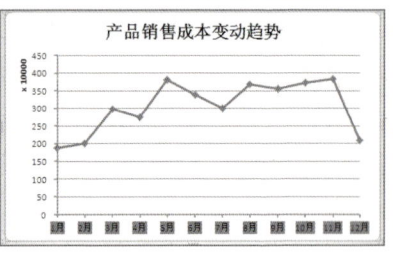

图15-10

步骤3:设置数据系列格式

[1] 打开"设置数据系列格式"对话框,单击"数据标记选项"标签,设置"内置"类型为圆形标记,大小为10,如图15-11所示。

第15章 销售成本、费用

图15-11

[2] 单击"数据标记填充"标签,单击选中"纯色填充"单选按钮,从"颜色"下拉列表中选择一种合适的颜色,如图15-12所示。

图15-12

[3] 单击"标记线颜色"标签,选中"实线"单选按钮,从"颜色"下拉列表中选择一种合适的颜色。选中"线条颜色"标签,单击选中"实线"单选按钮,从"颜色"下拉列表中选择一种合适的颜色,如图15-13和图15-14所示。

图15-13

图15-14

步骤4:设置主要网络线格式

打开"设置主要网络线格式"对话框,单击"线型"标签,在右侧单击"短划线类型"下三角按钮,在下拉列表中选择一种合适的样式,如图15-15所示。

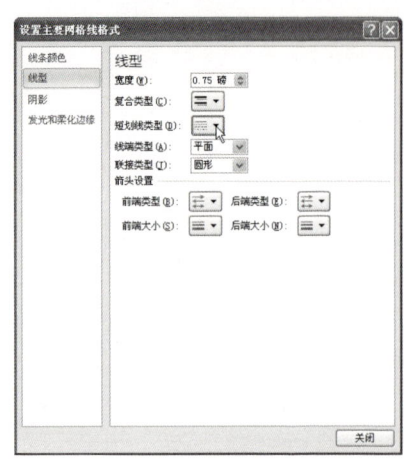

图15-15

步骤5: 添加数据标签

① 右键单击图表中的数据系列,在弹出的菜单中单击"添加数据标签"命令,如图15-16所示。

② 经过一系列格式设置,得到最终效果,如图15-17所示。

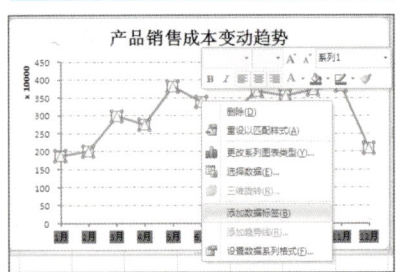

图15-16

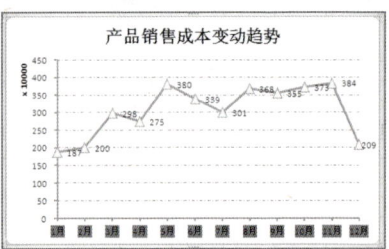

图15-17

文件127 产品成本降低完成情况分析

在已知上年平均单位成本和本年计划产量的情况下,可以制定本年的成本计划,并设置公式计算出本年计划总成本、计划成本的降低额,以及成本降低率,还可以在Excel中使用图表进行比较分析。

制作要点与设计效果图

- SUM函数
- AVERAGE函数
- 插入文本框

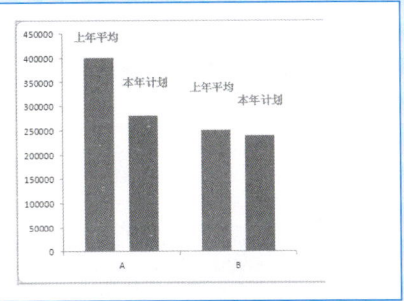

文件设计过程

步骤1：设置公式

① 在E4单元格中输入公式“=B4*C4”，按回车键，然后复制公式到单元格E5，计算两种产品上年平均总成本，如图15-18所示。

E4　=B4*C4

同类产品成本降低计划完成情况分析					
产品名称	计划产量（件）	单位成本（元）		总成本（元）	
		上年平均	本年计划	上年平均	本年计划
A	2000	200	140	400000	
B	1000	250	240	250000	

图15-18

② 将F4单元格中输入公式“=B4*D4”，按回车键后复制公式至F5单元格，计算本年计划总成本数，如图15-19所示。

F4　=B4*D4

同类产品成本降低计划完成情况分析					
产品名称	计划产量（件）	单位成本（元）		总成本（元）	
		上年平均	本年计划	上年平均	本年计划
A	2000	200	140	400000	280000
B	1000	250	240	250000	240000

图15-19

③ 在G4单元格中输入公式“=E4-F4”，按回车键，向下复制公式至G5单元格，计算计划成本的降低额，如图15-20所示。

G4　=E4-F4

同类产品成本降低计划完成情况分析						
产品名称	计划产量（件）	单位成本（元）		总成本（元）		计划降
		上年平均	本年计划	上年平均	本年计划	降低额（元）
A	2000	200	140	400000	280000	120000
B	1000	250	240	250000	240000	10000

图15-20

④ 在H4单元格中输入公式“=G4/E4*100”，按回车键，向下复制公式至H5，计算计划成本降低率，如图15-21所示。

H4　=G4/E4*100

同类产品成本降低计划完成情况分析							
产品名称	计划产量（件）	单位成本（元）		总成本（元）		计划降低任务	
		上年平均	本年计划	上年平均	本年计划	降低额（元）	降低率（%）
A	2000	200	140	400000	280000	120000	30.00
B	1000	250	240	250000	240000	10000	4.00

图15-21

⑤ 在E6单元格中输入公式"=SUM(E4:E5)",按回车键,向右复制公式至单元格G6,计算上年、本年总成本以及降低额合计,如图15-22所示。

⑥ 在H6单元格汇总输入公式"=AVERAGE(H4:H5)",计算平均降低率,如图15-23所示。

图15-22

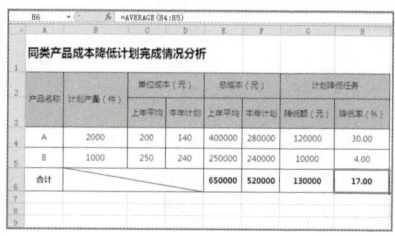

图15-23

步骤2:创建并设置图表

① 以A、B产品上年平均和本年计划总成本为源数据,创建成本比较柱形图,并进行相关格式设置,如图15-24所示。

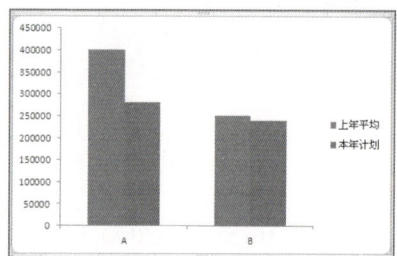

图15-24

② 打开"设置数据点格式"对话框,选择"系列选项"标签,在右侧设置"系列层叠",如图15-25所示。

③ 删除图表中的图例项,使用文本框在系列的上方标识出系列,得到图表的最终效果,如

图15-26所示。

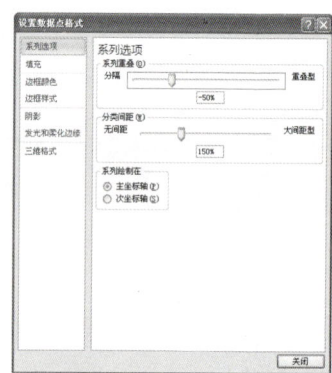

图15-25

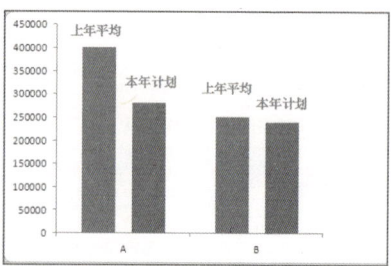

图15-26

第15章 销售成本、费用

文件128 产品单位成本升降分析

在Excel中使用公式计算并用柱形图分析影响生产成本的各个项目的变化情况。

制作要点与设计效果图

- ABS函数
- 设置公式
- 创建柱形图
- 显示数据标签
- 隐藏数据点
- 设置数据点填充色

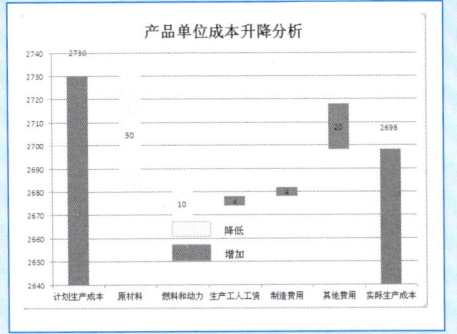

文件设计过程

步骤1：设置公式

① 在D4单元格中输入公式"=B4-C4"，向下复制公式至D8单元格，如图15-27所示。

数额，向右复制公式至D9单元格，计算生产成本和降低额合计数，如图15-28所示。

	A	B	C	D
1			产品单位成本升降分		
2	成本项目	计划成本	实际成本	实际比
3				降低额
4	原材料	2000	1950	50
5	燃料和动力	150	140	10
6	生产工人工资	510	514	-4
7	制造费用	180	184	-4
8	其他费用	140	160	-20

图15-27

	A	B	C	D
1			产品单位成本升降分		
2	成本项目	计划成本	实际成本	实际比
3				降低额
4	原材料	2000	1950	50
5	燃料和动力	150	140	10
6	生产工人工资	510	514	-4
7	制造费用	180	184	-4
8	其他费用	140	160	-20
9	生产成本	2980	2948	32

图15-28

② 在B9单元格中输入公式"=SUM(B4:B8)"，计算计划成本

③ 在E4单元格中输入公式"=D4/B4"，将计算结果设置为百

分比格式，向下复制公式至E9单元格，计算各项目的降低率，如图15-29所示。

[4] 在F4单元格中输入公式"=D4/$B$9"，向下复制公式至F9单元格，并将计算结果设置为百分比格式，如图15-30所示。

图15-29

图15-30

步骤2：创建作图辅助数据表

在A11:D18单元格区域中创建辅助数据表，在C12单元格中输入0，在C13单元格中输入公式"=D4"，向下复制公式至C17单元格。在B13单元格中输入公式"=B12-C13"，复制公式至B18单元格，如图15-31和图15-32所示。

图15-31

图15-32

步骤3：设置工商局计算差异绝对值表

在D12单元格中输入公式"=ABS(C12)"，然后复制公式至D17单元格，如图15-33所示。

图15-33

第15章 销售成本、费用

步骤4：创建图表

1 选择A12:B18、D12:D18单元格区域，单击"插入"选项卡下"图表"选项组中"柱形图"下拉按钮，在下拉菜单中选择一种图表子类型，如图15-34所示。

2 在Excel中创建默认的堆积柱形图，删除图例项，如图15-35所示。

图15-34

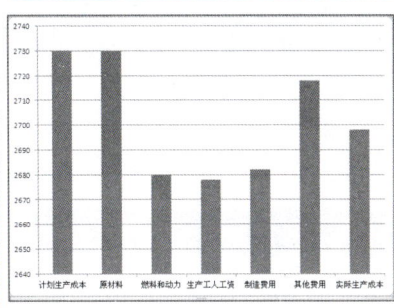

图15-35

步骤5：设置数据标签表

1 显示堆积柱形图的数据标签，将第一个和最后一个数据标签移至数据条上方，删除系列1其余数据点的数据标签，如图15-36所示。

2 依次选中构成成本各个项目的系列1的数据点，设置为无填充色，将这些数据点隐藏起来，只显示变化的值。将系列2中降低的数据点填充为黄色，将增加的数据点填充为红色，如图15-37所示。

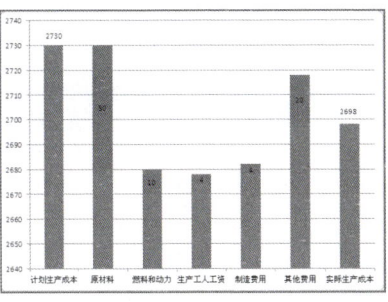

图15-36

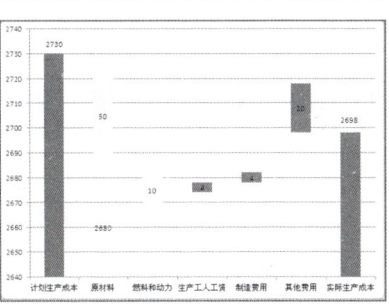

图15-37

3 使用文本框在绘图区中绘制一个颜色填充的说明,得到最终效果,如图15-38所示。

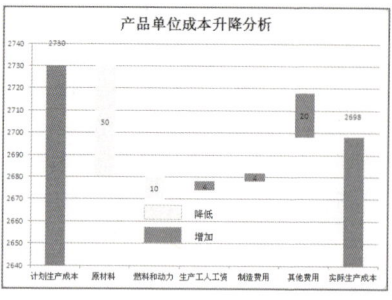

图15-38

文件129 比较不同区域销售成本

在实际工作中,掌握各区域销售成本的高低情况,使用柱形图来比较各地区的销售成本。

制作要点与设计效果图

- 创建条形图
- 设置三维旋转格式
- 设置图表区格式
- 设置坐标轴
- 删除网络线

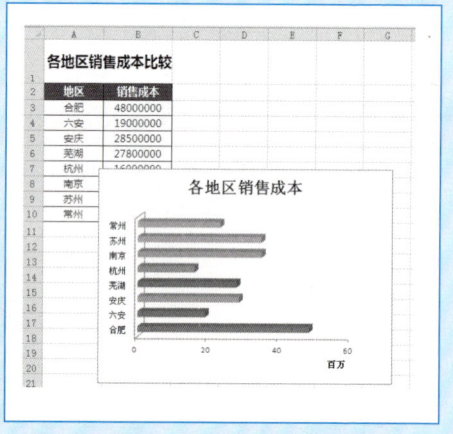

文件设计过程

步骤1:创建柱形图

1 选择A3:B10单元格区域,单击"插入"选项卡下"图表"选项组中"条形图"下拉按钮,在下拉菜单中选择"条形图"的子图表类型,如图15-39所示。

第15章 销售成本、费用

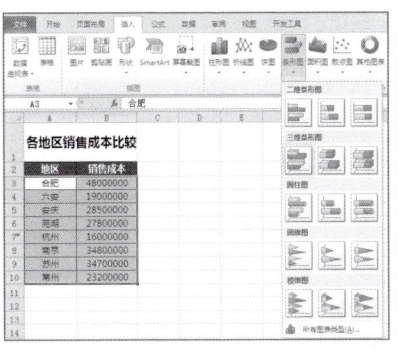

图15-39

②返回工作表中，系统根据选中的数据源和图形样式在工作表中创建条线图，并删除图例，如图15-40所示。

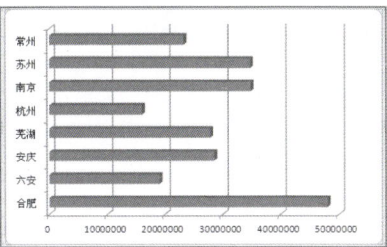

图15-40

步骤2：在坐标轴中显示单位

打开"设置坐标轴格式"对话框，单击"显示单位"下三角按钮，在下拉菜单中选择"百万"选项，如图15-41所示。

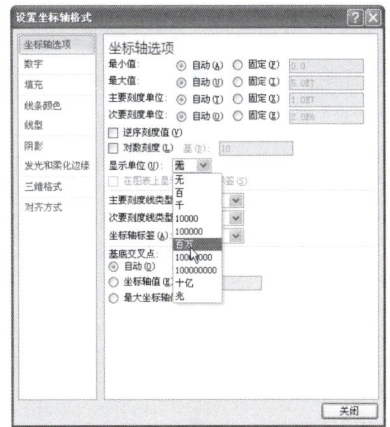

图15-41

步骤3：设置三维深度

①右键单击图表区空白区域，在弹出的菜单中选择"三维旋转"命令，如图15-42所示。

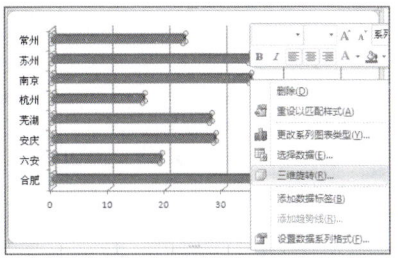

图15-42

②打开"设置图表区格式"对话框,并自动定位到"三维旋转"选项卡,在"图表缩放"选项组中的"深度"框中输入深度值"200",如图15-43所示。

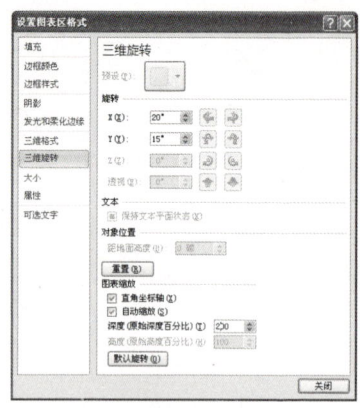

图15-43

步骤4:设置数据系列格式

①右键单击图表数据系列,在弹出的菜单中选择"设置数据系列格式"命令,在"设置数据系列格式"对话框中单击"填充"标签,选中"依数据点着色"复选框,如图15-44所示。

②Excel会自动为图表中的数据点填充不同的颜色,如图15-45所示。

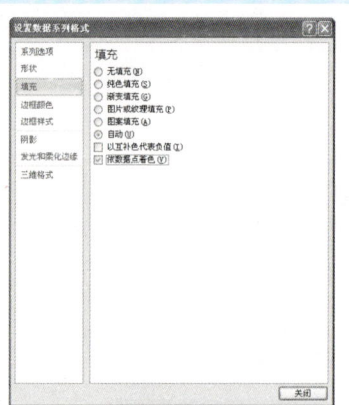

图15-44

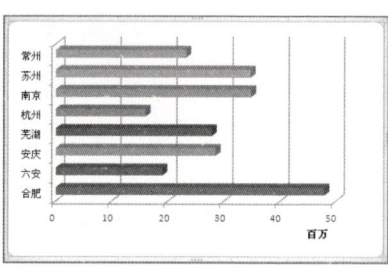

图15-45

步骤5:隐藏横坐标轴和网络线

①双击纵坐标轴打开"设置坐标轴格式"对话框,在"主要刻度线类型"下拉列表中选择"无"选项,如图15-46所示。

第15章 销售成本、费用

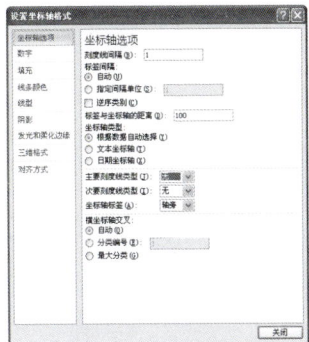

图15-46

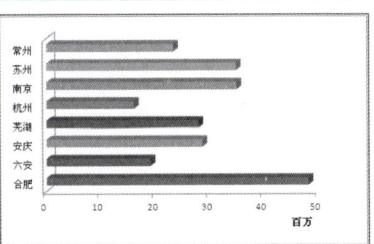

图15-47

"各地区销售成本",得到最终图表的效果,如图15-48所示。

② 单击删除图表中的网络线,按<Delete>键删除网络线,如图15-47所示。

③ 选中"图表"切换到"布局"选项卡,在"标签"选项组单击"图表标题"下拉按钮,在其下拉列表中选择"图表上方"选项,接着在图表中将图表标题更改为

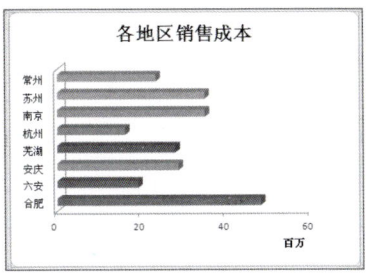

图15-48

文件130　按成本性分析季度成本和费用

成本性分析的目的是揭示成本与业务量之间的内在联系,考查当业务量变动时,与其相应的成本如何变动,从而在数量上具体把握产品成本与生产能力的规律性联系。

制作要点与设计效果图

- HLOOKUP函数
- 创建复合饼图
- 设置第二绘图区值格式
- 设置数据标签
- 显示百分比数据标签

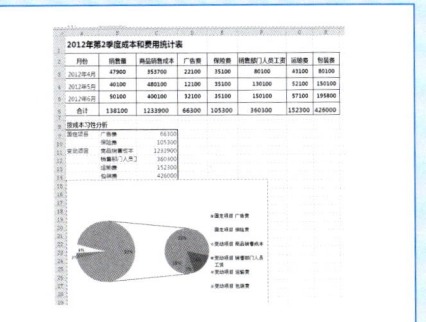

文件设计过程

步骤1：创建表格

1 在原始数据表格下方创建按成本习性分析表格，如图15-49所示。

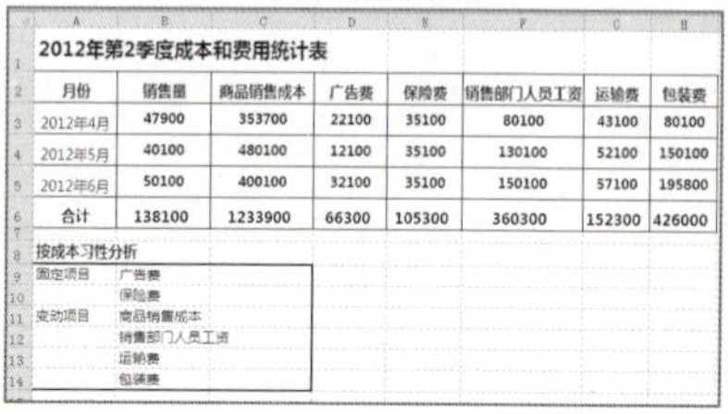

2012年第2季度成本和费用统计表							
月份	销售量	商品销售成本	广告费	保险费	销售部门人员工资	运输费	包装费
2012年4月	47900	353700	22100	35100	80100	43100	80100
2012年5月	40100	480100	12100	35100	130100	52100	150100
2012年6月	50100	400100	32100	35100	150100	57100	195800
合计	138100	1233900	66300	105300	360300	152300	426000

按成本习性分析	
固定项目	广告费
	保险费
变动项目	商品销售成本
	销售部门人员工资
	运输费
	包装费

图15-49

2 在C9单元格中输入公式“=HLOOKUP($B9,$A$2:$H$6,5,FALSE)”，引用第一季度的广告费。向右复制公式至C14，得到其余各项的费用值，如图15-50所示。

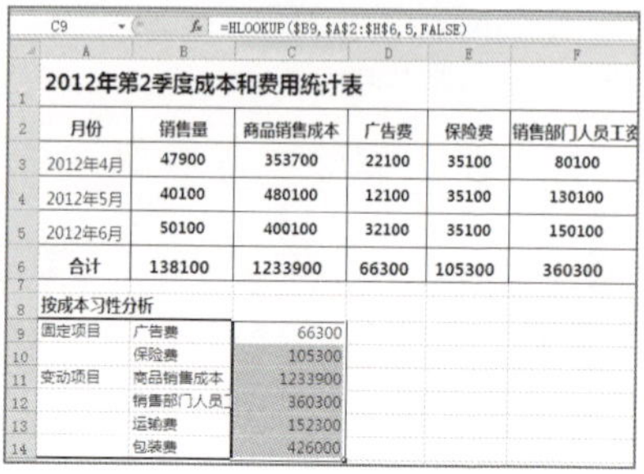

C9 =HLOOKUP($B9,$A$2:$H$6,5,FALSE)

2012年第2季度成本和费用统计表					
月份	销售量	商品销售成本	广告费	保险费	销售部门人员工资
2012年4月	47900	353700	22100	35100	80100
2012年5月	40100	480100	12100	35100	130100
2012年6月	50100	400100	32100	35100	150100
合计	138100	1233900	66300	105300	360300

按成本习性分析		
固定项目	广告费	66300
	保险费	105300
变动项目	商品销售成本	1233900
	销售部门人员工	360300
	运输费	152300
	包装费	426000

图15-50

步骤2：创建饼图

1 选择A9:C14单元格区域，单击“插入”选项卡下“图表”选项组中的“饼图”下拉按钮，在下拉菜单中选择子图表类型，如图15-51所示。

图15-51

2 返工作表中会自动将选中的数据区域中最后两个数据绘制在第二绘图区，如图15-52所示。

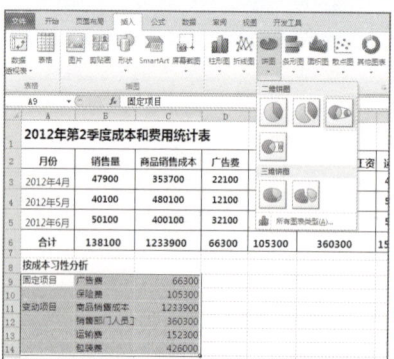

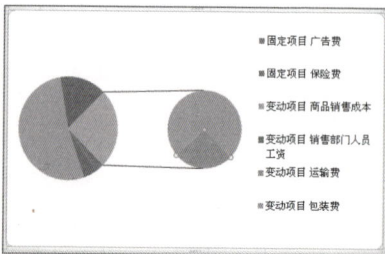

图15-52

步骤3：更改第二绘图区值个数

1 右键单击图表数据系列，在弹出的菜单中单击"设置数据系列格式"命令，打开"设置数据集系列格式"对话框，在"系列选项"区域设置"第二绘图区包含最后一个"值为"4"，如图15-53和图15-54所示。

2 更改第二绘图区值个数，得到最终图表效果，如图15-55所示。

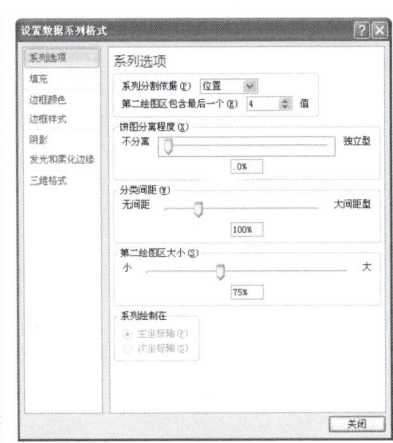

图15-54

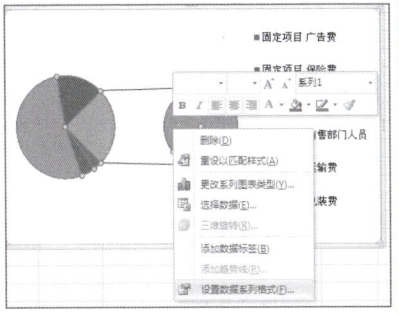

图15-53

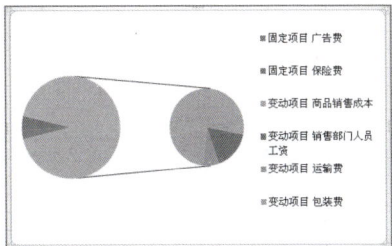

图15-55

步骤4：设置数据标签

1 在"布局"选项卡下"标签"选项组中单击"数据标签"下拉按钮，在下拉菜单中单击"其他数据标签选项"选项，如图15-56所示。

图15-56

2 在弹出的"设置数据标签格式"对话框中选中"百分比"复选框,如图15-57所示。

3 图表会显示每个数据点的百分比数据标签,接着并完善图表得到如图效果,如图15-58所示。

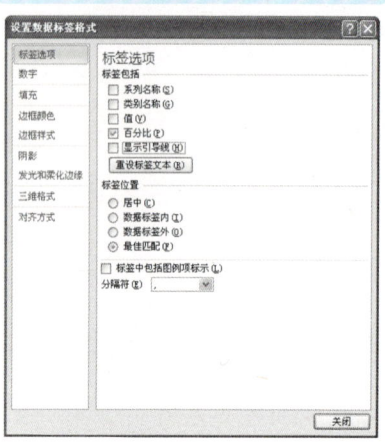

图15-57

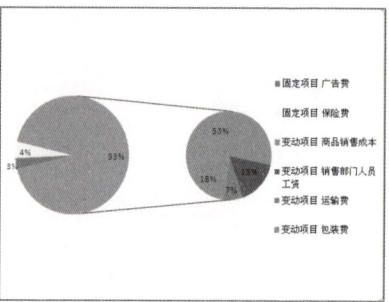

图15-58

文件131 按产品比较单位成本

在Excel中,比较几个量的值时,可以使用条形图进行分析。

制作要点与设计效果图

- 创建柱形图
- 设置坐标轴格式
- 添加数据标签

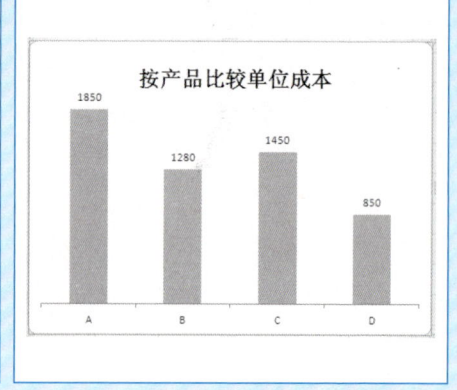

文件132 按季度分析销售成本

可以使用Excel中的复合饼图显示各个季度的销售成本比例，同时显示第四季度各产品的成本占比。

制作要点与设计效果图

- 创建复合饼图
- 设置第二绘图区值
- 添加数据标签

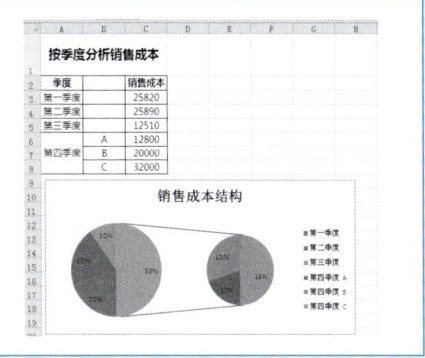

文件133 行业成本费用结果分析

使企业了解自身的成本费用结果率与行业水平的差距，可以对整个行业成本费用结构进行分析。

制作要点与设计效果图

- 创建圆环图
- 添加形状
- 设置数据点填充色

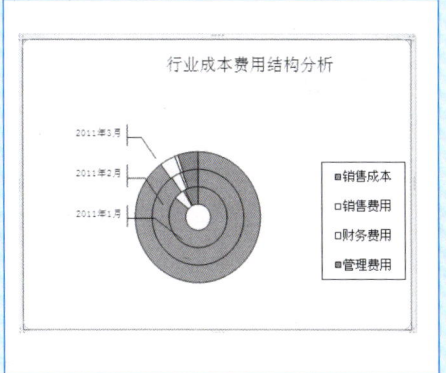

文件134 成本费用收入结构分析

成本费用收入，是指分析销售过程中的销售成本、销售费用、财务费用和管理费用分别占销售收入的比例。

制作要点与设计效果图

- 设置公式
- 复制公式
- 条件格式

	A	B	C	D	E	F
1		行业成本费用收入结构分析				
2						
3		销售收入	销售成本	销售费用	财务费用	管理费用
4	2011年2月	100.00%	85.53%	2.88%	0.79%	4.90%
5	2011年3月	100.00%	85.42%	3.11%	0.70%	4.15%
6	2011年4月	100.00%	91.49%	3.80%	0.94%	5.59%
7		企业内部成本费用收入结构分析				
8						
9		销售收入	销售成本	销售费用	财务费用	管理费用
10	2011年2月	100.00%	83.33%	3.00%	1.67%	5.00%
11	2011年3月	100.00%	88.00%	3.33%	1.33%	3.33%
12	2011年4月	100.00%	92.75%	3.04%	0.72%	2.54%

文件135 比较不同区域销售费用

比较某公司在相同的某个时间段内不同区域的销售费用，可以查看销售费用的占比情况，进行初步的销售费用区域性差异分析和比较。

制作要点与设计效果图

- 创建饼图
- 设置数据标签

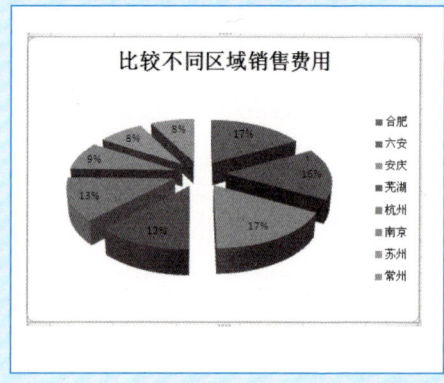

第16章

销售利润

销售利润是企业在其全部销售业务中实现的利润,又称营业利润、经营利润,它包含主营业务利润。销售利润永远是商业经济活动中的行为目标,没有足够的利润企业就无法继续生存,没有足够的利润,企业就无法继续扩大发展。

面对市场激烈的竞争,面对超低利润的产品销售局面,企业一筹莫展。不降价产品就卖不出去,企业更没法生存,价格降下来了,产品销量越来越大,可是利润越来越小,甚至亏本。

企业的销售利润除了受商品销售收入的影响外,还受销售商品的进销差价、税金、商品销售的可变费用和销售环节中的固定费用等因素的影响,通过对销售利润进行分析,可以合理地规避一些影响利润的因素,为实现企业销售利润最大化提供保障。

编号	文件名称	光盘中对应数据源	重要星级
文件136	年度利润表	素材文件\第16章\年度利润表.xls	★★★
文件137	利润总额及构成分析	素材文件\第16章\利润总额及构成分析.xls	★★★★
文件138	分析各月销售利润	素材文件\第16章\分析各月销售利润.xls	★★★
文件139	销售利润变动趋势分析表	素材文件\第16章\销售利润变动趋势分析.xls	★★★
文件140	销售利润相关性分析表	素材文件\第16章\销售利润相关性分析表.xls	★★★★
文件141	比较年度销售利润	素材文件\第16章\比较年度销售利润.xls	★★★★
文件142	产品单位利润比较图	素材文件\第16章\产品单位利润比较图.xls	★★★
文件143	产品利润趋势变动图	素材文件\第16章\产品利润趋势变动图.xls	★★★
文件144	产品利润完成情况分析	素材文件\第16章\产品利润完成情况分析.xls	★★★
文件145	利润表比率分析	素材文件\第16章\利润表比率分析.xls	★★★

文件136　年度利润表

利润表是反映企业在一定会计期间经营成果的报表。例如，反映1月1日至12月31日经营成果的利润表，由于它反映的是某一期间的情况，所以又称为动态报表。有时，利润表也称为损益表、收益表。

制作要点与设计效果图

- 设置公式
- 输入公式
- 复制公式

文件设计过程

步骤1：创建表格

新建一个工作簿，在工作表中输入利润表的相关数据并对表格进行边框和底纹设置，如图16-1所示。

图16-1

步骤2：设置公式计算利润

①在B7单元格中输入公式"=B4-B5-B6"，然后复制公式至C7单元格，计算主营业务利润，如图16-2所示。

C7 =C4-C5-C6

利润表

单位：万元

项目	上年数	本年数
主营业务收入	120000	140000
减：主营业务成本	50000	54000
主营业务税金及附加	25000	28000
主营业务利润	45000	58000
加：其他业务利润	8000	10000
减：管理费用	4000	5000
财务费用	1000	800

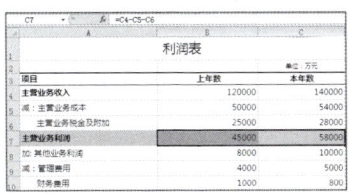

图16-2

2 在B11单元格中输入公式“=B7+B8-B9-B10”，然后复制公式至C11单元格，计算营业利润，如图16-3所示。

B11 =B7+B8-B9-B10

利润表

单位：万元

项目	上年数	本年数
主营业务收入	120000	140000
减：主营业务成本	50000	54000
主营业务税金及附加	25000	28000
主营业务利润	45000	58000
加：其他业务利润	8000	10000
减：管理费用	4000	5000
财务费用	1000	800
营业利润	48000	62200
加：投资净收益	1500	1890

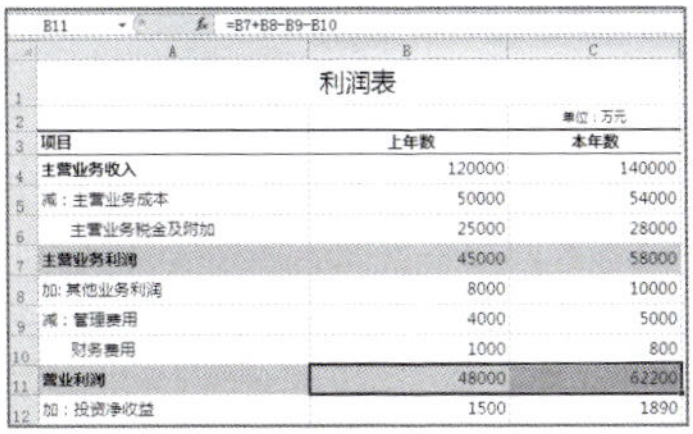

图16-3

3 在B14单元格中输入公式“=B11+B12+B13”，然后复制公式至C14单元格，计算利润总额，如图16-4所示。

B14 =B11+B12+B13

利润表

单位：万元

项目	上年数	本年数
主营业务收入	120000	140000
减：主营业务成本	50000	54000
主营业务税金及附加	25000	28000
主营业务利润	45000	58000
加：其他业务利润	8000	10000
减：管理费用	4000	5000
财务费用	1000	800
营业利润	48000	62200
加：投资净收益	1500	1890
营业外收支净额	0	0
利润总额	49500	64090
减：所得税	120	132

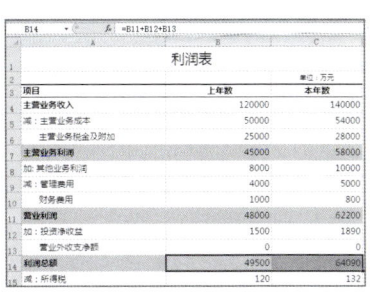

图16-4

4 在B16单元格中输入公式“=B14-B15”，然后复制公式至C16单元格，计算净利润，如图16-5所示。

B16 =B14-B15

利润表

单位：万元

项目	上年数	本年数
主营业务收入	120000	140000
减：主营业务成本	50000	54000
主营业务税金及附加	25000	28000
主营业务利润	45000	58000
加：其他业务利润	8000	10000
减：管理费用	4000	5000
财务费用	1000	800
营业利润	48000	62200
加：投资净收益	1500	1890
营业外收支净额	0	0
利润总额	49500	64090
减：所得税	120	132
净利润	49380	63958

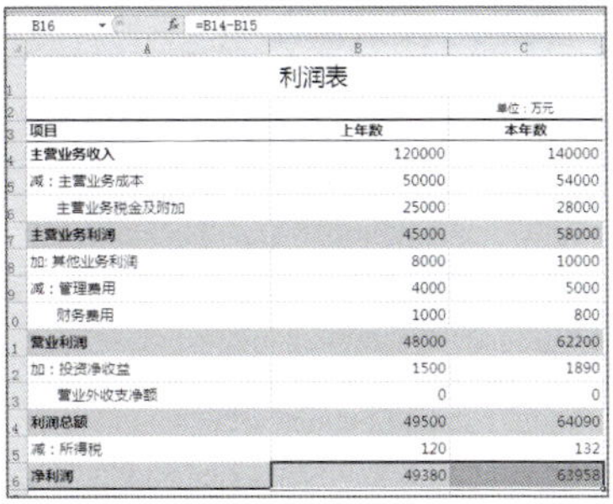

图16-5

文件137 利润总额及构成分析

在Excel中可以使用圆环图形进行多个系列的结构分析。

制作要点与设计效果图

- 使用序列填充日期
- SUMIF函数
- 创建折线图
- 删除图例
- 更改图标数据源区域
- 设置坐标轴格式

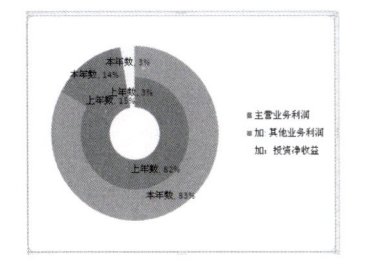

文件设计过程

步骤1：定义名称

选择A3:C16单元格区域，在“名称框”中输入名称“can”，然后按回车键，如图16-6所示。

can　项目

利润表

单位：万元

项目	上年数	本年数
主营业务收入	120000	140000
减：主营业务成本	50000	54000
主营业务税金及附加	25000	28000
主营业务利润	45000	58000
加：其他业务利润	8000	10000
减：管理费用	4000	5000
财务费用	1000	800
营业利润	48000	62200
加：投资净收益	1500	1890
营业外收支净额	0	0
利润总额	49500	64090
减：所得税	120	132
净利润	49380	63958

图16-6

步骤2：创建表格润

将工作表标签Sheet2更改为“利润构成分析”，在工作表中创建利润总额构成分析表格，如图16-7所示。

利润总额构成分析

项目	上年数	本年数	增长数
主营业务利润			
加：其他业务利润			
加：投资净收益			
利润总额			

利润表　利润构成分析　Sheet3

图16-7

步骤3：设置公式

1 在B3单元格中输入公式“=VLOOKUP(A3,can,2,FALSE)”，按回车键，向下复制公式至B6单元格，如图16-8所示。

B3　=VLOOKUP(A3, can, 2, FALSE)

利润总额构成分析

项目	上年数	本年数	增长数
主营业务利润	45000		
加：其他业务利润	8000		
加：投资净收益	1500		
利润总额	49500		

图16-8

2 在C3单元格中输入公式“=VLOOKUP(A3,can,3,FALSE)”，然后复制公式至C6单元格，如图16-9所示。

C3　=VLOOKUP(A3, can, 3, FALSE)

利润总额构成分析

项目	上年数	本年数	增长数
主营业务利润	45000	58000	
加：其他业务利润	8000	10000	
加：投资净收益	1500	1890	
利润总额	49500	64090	

图16-9

第16章 销售利润

3 在D3单元格中输入公式"=C3-B3",然后复制公式至D6单元格,如图16-10所示。

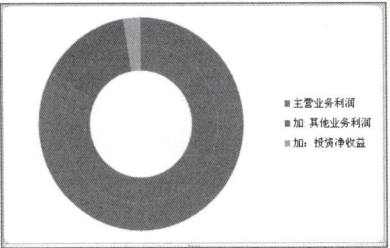

图16-10

步骤4:创建图表

1 选择A2:C5单元格区域,单击"插入"选项卡下"图表"选项组中"其他图表"下拉按钮,在下拉菜单中选择"圆环图"子图表类型,如图16-11所示。

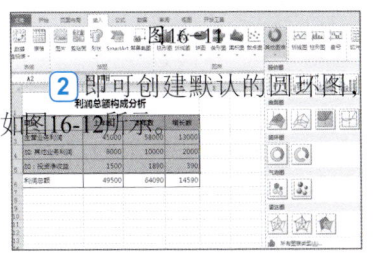

2 即可创建默认的圆环图,如图16-12所示。

图16-12

步骤5:设置数据系列格式

1 打开"设置数据系列格式"对话框,在对话框中拖动"圆环图内径大小"的滑块至30%处,如图16-13所示。

2 接着将图表中的数据点填充为合适的颜色,如图16-14所示。

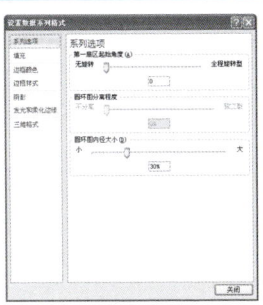

图16-13

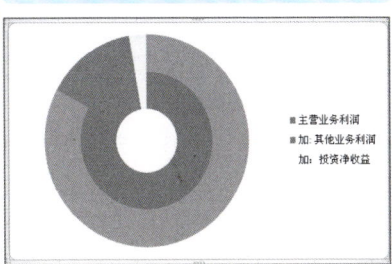

图16-14

257

步骤6：设置数据标签

① 单击"布局"选项卡下"标签"选项组中的"数据标签"下拉按钮，在下拉菜单中单击"其他数据标签选项"选项，打开"设置数据标签格式"对话框，在对话框中选中"系列名称"、"百分比"复选框，如图16-15和图16-16所示。

② 图表中的"上年数"系列将在数据标签中显示系列名称和百分比，如图16-17所示。

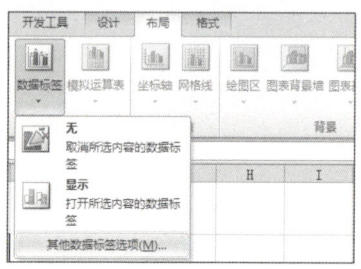

图16-15

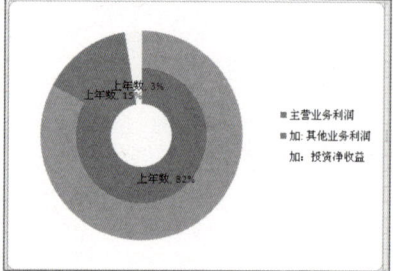

图16-17

③ 使用相同的方法，显示"本年数"系列的系列名称和百分比标签，如图16-18所示。

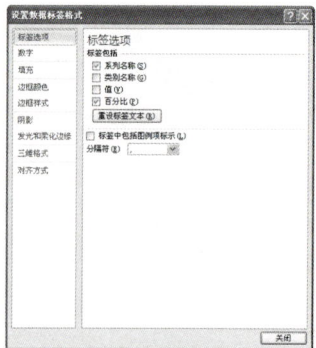

图16-16

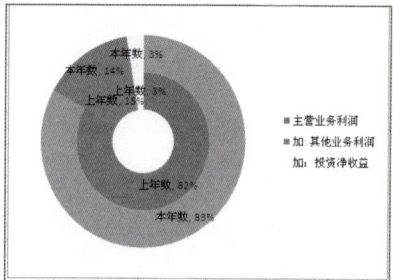

图16-18

文件138 分析各月销售利润

如果知晓一年中企业各个月份的销售收入、销售成本、销售费用和销售税金，可以计算出年度各月的销售利润并对销售利润进行排名。还可以创建图表分析销售利润的结构比例。

第16章 销售利润

制作要点与设计效果图

- 设置公式
- 创建分离型饼图
- 调整图例大小
- 设置第一扇区起始角度

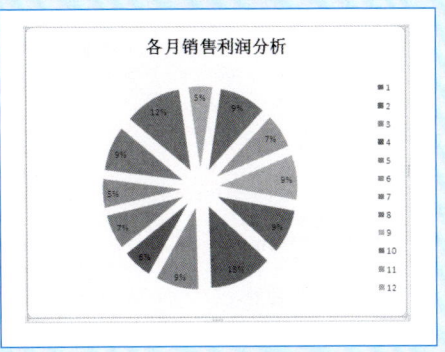

文件设计过程

步骤1：计算销售利润

1 打开"销售利润统计表"工作表，选中G3单元格，在公式编辑栏中输入公式"=C3-D3-E3-F3"，按Enter键后向下填充至G14，即可计算出各月的销售利润，如图16-19所示。

2 选中H3单元格在公式编辑栏中输入公式"=RANK(F3,$F$3:$F$14)"，按Enter键后向下复制公式至H14，即可计算出各个月份销售利润的排名，如图16-20所示。

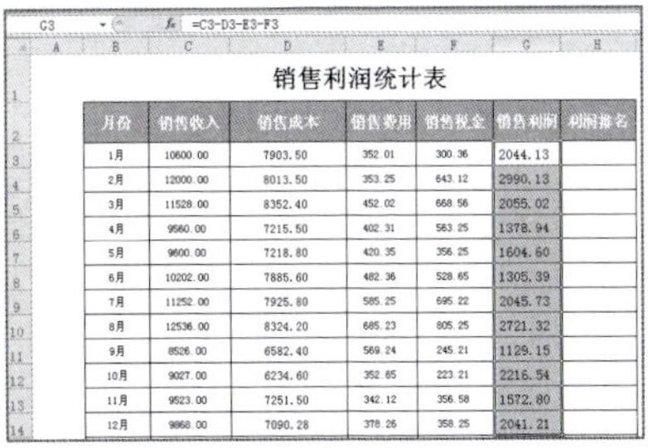

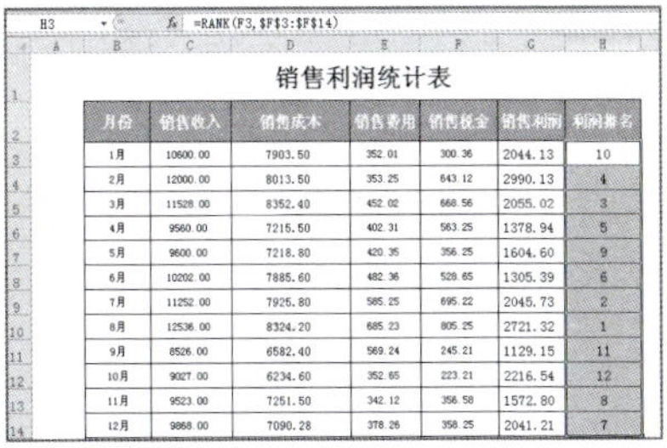

图16-19

图16-20

步骤2：创建饼图

1 选中G2:G14单元格区域，切换到"插入"选项卡，在"图表"选项组单击"饼图"下拉按钮，在其下拉列表中选择"分离型饼图"图表类型，如图16-21所示。

259

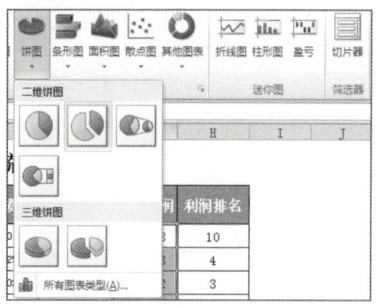

图16-21

2 Excel会根据当前选择区域的数据源创建分离型饼图，如图16-22所示。

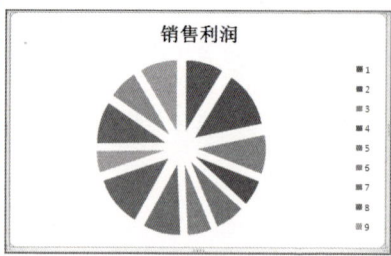

图16-22

步骤3：编辑图表

1 打开"设置数据标签格式"对话框，在"标签包括"列表中取消选中"值"复选框，接着选中"百分比"复选框，单击"关闭"按钮，如图16-23所示。

区，将利润的比例从相对较高的扇区显示在图表的上方，接着将图表标题更改为"各月销售利润分析"，并设置绘图区的颜色填充，如图16-25所示。

图16-23

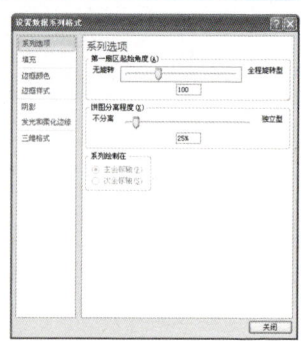

图16-24

2 打开"设置数据系列格式"对话框，在"系列选项"区域中设置"第一扇区起始角度"为"100"。单击"关闭"按钮，如图16-24所示。

3 返回工作表中，即可看到图表将从120度的位置显示第一扇

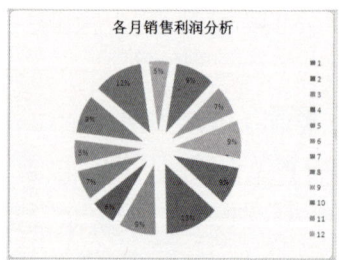

图16-25

文件139 销售利润变动趋势分析

如果需要将销售利润与销售收入、销售成本的变动趋势进行比较，可以在图表中添加相应的系列，并可以添加趋势线对销售利润进行预测。

制作要点与设计效果图

- 创建数据点折线图
- 添加数据系列
- 添加趋势性
- 显示趋势性公式

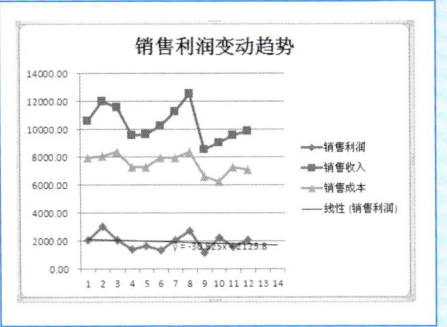

文件设计过程

步骤1：创建折线图

1 打开"销售利润变动趋势"工作表，选中G2:G14单元格区域，切换到"插入"选项卡，在"图表"选项组单击"折线图"下拉按钮，在其下拉列表中选择"数据点折线图"图表类型，如图16-26所示。

2 返回工作表中，系统即可依据销售利润系列为数据源创建折线图，如图16-27所示。

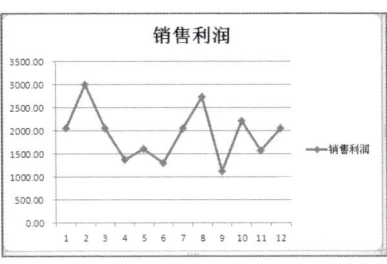

图16-26　　　　　　　　图16-27

步骤2：添加数据系列

①选中图表，切换到"设计"选项卡，在"数据"选项组单击"选择数据"选项，打开"选择数据源"对话框，单击"添加"按钮，如图16-28所示。

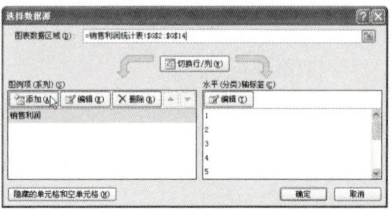

图16-28

②打开"编辑数据系列"对话框，设置"系列名称"为C2，设置"系列值"为C3:C14。单击"确定"按钮，如图16-29所示。

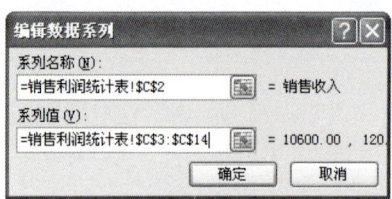

图16-29

③返回"选择数据源"对话框，再次打开"编辑数据系列"对话框，设置"系列名称"为D2，设置"系列值"为D3:D14，单击"确定"按钮，如图16-30所示。

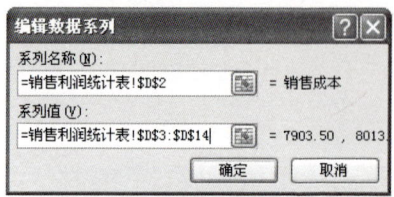

图16-30

④返回"选择数据源"对话框，可以看到添加了"销售收入"和"销售成本"数据系列，如图16-31所示。

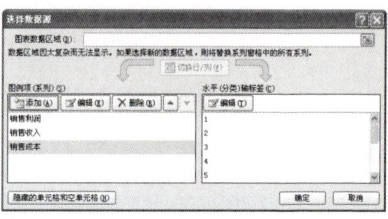

图16-31

⑤返回工作表中，即可为图表添加"销售收入"和"销售成本"两个数据系列，如图16-32所示。

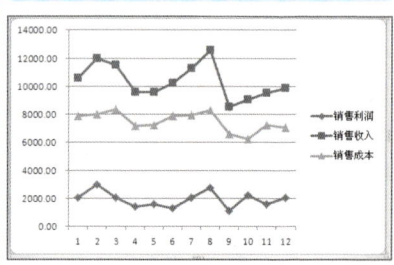

图16-32

步骤3：添加趋势性

①选中"销售利润"数据系列，切换到"布局"选项卡，在"分析"选项组单击"趋势性"下拉按钮，在其下拉列表中选择"线性趋势性"选项，如图16-33所示。

第16章 销售利润

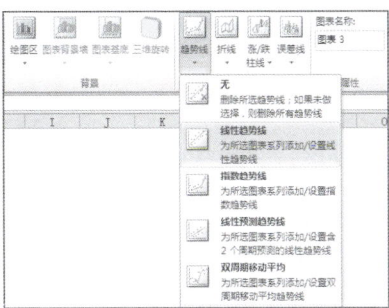

图16-33

2 打开"设置趋势性格式"对话框,在"趋势预测"列表中的"前推"文本框中输入"2",接着选中"显示公式"复选框。单击"关闭"按钮,如图16-34所示。

3 返回工作表中,即可显示出趋势线的公式,为图表添加标题,重新输入标题为"销售利润变动趋势",图表制作基本完成,如图16-35所示。

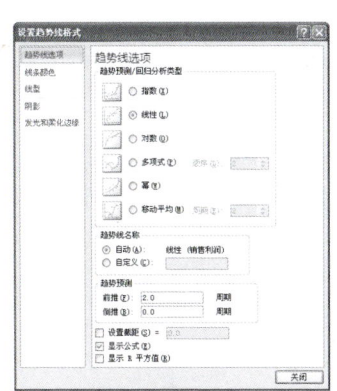

图16-34

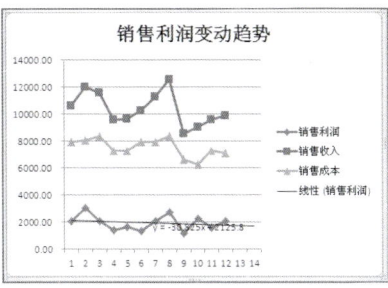

图16-35

文件140 销售利润相关性分析表

创建一个销售利润因素分析表,使用Excel中的回归函数以及相关系数计算函数,可以计算出利润和各个因素之间的回归方程。

制作要点与设计效果图

- LINEST函数
- CONCATENATE函数
- COREEL函数
- IF函数

文件设计过程

步骤1：创建图表

1 复制"销售利润统计表"并重命名工作名"销售利润相关性分析表"，接着在表格下方创建销售利润相关性分析表，如图16-36所示。

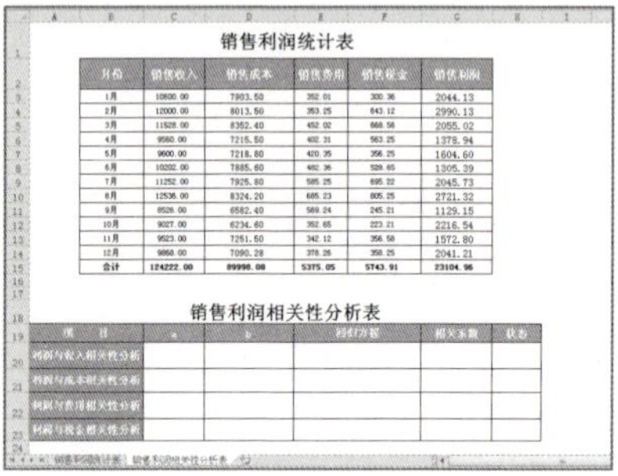

2 选中C20:D20单元格区域，在公式编辑栏中输入公式"=LINEST(G3:G14,C3:C14)"按"Ctrl+Shift+Enter"组合键，返回利润和收入的线性回归方程的参数a和b，如图16-37所示。

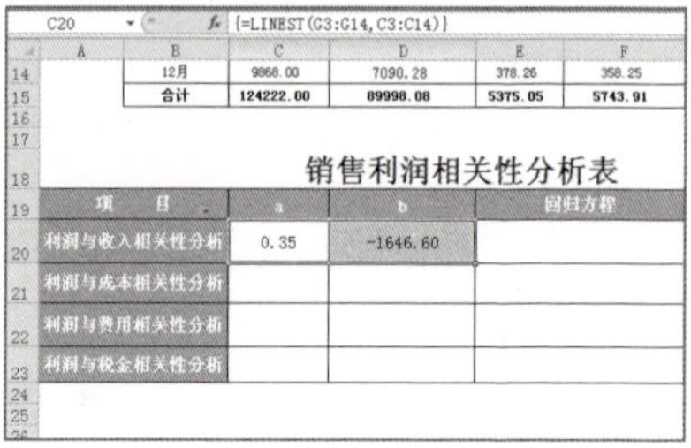

图16-36

图16-37

步骤2：添加数据系列

1 选中C21:D21单元格区域，在公式编辑栏中输入公式"=LINEST(G3:G14,D3:D14)"按"Ctrl+Shift+Enter"组合键，返回利润和收入的线性回归方程的参数a和b，如图16-38所示。

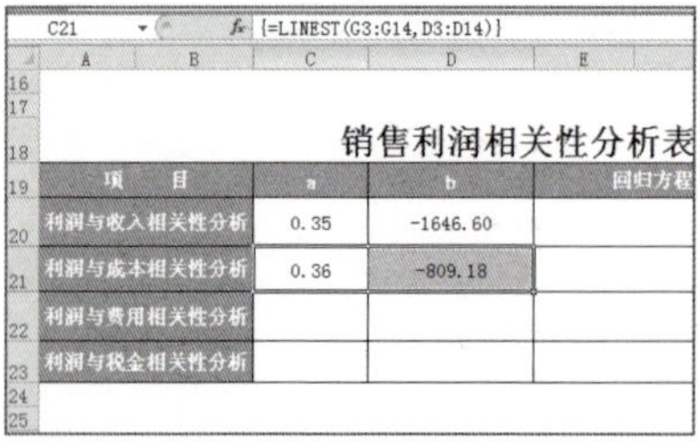

"=LINEST(G3:G14,E3:E14)"按"Ctrl+Shift+Enter"组合键，返回利润和收入的线性回归方程的参数a和b，如图16-39所示。

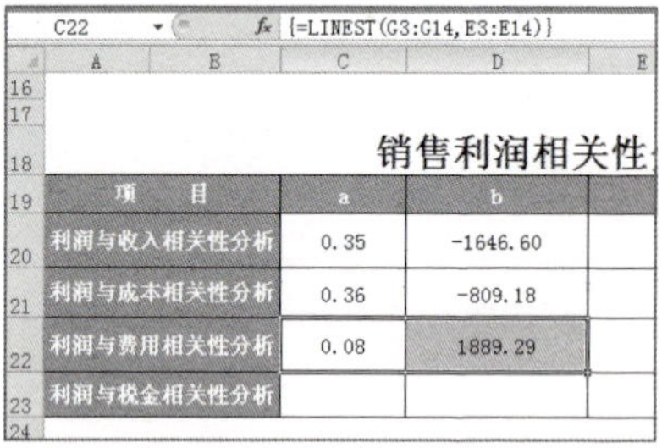

图16-38

图16-39

3 选中C23:D23单元格区域，在公式编辑栏中输入公式"=LINEST(G3:G14,F3:F14)"按"Ctrl+Shift+Enter"组合键，返回

2 选中C22:D22单元格区域，在公式编辑栏中输入公式

利润和收入的线性回归方程的参数a和b，如图16-40所示。

C23 {=LINEST(G3:G14,F3:F14)}

销售利润相关性分析表

项目	a	b	回归方程
利润与收入相关性分析	0.35	-1646.60	
利润与成本相关性分析	0.36	-809.18	
利润与费用相关性分析	0.08	1889.29	
利润与税金相关性分析	1.34	1282.43	

图16-40

4 选中E20单元格，在个公式编辑栏中输入公式“=CONCATENATE(“Y=”,TEXT(B20,”0.00”),”X+”,TEXT(C20,”0.00”))”按Enter键后向下填充公式，生成各个不同组合项目的线性回归方程，如图16-41所示。

E20 =CONCATENATE("Y=",TEXT(B20,"0.00"),"X+",TEXT(C20,"0.00"))

合计 124222.00 89998.08 5375.05 5743.91 23104.96

销售利润相关性分析表

项目	a	b	回归方程	相关系数
利润与收入相关性分析	0.35	-1646.60	Y=0.00X+0.35	
利润与成本相关性分析	0.36	-809.18	Y=0.00X+0.36	
利润与费用相关性分析	0.08	1889.29	Y=0.00X+0.08	
利润与税金相关性分析	1.34	1282.43	Y=0.00X+1.34	

图16-41

5 选中G20单元格，在个公式编辑栏中输入公式“=CORREL(G3:G14,C3:C14)”，按Enter键后从结果可以得到当前数据所显示的销售利润与销售收入具有显著的相关性，如图16-42所示。

G20 =CORREL(G3:G14,C3:C14)

合计 124222.00 89998.08 5375.05 5743.91 23104.96

销售利润相关性分析表

项目	a	b	回归方程	相关系数	状态
利润与收入相关性分析	0.35	-1646.60	Y=0.00X+0.35	0.764671725	
利润与成本相关性分析	0.36	-809.18	Y=0.00X+0.36		
利润与费用相关性分析	0.08	1889.29	Y=0.00X+0.08		
利润与税金相关性分析	1.34	1282.43	Y=0.00X+1.34		

图16-42

6 选中G21单元格，在个公式编辑栏中输入公式“=CORREL(G3:G14,D3:D14)”，按Enter键后从结果可以得到当前数据所显示的销售利润与销售成本具有显著的相关性，如图16-43所示。

G21 =CORREL(G3:G14,D3:D14)

合计 124222.00 89998.08 5375.05 5743.91 23104.96

销售利润相关性分析表

项目	a	b	回归方程	相关系数	状态
利润与收入相关性分析	0.35	-1646.60	Y=0.00X+0.35	0.764671725	
利润与成本相关性分析	0.36	-809.18	Y=0.00X+0.36	0.43842666	
利润与费用相关性分析	0.08	1889.29	Y=0.00X+0.08		
利润与税金相关性分析	1.34	1282.43	Y=0.00X+1.34		

图16-43

7 在G22、G23单元格中分别输入公式，即可从显示的结果中得到销售利润与销售税金之间的相关性，如图16-44所示。

G22 =CORREL(G3:G14,E3:E14)

合计 124222.00 89998.08 5375.05 5743.91 23104.96

销售利润相关性分析表

项目	a	b	回归方程	相关系数	状态
利润与收入相关性分析	0.35	-1646.60	Y=0.00X+0.35	0.764671725	
利润与成本相关性分析	0.36	-809.18	Y=0.00X+0.36	0.43842666	
利润与费用相关性分析	0.08	1889.29	Y=0.00X+0.08	0.016070956	
利润与税金相关性分析	1.34	1282.43	Y=0.00X+1.34	0.469608578	

图16-44

8 选中H20单元格，在个公式编辑栏中输入公式“=IF(ABS(G20)<0.5,”异常”,”正常”)”，按Enter键后向下填充公式，根据相关性数值判断当前数据表现是否正常，如图16-45所示。

H20 =IF(ABS(G20)<0.5,"异常","正常")

合计 124222.00 89998.08 5375.05 5743.91 23104.96

销售利润相关性分析表

项目	a	b	回归方程	相关系数	状态
利润与收入相关性分析	0.35	-1646.60	Y=0.00X+0.35	0.764671725	正常
利润与成本相关性分析	0.36	-809.18	Y=0.00X+0.36	0.43842666	异常
利润与费用相关性分析	0.08	1889.29	Y=0.00X+0.08	0.016070956	异常
利润与税金相关性分析	1.34	1282.43	Y=0.00X+1.34	0.469608578	异常

图16-45

文件141　比较年度销售利润

为了比较本年度与上年度间的销售利润的增长情况，可以计算出销售利润以及增减比例后并使用图表直观显示出利润的增减值。

制作要点与设计效果图

- 创建混合图表
- 更改图例位置
- 隐藏纵坐标和网格线

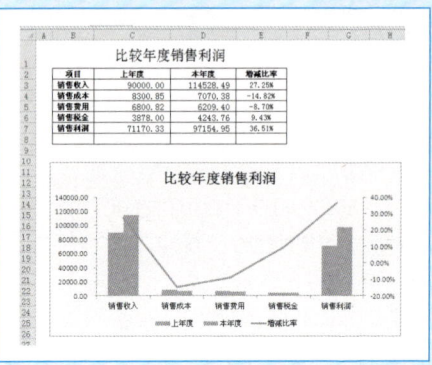

文件142　产品单位利润比较图

通过对产品单位利润进行比较，可以反映在产量或销量相同的情况下，生产或销售哪些产品能够为企业带来更多的利润。

制作要点与设计效果图

- 定义名称
- 计算公式
- 设置条件格式

第16章 销售利润

文件143　产品利润趋势变动图

为了反映成本利润率的变动趋势，可以通过计算各月的成本利润率并使用折线图分析。

制作要点与设计效果图

- 创建带数据点折线图
- 设置图表格式
- 添加趋势线
- 设置趋势线格式

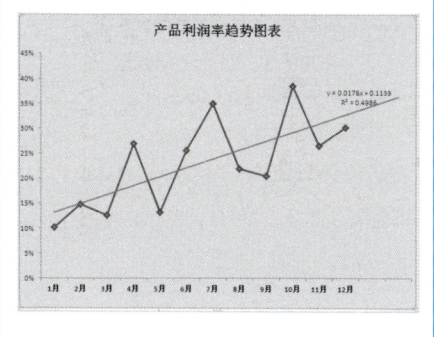

文件144　产品利润完成情况分析

在Excel中，可以使用条件格式突出显示完成计划利润的产品。

制作要点与设计效果图

- 设置单元格格式
- 条件格式

各产品利润完成情况表

单位：万元

产品名称	上年实际数		本年计划数		本年实际数	
	利润额	成本利润率（%）	利润额	成本利润率（%）	利润额	成本利润率（%）
A	18000	12.85	19000	15.75	14550	10.6
B	16665	8.76	13465	14.76	23950	14.78
C	17688	13.56	20826	12.28	16500	10.31
合计	52353	11.72	53291	14.26	55000	11.90

文件145 利润表比率分析

利润表比率分析主要分析企业的赢利能力和成本费用消化能力。

制作要点与设计效果图

- 输入公式
- 设置数据百分比格式

利润表比率分析

分析指标	值
主营业务利润率	38%
主营业务成本利润率	90%
主营业务税金及附加利润率	21%
主营业务成本率	42%
管理费用率	3%
财务费用率	1%
成本、费用利润率	90%

第17章
销售业绩透视分析

　　销售业绩是指开展销售业务后实现销售净收入的结果。企业会通过高效果和高效率的利用有限的资源来达成企业目的。对于公司的销售人员,销售业绩的好坏除了关系整个公司的利润外,还关系到销售员自身各月收入的高低。所以销售人员则必须具有综合的分析能力,在得到公司或者上司对你的业绩分配以后,将销售量再逐步分解和跟踪。

　　企业应定期对某一段时间内销售员所取得的销售业绩进行整理、分类和统计,并对这些数据进行加工、分析,找出隐藏在数据后面的信息,为企业加强对销售员的培养,增加企业总销售业绩提供数据分析和依据。

编号	文件名称	光盘中对应数据源	重要星级
文件146	各销售员销售业绩	素材文件\第17章\各销售员销售业绩.xls	★★★
文件147	销售员业绩情况分析	素材文件\第17章\销售员业绩情况分析.xls	★★★★
文件148	年度销售业绩区间分析	素材文件\第17章\年度销售业绩区间分析.xls	★★★
文件149	销售员各月销售提成计算	素材文件\第17章\销售员各月销售提成计算.xls	★★★
文件150	销售额和运费透视分析	素材文件\第17章\销售额和运费透视分析.xls	★★★★
文件151	年度销售员业绩及占比分析	素材文件\第17章\年度销售员业绩及占比分析.xls	★★★
文件152	各单位销售业绩排名	素材文件\第17章\各单位销售业绩排名.xls	★★★
文件153	销售员销量和每单平均销量统计	素材文件\第17章\销售员销量和每单平均销量统计.xls	★★★
文件154	不同区域销售业绩差异分析	素材文件\第17章\不同区域销售业绩差异分析票.xls	★★★
文件155	不同等级销售业绩占比分析	素材文件\第17章\不同等级销售业绩占比分析.xls	★★★★

文件146 各销售员销售业绩

使用Excel中的数据透视表，不仅可以统计出各销售员的销售额，还可以统计出各销售员的平均销售额、最大销售额及最小销售额等数据。

制作要点与设计效果图

- 创建数据透视表
- 自定义自动名称
- 更改值字段汇总方式

	A	B	C	D	E
1					
2			比较销售员销售业绩		
3	行标签	合计销售额	平均销售额	最大销售额	最小销售额
4	何玲玲	7,502,421.91	14,075.84	186,010.00	185.50
5	李丽丽	7,150,934.41	15,312.49	216,150.00	354.43
6	刘非	2,669,130.25	24,945.14	152,110.00	258.00
7	罗金金	951,384.58	22,125.22	71,504.40	1,078.00
8	唐刘云	2,090,362.29	35,429.87	159,410.00	1,178.80
9	王荣	4,758,824.03	11,808.50	159,844.60	216.00
10	周国菊	7,915,098.52	14,470.02	478,000.00	123.35
11	总计	33,038,155.99	15,302.53	478,000.00	123.35
12					
13					

文件设计过程

步骤1：创建数据透视表

1 选中数据表区域内任意单元格，单击"插入"选项卡下"表格"选项组中的"数据透视表"下拉按钮，在下拉菜单中选择"数据透视表"选项，如图17-1所示。

据区域，在"选择放置数据透视表的位置"选项组中单击选中"新工作表"单选按钮，单击"确定"按钮，如图17-2所示。

图17-1

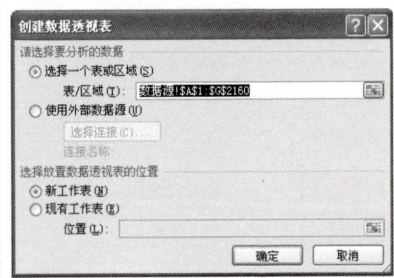

图17-2

2 打开"创建数据透视表"对话框，在对话框中保留默认的数

3 在"数据透视表字段列表"窗格中将"销售员"字段拖

第17章 销售业绩透视分析

动到"行标签"区域，将"销售额"字段重复拖至"数值"区域，如图17-3所示。

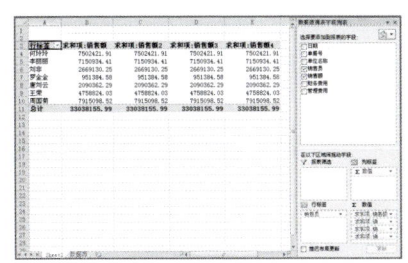

图17-3

步骤2：更改字段名称和汇总方式

[1] 单击"求和项：销售额2"字段右侧的下三角按钮，单击"值字段设置"命令，在"计算类型"列表框中单击"平均值"选项，在"自定义名称"框中输入"平均销售额"，单击"确定"按钮，如图17-4和图17-5所示。

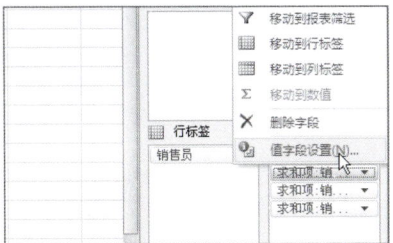

图17-4

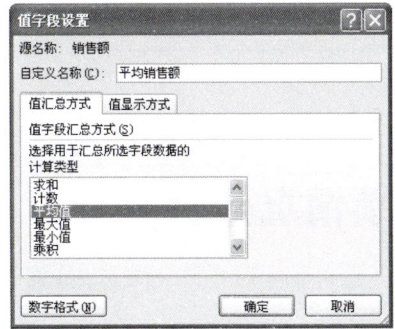

图17-5

[2] 单击"求和项：销售额3"字段右侧的下三角按钮，单击"值字段设置"命令，在"计算类型"列表框中单击"最大值"选项，在"自定义名称"框中输入"最大销售额"，单击"确定"按钮，如图17-6所示。

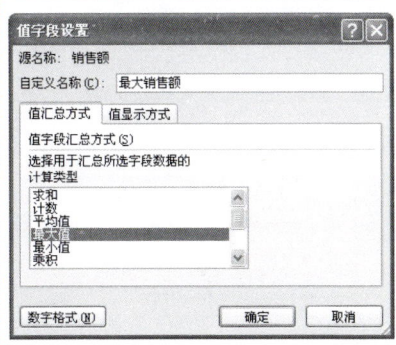

图17-6

[3] 单击"求和项：销售额4"字段右侧的下三角按钮，单击"值字段设置"命令，在"计算类型"列表框中单击"最小值"选项，在"自定义名称"框中输入"最小销售额"，单击"确定"按钮，如图17-7所示。

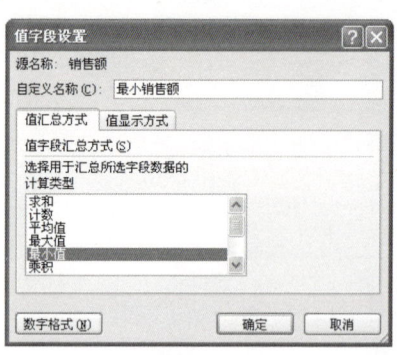

图17-7

[4] 返回数据透视表中，选中

B3单元格，在单元格中输入"合计销售额"，如图17-8所示。

图17-8

➡ 步骤3：设置单元格样式

[1] 选中B4:E11单元格区域，打开"设置单元格格式"对话框，单击"货币"标签，设置"小数位数"为"2"，从"货币符号"下拉列表中选择"无"，如图17-9所示。

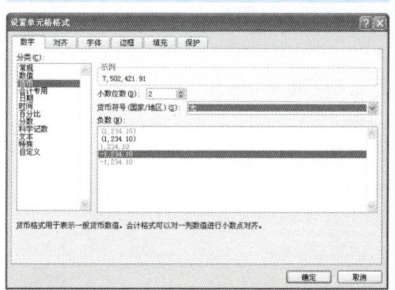

图17-9

[2] 返回工作表中，得到数据透视表的最终效果，在数据透视表上方的单元格中输入"比较销售员销售业务"，如图17-10所示。

图17-10

文件147　销售员业绩情况分析

可以借助Excel中的数据透视表，来查看不同年份每位销售员在不同的销售片区所取得的销售业绩。

第17章 销售业绩透视分析

制作要点与设计效果图

- 创建字段分组
- 更改组名称
- 隐藏明显数据
- 更改数据透视表布局

文件设计过程

步骤1：对日期字段进行分组

[1] 在工作表中创建一个空白的数据透视表，如图17-11所示。

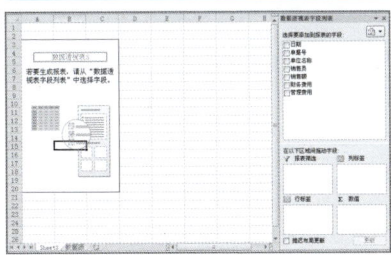

图17-11

[2] 在"数据透视表字段列表"窗格中，将"日期"字段拖动至"行标签"区域，将"单位名称"字段拖至"列标签"区域，将"销售额"字段拖至"数值"区域，如图17-12所示。

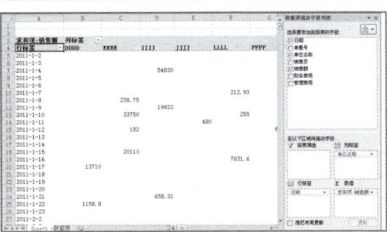

图17-12

步骤2：更改组名称

[1] 选中2011年的日期数据所在的单元格区域，单击"选项"选项卡下"分组"选项组中"将所选内容分组"按钮，如图17-13所示。

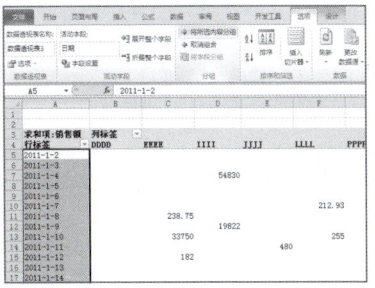

图17-13

② 选中"数据组1"所在的单元格，直接输入新的名称，如"2011年"。对字段分组后，Excel会自动在数据透视表中添加由分组产生的字段，如图17-14所示。

③ 使用类似的方法，将2011年的日期分组为"2011年"，然后隐藏明细日期数据，如图17-15所示。

图17-14

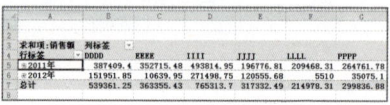

图17-15

步骤3：更改字段名称

单击由分组产生的字段"日期2"右侧的按钮，在下拉列表中单击"字段设置"命令，在"字段设置"对话框中的"自定义名称"框中输入"年份"，如图17-16和图17-17所示。

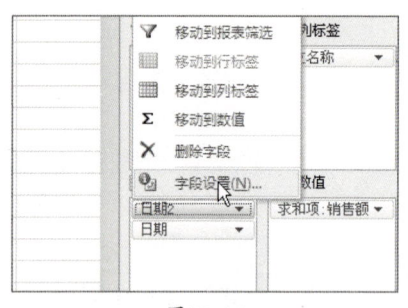

图17-16

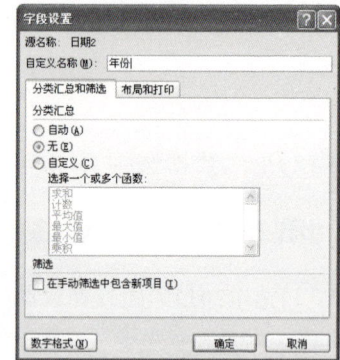

图17-17

步骤4：更改组名称

① 选择B4:N4单元格区域，在"分组"选项组中单击"将所选内容分组"按钮，如图17-18所示。

第17章 销售业绩透视分析

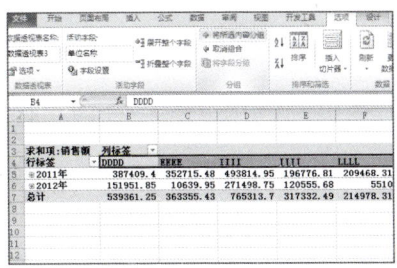

图17-18

图17-21

②选中B4单元格，将"数据组1"更改为"其他区域"，如图17-19所示。

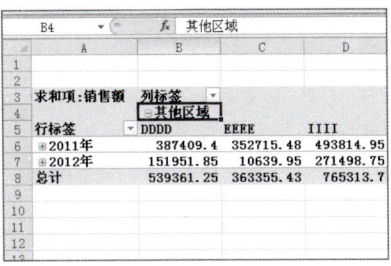

图17-19

③使用类似的方法，将"公司名称"以"东北"开头的项组合为"数据组2"，并更改组名称为"东北区域"，如图17-20所示。

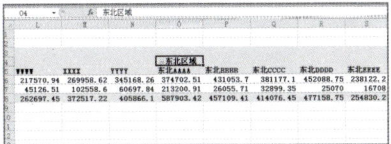

图17-20

④使用类似的方法创建其他组名称，如图17-21所示。

⑤在"列标签"区域中单击Excel自动创建的自动"单位名称2"右侧的按钮，在下拉菜单中单击"字段设置"命令，在"字段设置"对话框的"自定义名称"框中输入"区域"，如图17-22和图17-23所示。

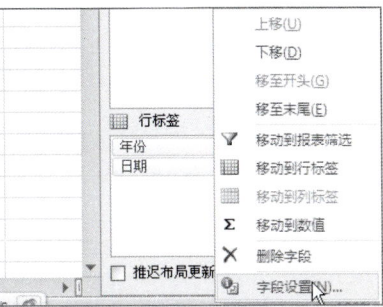

图17-22

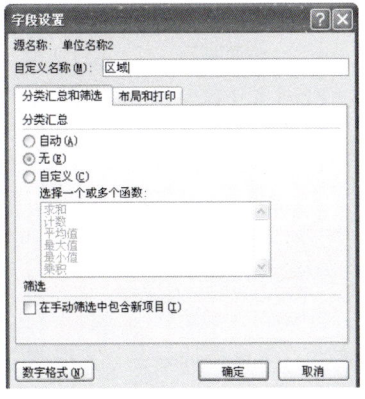

图17-23

步骤5：更改数据透视表布局

①将"年份"字段移至"报表筛选"区域，将"单位名称"字段从"列标签"区域移除，将"日期"自动从"行标签"区域移除，将"销售

员"字段添加至"行标签"区域，如图17-24所示。

适当美化数据透视表，此时可以单击"年份"字段，按年查看各销售员的销售数据，如图17-25所示。

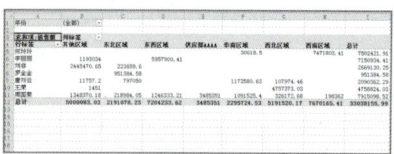

图17-24

② 最后为数据透视表添加标题"年度各销售员业绩情况分析"。

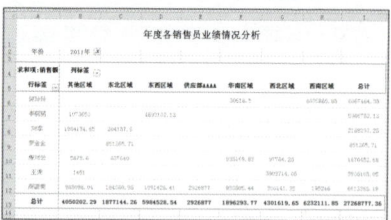

图17-25

文件148 年度销售业绩区间分析

在实际工作中，销售额通常由一些高低参差不齐的数据构成，而要找出隐藏在这些数据背后的问题，就是将数据进行分组，然后再进行比较。

制作要点与设计效果图

- LOOKUP函数
- 添加字段
- 设置字段分组
- 更改数据透视表布局
- 隐藏分类汇总行

文件设计过程

步骤1：设置公式并创建数据透视表

① 在H2单元格中输入公式 "=LOOKUP(E2,{0;50000;100000;200000}

,{"销售额<5万",,"销售额>=5万元且<10万","销售额>=10万元且<20万","销售额>=20万"})",按回车键向下复制公式,如图17-26所示。

图17-26

② 单击"插入"选项卡下"表格"选项组中的"数据透视表"下拉按钮,在下拉菜单中选择"数据透视表"选项,打开"创建数据透视表"对话框,保留默认的数据区域和数据透视表放置位置,直接单击"确定"按钮,如图17-27所示。

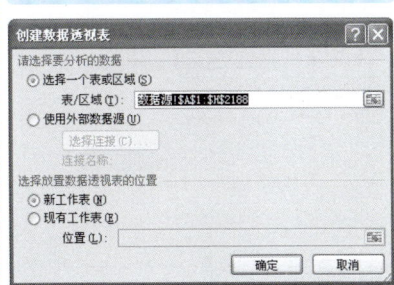

图17-27

步骤2:将字段分组

① 将"日期"字段拖至"行标签"区域,将"单据号"字段和"销售额"字段拖动至"数值"区域,如图17-28所示。

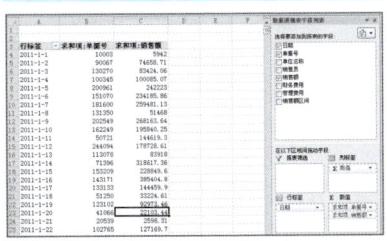

图17-28

② 单击选中"日期"字段中的任意单元格,在"选项"选项卡下的"分组"选项组中单击"将字段分组"按钮,如图17-29所示。

③ 在"分组"对话框的"步长"框中同时选中"季度"和"年",单击"确定"按钮,如图17-30所示。

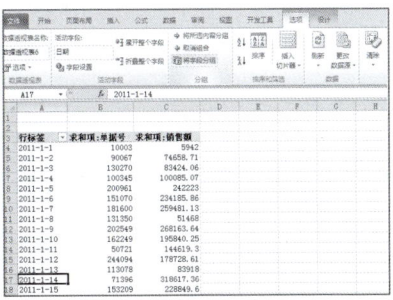

图17-29

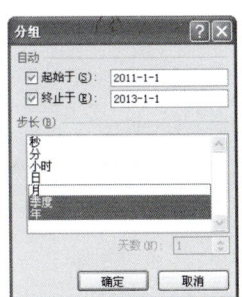

图17-30

4 此时数据透视表中会自动添加"年"字段,并将数据透视表"行标签"中的字段显示为"年份"和"季度",如图17-31所示。

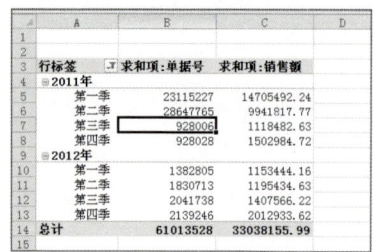

图17-31

5 在"数据透视表字段列表"中将"销售额区间"字段拖至"行标签"区域,如图17-32所示。

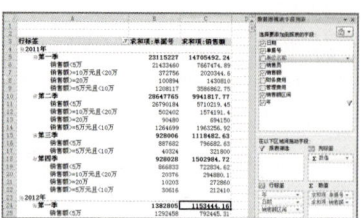

图17-32

6 将"年"字段拖动至"报表筛选"区域,如图17-33所示。

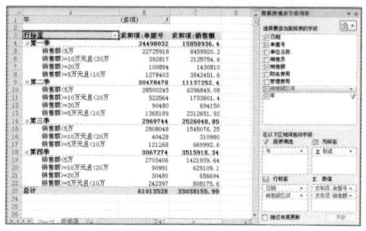

图17-33

步骤3:更改报表布局

1 在"布局"选项卡下单击"报表布局"下拉按钮,在下拉菜单中单击"以表格形式显示"选项。单击"分类汇总"按钮,在下拉菜单中选择"不显示分类汇总"选项,如图17-34和图17-35所示。

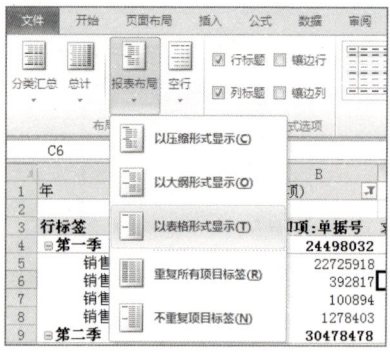

图17-34

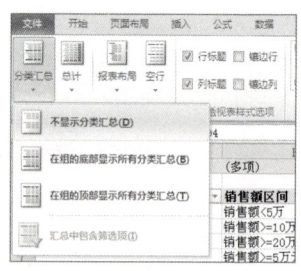

图17-35

2 更改布局和隐藏分类汇总后,数据透视表显示为表格样式,如图17-36所示。

图17-36

第17章 销售业绩透视分析

步骤4：设置数据透视表选项

① 在"选项"选项卡下单击"选项"按钮，打开"数据透视表选项"对话框，单击"布局和格式"标签，在"布局"区域选中"合并且居中排列带标签的单元格"复选框，如图17-37和图17-38所示。

② 在"显示"选项组宏中单击"+/-按钮"，如图17-39所示。

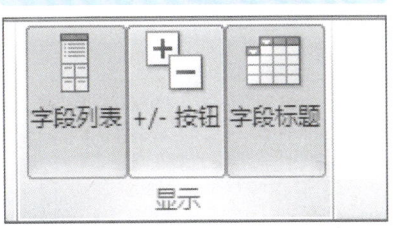

图17-39

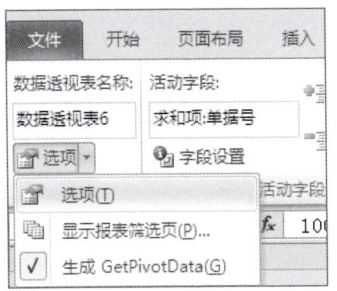

图17-37

③ 在数据透视表上方插入标题"年度销售业绩区间分析"，并对数据透视表进一步完善，得到数据透视表最终效果，如图17-40所示。

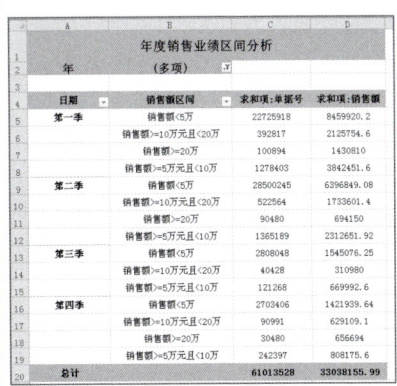

图17-38

图17-40

文件149 销售员各月销售提成计算

销售员提成计算是业绩管理中常见的一项工作，使用数据透视表可以使该计算具有更强的灵活性。为了汇总每位销售员在每个月的销售提成金额，可以通过创建数据透视表并添加计算字段。

制作要点与设计效果图

- 创建数据点折线图
- 添加数据系列
- 添加趋势性
- 显示趋势性公式

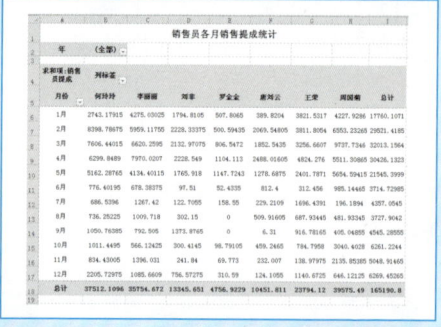

文件设计过程

步骤1：创建数据透视表

[1] 选择数据区域内任意单元格，单击"插入"选项卡下"表格"选项组中的"数据透视表"下拉按钮，在下拉菜单中单击"数据透视表"选项，如图17-41所示。

[2] 在"创建数据透视表"对话框中保留默认设置，单击"确定"按钮，如图17-42所示。

图17-41

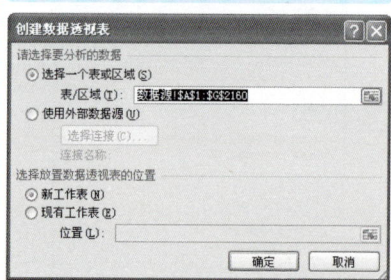

图17-42

步骤2：将字段分组

[1] 将"日期"字段拖动至"行标签"区域，将"销售员"字段拖动至"列标签"区域，如图17-43所示。

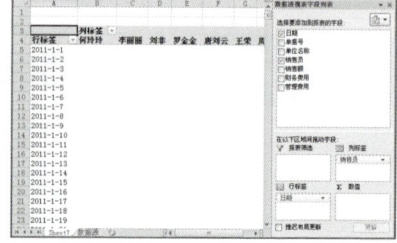

图17-43

第17章 销售业绩透视分析

2 选中"行标签"区域中的任意日期单元格,在"选项"选项卡下的"分组"选项组中单击"将字段分组"按钮,如图17-44所示。

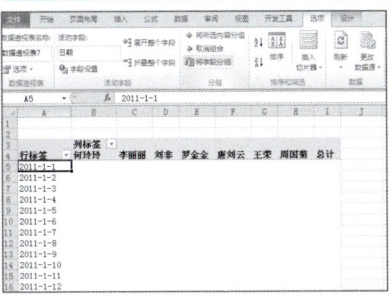

图17-44

3 在"分组"对话框中的"步长"列表框中选择"月"和"年",单击"确定"按钮,如图17-45所示。

4 将"日期"字段分组后,将"年"字段移至"报表筛选"区域,如图17-46所示。

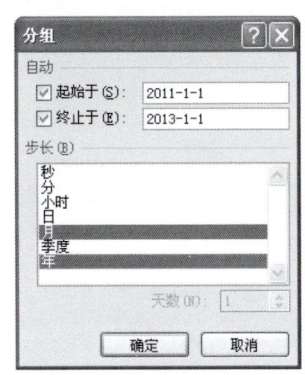

图17-45

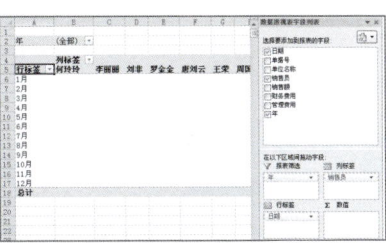

图17-46

步骤3: 插入计算字段

1 在"计算"选择组中单击"域、项目和集"下拉按钮,在下拉菜单中单击"计算字段"选项,如图17-47所示。

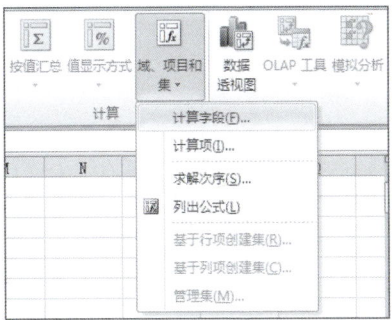

图17-47

2 打开"插入计算字段"对话框,在"名称"框中输入"销售员提成",在"公式"框中输入"=",选中"销售额"字段,单击"插入字段"按钮,如图17-48所示。

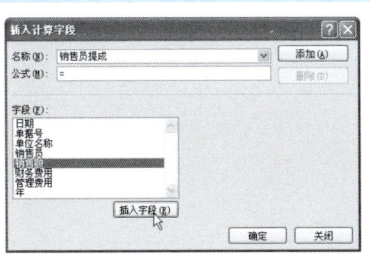

图17-48

[3] 在"公式"框中输入完整的公式"=销售员*0.005",单击"确定"按钮,如图17-49所示。

[4] 新增的"销售员字段"会自动添加到数据透视表"数值"区域,适当设置格式美化数据透视表后,得到数据透视表的最终效果,如图17-50所示。

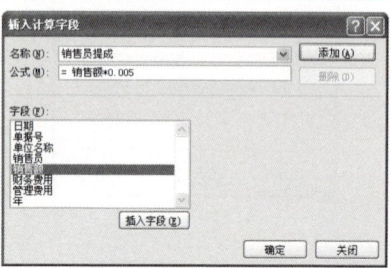

图17-49

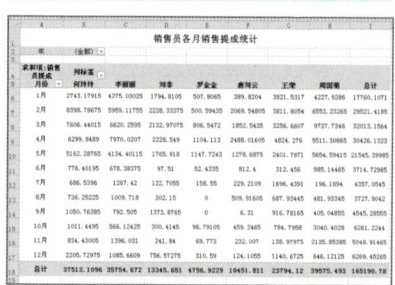

图17-50

文件150　销售额和运费透视分析

可以创建3个数据透视表同时分析销售额、托运费和短途费的总额、平均额和最大值。

制作要点与设计效果图

- 插入切片器
- 使用切片器筛选
- 应用切片器样式
- 更改切片器标题
- 设置数据透视表连接

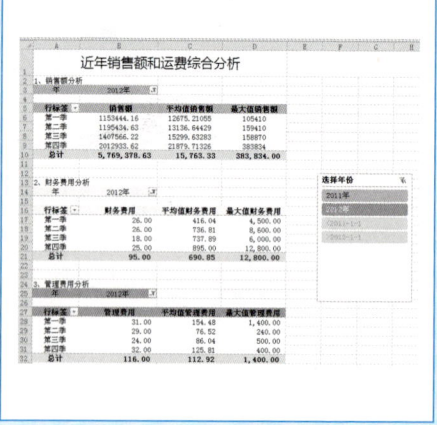

第17章 销售业绩透视分析

文件设计过程

步骤1：插入切片器

[1] 选择销售额分析数据透视表中的任意单元格，单击"数据"选项卡下"排序和筛选"选项组中的"插入切片器"按钮，在下拉菜单中选择"插入切片器"选项，如图17-51所示。

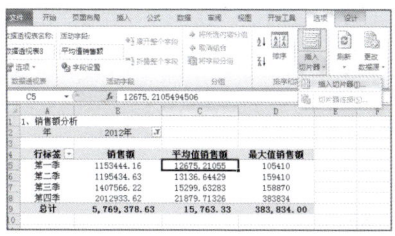

图17-51

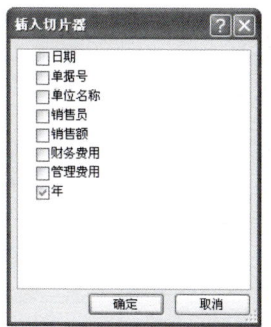

图17-52

[2] 在"插入切片器"对话框中选中"年"字段，单击"确定"按钮。

[3] 工作表中会自动添加"年"字段作为切片器，由于该字段是分组后自动创建的，切片器中会显示所有的分组项，如图17-52所示。

[4] 工作表中会自动添加"年"字段作为切片器，由于该字段是分组后自动创建的，切片器中会显示所有的分组项，如图17-53所示。

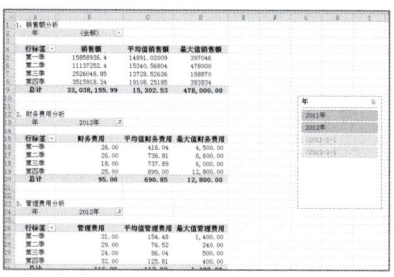

图17-53

步骤2：使用切片器筛选

选在切片器中单击"2010年"按钮，此时工作表中的3个数据透视表，只有最上方的数据透视表应用了筛选，只显示了2011的数据，如图17-54所示。

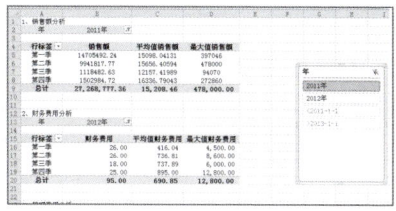

图17-54

步骤3：应用样式

1 在"选项"选项组中单击"切片器样式"库选择一种样式，如图17-55所示。

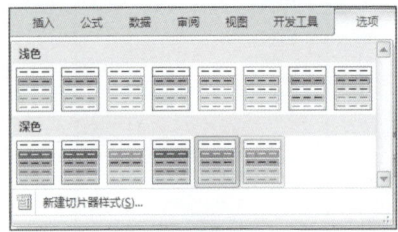

图17-55

2 应用样式后，切片器中会使用颜色区分当前选中的项与未选中的项，如图17-56所示。

图17-56

3 在"切片器"选项组中单击"数据透视表连接"按钮，在"数据透视表连接"对话框中选中需要同步操作的数据透视表名称。单击"确定"按钮，如图17-57和图17-58所示。

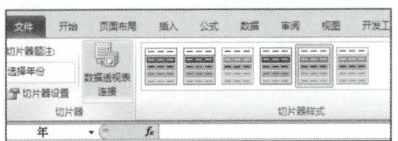

图17-57

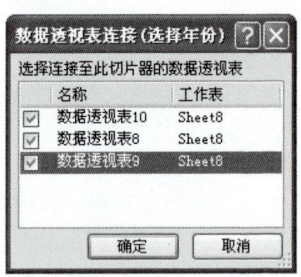

图17-58

4 在"切片器"选项组中单击"切片器设置"按钮，在"标题"选项组中输入"选择年份"，单击"确定"按钮，如图17-59和图17-60所示。

图17-59

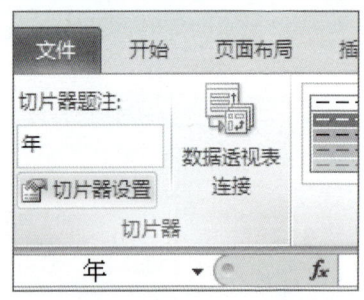

图17-60

5 在切片器中单击"2012年"，会发现了3个数据透视表中的数据都发生了变化，都应用了该筛选，只显示2012年的数据。接着并对数据透视表进行完善，如图17-61所示。

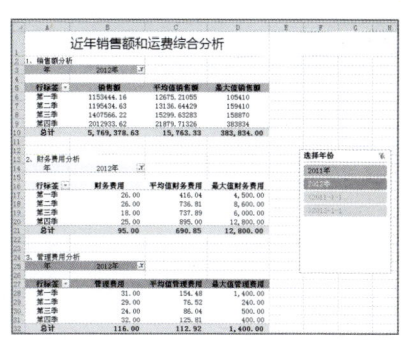

图17-61

文件151 年度销售员业绩及占比分析

使用数据透视表，可以非常灵活地对销售业绩进行分析。

制作要点与设计效果图

- 创建数据透视表
- 添加字段
- 设置值字段
- 字段分组
- 更改值显示方式

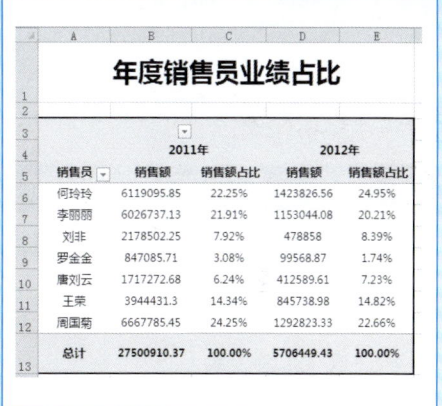

文件152 各单位销售业绩排名

在Excel中，可以创建数据透视表来按某个字段的值的高低进行升序或降序排列。

制作要点与设计效果图

- 创建数据透视表
- 设置字段
- 升序排序显示字段
- 汇总显示值

	A	B	C	D
1	各单位销售业绩排名			
2	单位名称	销售额	销售额排名	累计百分比
3	SSSS	209,752.48	1	0.63%
4	LLLL	212,118.31	2	1.27%
5	东北EEEE	253,510.20	3	2.03%
6	WWWW	259,875.45	4	2.82%
7	华南DDDD	270,033.58	5	3.63%
8	PPPP	296,866.88	6	4.52%
9	华南CCCC	297,806.82	7	5.42%
10	JJJJ	314,362.49	8	6.37%
11	EEEE	360,165.43	9	7.45%
12	XXXX	369,437.22	10	8.56%
13	TTTT	369,936.00	11	9.68%
14	华南EEEE	373,909.41	12	10.80%
15	华南OOOO	399,259.98	13	12.01%
16	YYYY	402,676.10	14	13.22%

文件153　销售员销量和每单平均销量统计

为了进一步反映销售员的业绩情况，可以通过将销量与销售额结合分析计算每笔业务的平均销售额。

制作要点与设计效果图

- 创建数据透视表
- 设置字段
- 更改值汇总方式
- 修改数据透视表公式

	A	B	C	D
1	各销售员销量和每单平均销量统计			
3	销售员	销售单数	销售额	每单平均销售额
	何玲玲	538	7542922.41	14020.30
5	李丽丽	471	7179781.21	15243.70
6	刘非	107	2657360.25	24835.14
7	罗金金	43	946654.58	22015.22
8	唐刘云	60	2129862.29	35497.70
9	王荣	412	4790170.28	11626.63
10	周国菊	556	7960608.78	14317.64
11	总计	2187	33207359.8	19650.91

文件154 不同区域销售业绩差异分析

通过对产品单位利润进行比较，可以反映在产量或销量相同的情况下，生产或销售哪些产品能够为企业带来更多的利润。

制作要点与设计效果图

- 创建数据透视表
- 按选定内容分组
- 更改值显示方式

	A	B	C	D
1		各区域销售业绩差异分析		
2				
3	销售片区	销售额	差异值	差异百分比
4	供应部	3575486		
5	西南片区	7710335.91	4134849.91	115.64%
6	东西片区	7226150.42	3650664.42	102.10%
7	西北片区	5224658.72	1649172.72	46.12%
8	东北片区	2182608.23	-1392877.77	-38.96%
9	华南片区	2326754.53	-1248731.47	-34.92%
10	其他片区	4961365.99	1385879.99	38.76%
11	总计	33207359.8		

文件155 不同等级销售业绩占比分析

在Excel中可以将销售额划分为不同的销售额等级区间来统计销售额及各区间总额的百分比。

制作要点与设计效果图

- 创建数据透视表
- 按选定内容分组
- 更改值显示方式
- 应用数据透视表样式

	A	B	C
1		不同等级销售业绩占比分析	
2			
3	销售额区间	销售额	各区间总业绩占比
4	销售额<5万	17873089.58	93.00%
5	销售额>=10万元且<20万	4795595.1	1.60%
6	销售额>=20万	2780774	0.37%
7	销售额>=5万元且<10万	7757901.12	5.03%
8	总计	33207359.8	100.00%

读书笔记

第18章
销售账款管理与分析

　　企业在销售业务发生后,应该采取多种政策保证资金的回收。另外,在企业开展销售业务的过程中,当企业出现资金不足时,需要向银行贷款,贷款也是企业筹资的一种重要方式。

　　应收账款是伴随企业的销售行为发生而形成的一项债权,是企业经营中不可避免的赊销行为所产生的。作为企业资金管理的一项重要内容,应收账款管理直接影响到企业营运资金的周转和经济效益。企业贷款是指企业为了生产经营的需要,向银行或其他金融机构按照规定利率和期限的一种借款方式。

　　本章将通过具体的文件,介绍在Excel中管理、计算和分析在销售收款和贷款中的一些问题。如:销售收款流程图、比较公司销售回款率、逾期未收回款项分析等。

编号	文件名称	光盘中对应数据源	重要星级
文件156	销售收款流程图	素材文件\第18章\销售收款流程图.xls	★★★
文件157	比较分公司销售回款率	素材文件\第18章\比较分公司销售回款率.xls	★★★
文件158	逾期未收回款项分析	素材文件\第18章\逾期未收回款项分析.xls	★★★★
文件159	公司贷款模拟运算	素材文件\第18章\公司贷款模拟运算.xls	★★★
文件160	确定公司的最佳贷款方案	素材文件\第18章\确定公司的最佳贷款方案.xls	★★★★
文件161	月销售回款计划表	素材文件\第18章\月销售回款计划表.xls	★★★
文件162	未收回款项逾期天数分析	素材文件\第18章\未收回款项逾期天数分析.xls	★★★
文件163	销售员月回收款项分析	素材文件\第18章\销售员月回收款项分析.xls	★★★
文件164	单变量模拟计算还款额票	素材文件\第18章\单变量模拟计算还款额.xls	★★★★
文件165	贷款偿还进度及完成比例分析	素材文件\第18章\贷款偿还进度及完成比例分析.xls	★★★

文件156 销售收款流程图

销售收款是企业非常重要的环节,为了让客户和销售员明确公司的款项回收政策,规范操作流程,企业可以根据具体情况,创建销售收款流程图,在图中直观地说明收款的时间和比例等。

制作要点与设计效果图

- 插入SmartArt图形
- 插入形状
- 绘制形状
- 应用样式

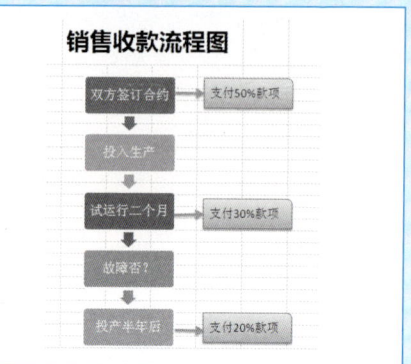

文件设计过程

步骤1:插入SmartArt图形

[1] 新建空白工作簿,单击"插入"选项卡,在"插图"选项组中单击SmartArt按钮,如图18-1所示。

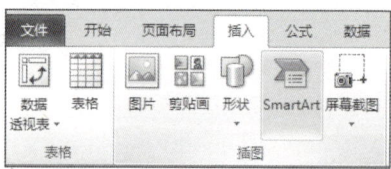

图18-1

[2] 弹出"选择SmartArt图形"对话框。在左侧列表中选择"流程图"选项,在右侧的选项区中选择一种流程图,如图18-2所示。

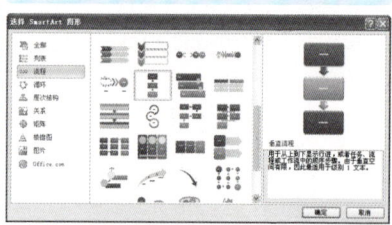

图18-2

[3] 单击"确定"按钮,将流程图添加到工作表中,单击鼠标右键,在弹出的快捷菜单中选择"添加形状"|"在后面添加形状"选项,如图18-3所示。

第18章 销售账款管理与分析

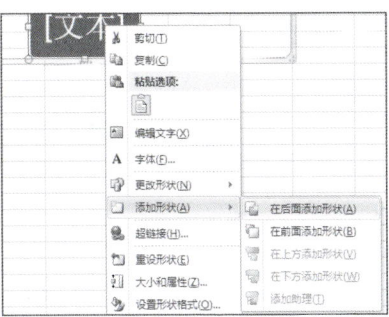

图18-3

4 按相同的方法再次添加形状，效果如图所示，如图18-4所示。

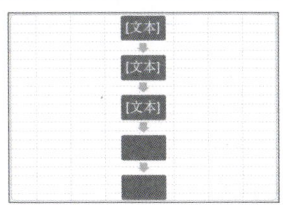

图18-4

步骤2：插入形状

1 由于SmartArt图形不能满足需要，需要添加形状来实现。单击"插入"选项卡下"插图"选项组中的"形状"下拉按钮，在下拉菜单中选择"单圆角矩形"形状，如图18-5所示。

2 在工作表中拖动鼠标并绘制，然后复制多个单圆角矩形，最后使用箭头将形状连接起来，使其满足需要，如图18-6所示。

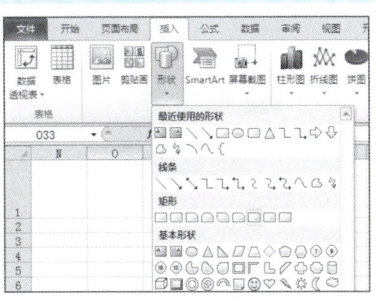

图18-5

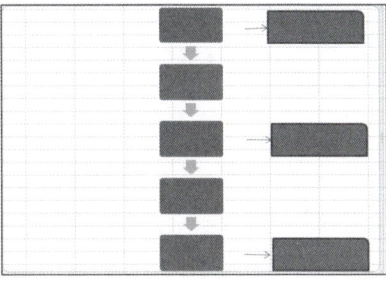

图18-6

步骤3：输入文本并应用样式

1 接着输入文本，并设置字体格式，如图18-7所示。

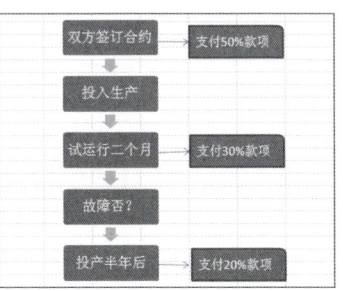

图18-7

②依次选中所有的连接线,在"格式"选项卡下"形状样式"选项组中选择适当的线条样式,如图18-8所示。

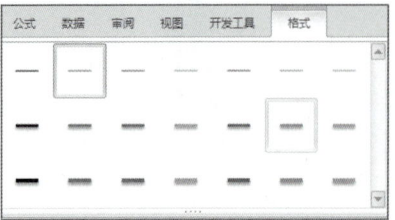

图18-8

③依次选中所有的形状,在"格式"选项卡下"形状样式"选项组中选择适当的线条样式,如图18-9所示。

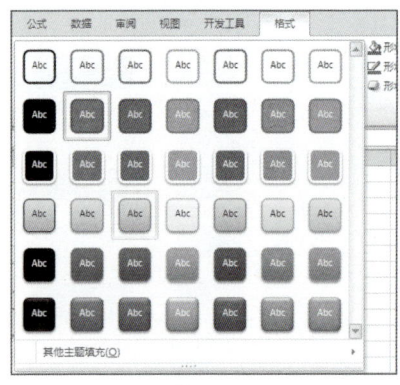

图18-9

④选择需要设置的SmartArt图形,单击"SmartArt工具"栏下的"设计"选项卡,在"SmartArt样式"选项组中单击"更改颜色"按钮,如图18-10所示。

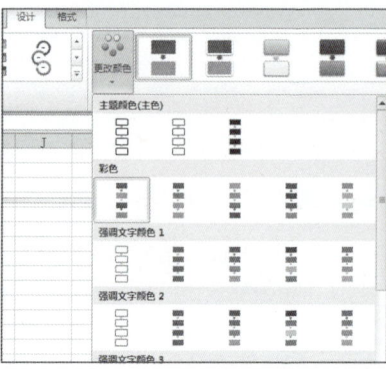

图18-10

⑤接着对流程图进行完善,得到最终效果,如图18-11所示。

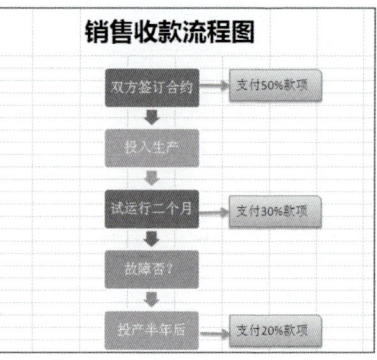

图18-11

文件157 比较分公司销售回款率

月销售回款率越高,说明企业回收资金越快,不容易产生坏账。

第18章 销售账款管理与分析

制作要点与设计效果图

- 设置公式
- 设置数据格式
- 设置条件格式

文件设计过程

步骤1：设置公式

1 在E4单元格中输入公式"=(B4+D4)/(C4+B4)"，向下复制公式，计算各子公司的月销售回款率，如图18-12所示。

2 打开"设置单元格格式"对话框，单击"百分比"标签，在"小数位数"框中输入"2"，如图18-13所示。

图18-12

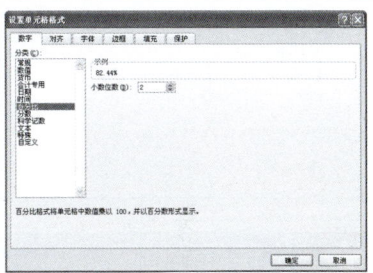

图18-13

步骤2：设置条件格式

1 选中E4:E10单元格区域，单击"开始"选项卡下"样式"选项组中的"条件格式"下拉按钮，在下拉菜单中选择"数据条"的子菜单类型，如图18-14所示。

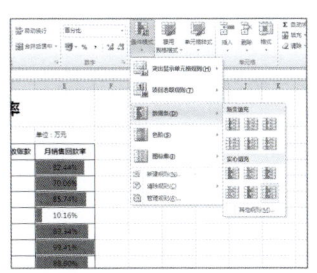

图18-14

2 选择的色阶会按默认的设置分析选定的区域，如图18-15所示。

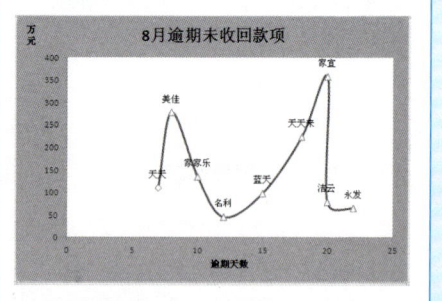

图18-15

文件158 逾期未收回款项分析

在Excel中，便于对逾期的未收回款项的原因做进一步的分析，下面使用散点图创建了逾期款项分布图。

制作要点与设计效果图

- 排序
- 创建散点图
- 设置坐标轴标题
- 更改数据标签

文件设计过程

步骤1： 设置排序

1 选择A3:D12单元格区域，单击"数据"选项卡下"排序和筛选"选项组中的"排序"按钮，如图18-16所示。

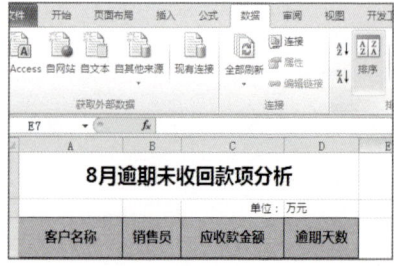

图18-16

第18章 销售账款管理与分析

②打开"排序"对话框,在"主要关键字"下拉列表中选择"逾期天数",在"次序"下拉列表中选择"升序"选项,单击"确定"按钮,如图18-17所示。

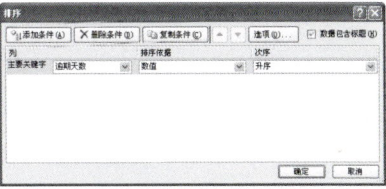

图18-17

步骤2:创建图表

①单击"插入"选项卡下"图表"选项组中的"散点图"下拉按钮,在下拉菜单中选择子图表类型,如图18-18所示。

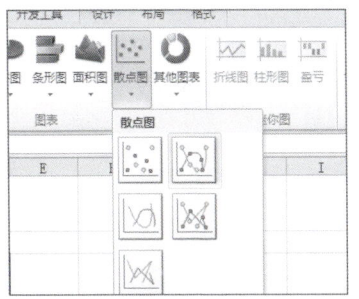

图18-18

②即可创建一个空白图表,在"设计"选项卡下的"数据"选项组中单击"选择数据"按钮,如图18-19所示。

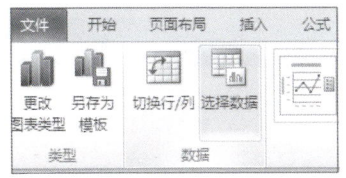

图18-19

③打开"选择数据源"对话框,在对话框中单击"添加"按钮,如图18-20所示。

④打开"编辑数据集系列"对话框,设置"X轴系列值"和"Y轴系列值",单击"确定"按钮,如图18-21所示。

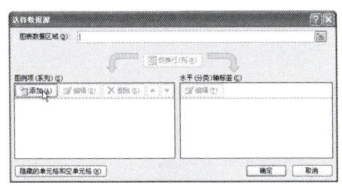

图18-20

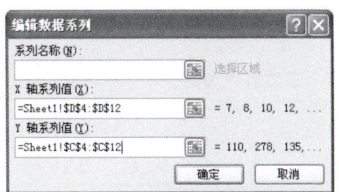

图18-21

⑤此时得到散点图的默认效果,在图表中显示坐标轴标题,分别将横/纵坐标轴标题分布设置为"逾期天数"和"万元",然后设置系列数据标记,如图18-22所示。

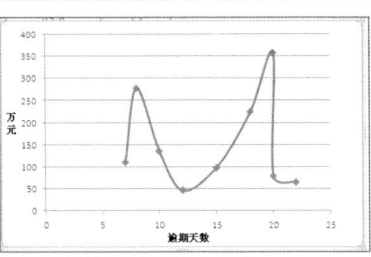

图18-22

295

步骤3：设置数据标签

1 右键单击图表系列，在弹出的快捷菜单中单击"添加数据标签"命令，右键单击数据标签，在弹出的菜单中选择"设置数据标签格式"命令，如图18-23和图18-24所示。

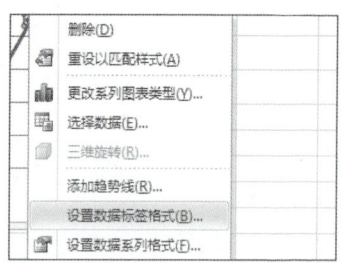

图18-24

2 打开"设置数据标签格式"对话框，在"标签位置"选项组中单击选中"靠上"单选按钮。

3 依次选中单个的数据标签，在公式编辑栏中输入公式，将标签更改为对应数值的项目名称，并进一步完善得到最终效果，如图18-25所示。

图18-23

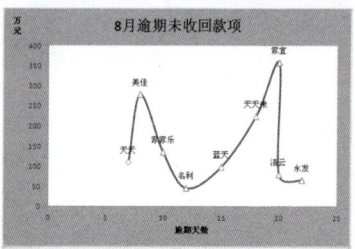

图18-25

文件159　公司贷款模拟运算

在Excel中，可以使用双变量模拟运算表来计算公司年还款金额。

制作要点与设计效果图

- 创建数据点折线图
- 添加数据系列
- 添加趋势性
- 显示趋势性公式

文件设计过程

步骤1：数值公式计算年还款金额

在C8单元格中输入公式"=PMT(B5,B4,-B3)"，计算贷款年限为15年，且年利率为6.2%时的年还款金额，如图18-26所示。

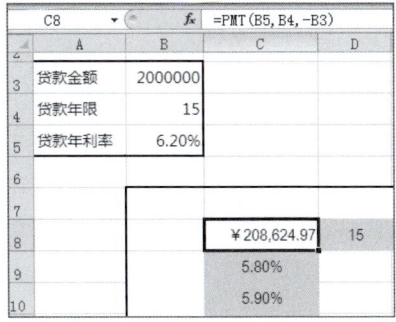

图18-26

步骤2：双变量模拟运算

[1] 选中C8:N22:单元格区域，单击"数据"选项卡下"数据分析"选项组中的"模拟分析"下拉按钮，在下拉菜单中选择"模拟运算表"选项，如图18-27所示。

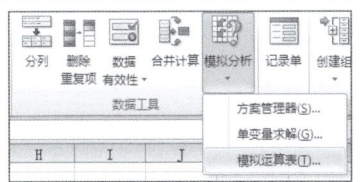

图18-27

[2] 打开"模拟运算表"，设置"输入引用行的单元格"为B4，"输入引用列的单元格"为B5，单击"确定"按钮，如图18-28所示。

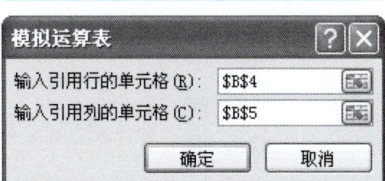

图18-28

[3] 在D9:N22单元格区域中将显示双变量模拟运算的结果，如图18-29所示。

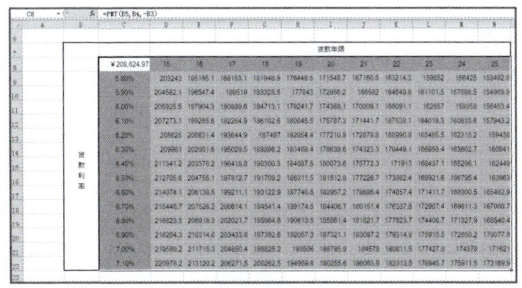

图18-29

步骤3：设置条件格式

1. 单击"开始"选项卡下"样式"选项组中"条件格式"下拉按钮，在下拉菜单中选择"突出显示单元格规则"子菜单"介于"，如图18-30所示。

2. 打开"介于"对话框，在对话框中输入值150000和200000，单击"确定"按钮，如图18-31所示。

图18-31

3. 返回工作表，即可应用条件格式，如图18-32所示。

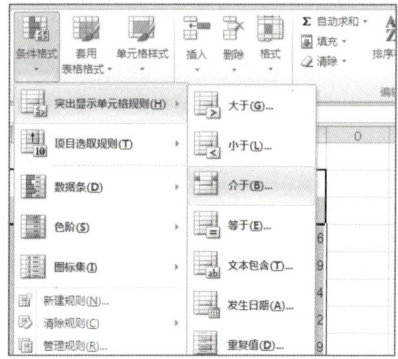

图18-30

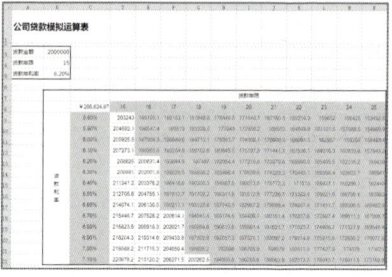

图18-32

文件160 确定公司的最佳贷款方案

在实际生活中，通常还款的方式有等额本息和等额本金两种。如果需要根据月还款金额和支付的本息总额来确定最佳的贷款方案，月还款金额均在企业可承受的范围内，还款本息总额较低的方案更优。

🔍 制作要点与设计效果图

- PMT函数
- MAX函数
- IF函数
- 公式运算

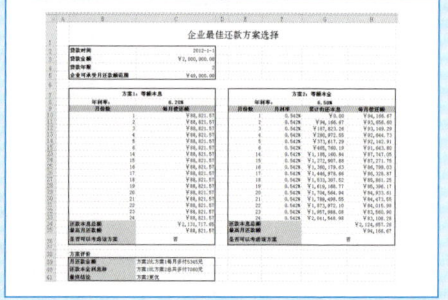

文件设计过程

步骤1：设置公式

1 在C10单元格中输入公式"=PMT($C$8/12,$C$4*12,-$C$3)"，按回车键，向下复制公式，计算每月还款金额，如图18-33所示。

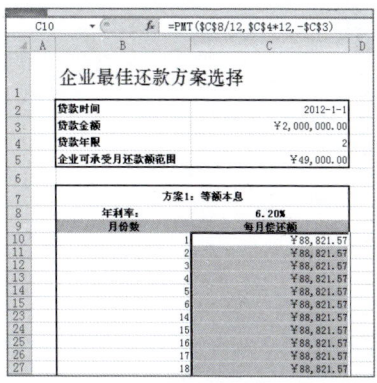

图18-33

2 在C34单元格中输入公式"=SUM(C10:C33)"，计算在方案1（等额本息）方式下还款的本金和利息总额，如图18-34所示。

图18-34

3 在C35单元格中输入公式"=MAX(C10:C33)"，得到等额本息方式下的最高月还款额，如图18-35所示。

图18-35

4 在C36单元格中输入公式"=IF(C35>C5,"否","是")"，计算在方案1的月还款金额是否在企业可承受月还款金额之内，如图18-36所示。

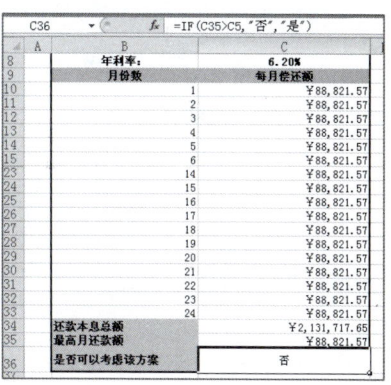

图18-36

5 在F10单元格中输入公式"=$G$8/12"，计算等额本金下的月利率，如图18-37所示。

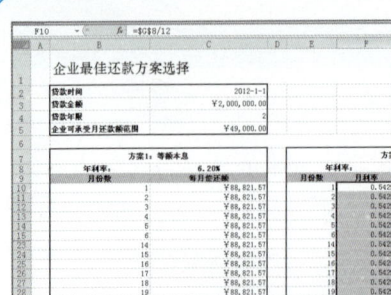

图18-37

如图18-39所示。

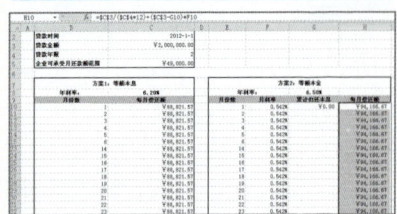

图18-38

6 在H10单元格中输入公式"=$C$3/($C$4*12)+($C$3-G10)*F10",计算每月还款金额,如图18-38所示。

7 在G11单元格中输入公式"=G10+H10",然后向下复制公式,计算各月的累计归还本息数,

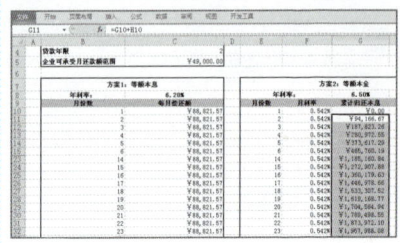

图18-39

步骤2:判断和比较方案

1 在H34单元格中计算出每月还款合计,在H35单元格中计算出最高月还款额,在G36单元格中输入公式"=IF(H35>C5,"否","是")",判断方案2是否可行,如图18-40所示。

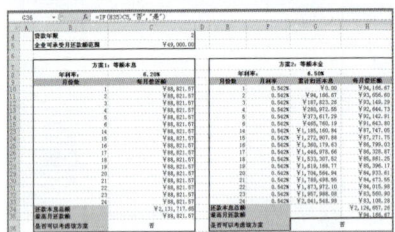

图18-40

2 在C39单元格中输入公式"=IF(C35>H35,"方案1比方案2每月多付"&INT(ABS(C35-H35))&"元","方案2比方案1每月多付"&INT(ABS(C35-H35))&"元")",如图18-41所示。

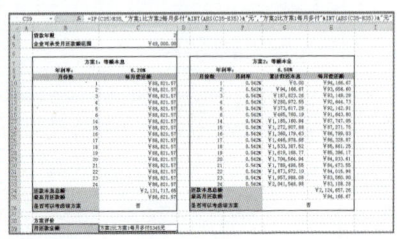

图18-41

在C40单元格中输入公式"=IF(C34>H34,"方案1比方案2总共多付"&INT(ABS(C34-H34))&"元","方案2比方案1总共多付"&INT(ABS(C34-H34))&"元")",如图18-42所示。

第18章　销售账款管理与分析

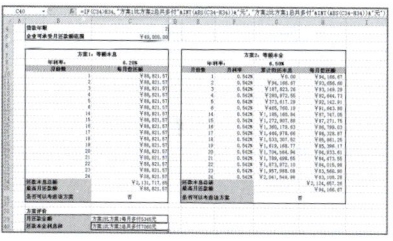

图18-42

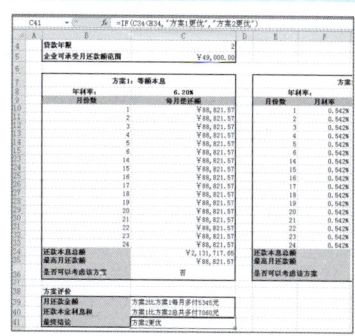

论，如图18-43所示。

图18-43

③ 在C41单元格中输入公式"=IF(C34<H34,"方案1更优","方案2更优")"，得出结

文件161　月销售回款计划表

为了保证企业能够按期收回款项，在月初的时候应制定销售回款计划表，列出本月所有需要收回欠款的客户或项目名称和销售员，并标识出计划收款的日期。

制作要点与设计效果图

- 日期序列填充
- 插入符号

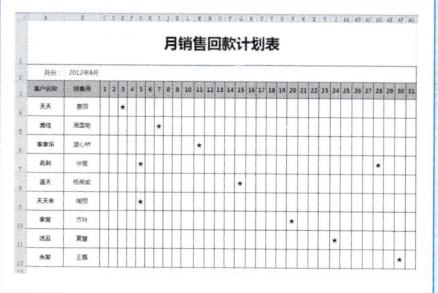

文件162　未收回款项逾期天数分析

对于逾期时间较长的款项，企业应加大回收力度，尽量减少风险。在Excel中可以对逾期天数分段分析，对于月末未收回款可以将50天分为一个阶段进行分析。

制作要点与设计效果图

- SUMIF函数
- 创建饼图
- 设置数据系列标签格式

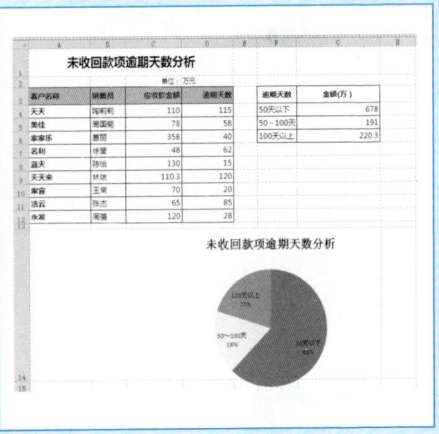

文件163 销售员月回收款项分析

月还款率可以更准确地反映销售员该月回款能力，要比较销售员回款能力，不能单纯地比较回款金额，而应该先计算出月回款率，再对月回款率进行比较。

制作要点与设计效果图

- 公式计算
- 创建条形图
- 设置坐标轴格式
- 删除网络线
- 设置数据标签格式

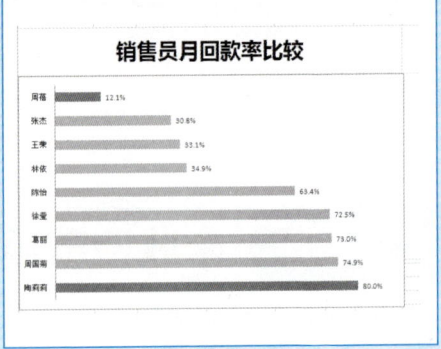

第18章 销售账款管理与分析

文件164　单变量模拟计算还款额

在为公司选择贷款方案时,如果贷款时间和贷款利率只有其中一个可变,在使用模拟运算工具时,只设置一个变量,即单变量模拟运算,可以得到一组数据,然后再筛选出满足条件的贷款方案。

🔍 制作要点与设计效果图

- PMI函数
- 单变量模拟运算
- 设置条件格式

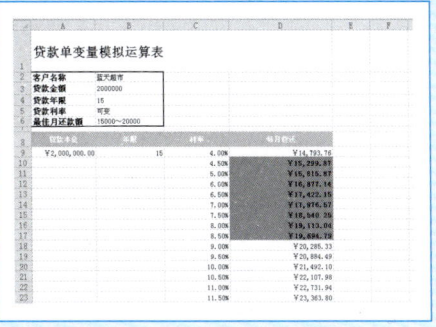

文件165　贷款偿还进度及完成比例分析

为了保证企业能够在企业能力许可的情况下提前归还欠款,可以制定还款计划,并对还款的进度进行分析。

🔍 制作要点与设计效果图

- PMT函数
- SUM函数
- 隐藏数据点
- 创建饼图
- 设置数据点格式

303

读书笔记

第19章 竞争对手研究

目前各个行业间的竞争都相当激烈,因此企业要取得长足的发展,对竞争对手的研究显得尤为重要。竞争对手研究的根本目的是通过各种途径了解竞争对手的竞争策略。

随着社会经济的飞速发展,各个行业内部的竞争也日益加剧。通过了解竞争对手的情况,企业可以制定出正确的市场营销策略,扬长避短,更好地与竞争对手展开竞争。因为只有了解竞争对手才可能赢得胜利。对竞争对手的调查包括多个方面,本章列举的市场竞争分析中的常见的文件,如销量比较、市场份额比较、成本差异分析、顾客拥有量比较、新增终端数量比较等。

编号	文件名称	光盘中对应数据源	重要星级
文件166	比较竞争产品销量	素材文件\第19章\比较竞争产品销量.xls	★★★
文件167	比较竞争产品市场份额	素材文件\第19章\比较竞争产品市场份额.xls	★★★
文件168	比较竞争对手顾客拥有量	素材文件\第19章\比较竞争对手顾客拥有量.xls	★★★★
文件169	电子商务市场份额比较	素材文件\第19章\电子商务市场份额比较.xls	★★★
文件170	竞争对手成本差异分析	素材文件\第19章\竞争对手成本差异分析.xls	★★★★
文件171	比较竞争对手人力资源状况表	素材文件\第19章\比较竞争对手人力资源状况.xls	★★★★
文件172	比较行业增长率趋势	素材文件\第19章\比较行业增长率趋势.xls	★★★
文件173	比较行业新增终端数量	素材文件\第19章\竞争对手价格分析.xls	★★★
文件174	竞争对手价格分析	素材文件\第19章\现金转账传票.xls	★★★
文件175	竞争对手消费费用结果分析	素材文件\第19章\竞争对手消费费用结果分析.xls	★★★
文件178	比较竞争对手品牌知名度	素材文件\第19章\比较竞争对手品牌知名度.xls	★★★★
文件177	竞争对手产品推广方式比较	素材文件\第19章\竞争对手产品推广方式比较.xls	★★★★

文件166 比较竞争产品销量

为了反映在某一相同时期内同类竞争产品的竞争态势，可以对产品的销量进行比较。

制作要点与设计效果图

- SUM函数
- 创建图表
- 单元格中创建图表标题

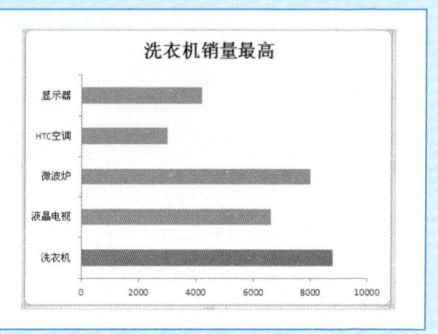

文件设计过程

步骤1：设置公式

在单元格B8中输入公式“=SUM(B3:B7)”，计算合计销量，如图19-1所示。

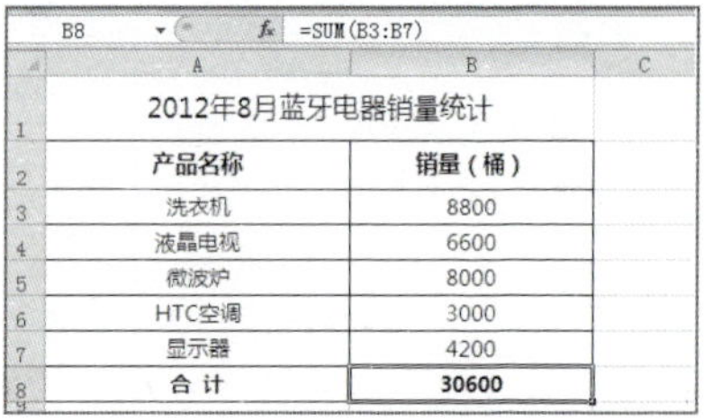

B8 =SUM(B3:B7)

2012年8月蓝牙电器销量统计	
产品名称	销量（桶）
洗衣机	8800
液晶电视	6600
微波炉	8000
HTC空调	3000
显示器	4200
合 计	30600

图19-1

步骤2：创建图表

1 选中A3:B7单元格区域，单击“插入”选项卡下“图表”选项组中“条形图”下拉按钮，在下拉菜单中选择“簇状条形图”，如图19-2所示。

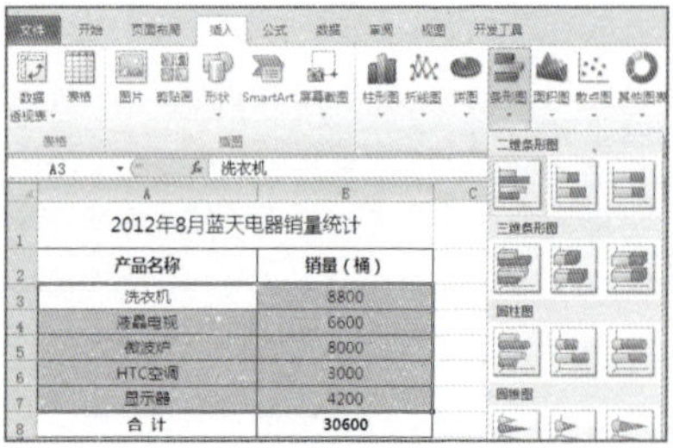

图19-2

第19章 竞争对手研究

② 工作表中会显示默认的图表效果,如图19-3所示。

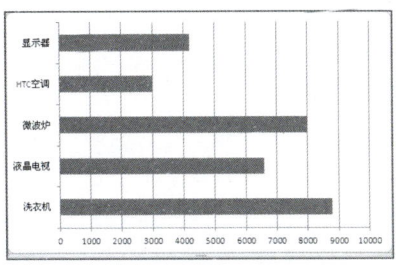

图19-3

➜ 步骤3:设置图表

① 选中"图表"切换到"布局"选项卡,在"标签"选项组单击"图表标题"下拉按钮,在其下拉列表中选择"图表上方"选项,接着在图表中将图表标题更改为"蓝天电器销量统计",如图19-4和图19-5所示。

要网络线格式"对话框,在对话框中单击"线条颜色"标签,单击选中"无线条"单选按钮,如图19-6所示。

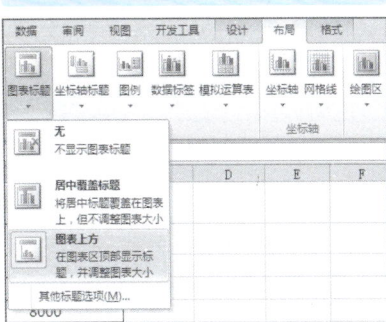

图19-4

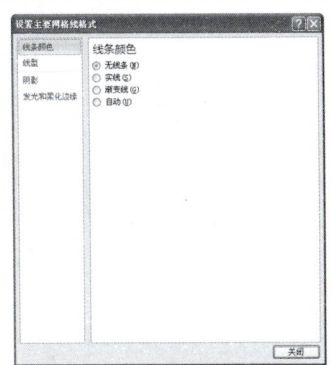

图19-6

③ 接着对图表进行完善,得到图表的最终效果,如图19-7所示。

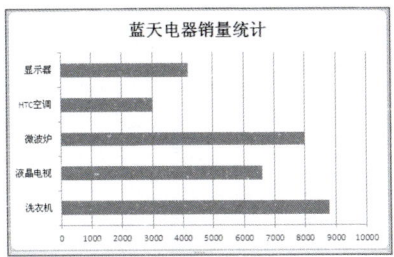

图19-5

② 双击图表区打开"设置主

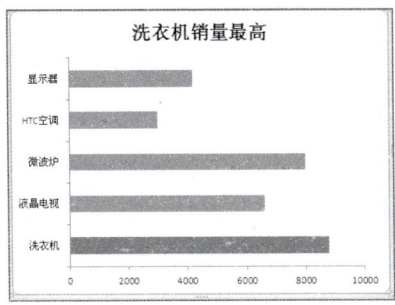

图19-7

文件167 比较竞争产品市场份额

市场份额是企业对市场控制能力的体现,市场份额越高,企业竞争力越强。

制作要点与设计效果图

- 定义名称
- IF函数
- INDEX函数
- INDIREC函数
- SUMPROUUCT函数

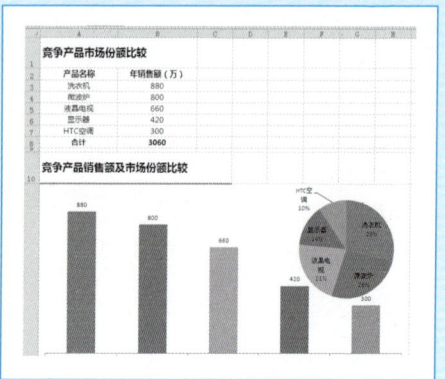

文件设计过程

步骤1:创建并设置柱形图

[1] 选择A3:B7单元格区域,单击"插入"选项卡下"图表"选项组中"柱形图"下拉按钮,在下拉菜单中选择"簇状柱形图"子图表类型,如图19-8所示。

[2] 工作表中即可显示默认的图表,删除图表中的网格线和图例并在柱形图中显示数字标签,然后将数值坐标轴隐藏,如图19-9所示。

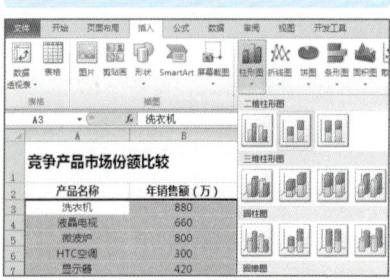

图19-8

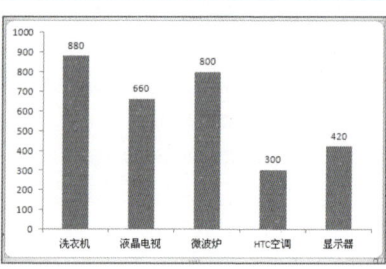

图19-9

第19章 竞争对手研究

步骤2：创建并设置饼图

1 选中A3:B7单元格区域，单击"插入"选项卡下"图表"选项组中的"饼图"子图表类型，如图19-10所示。

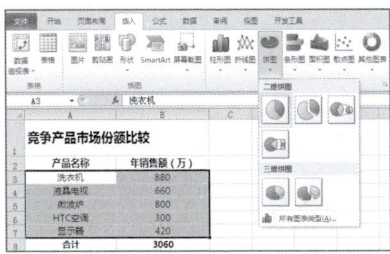

图19-10

2 工作表中会显示默认的图表，如图19-11所示。

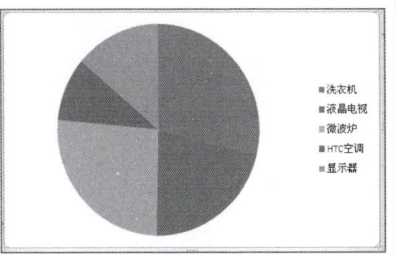

图19-11

3 在饼图中显示"百分比"和"类别"数据标签，然后删除图例，如图19-12所示。

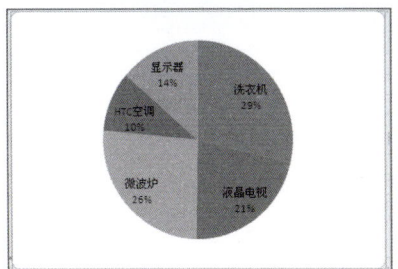

图19-12

4 打开"设置图表区格式"对话框，单击选中"无填充"单选按钮，单击"边框颜色"标签，单击选中"无线条"单选按钮，如图19-13和图19-14所示。

图19-13

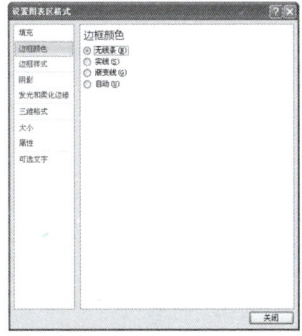

图19-14

5 接着对图表进一步完善，如图19-15所示。

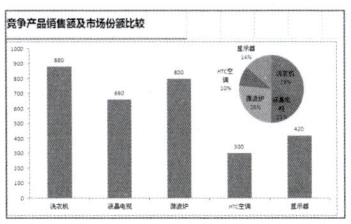

图19-15

步骤3：设置排序

选中A2:B7单元格区域,打开"排序"对话框,设置"主要关键字"为"年销售额(万)","排序依据"为"数值","次序"为"降序",单击"确定"按钮,如图19-16所示。

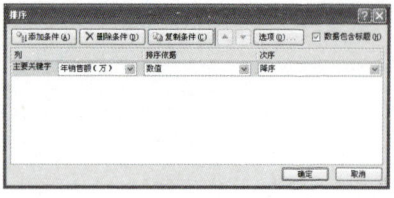

图19-16

步骤4：设置柱形图数据系列排序

① 双击柱形图系列打开"设置数据系列格式"对话框,单击"填充"标签,选中"依数据点着色"复选框,如图19-17所示。

② Excel会使用默认的颜色填充不同的数据点,如图19-18所示。

图19-17

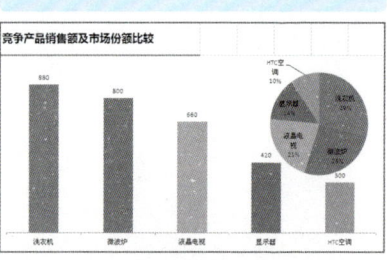

图19-18

文件168　比较竞争对手顾客拥有量

企业拥有顾客的多少以及顾客的质量,直接关系到企业的生存和发展。

🔍 制作要点与设计效果图

- 构建辅助数据
- 创建条件图
- 更改数据标签
- 绘制文本框

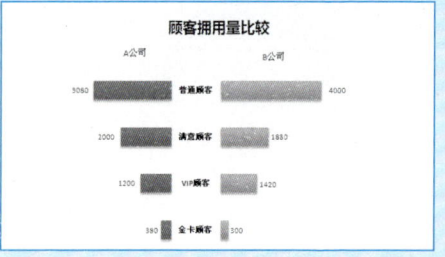

文件设计过程

步骤1：创建辅助数据和图表

(1) 根据原始数据创建辅助数据，如图所示，如图19-19所示。

	A	B	C	D
1	竞争对手顾客拥有量比较			
2	顾客等级	A公司	B公司	
3	金卡顾客	380	300	
4	VIP顾客	1200	1420	
5	满意顾客	2000	1880	
6	普通顾客	3080	4000	
7				
8	作图辅助数据			
9	-380	2000	300	
10	-1200	2000	1420	
11	-2000	2000	1880	
12	-3080	2000	4000	

图19-19

(2) 选择A9:C12单元格区域，单击“插入”选项卡下“图表”选项组中“条形图”下拉按钮，在下拉菜单中单击“堆积条形图”子图表类型，如图19-20所示。

(3) 随后得到堆积柱形图默认效果，如图19-21所示。

图19-20

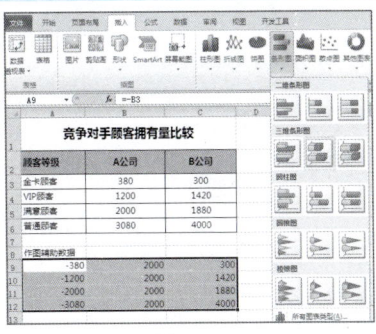

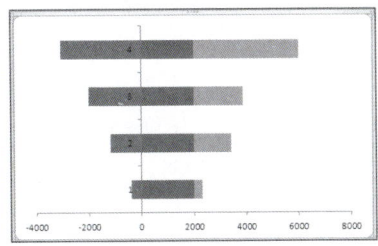

图19-21

步骤2：隐藏图表坐标轴案

在“布局”选项卡下“坐标轴”选项组中单击“无”选项分别隐藏横纵坐标轴，如图19-22所示。

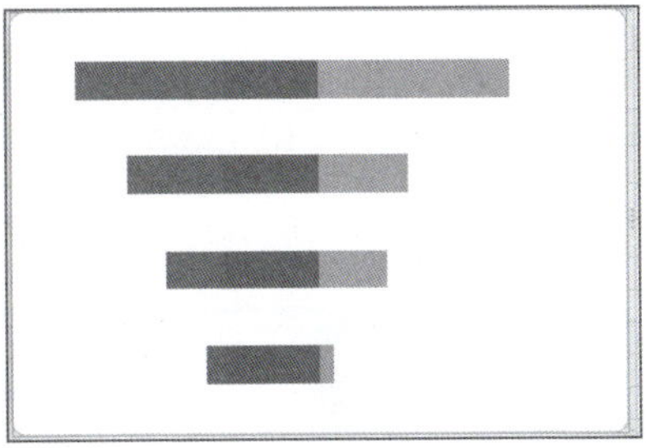

图19-22

步骤3：显示数据标签并隐藏数据系列

(1) 显示三个数据系列的数据标签，将左、右两个数据系列的标签移至条形的左侧和右侧,将中间系列的数据标签显示在条形中间,如图19-23所示。

②将图表中间的数据系列设置为"无填充色",如图19-24所示。

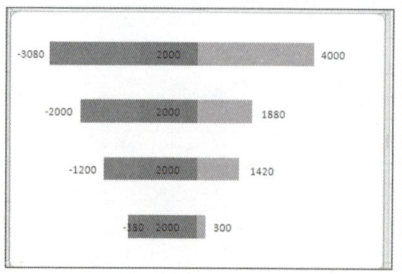

图19-23

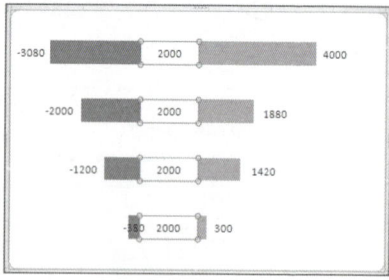

图19-24

步骤3:更改数据标签

①将图表中左侧系列的标签更改为对应的实际值,将中间系列的标签更改为对应的分类文字,如选中最上方的数据标签,在编辑栏中输入公式"=Sheet1!$A$6",将标签更改为"",如图19-25所示。

②接着为图表添加标题,设置数据系列的填充格式,使用文本框在图表中适当的位置注明公司名称,得到图表最终效果,如图19-26所示。

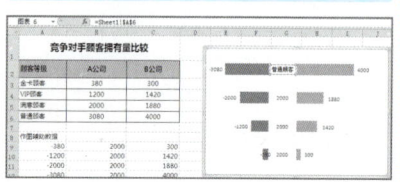

图19-25

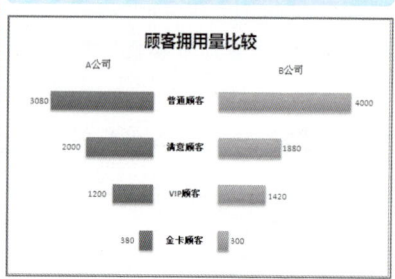

图19-26

文件169 电子商务市场份额比较

在Excel中,使用条形图可以更直观地来比较市场份额数据。为了增强视觉吸引效果,创建条形图进行比较时,尽量避免使用默认的条形图的样式,而是利用辅助列、单元格等元素对条形图的外观进行一定的突破。

第19章 竞争对手研究

制作要点与设计效果图

- 创建柱形图
- 添加数据标签
- 隐藏坐标轴
- 隐藏数据系列
- 更改数据标签

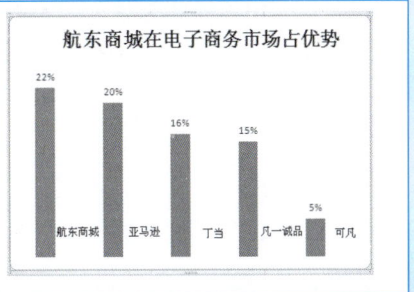

文件设计过程

步骤1：创建条形图

1 选择A3:B7单元格区域，单击"插入"选项卡下"图表"选项组中的"柱形图"下拉按钮，在下拉菜单中选择"簇状柱形图"子图表类型，如图19-27所示。

2 工作表中会显示默认的柱形图，删除网络线和图例，如图19-28所示。

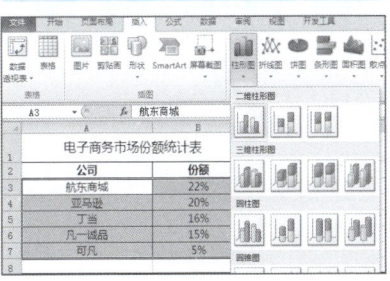

图19-27

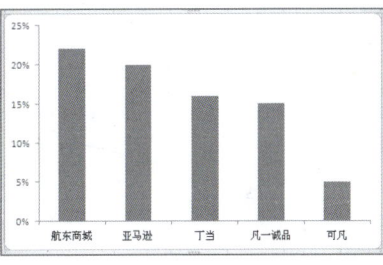

图19-28

步骤2：为图表添加标题

选中"图表"切换到"布局"选项卡，在"标签"选项组单击"图表标题"下拉按钮，在其下拉列表中选择"图表上方"选项，接着在图表中将图表标题更改为"航东商城在电子商务市场占优势"，如图19-29所示。

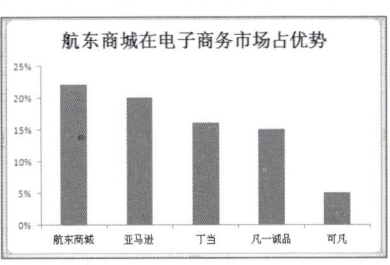

图19-29

步骤3：隐藏坐标轴显示数据标签

隐藏图表中的横坐标轴，在数据条外显示数据标签，如图19-30所示。

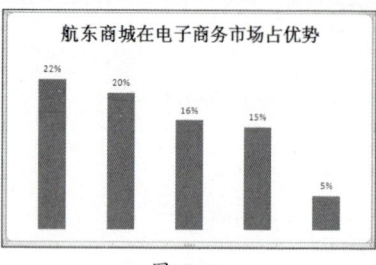

图19-30

步骤4：添加辅助列

① 在数据表中添加一个辅助列，选择C3：C7单元格区域，输入5%，按<Ctrl+Enter>组合键，如图19-31所示。

② 将辅助列数据作为新的系列添加至图表中，此时得到有两个数据系列的条形图，如图19-32所示。

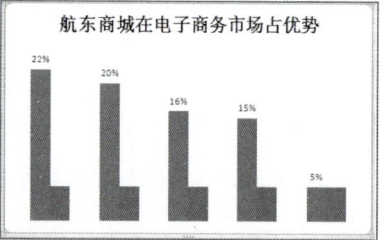

图19-32

图19-31

步骤5：设置数据标签助列

① 将新增的数据系列设置为"无填充色"，并在"轴内测"显示数据标签，如图19-33所示。

中输入公式"=Sheet1!$A$3"，按回车键，标签中的值会更改为"航东京城"，如图19-34所示。

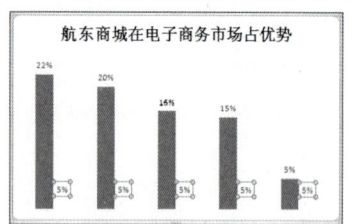

图19-33

② 选中图表中的一个数据标签，如第一个标签，在公式编辑栏

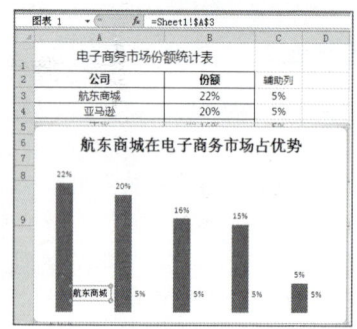

图19-34

3 重复上面的步骤，将所有系列2的数据标签更改为对应的分类标签。接着对图表进行完善，如图19-35所示。

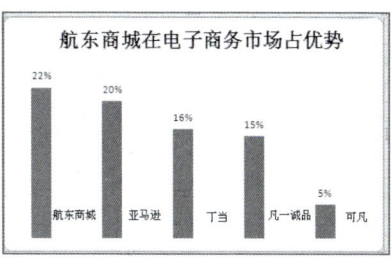

图19-35

文件170　竞争对手成本差异分析

已知零售行业的几个商场的各项成本差异，可以使用堆积柱形图比较各商场的成本构成以及行业的平均水平。

制作要点与设计效果图

- 创建柱形图
- 显示数据标签
- 设置图表区格式

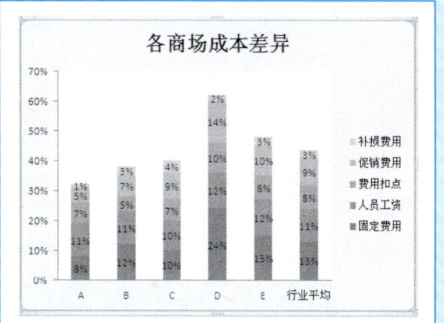

文件设计过程

步骤1：创建柱形图

1 选择A2:F8单元格区域，单击"插入"选项卡下"图表"选项组中"柱形图"下拉按钮，在下拉菜单中选择"堆积柱形图"子图表类型，如图19-36所示。

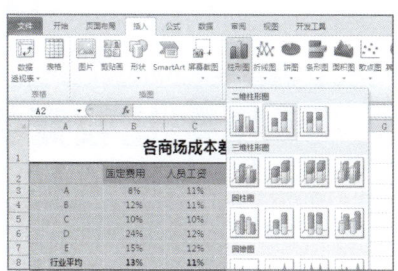

图19-36

2 工作表中会显示默认的堆积柱形图表效果，如图19-37所示。

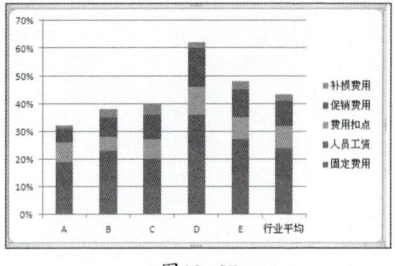

图19-37

步骤2：隐藏网络线显示数据标签

1 删除图表中的网络线，并显示每个数据系列的数据标签，然后隐藏横坐标轴的坐标线，如图19-38所示。

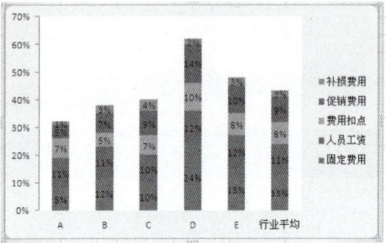

图19-39

3 接着对图表进行完善，得到图表的最终效果，如图19-40所示。

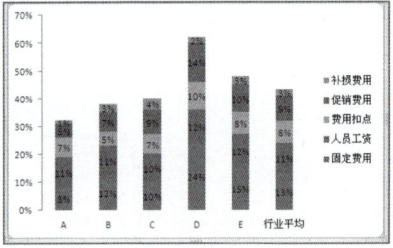

图19-38

2 将图表区填充为黄色，将坐标轴标签字体颜色更改为白色，如图19-39所示。

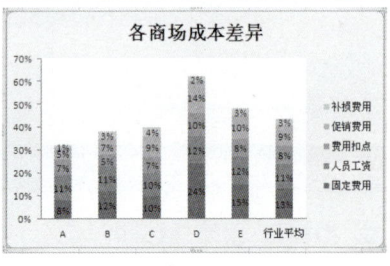

图19-40

文件171　比较竞争对手人力资源状况

通过比较不同学历层次的员工人数，可以从一定程度上反映企业的人才储备实力和人才竞争力。

制作要点与设计效果图

- 公式计算
- 创建条形图
- 设置坐标轴格式
- 删除网络线
- 设置数据标签格式

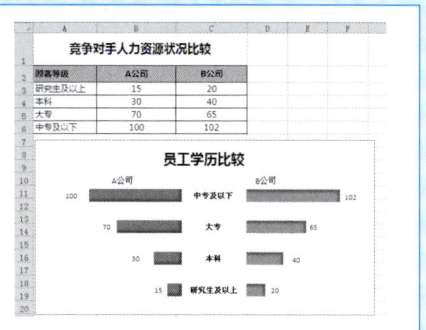

文件172 比较行业增长率趋势

为了直观反映企业在该段时间业务的变动情况,可以通过比较各企业在相同一段时间内的增长率变化趋势来达到目的。

制作要点与设计效果图

- 创建折线图
- 隐藏网络线
- 更改图例位置
- 设置数据系列格式

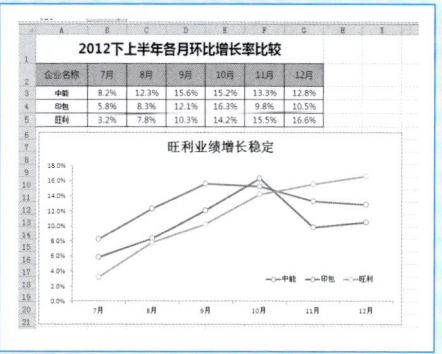

文件173 比较行业新增终端数量

为了反映不同企业在新项目投入力度上的差异,可以通过比较某行业新增终端数量来实现。

制作要点与设计效果图

- 创建柱形图
- 设置数据系列
- 突出数据点

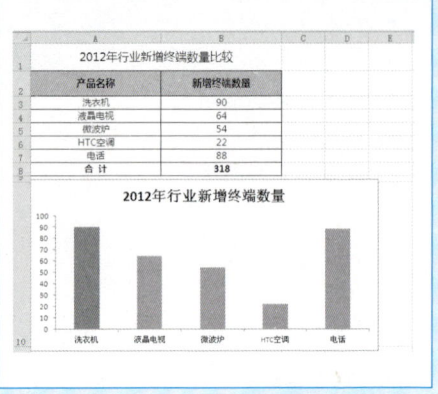

文件174 竞争对手价格分析

　　企业想制定出合理可行的价格策略，就必须对整个市场的价格了如指掌。

 制作要点与设计效果图

- 创建柱形图
- 设置图表布局
- 设置图表区格式

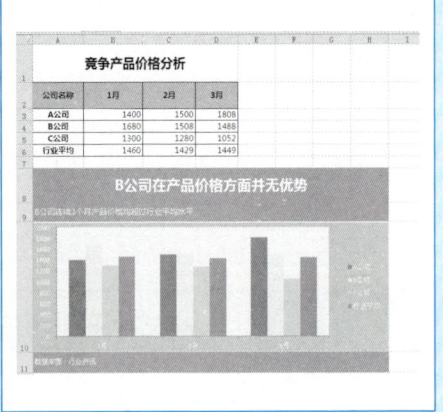

第19章 竞争对手研究

文件175　竞争对手消费费用结果分析

通过将同行业两个公司的费用结果进行比较，可以发现公司在费用结构中可能存在的问题，以便采取整改措施。

制作要点与设计效果图

- PMT函数
- SUM函数
- 隐藏数据点
- 创建饼图
- 设置数据点格式

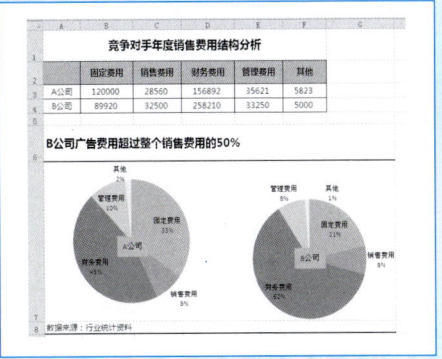

文件176　比较竞争对手品牌知名度

通过品牌知名度的比较，可以得知本企业产品在消费者心目中的地位，从而根据分析结果做出是否加强品牌宣传的策略。

制作要点与设计效果图

- COUNTIF函数
- 公式计算
- 创建柱形图

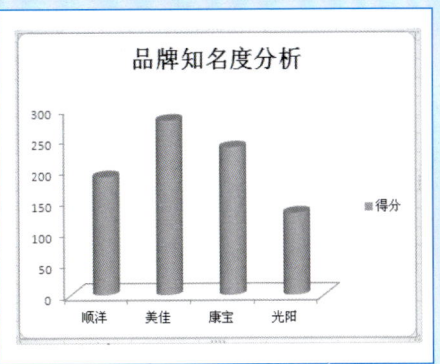

文件177 竞争对手产品推广方式比较

通过品牌知名度的比较，可以得知本企业产品在消费者心目中的地位，从而根据分析结果做出是否加强品牌宣传的策略。

制作要点与设计效果图

- 创建数据透视表
- 设置字段
- 设置数值标签计算方式
- 创建柱形图

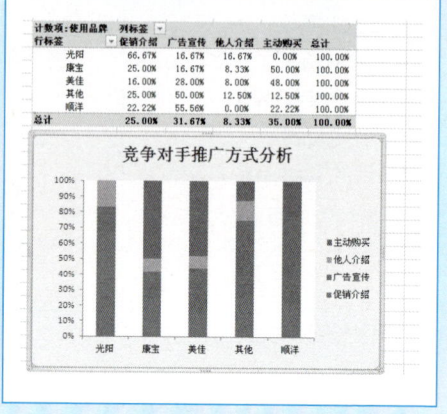

第20章 营销决策

营销决策是指企业为有效地引导商品或劳务从生产者到达消费者或使用者而进行的决策活动。市场营销决策是企业市场营销中的核心问题，它必须建立在充分的市场调查和市场预测的基础之上。

企业正常运作的过程就是不断做出决策的过程，大小事物都需要结合实际情况做出正确的决定。而正确的营销决策是企业获取利润的关键，也是企业需要经过慎重分析、考量才能做出的决定。本章将综合使用Excel中的公式、函数、图表等知识，以营销决策分析中的常见的实例，如新产品定价策略分析、产品组合定价策略分析、商品运输方式决策分析、利润最大化营销方案求解。

编号	文件名称	光盘中对应数据源	重要星级
文件178	新产品定价策略分析	素材文件\第20章\新产品定价策略分析.xls	★★★★
文件179	产品组合定价策略分析	素材文件\第20章\产品组合定价策略分析.xls	★★★
文件180	商品运输方式决策分析	素材文件\第20章\商品运输方式决策分析.xls	★★★
文件181	商品促销策略分析	素材文件\第20章\商品促销策略分析.xls	★★★
文件182	利润最大化营销方案求解	素材文件\第20章\利润最大化营销方案求解.xls	★★★★
文件183	营销渠道分析	素材文件\第20章\营销渠道分析.xls	★★★
文件184	销售方式决策	素材文件\第20章\销售方式决策.xls	★★★★
文件185	建立不同销售方式图表分析	素材文件\第20章\建立不同销售方式图表分析.xls	★★★★
文件186	品牌地区差异分析	素材文件\第20章\品牌地区差异分析.xls	★★★
文件187	销量下滑的因素分析	素材文件\第20章\销量下滑的因素分析.xls	★★★
文件188	广告投入对销量的影响分析	素材文件\第20章\广告投入对销量的影响分析.xls	★★★

文件178 新产品定价策略分析

假设某产品的生命周期只有半年，已知不同定价策略的预计月销量和成本变动、市场竞争所产生的影响，现需要比较三种定价策略产生的利润，找出利润最高的定价策略。

制作要点与设计效果图

- SUM函数
- AVERAGE函数
- 公式计算
- 创建柱形图
- 设置图表标题

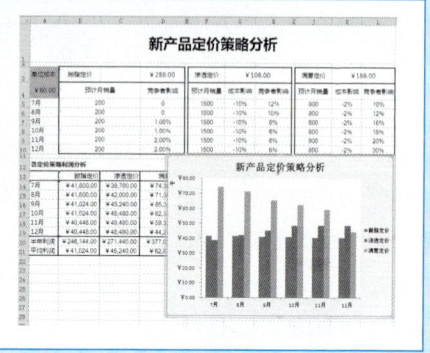

文件设计过程

步骤1：设置公式

1 在B14单元格中输入公式“=($D$3-$A$4)*B5-D5*$D$3*B5”，按回车键，向下复制公式，计算出该定价策略下各月的利润，如图20-1所示。

B14 =($D$3-$A$4)*B5-D5*$D$3*B5

	A	B	C	D	E	F
3	单位成本	撇脂定价		¥288.00		渗透定价
4	¥80.00	预计月销量		竞争者影响		预计月销量
5	7月	200		0		1500
6	8月	200		0		1500
7	9月	200		1.00%		1500
8	10月	200		1.00%		1500
9	11月	200		2.00%		1500
10	12月	200		2.00%		1500
11						
12	各定价策略利润分析					
13		撇脂定价	渗透定价	满意定价		
14	7月	¥41,600.00				
15	8月	¥41,600.00				
16	9月	¥41,024.00				
17	10月	¥41,024.00				
18	11月	¥40,448.00				
19	12月	¥40,448.00				

图20-1

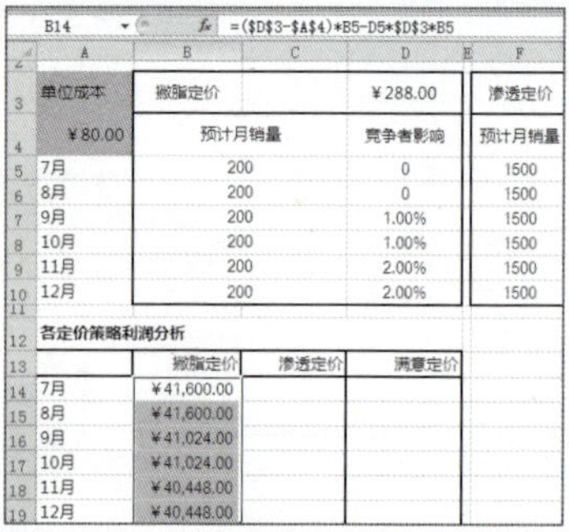

2 在C14单元格中输入公式“=($G$3-$A$4)*F5-G5*F5*$G$3-H5*F5*$G$3”，按回车键，向下复制公式，计算该定价方式下各月的利润，如图20-2所示。

C14 =($G$3-$A$4)*F5-G5*F5*$G$3-H5*F5*$G$3

	A	B	C	D	E	F
3	单位成本	撇脂定价		¥288.00		渗透定价
4	¥80.00	预计月销量		竞争者影响		预计月销量
5	7月	200		0		1500
6	8月	200		0		1500
7	9月	200		1.00%		1500
8	10月	200		1.00%		1500
9	11月	200		2.00%		1500
10	12月	200		2.00%		1500
11						
12	各定价策略利润分析					
13		撇脂定价	渗透定价	满意定价		
14	7月	¥41,600.00	¥38,760.00			
15	8月	¥41,600.00	¥42,000.00			
16	9月	¥41,024.00	¥45,240.00			
17	10月	¥41,024.00	¥48,480.00			
18	11月	¥40,448.00	¥48,480.00			
19	12月	¥40,448.00	¥48,480.00			

图20-2

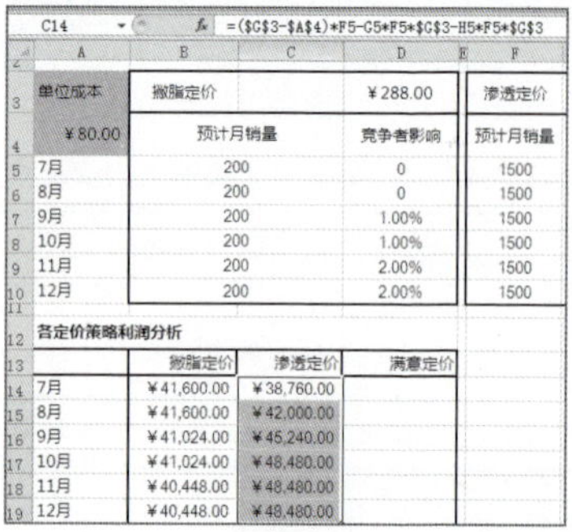

3 在D14单元格中输入公式“=($K$3-$A$4)*J5-K5*J5*$K$3-L5*J5*$K$3”，按回车键，向下复制公式，计算出该定价策略下各月的利润，如图20-3所示。

	A	B	C	D	F	G	H
3	单位成本	撇脂定价		¥288.00	渗透定价	¥108.00	
4	¥80.00	预计月销量		竞争者影响	预计月销量	成本影响	竞争者影响
5	7月	200		0	1500	-10%	12%
6	8月	200		0	1500	-10%	10%
7	9月	200		1.00%	1500	-10%	8%
8	10月	200		1.00%	1500	-10%	6%
9	11月	200		2.00%	1500	-10%	6%
10	12月	200		2.00%	1500	-10%	6%
12	各定价策略利润分析						
13		撇脂定价	渗透定价	满意定价			
14	7月	¥41,600.00	¥38,760.00	¥74,368.00			
15	8月	¥41,600.00	¥42,000.00	¥71,360.00			
16	9月	¥41,024.00	¥45,240.00	¥65,344.00			
17	10月	¥41,024.00	¥48,480.00	¥62,336.00			
18	11月	¥40,448.00	¥48,480.00	¥59,328.00			
19	12月	¥40,448.00	¥48,480.00	¥44,288.00			

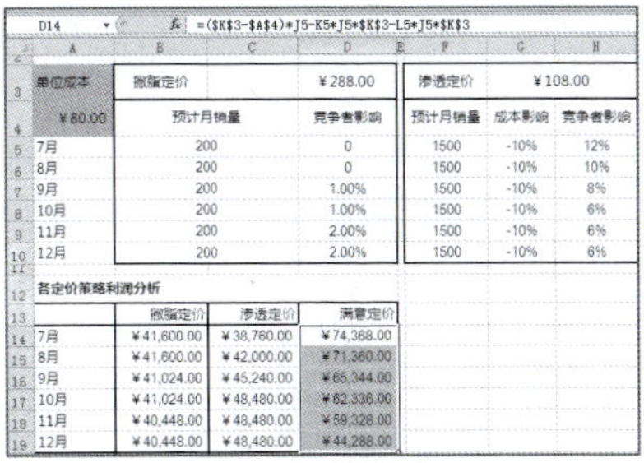

图20-3

4 在B20单元格中输入公式“=SUM(B14:B19)”，按回车键，向右复制公式，得到每种定价策略的半年利润和，如图20-4所示。

5 在21单元格中输入公式“=AVERAGE(B14:B19)”，按回车键，向右复制公式，得到每种定价策略的月平均利润，如图20-5所示。

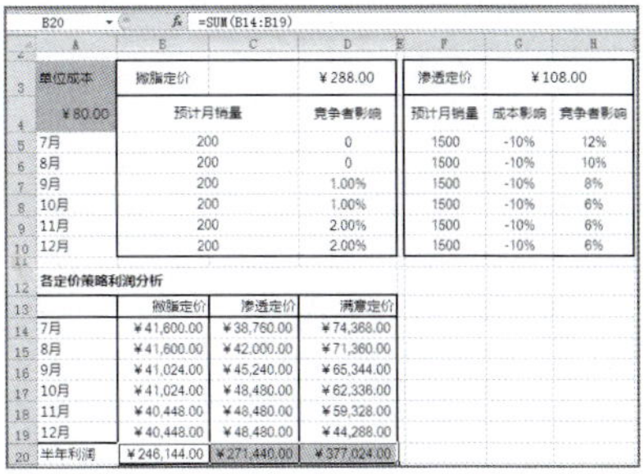

	A	B	C	D	F	G	H
3	单位成本	撇脂定价		¥288.00	渗透定价	¥108.00	
4	¥80.00	预计月销量		竞争者影响	预计月销量	成本影响	竞争者影响
5	7月	200		0	1500	-10%	12%
6	8月	200		0	1500	-10%	10%
7	9月	200		1.00%	1500	-10%	8%
8	10月	200		1.00%	1500	-10%	6%
9	11月	200		2.00%	1500	-10%	6%
10	12月	200		2.00%	1500	-10%	6%
12	各定价策略利润分析						
13		撇脂定价	渗透定价	满意定价			
14	7月	¥41,600.00	¥38,760.00	¥74,368.00			
15	8月	¥41,600.00	¥42,000.00	¥71,360.00			
16	9月	¥41,024.00	¥45,240.00	¥65,344.00			
17	10月	¥41,024.00	¥48,480.00	¥62,336.00			
18	11月	¥40,448.00	¥48,480.00	¥59,328.00			
19	12月	¥40,448.00	¥48,480.00	¥44,288.00			
20	半年利润	¥246,144.00	¥271,440.00	¥377,024.00			

图20-4

	A	B	C	D	F	G	H
3	单位成本	撇脂定价		¥288.00	渗透定价	¥108.00	
4	¥80.00	预计月销量		竞争者影响	预计月销量	成本影响	竞争者影响
5	7月	200		0	1500	-10%	12%
6	8月	200		0	1500	-10%	10%
7	9月	200		1.00%	1500	-10%	8%
8	10月	200		1.00%	1500	-10%	6%
9	11月	200		2.00%	1500	-10%	6%
10	12月	200		2.00%	1500	-10%	6%
12	各定价策略利润分析						
13		撇脂定价	渗透定价	满意定价			
14	7月	¥41,600.00	¥38,760.00	¥74,368.00			
15	8月	¥41,600.00	¥42,000.00	¥71,360.00			
16	9月	¥41,024.00	¥45,240.00	¥65,344.00			
17	10月	¥41,024.00	¥48,480.00	¥62,336.00			
18	11月	¥40,448.00	¥48,480.00	¥59,328.00			
19	12月	¥40,448.00	¥48,480.00	¥44,288.00			
20	半年利润	¥246,144.00	¥271,440.00	¥377,024.00			
21	平均利润	¥41,024.00	¥45,240.00	¥62,837.33			

图20-5

步骤2：创建图表

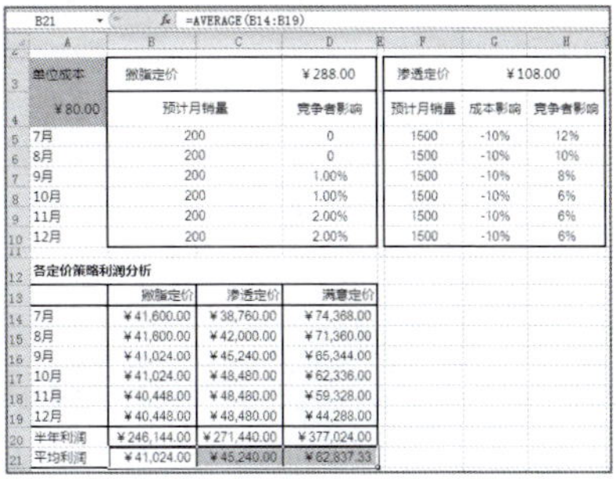

1 选中A13:D19单元格区域，单击“插入”选项卡下“图表”选项组中“柱形图”下拉按钮，在下拉菜单中选择“簇状柱形图”，如图20-6所示。

图20-6

2 工作表中即可显示默认格式的簇状柱形图，如图20-7所示。

图20-7

3 双击图表总坐标轴打开“设置坐标轴格式”对话框，单

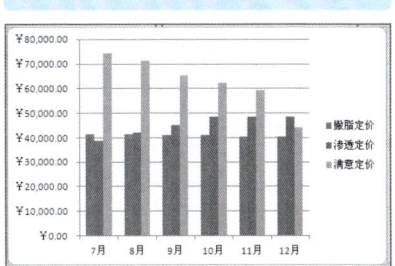

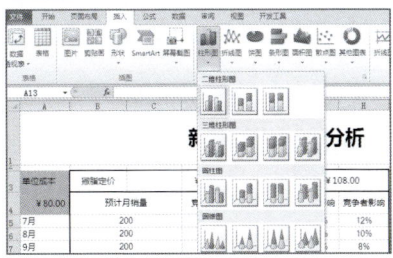

击"显示单位"下拉按钮,在下拉菜单中选择"千",如图20-8所示。

④ 选中"图表"切换到"布局"选项卡,在"标签"选项组单击"图表标题"下拉按钮,在其下拉列表中选择"图表上方"选项,接着在图表中将图表标题更改为"新产品定价策略分析",进一步完善得到最终效果,如图20-9所示。

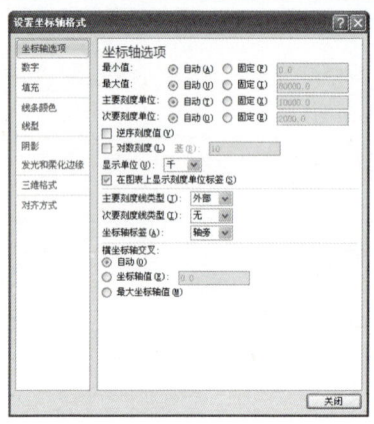

图20-8

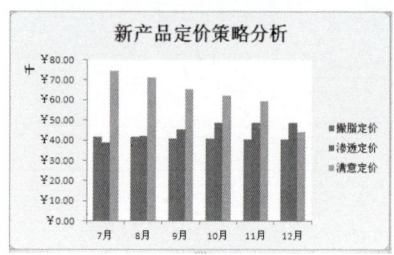

图20-9

文件179　产品组合定价策略分析

在制定主销售产品和附属产品的价格策略时,可以比较单个产品定价策略与组合产品定价策略的利润。

制作要点与设计效果图

- 设置公式
- SUMPRODUCT函数
- 绘制图表

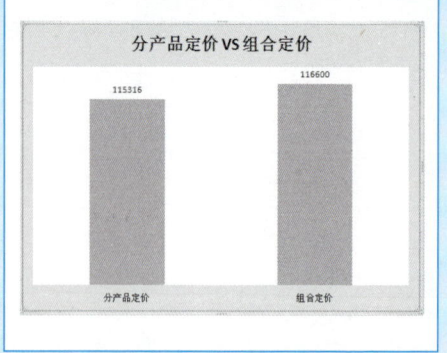

文件设计过程

步骤1：设置公式

1 在B10单元格中输入公式"=C4-B4"，C10单元格中输入公式"=C5-B5"，D10单元格中输入公式"=C6-C10"，F10单元格中输入公式"=C7-B7"，计算各产品单位毛利，如图20-10所示。

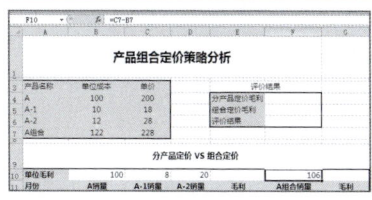

图20-10

2 在E10单元格中输入公式"=SUM(B10:D10)"，计算分产品定价的各产品单位毛利之和，如图20-11所示。

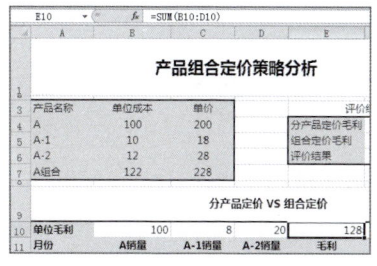

图20-11

3 在E12单元格中输入公式"=SUMPRODUCT($B$10:$D$10,B12:D12)"，按回车键，向下复制公式，计算出各月毛利，如图20-12所示。

4 在G12单元格中输入公式"=F12*$F$10"，计算组合产品各月的毛利，如图20-13所示。

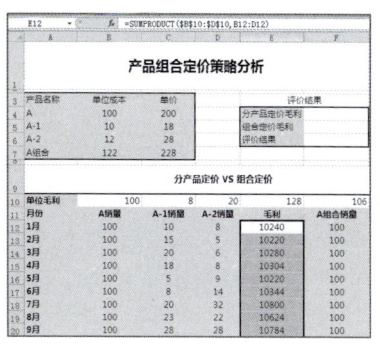

图20-12

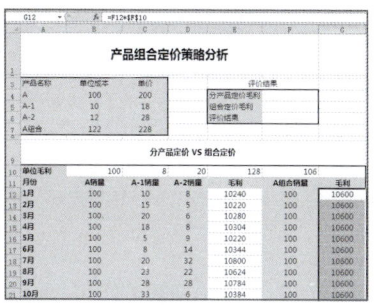

图20-13

5 在B24单元格中输入公式"=SUM(B13:B23)"，按回车键，向右复制公式，计算出合计，如图20-14所示。

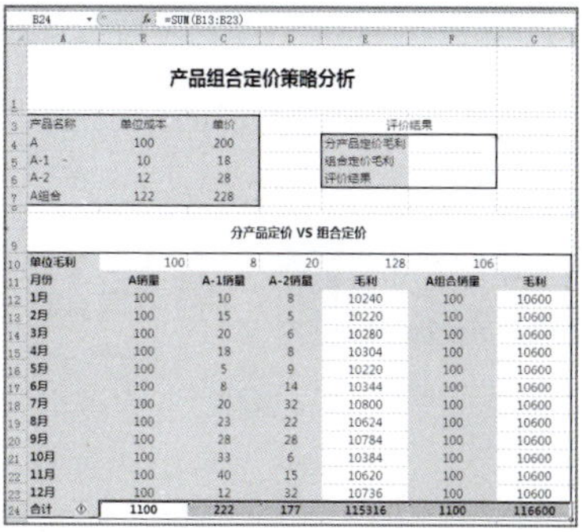

图20-14

[6] 在F4和F5单元格中引用合计行的毛利值,然后在单元格F6中输入公式"=IF(F4>F5,"分产品定价更优","组合定价更优")",如图20-15所示。

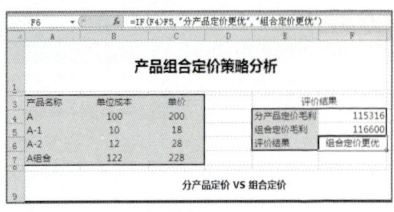

图20-15

步骤2:创建并编辑图表

[1] 创建一个空白图表,在"设计"选项卡下"数据"选项组中单击"选择数据"按钮,打开"选择数据源"对话框,单击"添加"按钮,如图20-16所示。

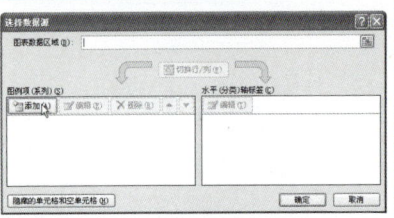

图20-16

[2] 打开"编辑数据系列"对话框,在对话框中输入系列名称和系列值,系列值为常量值,如图20-17所示。

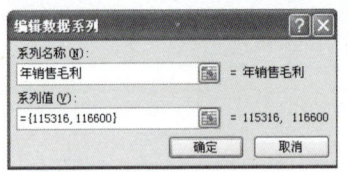

图20-17

[3] 在"轴标签区域"中输入轴标签常量值,单击"确定"按钮,如图20-18所示。

图20-18

[4] 接着为图表添加标题,隐藏网络线和总坐标轴,显示数据标签,并适当调整纵坐标轴刻度,如图20-19所示。

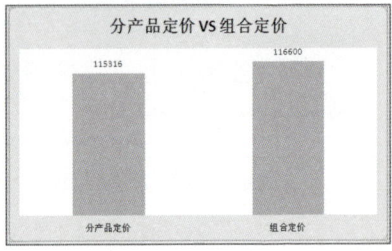

图20-19

文件180 商品运输方式决策分析

企业在选择商品运输方式时,可以根据待运输商品的重量计算出各种运输方式下的费用和到达天数,然后再根据客户的要求选择最佳运输方案。

第20章 营销决策

制作要点与设计效果图

- 公式计算
- VLOOKUP函数
- MATCH函数
- ROUNDUP函数
- AND函数
- 设置条件格式

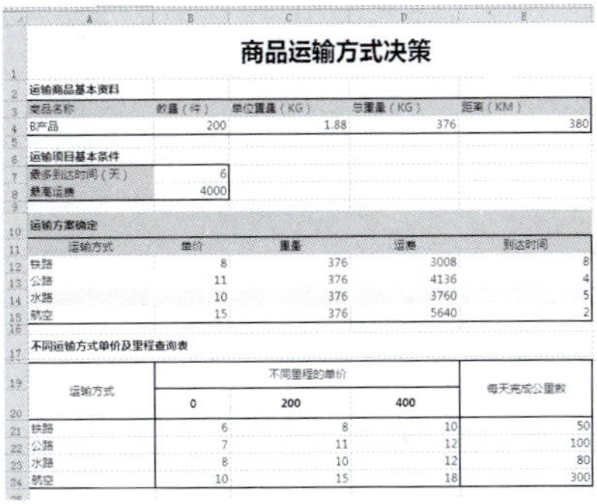

文件设计过程

步骤1：设置公式

[1] 在D4单元格中输入公式"=B4*C4"，计算出待运输商品的总重量，如图20-20所示。

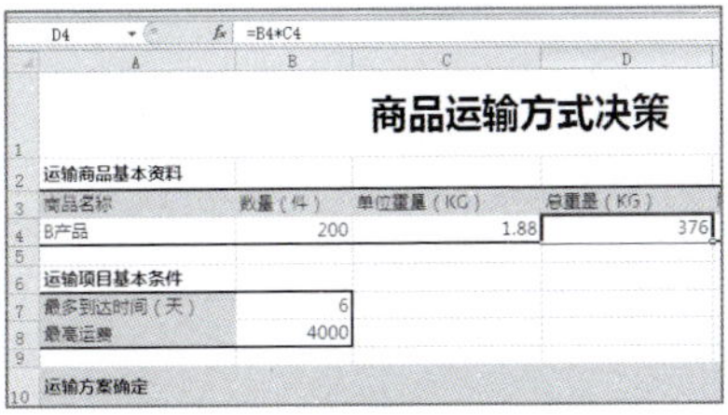

图20-20

[2] 在B12单元格中输入公式"=VLOOKUP(A12,$A$20:$D$24,MATCH($E$4,$B$20:$D$20)+1,FALSE)"，按回车键，向下复制公式至B15单元格，从价格表中引用不同运输方式在当前重量下的单价，如图20-21所示。

[3] 在C12单元格中输入公式"=$D$4"，向下复制公式，引用待运输商品的重量，如图20-22所示。

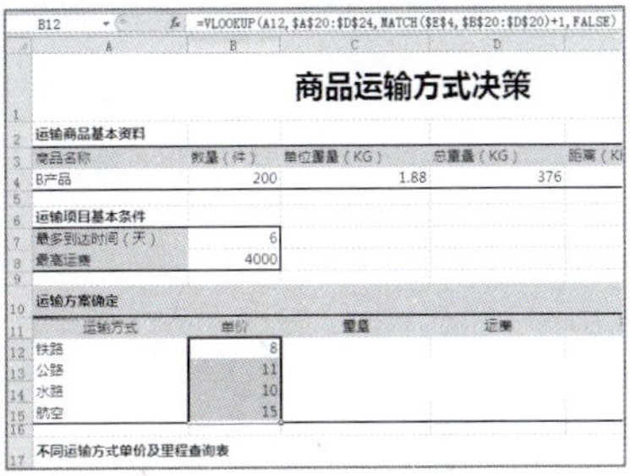

图20-21

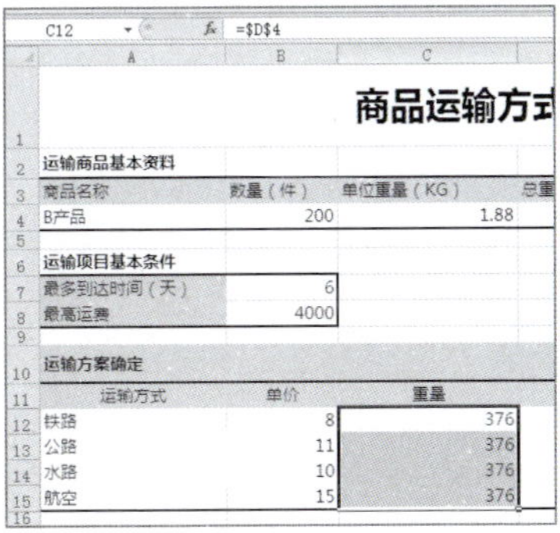

图20-22

④ 在D12单元格中输入公式"=B12*C12",向下复制公式,计算不同运输方式下的运费,如图20-23所示。

⑤ 在E12单元格中输入公式"=ROUNDUP($E$4/VLOOKUP(A12,A21:E24,5,FALSE),0)",向下复制公式,计算不同运输方式下该批货物到达的预计时间,如图20-24所示。

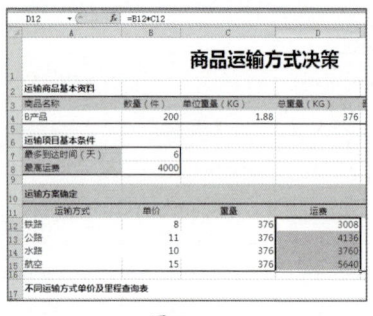

图20-23

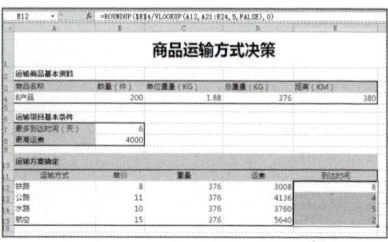

图20-24

步骤2:设置条件格式

① 选择A12:E15单元格区域,单击"开始"选项卡下"样式"选项组中"条件格式"下拉按钮,在下拉菜单中单击"新建规则"选项,如图20-25所示。

图20-25

② 打开"新建格式规则"对话框,在"选择规则类型"框中选择"使用公式确定要设置格式的单元格",在"为符合此公式的值设置格式"框中输入公式"=AND($D12<=$B$8,$E12<=$B$7)",单击"格式"按钮,如图20-26所示。

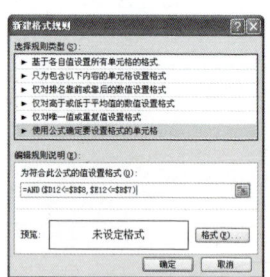

图20-26

③ 在"设置单元格格式"对话框中单击"填充"标签,颜色为"黄色",如图20-27所示。

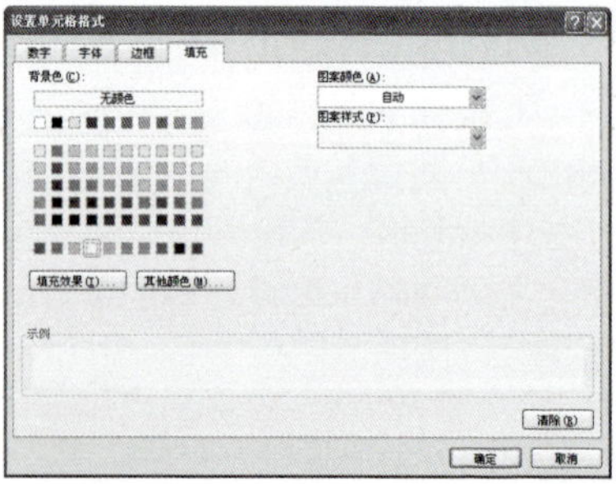

图20-27

4 返回到工作表中，即可应用条件格式，如图20-28所示。

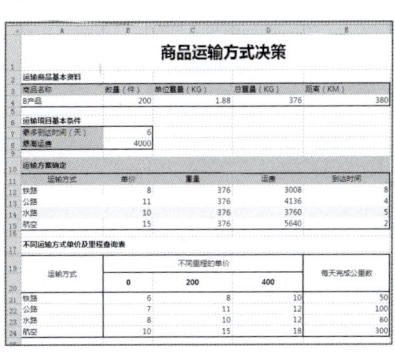

图20-28

文件181 商品促销策略分析

按不同的促销方式进行产品促销，统计出各月的利率增长率，然后使用统计函数对各门店利润增长率进行分析和比较，找出最具影响力的促销方式。

制作要点与设计效果图

- AVERAGE函数
- MAX、MIN函数
- LARGE、SMALL函数
- 公式计算

文件设计过程

步骤1：设置公式计算平均和最高增长率

1 在B17单元格中输入公式"=AVERAGE(B5:B16)"，向右复制公式至E17单元格，如图20-29所示。

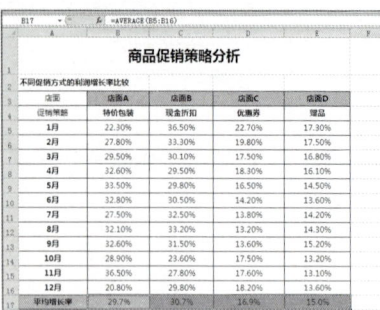

B17 =AVERAGE(B5:B16)

商品促销策略分析

不同促销方式的利润增长率比较

店面	店面A	店面B	店面C	店面D
促销策略	特价包装	现金折扣	优惠券	赠品
1月	22.30%	36.50%	22.70%	17.30%
2月	27.80%	33.30%	19.80%	17.50%
3月	29.50%	30.10%	17.50%	16.80%
4月	32.60%	29.50%	18.30%	16.10%
5月	33.50%	29.80%	16.50%	14.50%
6月	32.80%	30.50%	14.20%	13.60%
7月	27.50%	32.50%	13.80%	14.20%
8月	32.10%	33.20%	13.20%	14.30%
9月	32.60%	31.50%	13.60%	15.20%
10月	28.90%	23.60%	17.50%	13.20%
11月	36.50%	27.80%	17.60%	13.10%
12月	20.80%	29.80%	18.20%	13.60%
平均增长率	29.7%	30.7%	16.9%	15.0%

图20-29

(2) 在B18单元格中输入公式"=MAX(B5:B17)"。向右复制公式，计算最高增长率，如图20-30所示。

B18 =MAX(B5:B17)

商品促销策略分析

不同促销方式的利润增长率比较

店面	店面A	店面B	店面C	店面D
促销策略	特价包装	现金折扣	优惠券	赠品
1月	22.30%	36.50%	22.70%	17.30%
2月	27.80%	33.30%	19.80%	17.50%
3月	29.50%	30.10%	17.50%	16.80%
4月	32.60%	29.50%	18.30%	16.10%
5月	33.50%	29.80%	16.50%	14.50%
6月	32.80%	30.50%	14.20%	13.60%
7月	27.50%	32.50%	13.80%	14.20%
8月	32.10%	33.20%	13.20%	14.30%
9月	32.60%	31.50%	13.60%	15.20%
10月	28.90%	23.60%	17.50%	13.20%
11月	36.50%	27.80%	17.60%	13.10%
12月	20.80%	29.80%	18.20%	13.60%
平均增长率	29.7%	30.7%	16.9%	15.0%
最高增长率	36.5%	36.5%	22.7%	17.5%

图20-30

步骤2：设置公式计算第2个最大值

在B19单元格中输入公式"=LARGE(B5:B16,2)"，向右复制公式，计算第2个最高增长率，如图20-31所示。

B19 =LARGE(B5:B16,2)

商品促销策略分析

不同促销方式的利润增长率比较

店面	店面A	店面B	店面C	店面D
促销策略	特价包装	现金折扣	优惠券	赠品
1月	22.30%	36.50%	22.70%	17.30%
2月	27.80%	33.30%	19.80%	17.50%
3月	29.50%	30.10%	17.50%	16.80%
4月	32.60%	29.50%	18.30%	16.10%
5月	33.50%	29.80%	16.50%	14.50%
6月	32.80%	30.50%	14.20%	13.60%
7月	27.50%	32.50%	13.80%	14.20%
8月	32.10%	33.20%	13.20%	14.30%
9月	32.60%	31.50%	13.60%	15.20%
10月	28.90%	23.60%	17.50%	13.20%
11月	36.50%	27.80%	17.60%	13.10%
12月	20.80%	29.80%	18.20%	13.60%
平均增长率	29.7%	30.7%	16.9%	15.0%
最高增长率	36.5%	36.5%	22.7%	17.5%
第2个最高增长率	33.5%	33.3%	19.8%	17.3%

图20-31

步骤3：设置公式计算最低和第2个最低增长率

(1) 在B20单元格中输入公式"=MIN(B5:B16)"，向右复制公式，计算最低增长率，如图20-32所示。

B20 =MIN(B5:B16)

商品促销策略分析

不同促销方式的利润增长率比较

店面	店面A	店面B	店面C	店面D
促销策略	特价包装	现金折扣	优惠券	赠品
1月	22.30%	36.50%	22.70%	17.30%
2月	27.80%	33.30%	19.80%	17.50%
3月	29.50%	30.10%	17.50%	16.80%
4月	32.60%	29.50%	18.30%	16.10%
5月	33.50%	29.80%	16.50%	14.50%
6月	32.80%	30.50%	14.20%	13.60%
7月	27.50%	32.50%	13.80%	14.20%
8月	32.10%	33.20%	13.20%	14.30%
9月	32.60%	31.50%	13.60%	15.20%
10月	28.90%	23.60%	17.50%	13.20%
11月	36.50%	27.80%	17.60%	13.10%
12月	20.80%	29.80%	18.20%	13.60%
平均增长率	29.7%	30.7%	16.9%	15.0%
最高增长率	36.5%	36.5%	22.7%	17.5%
第2个最高增长率	33.5%	33.3%	19.8%	17.3%
最低增长率	20.8%	23.6%	13.2%	13.1%

图20-32

② 在B21单元格中输入公式"=SMALL(B5:B16,2)",向右复制公式,计算第2个最低增长率,如图20-33所示。

图20-33

文件182 利润最大化营销方案求解

假设已知某公司三种自合产品的单位利润、单位成本、每种产品每月的最低销售额和每月总销售成本限制,现需要求解将三种产品按怎样的销量组合,可以得到最大的销售利润。

制作要点与设计效果图

- 公式运算
- SUMPRODUCT函数
- 加载"规划求解"工具
- 使用规划求解

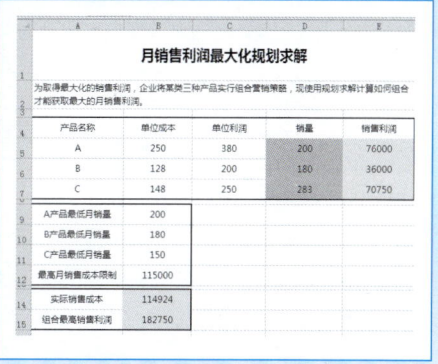

文件设计过程

步骤1:设置公式

① 在E5单元格汇总输入公式"=C5*D5",然后向下复制公式至E7单元格,计算销售利润,如图20-34所示。

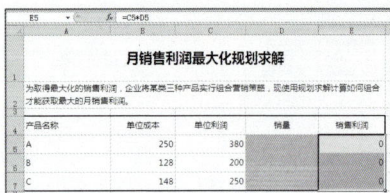

图20-34

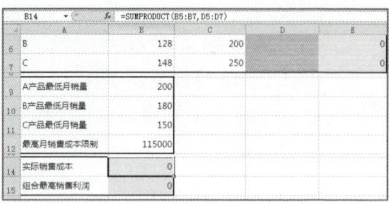

图20-35

② 在B14单元格中输入公式"=SUMPRODUCT(B5:B7,D5:D7)",计算本月实际销售成本,如图20-35所示。

③ 在B15单元格中输入公式"=SUM(E5：E7)",计算本月实际销售成本,如图20-36所示。

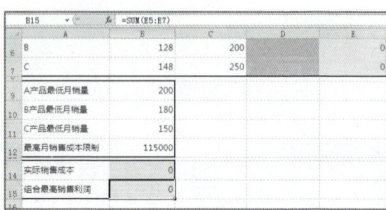

图20-36

步骤2：加载规划求解

① 在"开发工具"选项卡下"加载项"选项组中单击"加载项"按钮,如图20-37所示。

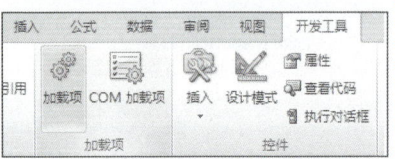

图20-37

② 打开"加载宏"对话框,在对话框中选中"规划求解加载项"复选框,单击"确定"按钮,如图20-38所示。

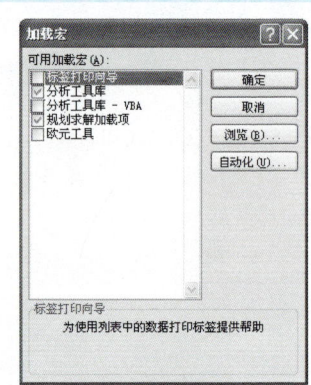

图20-38

步骤3：设置目标和可变单元格

① 单击"数据"选项卡下"分析"选项组中的"规划求解"按钮,如图20-39所示。

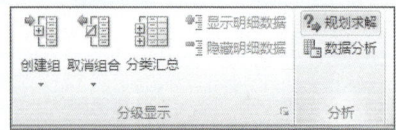

图20-39

[2] 打开"规划求解"对话框,设置"设置目标"为B15单元格并单击选中"最大值"单选按钮,如图20-40所示。

[3] 设置"通过更改可变单元格"为单元格区域D5:D7,单击"添加"按钮,如图20-41所示。

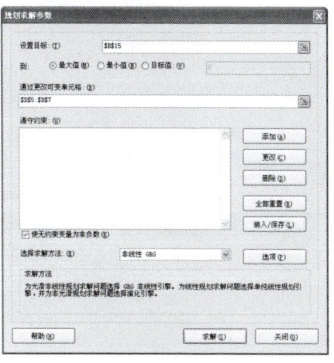

图20-40

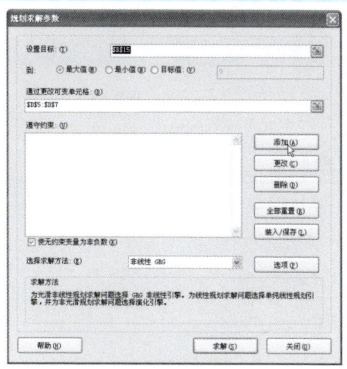

图20-41

步骤4:添加约束

[1] 设置约束条件为"D5>=B9",单击"添加"按钮,如图20-42所示。

[3] 设置约束条件为"D7>=B11",单击"添加"按钮,如图20-44所示。

图20-42

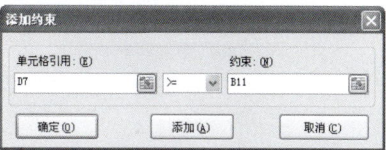

图20-44

[2] 设置约束条件为"D6>=B10",单击"添加"按钮,如图20-43所示。

[4] 设置"单元格引用"为D5,在下拉菜单中选择"int",然后单击"添加"按钮,如图20-45所示。

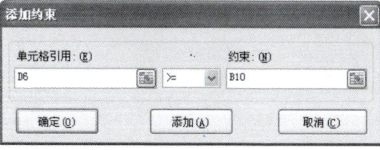

图20-43

图20-45

步骤5：添加整数约束

① 设置约束条件为"D6为整数"，单击"添加"按钮，如图20-46所示。

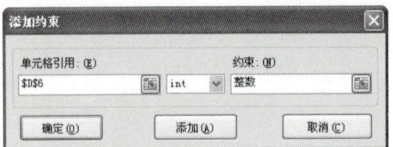

图20-46

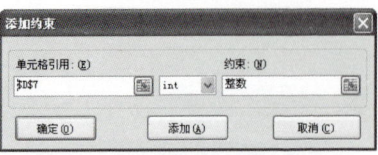

图20-47

② 设置约束条件为"D7为整数"，单击"添加"按钮，如图20-47所示。

③ 设置约束条件为"B14<=B12"，单击"添加"按钮，如图20-48所示。

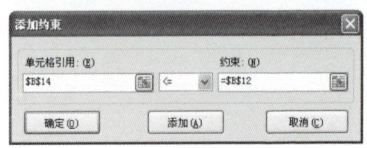

图20-48

步骤6：求解

① 设置好所有约束条件后，返回"规划求解参数"对话框，此时所有的"约束条件"都显示在"遵守约束"列表中，单击"求解"按钮，如图20-49所示。

售利润为182750元，而对应的A、B、C三种产品的销售量为200、180、150，如图20-51所示。

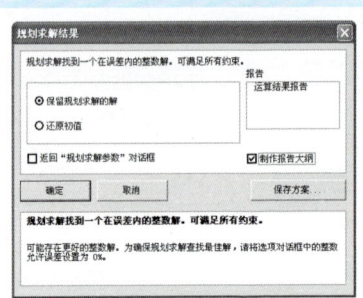

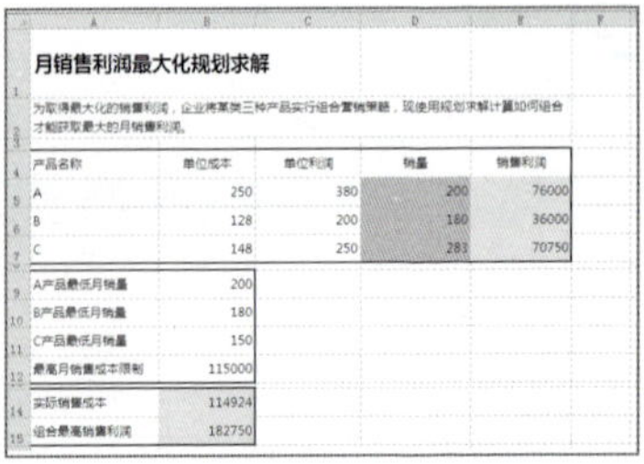

图20-50

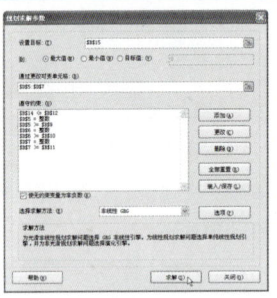

图20-49

② 打开"规划求解结果"对话框，单击选中"保留规划求解的解"单选按钮，如图20-50所示。

③ 返回工作表，即可显示规划求解的结果。所求得的最大销

图20-51

④ 工作簿中自动新建一个"运算结果报告1"工作表,在该工作表中显示规划求解运算结果报告,如图20-52所示。

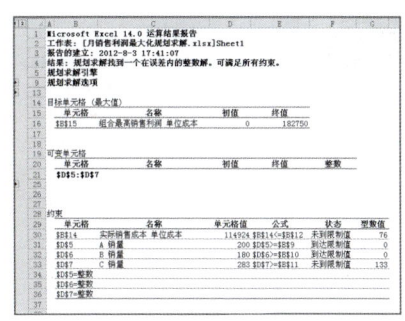

图20-52

文件183 营销渠道分析

为了反映营销渠道随市场的变化而变化的情况,可以使用折线图分析不同的销售渠道取得的销售额比例的变动趋势。

制作要点与设计效果图

- 设置数据格式
- 创建折线图
- 编辑折线图

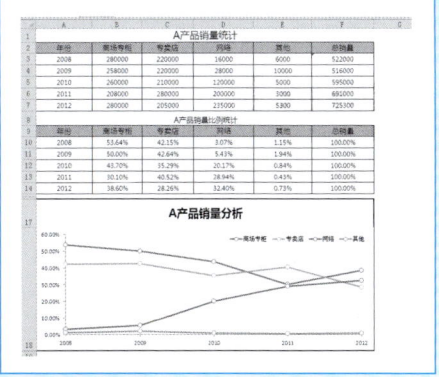

文件184 销售方式决策

产品的销售一般会采取企业自销、分销商代销两种销售方案,而采用何种销售方式销售产品可以给企业带来最大利润,仅凭观察不能得到结果。因此企业必须事先就对不同的销售方式进行比较分析,从而选择可能获取最大利润的销售方案。

制作要点与设计效果图

- 设置边框和底纹
- 公式计算
- 插入控件
- 设置控件格式
- 设置对象格式
- 重命名按钮

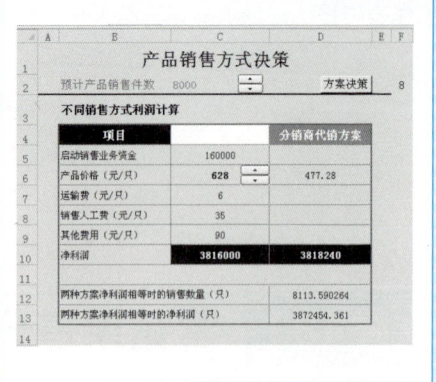

文件185 建立不同销售方式图表分析

针对于不同的销售方案,它们的利润额会在某一点达到平衡,即产品销售数在多少时可以达到净利润平衡。建立图表可以直观反应不同销售方案下的净利润平衡点。

制作要点与设计效果图

- 公式计算
- 创建散点图
- 重新设置图表的数据源
- 设置图表布局
- 设置数据标签格式
- 设置图表区格式

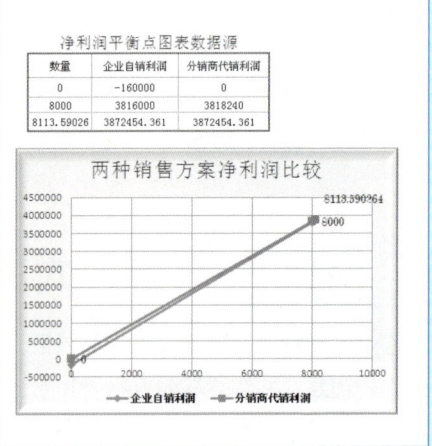

文件186 品牌地区差异分析

对品牌区域差异化进行分析,可以了解品牌形象薄弱的地区,以便加大宣传力度,提高品牌在当地的品牌形象。

制作要点与设计效果图

- SUMPRODUCT函数
- COUNTIF函数
- 创建柱形图
- 设置数据标签格式
- 设置图表区格式

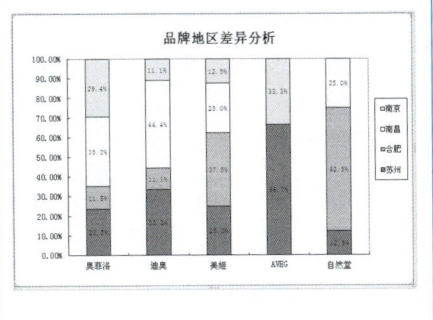

文件187 销量下滑的因素分析

当产品的销量下降时,企业管理者需要立即查明引起销量下降的原因,销售问题的结果和原因之间的关系不容易判定,且在大多数情况下单次的结果并不是绝对地由某一因素决定的。

制作要点与设计效果图

- SUM函数
- 创建柱形图
- 添加数据系列
- 更改系列图表类型
- 绘制坐标轴

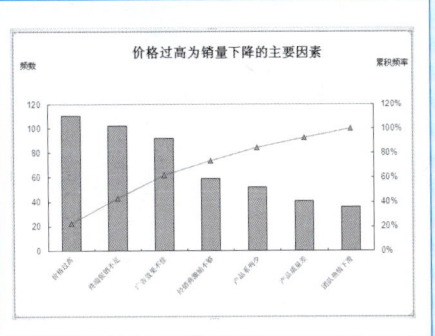

文件188 广告投入对销量的影响分析

企业为了宣传自己的产品，增加产品的销量，通常会投入大量的资金进行广告宣传。

制作要点与设计效果图

- 创建柱形图
- 删除网络线
- 设置数据表区格式
- 添加趋势线

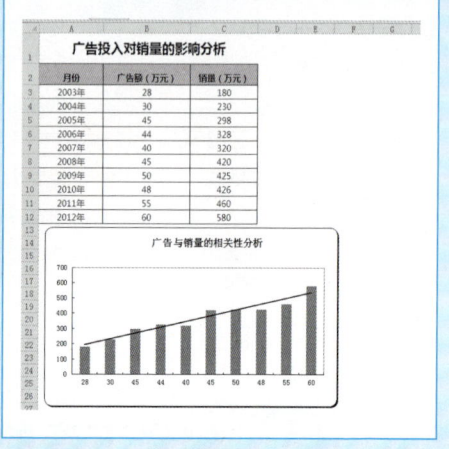

第21章 销售预测

销售预测是指根据以往的销售情况以及使用系统内部内置或用户自定义的销售预测模型获得的对未来销售情况的预测。销售预测可以直接生成同类型的销售计划。

销售预测是销售计划的中心任务之一，无论企业的规模大小、销售人员的多少，销售预测影响包括计划、预算和销售额确定在内的销售管理的各方面工作。

销售预测是指对未来特定时间内，全部产品或特定产品的销售数量与销售金额的估计。销售预测是在充分考虑未来各种影响因素的基础上，结合本企业的销售实绩，通过一定的分析方法提出切实可行的销售目标。

编号	文件名称	光盘中对应数据源	重要星级
文件189	销售额预测	素材文件\第21章\销售额预测.xls	★★★
文件190	销售收入预测	素材文件\第21章\销售收入预测.xls	★★★
文件191	销售成本预测	素材文件\第21章\销售成本预测.xls	★★★★
文件192	销售费用预算	素材文件\第21章\销售费用预算.xls	★★★
文件193	销售利润与销量回归分析	素材文件\第21章\销售利润与销量回归分析.xls	★★★★
文件194	市场占有率预测	素材文件\第21章\市场占有率预测.xls	★★★
文件195	市场需求量预测	素材文件\第21章\市场需求量预测.xls	★★★
文件196	主营业务利润预测	素材文件\第21章\主营业务利润预测.xls	★★★★
文件197	商品销量预测	素材文件\第21章\商品销量预测.xls	★★★
文件198	销售周转资金需要量预测	素材文件\第21章\销售周转资金需要量预测.xls	★★★
文件199	利润敏感性分析	素材文件\第21章\利润敏感性分析.xls	★★★★

文件189 销售额预测

假设已知某企业在过去一年中各个月份所发生的实际销售额,现在需要预测此后6个月中各月的销售额,并且希望在进行回归分析时,能够提供一元线性回归和一元指数回归两种不同的预测结果。

制作要点与设计效果图

- 定义名称
- 插入控件
- 设置控件格式
- 函数的应用

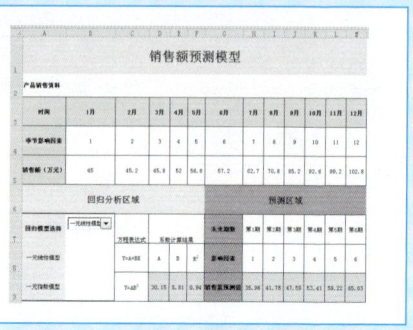

文件设计过程

步骤1:定义名称

1 选择B4:M4单元格区域,在"名称"框中输入名称"ab",如图21-1所示。

2 选择B5:M5单元格区域,在"名称"框中输入名称"cd",如图21-2所示。

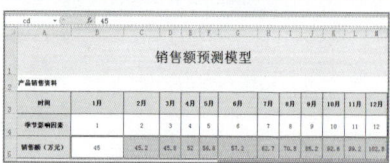

图21-1 　　　　　　　　　图21-2

步骤2:插入控件

1 单击"开发工具"选项卡下"控件"选项组中的"插入"下拉按钮,在下拉菜单中选择"组合框"图表,拖动鼠标在"回归模型选择"右侧的单元格中绘制控件,如图21-3和图21-4所示。

第21章 销售预测

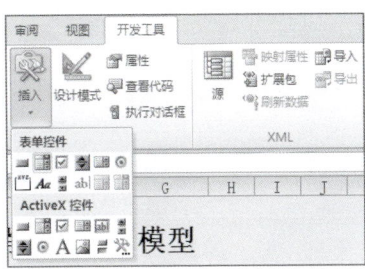

图21-3

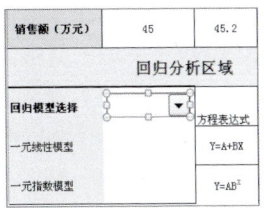

图21-4

[2] 右键单击组合框控件，在弹出的菜单中选择"设置控件格式"命令，在对话框的"控制"选项卡下设置"数据源区域"为A8:A9，"单元格链接"为B8，"下拉显示项数"为2，选中"三维阴影"复选框，如图21-5和图21-6所示。

[3] 返回到工作表中，此时单击控件中的下拉按钮，在下拉菜单中选择回归分析的模型，如图21-7所示。

图21-5

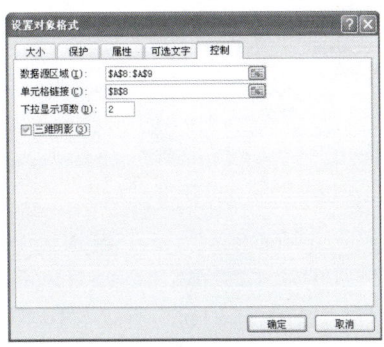

图21-6

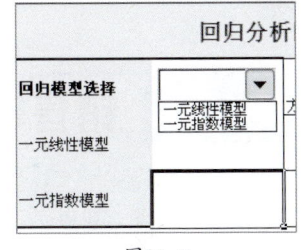

图21-7

步骤3：设置公式

[1] 在D9单元格中输入公式"=IF(B8=1,INDEX(LINEST(cd,ab,TRUE,TRUE),1,2),INDEX(LOGEST(cd,ab,TRUE,TRUE),1,2))"，计算回归方程中的A值，如图21-8所示。

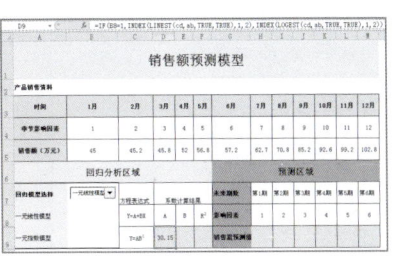

图21-8

Excel营销管理必须掌握的208个文件与108个函数

2 在E9单元格中输入公式"=IF(B8=1,INDEX(LINEST(cd,ab,TRUE,TRUE),1,1),INDEX(LOGEST(cd,ab,TRUE,TRUE),1,1))",计算回归方程中的B值,如图21-9所示。

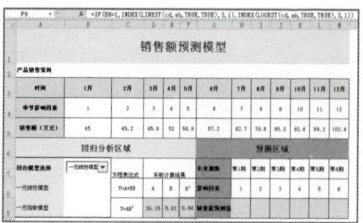

图21-10

4 选择H9:M9单元格区域,输入数组公式"=IF(B8=1,D9+E9*H8:M8,D9*E9^H8:M8)",按<Ctrl+Shift+Enter>组合键,根据影响因素计算预测的销售额,如图21-11所示。

图21-9

3 在F9单元格中输入公式"=IF(B8=1,INDEX(LINEST(cd,ab,TRUE,TRUE),3,1),INDEX(LOGEST(cd,ab,TRUE,TRUE),3,1))",计算回归方程中的R平方值,如图21-10所示。

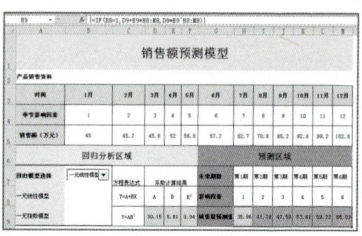

图21-11

文件190 销售收入预测

销售预测可以加强销售计划性,减少盲目性,使企业取得较好的经济效益。销售收入预测是企业根据过去的销售情况,结合市场决策和产销活动。

🔍 制作要点与设计效果图

- 创建折线图
- 添加趋势线
- 显示公式和R平方值
- LEET函数

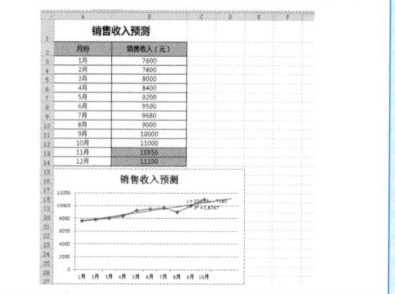

第21章 销售预测

文件设计过程

步骤1：创建折线图

①选择A3:B12单元格区域，单击"插入"选项卡下"图表"选项组中"折线图"下拉菜单子图表类型"数据点折线图"，如图21-12所示。

②即可显示默认的图表，设置图表标记以及标记线条颜色，如图21-13所示。

图21-12

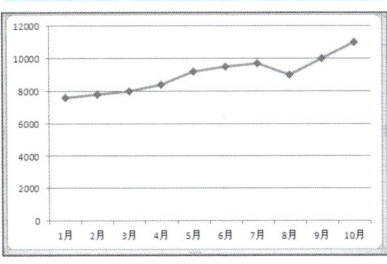

图21-13

步骤2：添加趋势线

①选择图表中的数据系列，单击"布局"选项卡下"分析"选项组中"趋势线"下拉按钮，在下拉列表中选择"线性趋势线"选项，如图21-14所示。

②即可为数据点折线图添加线性趋势线，如图21-15所示。

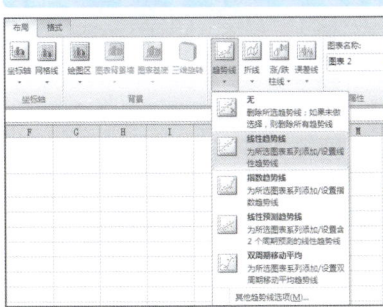

图21-14

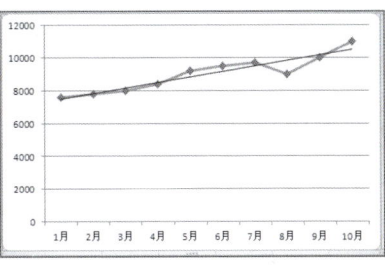

图21-15

步骤2：设置趋势线

1 单击"图表元素"下拉按钮，在下拉菜单中选择"系列1趋势线1"选项，单击"设置所选内容格式"按钮，如图21-16和图21-17所示。

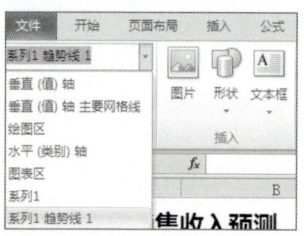

图21-16

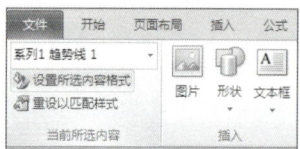

图21-17

2 打开"设置趋势线格式"对话框，在"趋势预测"框中的"前推"文本框中输入"2"，选中"显示公式"和"显示R平方值"复选框，单击"关闭"按钮，如图21-18所示。

图21-18

3 图表中的线性趋势线旁边会显示线性公式和R平方值，如图21-19所示。

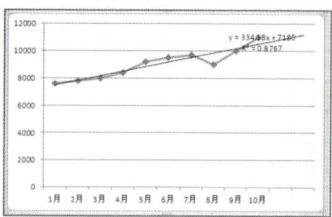

图21-19

4 选中"图表"切换到"布局"选项卡，在"标签"选项组单击"图表标题"下拉按钮，在其下拉列表中选择"图表上方"选项，接着在图表中将图表标题更改为"销售收入预测"，如图21-20所示。

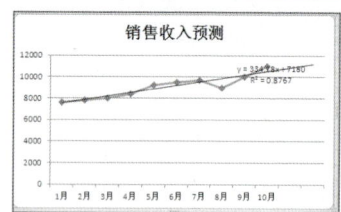

图21-20

5 根据图表中显示的预测公式，在B13单元格中输入公式"=334.18*LEFT(A13,2)+7180"，按回车键，向下复制公式，得到12月的销售收入预测值，如图21-21所示。

月份	销售收入（元）
1月	7600
2月	7800
3月	8000
4月	8400
5月	9200
6月	9500
7月	9680
8月	9000
9月	10000
10月	11000
11月	10856
12月	11190

图21-21

第21章 销售预测

文件191 销售成本预测

在已知一组订货量和对应的销售成本数据后,需要预测另一组订货量和相应的销售成本,可以使用指数趋势线或者GROWTH函数来进行指数预测。

制作要点与设计效果图

- 创建散点图
- 添加指数趋势线
- EXP函数
- GROWTH函数

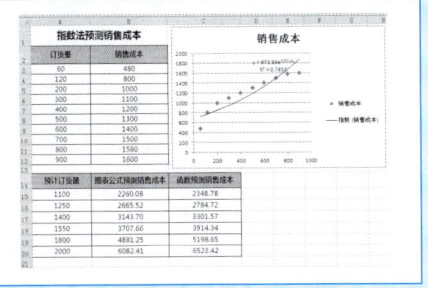

文件设计过程

步骤1:创建散点图

① 选择A2:B12单元格区域,单击"插入"选项卡下"图表"选项组中的"散点图"下拉按钮,在下拉菜单中选择"散点图"子类型,如图21-22所示。

② 工作表会按默认的样式创建散点图,如图21-23所示。

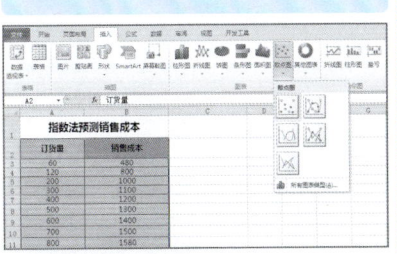

图21-22

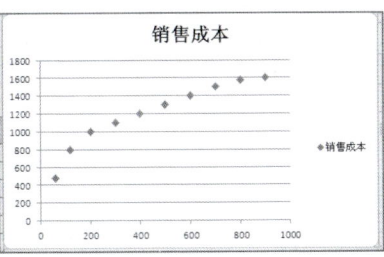

图21-23

步骤2:添加趋势线

① 单击"布局"选项卡下"分析"选项组中单击"趋势线"按钮,

345

在下拉菜单中选择"指数趋势线"选项,如图21-24所示。

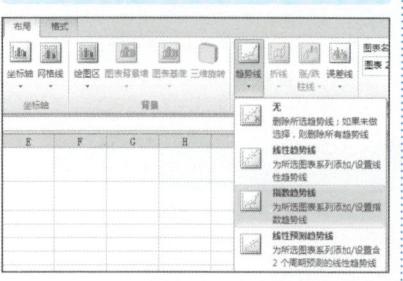

图21-24

② 图表中会显示默认样式的指数趋势线,如图21-25所示。

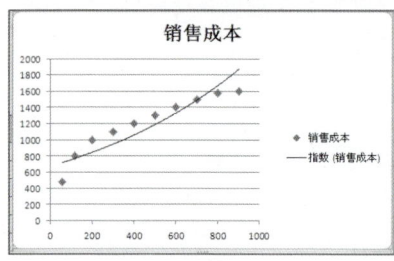

图21-25

③ 双击图表中的趋势线打开"设置趋势线格式"对话框,选中"显示公式"和"显示R平方值"复选框。单击"关闭"按钮,如图21-26所示。

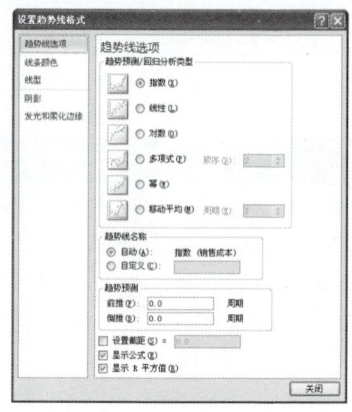

图21-26

④ 图表中显示预测指数公式的R平方值,如图21-27所示。

图21-27

步骤3:使用公式预测销售成本

① 在B15单元格中输入公式"=673.95*EXP(0.0011*A15)",按回车键,向下复制公式至B20单元格。

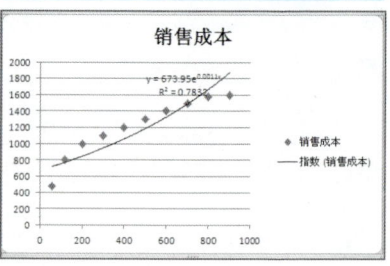

图21-28

第21章 销售预测

2 选择C15:C20单元格区域，输入公式，如图21-28所示 "=GROWTH(B3:B12,A3:A12,A15:A20)"。按<Ctrl+Shift+Enter>组合键，得到函数预测结果值，如图21-29所示。

预计订货量	图表公式预测销售成本	函数预测销售成本
1100	2260.08	2348.78
1250	2665.52	2784.72
1400	3143.70	3301.57
1550	3707.66	3914.34
1800	4881.25	5198.65
2000	6082.41	6523.42

图21-29

文件192 销售费用预算

将销售费用分为固定费用和变动性费用，前者通常不随销售量的变化而变化，而后者通常与销售量成正比关系，因此，在进行销售费用预算时，应分别对固定费用和可变费用进行预算。

制作要点与设计效果图

- 公式计算
- TREND函数
- 创建折线图

文件设计过程

步骤1：计算公式

1 在E5单元格中输入公式"=C5+D5"，按回车键，向下复制公式至E10单元格，如图21-30所示。

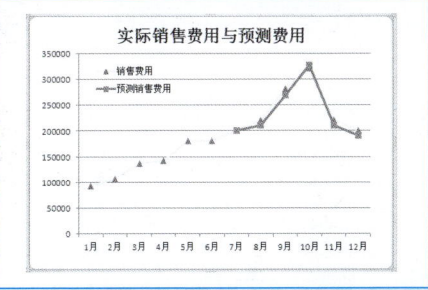

图21-30

2 选择C15:C20单元格区域，然后输入公式“=TREND(C5:C10,B5:B10,B15:B20)”，按<Ctrl+Shift+Enter>组合键生成数组公式，如图21-31所示。

C15 fx {=TREND(C5:C10,B5:B10,B15:B20)}

	A	B	C	D	E
7	3月	450	125000	12000	137000
8	4月	550	130000	12000	142000
9	5月	600	168000	12000	180000
10	6月	750	168500	12000	180500
11					
12	下半年销售费用预算				
13	预测月份	预计销量（件）	销售费用预算		销售费用合计
14			变动性费用	固定性费用	
15	7月	800	188853		
16	8月	900	208997		
17	9月	1200	269428		
18	10月	1400	309716		
19	11月	900	208997		
20	12月	800	188853		

图21-31

3 在D15单元格中输入公式“=D5”，向下复制公式至D20单元格，引用各月的固定费用，如图21-32所示。

D15 fx =D5

	A	B	C	D	E
7	3月	450	125000	12000	137000
8	4月	550	130000	12000	142000
9	5月	600	168000	12000	180000
10	6月	750	168500	12000	180500
11					
12	下半年销售费用预算				
13	预测月份	预计销量（件）	销售费用预算		销售费用合计
14			变动性费用	固定性费用	
15	7月	800	188853	12000	
16	8月	900	208997	12000	
17	9月	1200	269428	12000	
18	10月	1400	309716	12000	
19	11月	900	208997	12000	
20	12月	800	188853	12000	

图21-32

4 在E15单元格中输入公式“=C15+D15”，向下复制公式，得到各月预测的销售费用合计值，如图21-33所示。

E15 fx =C15+D15

	A	B	C	D	E
7	3月	450	125000	12000	137000
8	4月	550	130000	12000	142000
9	5月	600	168000	12000	180000
10	6月	750	168500	12000	180500
11					
12	下半年销售费用预算				
13	预测月份	预计销量（件）	销售费用预算		销售费用合计
14			变动性费用	固定性费用	
15	7月	800	188853	12000	200853
16	8月	900	208997	12000	220997
17	9月	1200	269428	12000	281428
18	10月	1400	309716	12000	321716
19	11月	900	208997	12000	220997
20	12月	800	188853	12000	200853

图21-33

步骤2：创建及图表

1 在A23:C35单元格区域中创建作图辅助表格，A列中输入月份，B列中输入各月的实际销售费用或预测销售费用，C列中只输入预测销售费用，如图21-34所示。

	A	B	C
22	作图数据		
23	月份	销售费用	预测销售费用
24	1月	92000	
25	2月	107000	
26	3月	137000	
27	4月	142000	
28	5月	180000	
29	6月	180500	
30	7月	200853	200415
31	8月	220997	210144
32	9月	281428	268514
33	10月	321716	326884
34	11月	220997	210144
35	12月	200853	190687

图21-34

2 单击“插入”选项卡下“图表”选项组中“折线图”下拉按钮，在下拉菜单中选择“折线图”子类型，如图21-35所示。

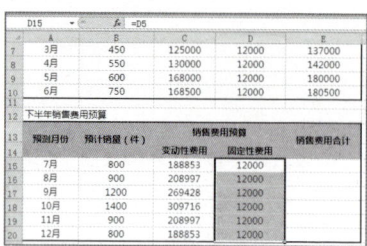

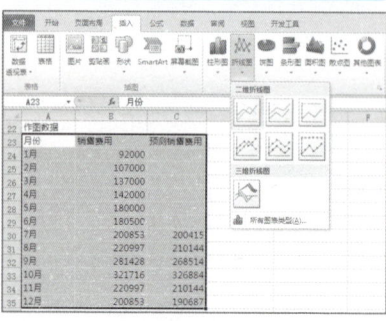

图21-35

第21章 销售预测

③ 工作表中即可显示默认的图表效果，如图21-36所示。

④ 根据需要为折线图、数据点设置颜色，将图例拖动至图表的左上角，如图21-37所示。

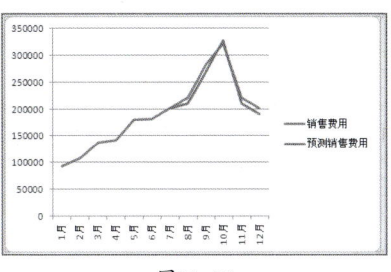

图21-36

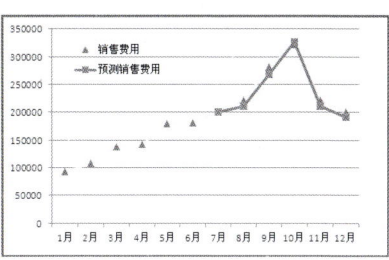

图21-37

步骤3：添加图表标题

① 单击"布局"选项卡下"标签"选项组中的"图表标题"下拉按钮，在下拉菜单中选择"图表上方"选项，如图21-38所示。

② 输入图表标题"实际销售费用与预测费用"，删除图表中的网络线，得到图表的最终效果，如图21-39所示。

图21-38

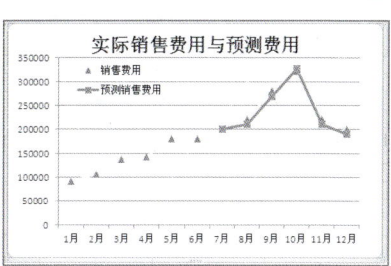

图21-39

文件193　销售利润与销量回归分析

回归分析是确定两种或两种以上变量间相互依赖的定量关系的一种统计分析方法。

制作要点与设计效果图

- 加载分析工具
- 设置"回归"分析工具参数
- 设置线性拟合图格式

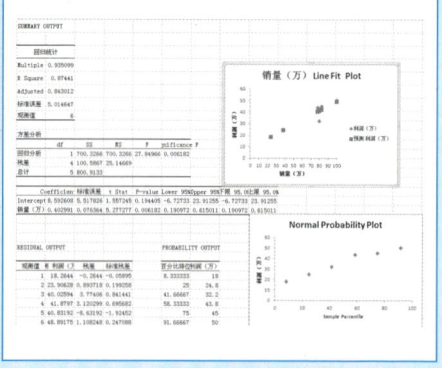

文件设计过程

步骤1：加载分析工具库

1 单击"开发工具"选项卡下"加载宏"选项组中的"加载项"按钮，如图21-40所示。

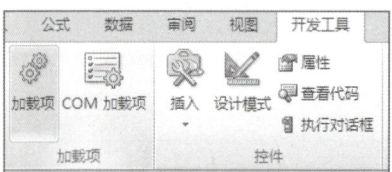

图21-40

2 打开"加载宏"对话框，在对话框中选中"分析工具库"复选框，单击"确定"按钮，如图21-41所示。

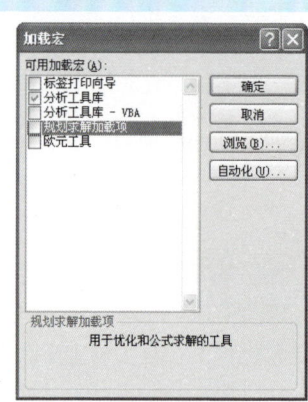

图21-41

步骤2：设置分析工具参数

1 单击"数据"选项卡下"分析"选项组中的"数据分析"按钮，如图21-42所示。

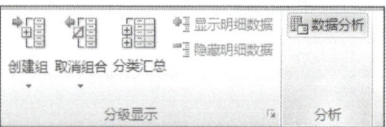

图21-42

第21章 销售预测

[2] 打开"数据分析"对话框,在对话框中选择"回归"工具,单击"确定"按钮,如图21-43所示。

图21-43

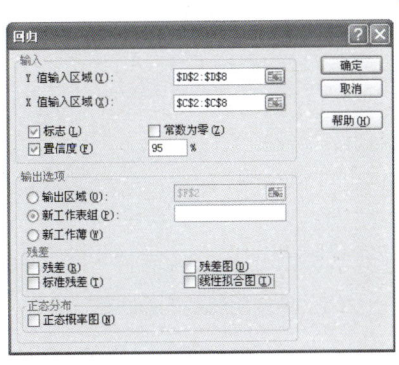

图21-44

[3] 在"回归"对话框中设置"Y值输入区域"为D2:D8,设置"X值输入区域"为C2:C8。选中"标志"和"置信度"复选框,并保留默认的置信度为"95%",如图21-44所示。

[4] 在"输出选项"单击选中"输出区域"单选按钮,选择B11单元格。在"残差"选项框中选中"标准残差"和"线性拟合图"复选框,然后再选中"正态概率图"复选框。单击"确定"按钮,如图21-45所示。

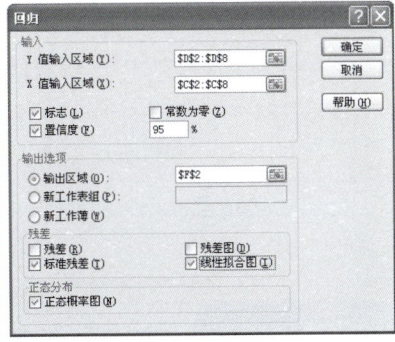

图21-45

[5] "回归"分析工具会在选定的单元格汇总输出分析结果数据和图表,如图21-46所示。

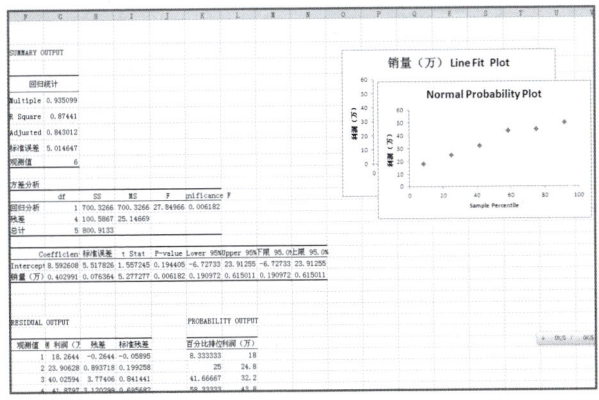

图21-46

351

步骤3：设置线性拟合图坐标轴

1 双击线性拟合图横坐标轴打开"设置坐标轴格式"对话框，设置"最小值"为0，"最大值"为100，"主要刻度单位"为10，如图21-47所示。

2 接着对线性拟合图进行完善，得到最终效果，如图21-48所示。

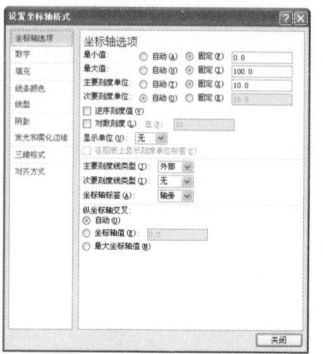

图21-47

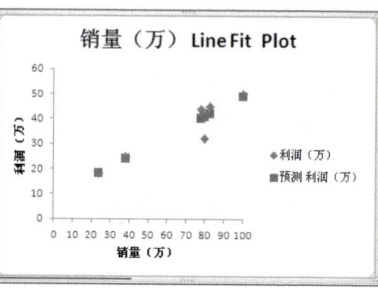

图21-48

文件194　市场占有率预测

基于上一年度各月实际的广告投放率和市场占有率，需要预测在计划广告投放率的情况下，各个月的市场占有率。

制作要点与设计效果图

- 公式计算
- 设置直线方程计算

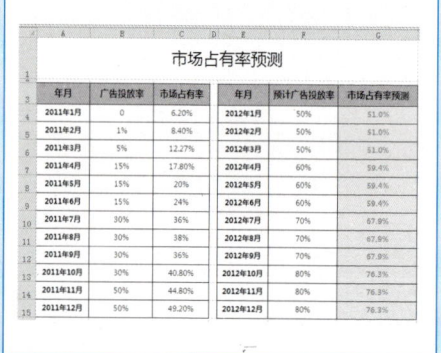

市场占有率预测						
年月	广告投放率	市场占有率		年月	预计广告投放率	市场占有率预测
2011年1月	0	6.20%		2012年1月	50%	51.0%
2011年2月	1%	8.40%		2012年2月	50%	51.0%
2011年3月	5%	12.27%		2012年3月	50%	51.0%
2011年4月	15%	17.80%		2012年4月	60%	59.4%
2011年5月	15%	20%		2012年5月	60%	59.4%
2011年6月	15%	24%		2012年6月	60%	59.4%
2011年7月	30%	36%		2012年7月	70%	67.9%
2011年8月	30%	38%		2012年8月	70%	67.9%
2011年9月	30%	36%		2012年9月	70%	67.9%
2011年10月	30%	40.80%		2012年10月	80%	76.3%
2011年11月	50%	44.80%		2012年11月	80%	76.3%
2011年12月	50%	49.20%		2012年12月	80%	76.3%

第21章 销售预测

文件195 市场需求量预测

可以根据已有数据，使用指数平滑法进行预测购买某一产品的顾客群体的总数。

制作要点与设计效果图

- 公式计算
- 加载分析工具
- "指数平滑"分析工具
- 设置图表区格式

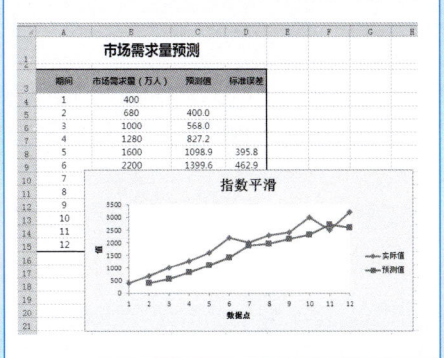

文件196 主营业务利润预测

通过对主营业务利润进行预测分析，可以更好地帮助企业规划及实现主营业务利润。

制作要点与设计效果图

- 使用运算符
- "移动平均"分析工具

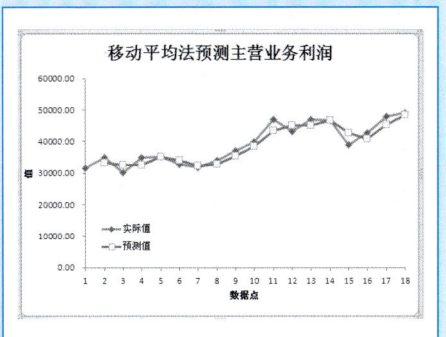

文件197　商品销量预测

在实际生活中，许多商品销量是随着时间的变化而变化的，即季节或者月份的变化在相当大的程度上影响着它们的销量。可以根据已有的数据对未来某阶段可能的销量进行预测。

制作要点与设计效果图

- 公式计算
- 创建折线图
- 设置数据系列格式

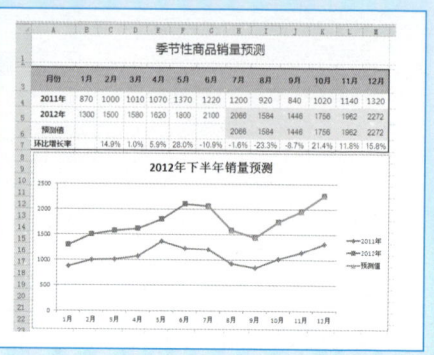

文件198　销售周转资金需要量预测

为了避免周转资金短缺造成的经营风险和企业资金过剩而产生的损失，可以通过科学的方法对企业的周转资金需要量进行预测。

制作要点与设计效果图

- MAX函数
- INDEX函数
- MATCH函数
- SLOPE函数
- INTERCPT函数

文件199 利润敏感性分析

利润敏感性分析是研究和制约利润的有关因素发生某种变化时，利润变化程度的一种分析方法。影响利润的因素很多，如售价、单位变动成本、销量、固定成本等。

制作要点与设计效果图

- 公式计算
- 插入滚动条
- 单因素分析
- 多因素分析
- 设置对象格式

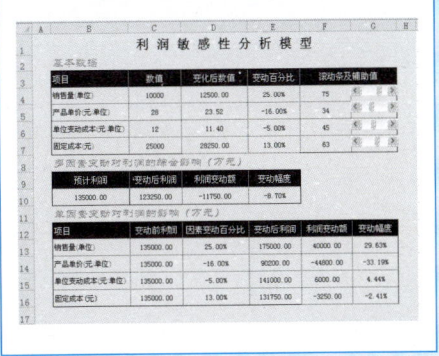

读书笔记

第22章
销售管理图表

图表是在对统计信息在可视化时的基本属性进行分析与研究后，对知识挖掘和信息直观生动感受起关键作用的图形结构，是一种将对象属性数据直观、形象地"可视化"的手段。在销售数据的统计与分析中，常常需要使用更为直观的图表来传达分析的结论。

通过对市场营销数据的计算分析比较，可以得出分析结论，从而根据分析结论做出正确的决策。Excel中的函数、高级分析工具等给数据分析工作带来很多便利，而图表则可以将繁琐的数据以图形的形式显示出来，使人可以从感观上快速比较数据的大小、判断数据的发展趋势等。Excel 2010中的图表功能较之过去版本做了改进，它提供了多种美化方案以供套用，为图表的快速建立提供了便捷的途径。

编号	文件名称	光盘中对应数据源	重要星级
文件200	销售费用结构图表	素材文件\第22章\销售费用结构图表.xls	★★★
文件201	动态销售曲线图表	素材文件\第22章\动态销售曲线图表.xls	★★★
文件202	柱形图分析价格涨跌变化	素材文件\第22章\柱形图分析价格涨跌变化.xls	★★★★
文件203	不同宽柱形图分析销售数据	素材文件\第22章\不同宽柱形图分析销售数据.xls	★★★★
文件204	动态区域销售图表	素材文件\第22章\动态区域销售图表.xls	★★★★
文件205	动态柱形图比较各店面销售量	素材文件\第22章\动态柱形图比较各店面销售量.xls	★★★★
文件206	优质顾客分析漏洞图	素材文件\第22章\优质顾客分析漏洞图.xls	★★★★
文件207	动态圆环图比较销量和销售额	素材文件\第22章\动态圆环图比较销量和销售额.xls	★★★★
文件208	半圆圆环图自动查询员工销售成绩	素材文件\第22章\半圆圆环图自动查询员工销售成绩.xls	★★★★

文件200 销售费用结构图表

在Excel中除了使用饼图进行结构分析,还可以实现在一个饼图中显示不同数据系列的结构,那就是使用Excel中的组合框控件创建下拉菜单式动态饼图。

制作要点与设计效果图

- INDEX函数
- 创建饼图
- 插入组合框控件
- 设置控件格式

文件设计过程

步骤1:设置公式引用数据

在B11单元格中输入公式"=INDEX(B4:B9,$A$11)",按回车键,向右复制公式至E11单元格,如图22-1所示。

图22-1

步骤2:创建图表

① 选择B3:E3、B11:E11单元格区域,单击"插入"选项卡下"图表"选项组中的"饼图"下三角按钮,在下拉菜单中选择"饼图"子类型,如图22-2所示。

第22章 销售管理图表

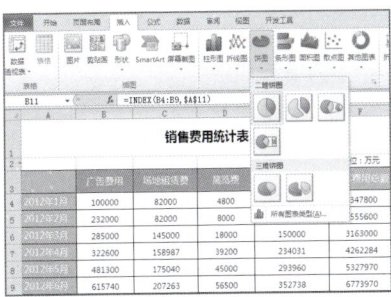

图22-2

② 工作表中即可显示默认的饼图效果,如图22-3所示。

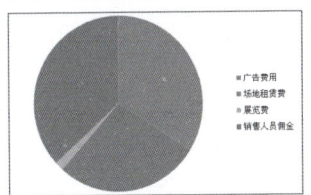

图22-3

步骤2:设置数据标签、动态图表标题

① 在饼图中显示类型名称和百分比数据标签,并设置饼图的填充颜色,如图22-4所示。

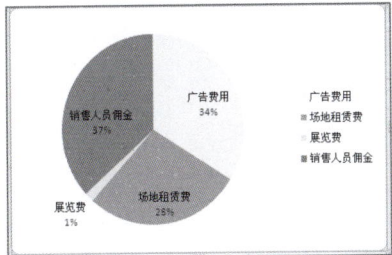

图22-4

② 合并A13:C12单元格区域,在合并后的单元格汇总输入公式"=INDEX(A4:A9,A11)",并居右对齐单元格内容。合并D13:F12单元格区域,然后输入内容"销售费用结构图表",并居左对齐,如图22-5所示。

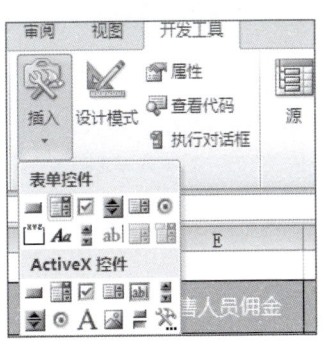

图22-5

步骤3:设置控件

① 单击"开发工具"选项卡下"控件"选项组中的"插入"按钮,在下拉菜单中单击"组合框"控件,在图表左上角绘制一个组合框并单击鼠标右键,在弹出的菜单中单击"设置控件格式"命令,如图22-6和图22-7所示。

图22-6

359

图22-7

为动态显示选择月份的销售费用结构，如图22-9所示。

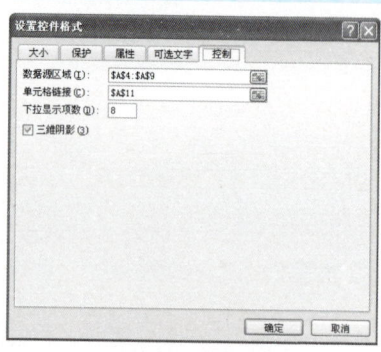

图22-8

② 打开"设置控件格式"对话框，在对话框中数字"数据源区域"为A4:A9，设置"单元格链接"为A11，选中"三维阴影"复选框，单击"确定"按钮，如图22-8所示。

③ 单击下拉列表框右侧的下三角按钮，从下拉列表中选择要查看的月份，此时图表标题和图表均

图22-9

文件201　动态销售曲线图表

如果已知某公司在一年中每一天的销售额，现要按月份来动态地查看销售额的变化趋势，并且希望起始月份可以由查看者自行输入，这就需要动态地显示用户输入月份范围内的销售额曲线。

制作要点与设计效果图

- MONTH函数
- COUNTIF函数
- SUMPRODUCT函数
- 定义名称
- 创建图表

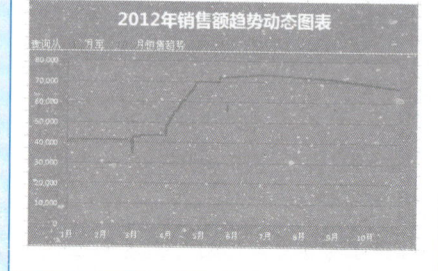

文件设计过程

步骤1：设置公式

1 在工作表最左侧插入辅助列，单击A2单元格，在公式编辑栏中输入公式"=MONTH(B2)"，向下复制公式，得到月份数，如图22-10所示。

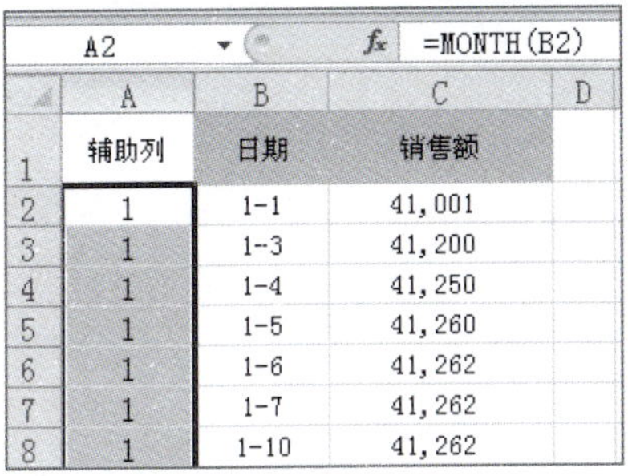

图22-10

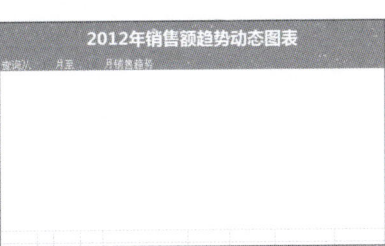

图22-11

图22-12

2 合并单元格区域并输入图表标题，在单元格F12和H12中输入要查看的起始月份和结束月份，如图22-11所示。

3 在G2单元格中输入公式"=COUNTIF(A2:A262,"<"&F12)"，此时计算结果为"0"，如图22-12所示。

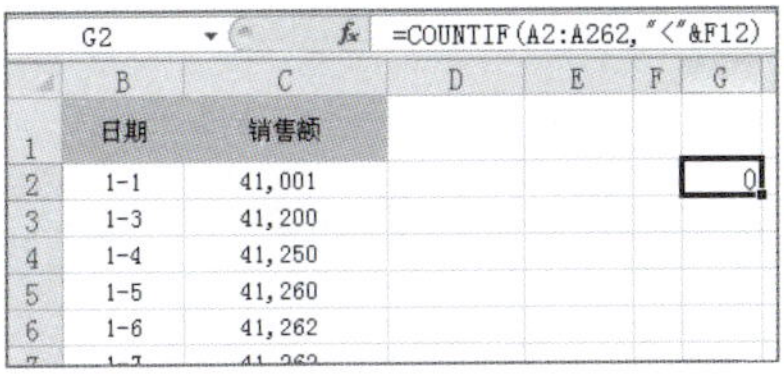

4 在H2单元格中输入公式"=SUMPRODUCT((A2:A262>(F12-1))*(A2:A262<=H12))"，此时计算结果为"217"，即1月至10月，共217个数据，如图22-13所示。

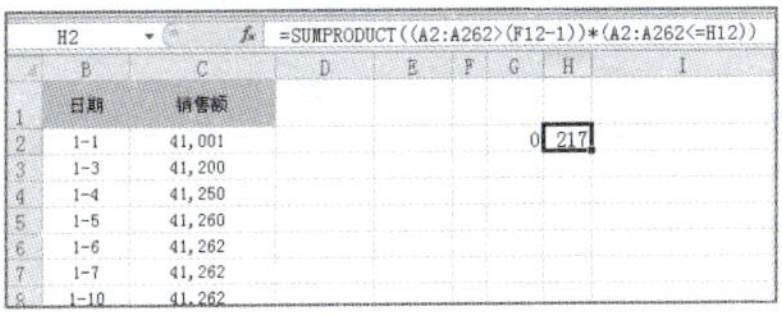

图22-13

步骤2：定义名称

1 打开"新建名称"对话框，输入名称"ab"，在"引用位置"框中输入公式"=OFFSET(Sheet1!$B$1,Sheet1!$G$2+1,,Sheet1!$H$2,)"，单击"确定"按钮，如图22-14所示。

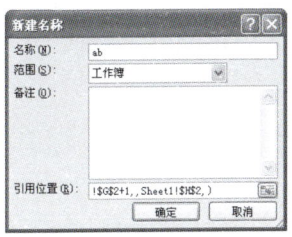

图22-14

2 打开"新建名称"对话框,输入名称"cd",在"引用位置"框中输入公式"=OFFSET(Sheet1!$C$1,Sheet1!$G$2+1,,Sheet1!$H$2,)",单击"确定"按钮,如图22-15所示。

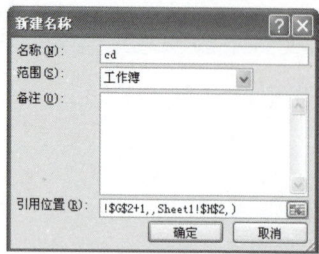

图22-15

步骤3:创建并设置折线图

1 创建一个空白折线图,打开"选择数据源"对话框,单击"添加"按钮,如图22-16所示。

图22-17

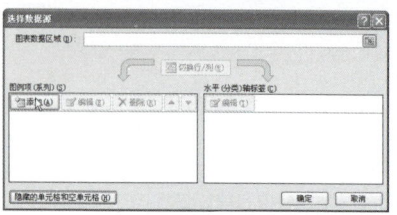

图22-16

3 在"轴标签区域"中输入"=Sheet1!ab",单击"确定"按钮,如图22-18所示。

2 在"编辑数据系列"对话框的"系列值"框中输入公式"=Sheet1!cd",单击"确定"按钮,如图22-17所示。

图22-18

步骤4:设置坐标轴格式

1 双击横坐标打开"设置坐标轴格式"对话框,设置"主要刻度单位"为"1月",设置"基本单位"为"天",如图22-19所示。

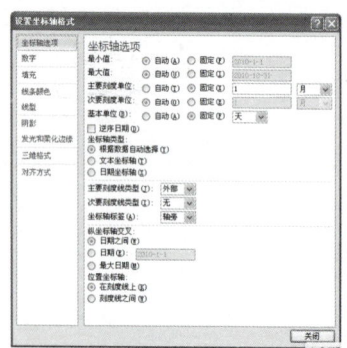

图22-19

第22章 销售管理图表

② 单击"数字"标签,在"类别"框中输入"自定义",在"格式代码"框中输入"m"月"",单击"添加"按钮,如图22-20所示。

③ 返回到工作表中,拖动图表,将图表对齐到标题单元格下方的单元格。接着对图表进行美化,通过更改单元格F12和H12中的值,可动态地查看销售额的变化趋势,如图22-21所示。

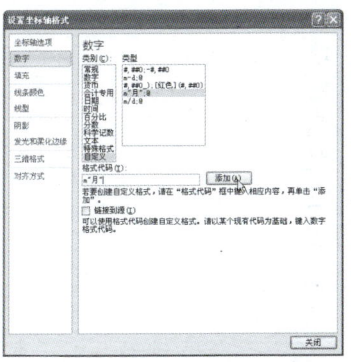

图22-20

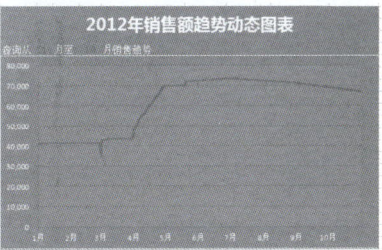

图22-21

文件202　柱形图分析价格涨跌变化

为了反映在该年中产品的价格变化幅度,可以使用悬浮柱形图来模拟价格的增涨和回落。

制作要点与设计效果图

- 公式计算
- VLOOKUP函数
- MATCH函数
- ROUNDUP函数
- AND函数
- 设置条件格式

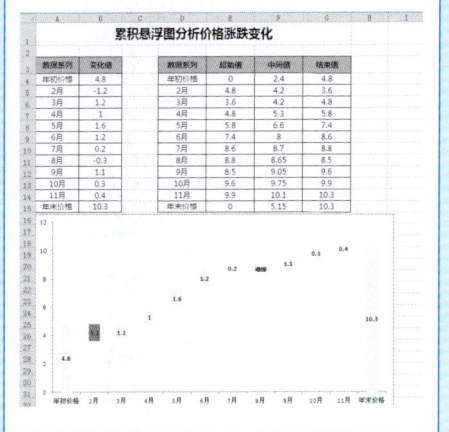

363

文件设计过程

步骤1：创建表格

在D4:G15单元格区域中创建辅助数据表，添加“起始值”、“中间值”和“结束值”三个系列，如图22-22所示。

累积悬浮图分析价格涨跌变化

数据系列	变化值
年初价格	4.8
2月	-1.2
3月	1.2
4月	1
5月	1.6
6月	1.2
7月	0.2
8月	-0.3
9月	1.1
10月	0.3
11月	0.4
年末价格	10.3

数据系列	超始值	中间值	结束值
年初价格			
2月			
3月			
4月			
5月			
6月			
7月			
8月			
9月			
10月			
11月			
年末价格			

图22-22

步骤2：计算公式

1 在F4和F15单元格中输入0，在G4单元格中输入公式“=E4+B4”，向下复制公式至G15单元格，计算结束值，如图22-23所示。

G4 fx =E4+B4

孚图分析价格涨跌变化

数据系列	超始值	中间值	结束值
年初价格	0		4.8
2月			-1.2
3月			1.2
4月			1
5月			1.6
6月			1.2
7月			0.2
8月			-0.3

图22-23

2 在F4单元格中输入公式“=(E4+G4)/2”，向下复制公式至F15单元格，计算中间值，如图22-24所示。

F4 fx =(E4+G4)/2

孚图分析价格涨跌变化

数据系列	超始值	中间值	结束值
年初价格	0	2.4	4.8
2月		-0.6	-1.2
3月		0.6	1.2
4月		0.5	1
5月		0.8	1.6
6月		0.6	1.2
7月		0.1	0.2
8月		-0.15	-0.3
9月		0.55	1.1
10月		0.15	0.3
11月		0.2	0.4

图22-24

3 在E5单元格中输入公式“=G4”，按回车键，向下复制公式至E14单元格，如图22-25所示。

E5 fx =G4

数据系列	超始值	中间值	结束值
年初价格	0	2.4	4.8
2月	4.8	4.2	3.6
3月	3.6	4.2	4.8
4月	4.8	5.3	5.8
5月	5.8	6.6	7.4
6月	7.4	8	8.6
7月	8.6	8.7	8.8
8月	8.8	8.65	8.5
9月	8.5	9.05	9.6
10月	9.6	9.75	9.9
11月	9.9	10.1	10.3
年末价格	0	5.15	10.3

图22-25

第22章 销售管理图表

步骤3：创建图表

① 选择D4:G15单元格区域，单击"插入"选项卡下"图表"选项组中的"折线图"下拉按钮，在下拉菜单中选择"折线图"子图表类型，如图22-26所示。

② 工作表中显示默认的图表效果，如图22-27所示。

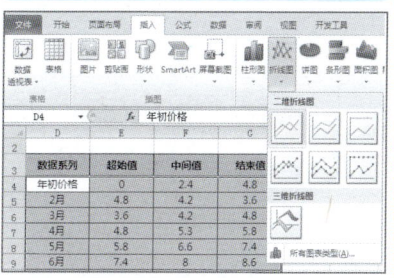

图22-26

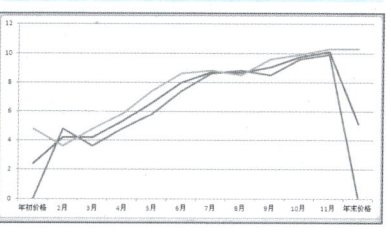

图22-27

步骤4：添加涨/跌柱形

① 选择折线图中的任意系列，单击"布局"选项卡下的"分布"选项组中的"涨/跌柱线"下三角按钮，单击"涨/跌柱线"选项，如图22-8所示。

② 图表中会添加涨跌柱线，如图22-29所示。

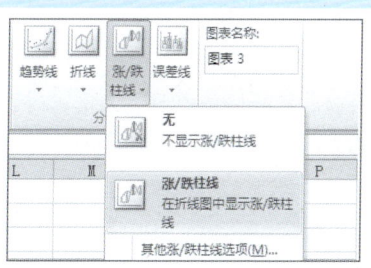

图22-28

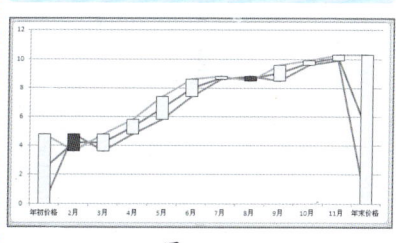

图22-29

步骤5：添加数据标签

① 单击"格式"选项卡下"当前所选的元素"选项组中的"图表元素"下拉列表中选择"系列2"，在"标签"选项组中单击"数据标签"按钮，单击"居中"选项，如图22-30所示。

的中心位置，如图22-31所示。

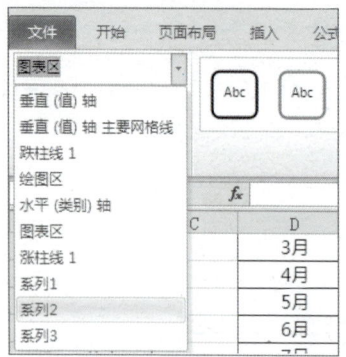

图22-30

②为系列2添加数据标签后，数据标签正好显示在每个涨跌柱线

图22-31

步骤6：隐藏数据系列和网络线

依次选中图表中的数据系列，设置为"无线条"，然后再将图表中的网络线删除。将值为正数的张柱填充为黄色，将值为负数的张柱填充为红色，如图22-32所示。

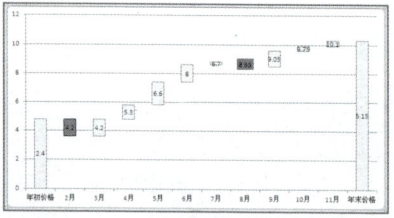

图22-32

步骤7：更改数据标签

①单击选中涨跌柱线中的数据标签，在公式编辑栏中输入公式"=Sheet1!$B$4"，将标签中的值更改为涨跌柱的实际值，如图22-33所示。

②使用相同的方法，知道将所有的数据标签更改完为止，得到图表的最终效果，如图22-34所示。

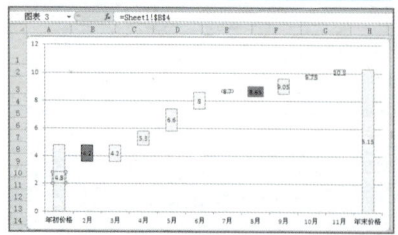

图22-33

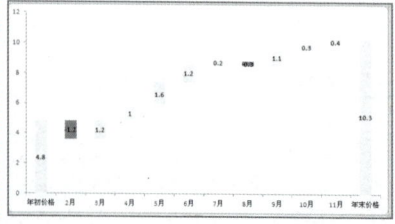

图22-34

文件203 不同宽柱形图分析销售数据

在Excel中，使用不等宽柱形图的长宽和宽度可以同时比较两个量。

制作要点与设计效果图

- MEDINA函数
- 创建面积图
- 更改系列图表类型
- 更改数据标签

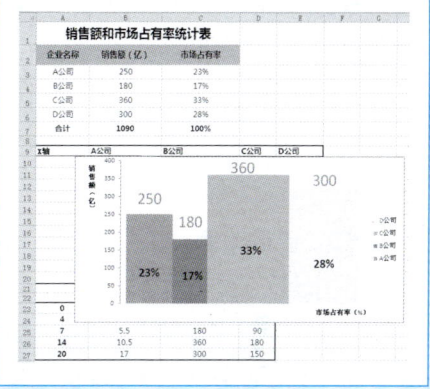

文件设计过程

步骤1：创建表格

在A9:E20单元格区域中创建一个辅助数据表，如图22-35所示。

图22-35

步骤2：设置公式

1 在A23:A27单元格区域中输入数据0、4、7、14、20，在单元格B24中输入公式"=MEDIAN(A23,A24)"，向下复制公式至B27单元格区域，如图22-36所示。

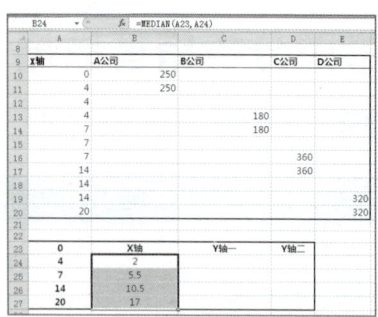

图22-36

公式"=C24/2",向下复制公式至D27单元格,如图22-37所示。

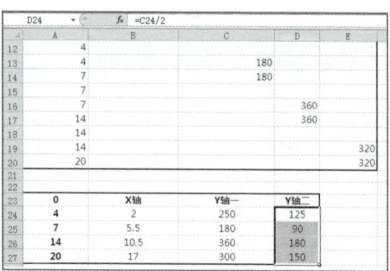

图22-37

[2] 在C24:C27单元格中输入各公司销售额,在D24单元格中输入

步骤3:创建图表

[1] 选择A9:E20单元格区域,单击"插入"选项卡下"图表"选项组中的"面积图"子类型"堆积面积图",如图22-38所示。

[2] 工作表中显示默认的图表类型,如图22-39所示。

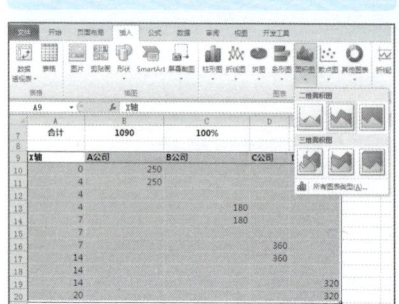

图22-38

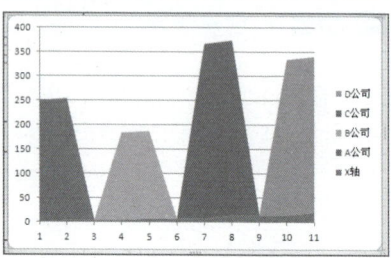

图22-39

步骤4:更改系列图表类型

[1] 打开"选择数据源"对话框,选中"X轴"系列,单击"删除"按钮,如图22-40所示。

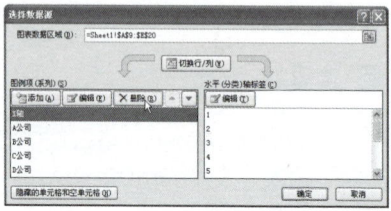

图22-40

2 双击图表横坐标轴打开"设置坐标轴格式"对话框,单击"日期坐标轴"单选项按钮,如图22-41所示。

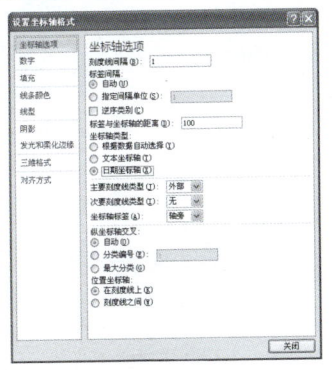

图22-41

3 添加数据系列,选择单元格区域D24:D27,单击"确定"按钮,如图22-42所示。

图22-42

4 右键单击新增的数据系列,在弹出的菜单中选择"更改系列图表类型"命令,在"更改系列图表类型"对话框中选择"散点图"图表类型,如图22-43和图22-44所示。

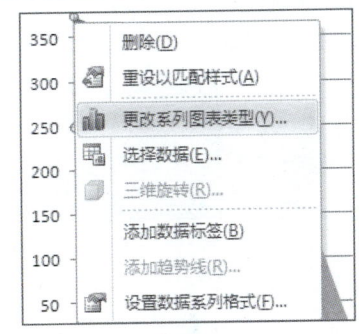

图22-43

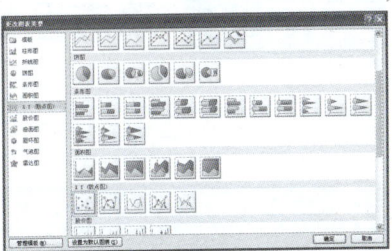

图22-44

步骤5:编辑数据系列

1 将添加的系列的X值设置为B24:B27,单击"确定"按钮,如图22-45所示。

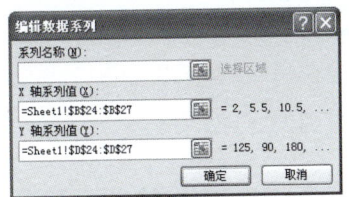

图22-45

2 新增数据系列,设置X轴系列值为B24:B27,Y轴系列值为C24:C27,单击"确定"按钮,如图22-46所示。

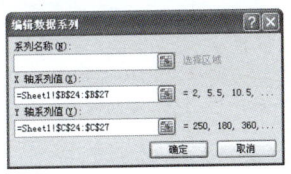

图22-46

③ 图表中会显示两个散点图系列，在图表中显示它们的数据标签，依次选中柱形下方的数据标签，将标签值更改为市场占有率百分比值。然后删除图例中散点图系列的图例项、网络线和横坐标轴，如图22-47所示。

④ 为图表添加坐标轴标题，为数据标签设置为加粗等格式，进一步完善得到最终效果，如图22-48所示。

图22-47　　　　　　　图22-48

文件204　动态区域销售图表

根据用户的选择动态地进行比较，通过Excel中的公式、函数以及控件，可实现人机交互式的动态图表效果。

制作要点与设计效果图

- INDEX函数
- IF函数
- SMALL函数
- 插入控件
- 设置控件格式

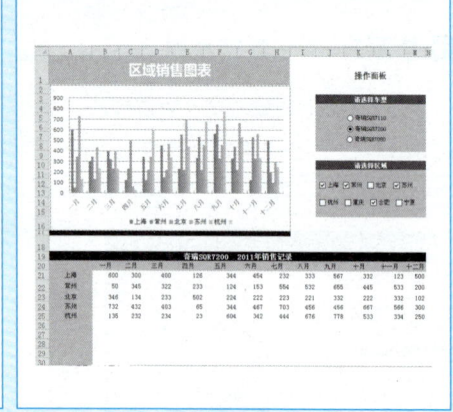

文件205　动态柱形图比较各店面销售量

比较各个店面在某年度的销售额,可以使用普通的柱形图,不同的产品线上为不同的系列。

制作要点与设计效果图

- OFFSET函数
- 插入控件
- 设置控件格式

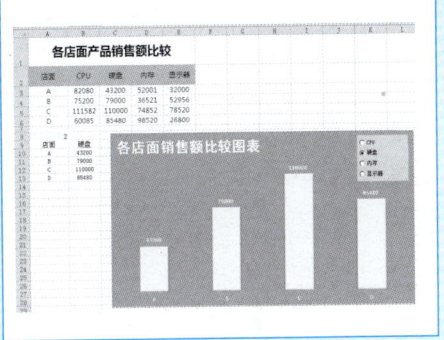

文件206　优质顾客分析漏洞图

本例中通过创建一个漏斗样式的图表来反映优质顾客的数量比例。

制作要点与设计效果图

- 公式计算
- 创建条形图
- 隐藏数据点
- 设置数据标签格式
- 设置图表区格式

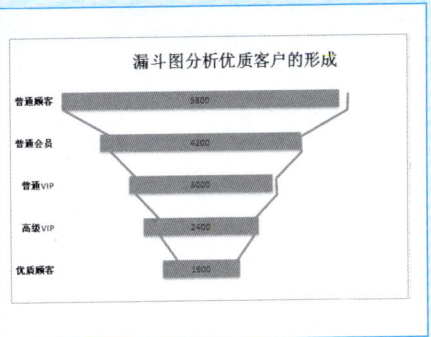

文件207 动态圆环图比较销量和销售额

通过在圆环图中添加选项按钮来动态的比较企业的不同产品在某一年度的销量和销售额与全年销量和销售额的占比。

制作要点与设计效果图

- SUM函数
- 创建圆环图
- 设置内圆半径
- 插入控件
- 设置控件格式

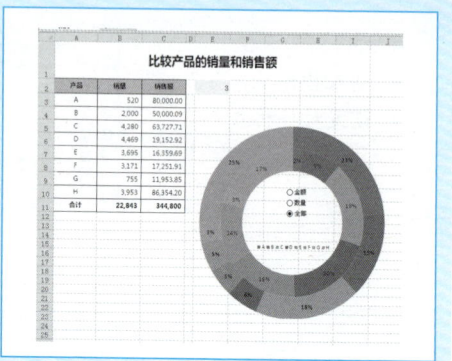

文件208 半圆圆环图自动查询员工销售成绩

灵活运用图表可以实现很多实用的效果,本例中建立动态图表,以实现自动查询各位员工各个产品的销售成绩,同时评定销售等级。

制作要点与设计效果图

- INDEX函数
- IF函数
- 创建半圆圆环图
- 设置数据系列格式
- 添加文本框

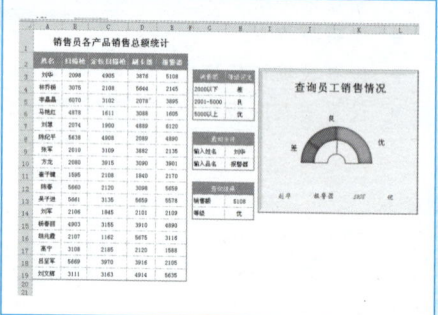

第23章

函数在客户管理中的应用

函数1 自动生成客户称呼（LEFT 函数）

在企业客户信息管理报表中，根据客户姓名和性别自动生成其称呼。

选中D2单元格，在公式编辑栏中输入公式：=C2&LEFT(A2,1)&IF(B2=”男”,”先生”,”女士”)，按回车键自动生成第一位客户的称呼。向下复制公式，即可快速生成其他客户的称呼，如图23-1所示。

D2 =C2&LEFT(A2,1)&IF(B2="男","先生","女士")

	A	B	C	D	E	F
1	客户姓名	性别	所在城市	称呼		
2	葛丽	女	合肥	合肥葛女士		
3	周磊	男	杭州	杭州周先生		
4	王荣	女	上海	上海王女士		
5	周淳	男	北京	北京周先生		
6	夏慧	女	天津	天津夏女士		
7	陶丽利	女	苏州	苏州陶女士		
8	徐莹	女	南京	南京徐女士		

图23-1

函数2 更改客户公司名称（SUBSTITUTE 函数）

在企业大客户统计报表中，将公司名称前面所在省（或地区）字符去掉，并且将公司名称结尾的“有限公司”替换为“（有）”。如：将公司名称“上海市新科贸易有限公司”转换为“新科贸易（有）”。

选中B2单元格，在公式编辑栏中输入公式：=SUBSTITUTE(SUBSTITUTE(SUBSTITUTE(A2,”上海市”,””),”上海”,””),”有限公司”,”(有)”)，按回车键根据设定的条件返回替换后的公司名称。向下复制公式，即可快速按设定的条件返回所有替换后的公司名称，如图23-2所示。

B2 =SUBSTITUTE(SUBSTITUTE(SUBSTITUTE(A2,"上海市",""),"上海",""),"有限公司","(有)")

	A	B	C	D
1	公司名称	替换后的名称		
2	上海市新科贸易有限公司	新科贸易(有)		
3	上海乐普生商贸有限公司	乐普生商贸(有)		
4	苏州市中能科技有限公司	苏州市中能科技(有)		
5	南昌市薇薇新娘	南昌市薇薇新娘		
6	北京美化邮箱公司	北京美化邮箱公司		

图23-2

函数3 区分客户联系区号与号码（RIGHT 函数）

在企业客户联系号码信息报表中，分离出区号与号码两部分。

1 选中B2单元格，在公式编辑栏中输入公式：=IF(LEN(A2)=12,LEFT(A2,3),LEFT(A2,4))，按回车键先判断电话号码是否为12位。如果是12位，则提取A2单元格中的电话号码的前3位区号；反之，提取电话号码的前4位。向下复制公式，即可提取其他电话号码的区号部分，如图23-3所示。

辑栏中输入公式：=RIGHT(A2,8)，按回车键提取A2单元格中的电话号码右起8个字符，即号码部分。向下复制公式，即可提取其他电话号码的号码部分，如图23-4所示。

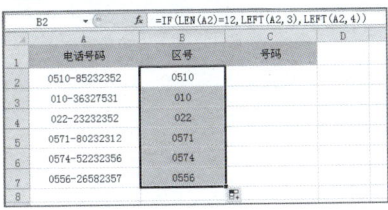

图23-3

② 选中C2单元格，在公式编

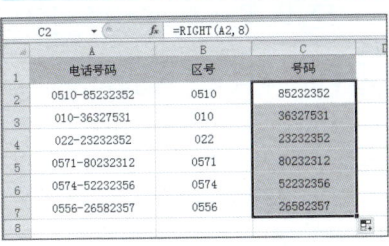

图23-4

函数4　更改客户联系号码形式（SEARCH 函数）

在企业客户联系号码信息报表中，将区号和号码中间的空格符替换为"-"符号。

选中B2单元格，在公式编辑栏中输入公式：=REPLACE(A2,SEARCH(" ",A2,1),1,"-")，按回车键即可将A2单元格中的空格符替换为"-"符号。向下复制公式，即可快速替换其他电话号码中的空格符为"-"符号，如图23-5所示。

图23-5

函数5　创建客户E-Mail电子邮件链接地址（HYPERLINK 函数）

在企业客户信息管理表格中，创建客户的E-Mail电子邮件链接地址。

① 选中D3单元格，在公式编辑栏中输入公式：=HYPERLINK("mailto:zhangdm@guohua.com?subject=Hello","发送E-Mail")，按回车键即可为"国华集团"联系人创建"发送E-Mail"超链接。向下复制公式，即可快速替换其他客户创建"发送E-Mail"超链接，如图23-6所示。

图23-6

2 接着在D4、D5和D6单元格中，分别输入公式为：=HYPERLINK("mailto:liwf@xindadi.com?subject=Hello","发送E-Mail")、=HYPERLINK("mailto:yangmj@huaguang.com?subject=Hello","发送E-Mail")和=HYPERLINK("mailto:guomd@sike.com?subject=Hello","发送E-Mail")。输入完成后，即可逐一创建各企业客户项目经理的邮件地址超链接，如图23-7所示。

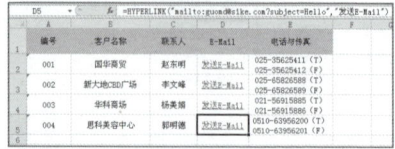

图23-7

函数6 设置客户类型（IF函数）

在这里客户类型将按照该公司的注册资金来划分，假设注册资金在200万以上的将它定义为"大客户"，注册资金在50万以上200万以下的将它定义为"中客户"，注册资金在50万以下的为"小客户"。

选中H2单元格，在公式编辑栏中输入公式：=IF(G2>=200,"大客户",IF(G2>=50,"中客户","小客户"))，按回车键，即可计算出当前客户的客户类型为"大客户"。向下复制公式，即可计算出其他客户的客户类型，如图23-8所示。

图23-8

函数7 划分客户受信等级（IF 函数）

按照客户的大、中、小类型再将客户的受信等级依次分为"1级"、"2级"、"3级"。

选中I2单元格，在公式编辑栏中输入公式：=IF(H2="大客户","1级",IF(H2="中客户","2级","3级"))，按回车键，即可计算出当前

第23章 函数在客户管理中的应用

客户的受信等级为"1级"。向下复制公式，即可计算出其他客户的受信等级，如图23-9所示。

图23-9

函数8　从客户编码中提取合同号（RIGHT、LEN、SEARCH 函数）

本例工作表A列中的编码包含合同号，合同号以A开头，长度不等，此时想从编码中提取合同号，可以配合使用RIGHT、LEN、SEARCH几个函数来设置公式。

选中B2单元格，在公式编辑栏中输入公式：=RIGHT(A2,LEN(A2)-SEARCH("A",A2,8)+1)，按回车键可以提取A2单元格内编码中的合同号。向下复制公式，即可快速从其他编码中提取合同号，且在合同号位数不同时也能准确提取，如图23-10所示。

图23-10

函数9　返回客户订单编号（N 函数）

在客户销售订单报表中，将产品的签订日期对应的序号再加上特定编码来作为客户订单编码。

选中B2单元格，在编辑栏中输入公式：=N(C2)&CELL("row",B2)，按回车键即可将C列中的签单日期转换为序列号再加上行号（从B1单元格的行号开始）成为本次产品单订编码。向下复制公式，即可根据其他签单日期得到对应的签单编码，如图23-11所示。

图23-11

函数10 客户销售额排名（RANK 函数）

本例中统计每位客户的总销售额，现在需要对他们的销售额进行排名，可以使用RANK函数来实现。

选中C2单元格，在公式编辑栏中输入公式：=RANK (B2,$B$2:$B$7,0)，按回车键，即可返回B2:B7单元格区域中的排名，向下复制公式，即可快速求出其他客户的总销售额在B2:B7单元格区域的排名，如图23-12所示。

C2 =RANK(B2,$B$2:$B$7,0)

	A	B	C	D
1	客户	总销售额（万元）	名次	
2	中能科技	485	4	
3	旺利集团	458.2	6	
4	叶氏集团	460	5	
5	佳美贸易	785	1	
6	锦华外贸	772	2	
7	百大科技	554.5	3	

图23-12

函数11 找出消费次数最多的客户（MAX、COUNTIF函数）

根据客户的记录表，现在需要找出消费次数最多的客户。

选中D2单元格，在公式编辑栏中输入公式：=INDEX(B:B,MIN(IF(MAX(COUNTIF(B2:B8,B2:B8))=COUNTIF(B2:B8,B2:B8),ROW(2:8)))), 按“Ctrl+Shift+Enter”组合键即可计算出消费次数最多的客户是“王荣”，如图23-13所示。

D2 =INDEX(B:B,MIN(IF(MAX(COUNTIF(B2:B8,B2:B8))=COUNTIF(B2:B8,B2:B8),ROW(2:8))))

	A	B	C	D	E	F	G
1	消费记录	客户		消费次数最多的客户			
2	120	王荣		王荣			
3	80	周国菊					
4	110	李丽丽					
5	68	李远					
6	12	吴贝贝					
7	86	孙浩					
8	78	吴健					

图23-13

函数12 统计客户会员卡到期的人数（TODAY函数）

计算客户会员卡到期的人数，其中试用期为1年，即365天。

选中E2单元格，在公式编辑栏中输入公式：=COUNTIF(B2:B10,"<"&TODAY()-365)，按回车键即可统计客户会员卡到期的人数，如图23-14所示。

第23章 函数在客户管理中的应用

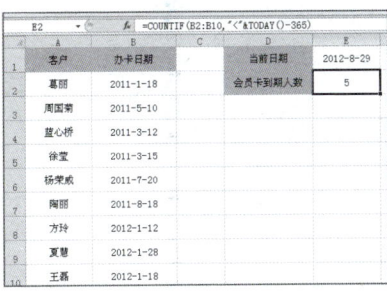

图23-14

函数13 从客户身份证号码中获取性别（RIGHT函数）

据身份证号码判断其性别。在15位和18位身份证中，前者后一位表示性别，后者第17位表示性别，这里以15位身份证号码判断其性别。

选中C2单元格，在公式编辑栏中输入公式：=IF(ISEVEN(RIGHT(B2,1)),"女","男")，按回车键即可根据B2单元格中的身份证号码判断出性别。向下复制公式，即可对其他身份证号码判断出性别，如图23-15所示。

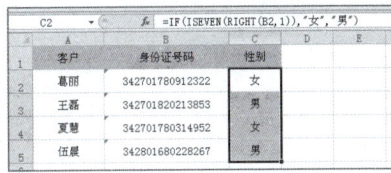

图23-15

函数14 给金卡和银卡客户按消费额派发赠品（IF函数）

某商场元旦促销活动的规则为：凡当月消费满2888、3888、8888元，金卡会员可获赠电饭煲、电磁炉、微波炉，银卡会员可获赠雨伞、夜间灯、摄像头。如何设置公式使其根据销售记录派发赠品。

选中D2单元格，在公式编辑栏中输入公式：=IF(OR(B2="",C2<2888),"",IF(B2="金卡",IF(C2<2888,"电饭煲",IF(C2<3888,"电磁炉","微波炉")),IF(C2<2888,"雨伞",IF(C2<3888,"夜间灯","摄像头"))))，按回车键即可得出第一个人员派发的赠品为"电磁炉"。向下

复制公式，即可快速得出其他客户派发的赠品，如图23-16所示。

D2 =IF(OR(B2="",C2<2888),"",IF(B2="金卡",IF(C2<2888,"电饭煲",IF(C2<3888,"电磁炉","微波炉")),IF(C2<2888,"雨伞",IF(C2<3888,"夜间灯","摄像头"))))

[illegible]	[illegible]	[illegible]	[illegible]
00800166	金卡	2987	电磁炉
00800266	银卡	3965	摄像头
00800368		687	
00800469	银卡	3697	夜间灯
00800566	金卡	4056	微波炉
00800666		2078	
00800766	银卡	3037	夜间灯

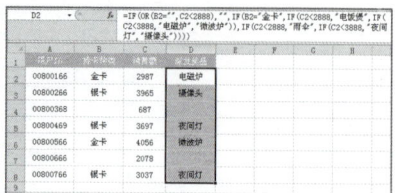

图23-16

函数15 计算未收销售额应收账龄（DATEDIF函数）

在客户未收销售额计算过程中，可以使用DATEDIF函数来计算精确的账龄（精确到天）。

选中E2单元格，在公式编辑栏中输入公式：=CONCATENATE(DATEDIF(D2,TODAY(),"Y"),"年",DATEDIF(D2,TODAY(),"YM"),"个月",DATEDIF(D2,TODAY(),"MD"),"日")，按回车键即可计算出第一项应收账款的账龄。向下复制公式，即可快速计算出各项应收款的账龄，如图23-17所示。

E2 =CONCATENATE(DATEDIF(D2,TODAY(),"Y"),"年",DATEDIF(D2,TODAY(),"YM"),"个月",DATEDIF(D2,TODAY(),"MD"),"日")

发票号码	应收金额	已收金额	到期日期	账龄计算
12023	20850	1000	2011-8-5	1年0个月4日
12584	1000	0	2011-11-5	0年9个月4日
20596	5600	2000	2011-12-8	0年8个月1日
23562	12000	5000	2012-1-24	0年6个月16日
63001	15000	0	2012-2-1	0年6个月8日

图23-17

函数16 将客户手机号码后4位替换为特定符号（REPLACE函数）

企业在举行回馈客户的抽奖活动时会屏蔽中奖号码的后几位数，此时可以使用REPLACE函数实现该效果。

选中C2单元格，在公式编辑栏中输入公式：=REPLACE(B2,8,4,"****")，按回车键即可得到第一个屏蔽后的手机号码。向下复制公式，即可快速得到多个屏蔽后的手机号码，如图23-18所示。

C2 =REPLACE(B2,8,4,"****")

客户姓名	手机号码	屏蔽号码
王水	13926334564	1392633****
彭倩	13856963271	1385696****
张丹丹	13855693489	1385569****
李圆圆	13924735614	1392473****
沈心	13866764561	1386676****
郑强	13965625214	1396562****

图23-18

函数17　计算交易次数最多的客户名称以及交易次数（MAX、MATCH函数）

根据表格中统计的客户交易记录，计算交易次数最多的客户名称以及交易次数。

1 选中E14单元格，输入公式：=MAX(C2:C11)，按回车键即可返回“交易次数”列交易次数最多的次数，如图23-19所示。

E14　=MAX(C2:C11)

编号	客户名称	交易次数	交易额
001	南京市捷通商贸	3	14320
002	南京市CBD广场	4	10284
003	上海市维思特商场	0	0
004	杭州市邱比特影楼	1	1944
005	杭州市古越商厦	1	1900
006	无锡市怡然美容中心	1	1764
007	绍兴市自然堂生物	1	4440
008	芜湖市CDB广场	1	6150
009	芜湖市鼓楼商场	1	3000
010	合肥市瑞景生物	2	9900
交易次数最多的客户		交易次数	4

图23-19

2 选中C14单元格，输入公式：=INDEX(B2:C11,MATCH(E14,C2:C11,0),1)，按回车键即可返回交易次数最多的客户名称，如图23-20所示。

C14　=INDEX(B2:C11,MATCH(E14,C2:C11,0),1)

编号	客户名称	交易次数	交易额
001	南京市捷通商贸	3	14320
002	南京市CBD广场	4	10284
003	上海市维思特商场	0	0
004	杭州市邱比特影楼	1	1944
005	杭州市古越商厦	1	1900
006	无锡市怡然美容中心	1	1764
007	绍兴市自然堂生物	1	4440
008	芜湖市CDB广场	1	6150
009	芜湖市鼓楼商场	1	3000
010	合肥市瑞景生物	2	9900
交易次数最多的客户	南京市CBD广场	交易次数	4

图23-20

函数18　计算交易额最多的客户名称以及交易额（MAX、MATCH函数）

根据表格中统计的客户交易记录，计算交易额最多的客户名称以及交易额。

1 选中E15单元格，输入公式：=MAX(D2:D11)，按回车键即可返回“交易额”列最高交易额，如图23-21所示。

E15　=MAX(D2:D11)

编号	客户名称	交易次数	交易额
001	南京市捷通商贸	3	14320
002	南京市CBD广场	4	10284
003	上海市维思特商场	0	0
004	杭州市邱比特影楼	1	1944
005	杭州市古越商厦	1	1900
006	无锡市怡然美容中心	1	1764
007	绍兴市自然堂生物	1	4440
008	芜湖市CDB广场	1	6150
009	芜湖市鼓楼商场	1	3000
010	合肥市瑞景生物	2	9900
交易次数最多的客户	南京市CBD广场	交易次数	4
交易额最多的客户		交易额	14320

图23-21

2 选中C15单元格，输入公式：=INDEX(B2:D11,MATCH(E15,D2:D11,0),1)，按回车键即可返回交易额最多的客户名称，如图23-22所示。

C15 =INDEX(B2:D11,MATCH(E15,D2:D11,0),1)

	A	B	C	D	E
1	编号	客户名称	交易次数	交易额	
2	001	南京市捷通商贸	3	14320	
3	002	南京市CBD广场	4	10284	
4	003	上海市维思特商场	0	0	
5	004	杭州市邱比特影楼	1	1944	
6	005	杭州市古越商厦	1	1900	
7	006	无锡市怡然美容中心	1	1764	
8	007	绍兴市自然堂生物	1	4440	
9	008	芜湖市CDB广场	1	6150	
10	009	芜湖市鼓楼商场	1	3000	
11	010	合肥市瑞景生物	2	9900	
12					
13					
14	交易次数最多的客户		南京市CBD广场	交易次数	4
15	交易额最多的客户		南京市捷通商贸	交易额	14320

图23-22

函数19 统计来访公司或部门代表的总人数（DCOUNTA函数）

若要统计某一来访公司中所有部门的人数或统计所有来访公司中同一部门的人数，可以使用DCOUNTA函数来实现。

1 在D1:D2单元格区域中设置条件，即公司与部门以“百大”开头，因此使用了“百大”条件。

2 选中E2单元格，在公式编辑栏中输入公式：=DCOUNTA(A1:B12,2,D1:D2)，按回车键即可统计出“百大”公司来访代表的总人数，如图23-23所示。

3 在D5:D6单元格区域中设置条件，即公司与部门以“销售部”结尾，因此使用了“销售部”条件。

4 选中E6单元格，在公式编辑栏中输入公式：=DCOUNTA(A1:B12,2,D5:D6)，按回车键即可统计出来访人员是各公司“销售部”代表的总人数，如图23-24所示。

E2 =DCOUNTA(A1:B12,2,D1:D2)

	A	B	C	D	E
1	来访者姓名	来访公司与部门		来访公司与部门	来访人数
2	刘勇	百大_销售部		百大*	5
3	马梅	百大_研发部			
4	吴小华	百大_人事部			
5	唐虎	百大_销售部		来访公司与部门	来访人数
6	江河	百大_人事部		*销售部	
7	钟华	展飞_销售部			
8	张兴	展飞_研发部			
9	徐磊	展飞_人事部			
10	陈春华	展飞_销售部			
11	刘晓俊	新华_销售部			
12	邓森林	新华_研发部			

图23-23

E6 =DCOUNTA(A1:B12,2,D5:D6)

	A	B	C	D	E
1	来访者姓名	来访公司与部门		来访公司与部门	来访人数
2	刘勇	百大_销售部		百大*	5
3	马梅	百大_研发部			
4	吴小华	百大_人事部			
5	唐虎	百大_销售部		来访公司与部门	来访人数
6	江河	百大_人事部		*销售部	5
7	钟华	展飞_销售部			
8	张兴	展飞_研发部			
9	徐磊	展飞_人事部			
10	陈春华	展飞_销售部			
11	刘晓俊	新华_销售部			
12	邓森林	新华_研发部			

图23-24

第24章

函数在销售统计中的应用

Excel营销管理必须掌握的208个文件与108个函数

函数20　计算产品平均销售额（INT函数）

在员工产品销售统计报表中，计算员工产品平均销售金额（以整数进行舍入）。

选中B10单元格，在编辑栏中输入公式：=INT(AVERAGE(D2:D8))，按回车键即可以整数返回员工产品平均销售金额，如图24-1所示。

图24-1

函数21　计算产品销售额（MROUND 函数）

在产品销售统计报表中，计算每个产品的销售金额（保留0.2倍数的小数位）。

选中D2单元格，在编辑栏中输入公式：=MROUND(B2*C2,0.2)，按回车键即可以1位小数位的形式返回产品的销售金额。向下复制公式，即可以0.2倍数的小数位形式返回其他产品的销售金额，如图24-2所示。

图24-2

函数22　计算产品销售额（ROUND 函数）

在产品销售统计报表中，计算每个产品的销售金额（保留2位小数位）。

选中D2单元格，在编辑栏中输入公式：=ROUND(B2*C2,2)，按回车键即可以1位小数位的形式返回产品的销售金额。向下复制公式，即可以2

位小数位的形式返回其他产品的销售金额，如图24-3所示。

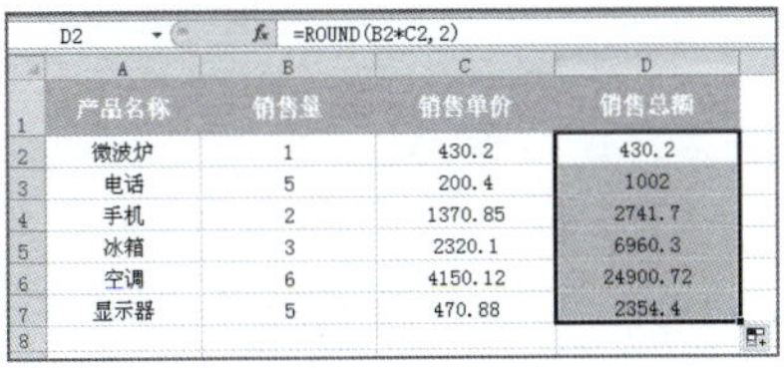

D2 =ROUND(B2*C2, 2)

	A	B	C	D
1	产品名称	销售量	销售单价	销售总额
2	微波炉	1	430.2	430.2
3	电话	5	200.4	1002
4	手机	2	1370.85	2741.7
5	冰箱	3	2320.1	6960.3
6	空调	6	4150.12	24900.72
7	显示器	5	470.88	2354.4
8				

图24-3

函数23　按销售时间段统计产品的总销售金额（SUM函数）

在产品销售统计报表中，按不同销售时间段统计产品的总销售金额。

1 选中H4单元格，在编辑栏中输入公式：=SUM(($A$2:$A$12<=H$3)*($B$2:$B$12=$G4)*$E$2:$E$12)，按“Ctrl+Shift+Enter”组合键即可统计出产品名称为“华光加热器”，且销售日期在2012-3-25之前的总销售金额。向下复制公式，即可统计出其他产品在2012-3-25之前的总销售金额，如图24-4所示。

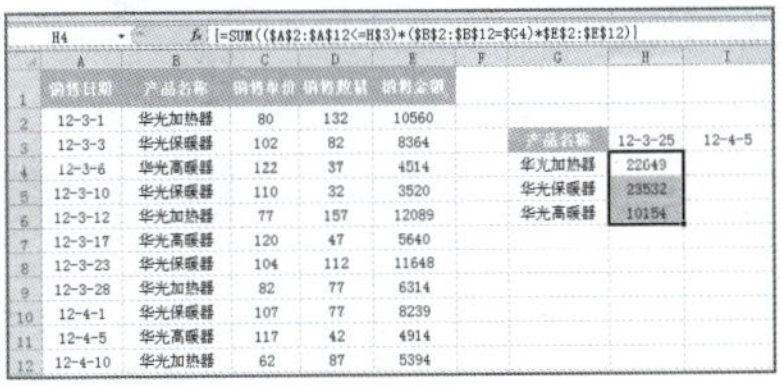

H4 {=SUM(($A$2:$A$12<=H$3)*($B$2:$B$12=$G4)*$E$2:$E$12)}

	A	B	C	D	E	F	G	H	I
1	销售日期	产品名称	销售单价	销售数量	销售金额				
2	12-3-1	华光加热器	80	132	10560				
3	12-3-3	华光保暖器	102	82	8364		产品名称	12-3-25	12-4-5
4	12-3-6	华光高暖器	122	37	4514		华光加热器	22649	
5	12-3-10	华光保暖器	110	32	3520		华光保暖器	23532	
6	12-3-12	华光加热器	77	157	12089		华光高暖器	10154	
7	12-3-17	华光高暖器	120	47	5640				
8	12-3-23	华光保暖器	104	112	11648				
9	12-3-28	华光加热器	82	77	6314				
10	12-4-1	华光保暖器	107	77	8239				
11	12-4-5	华光高暖器	117	42	4914				
12	12-4-10	华光加热器	62	87	5394				

图24-4

2 选中H4:H6单元格区域，将光标移到H6单元格的右下角，光标变成十字形状后，按住鼠标左键向右拖动进行公式填充，即可统计出各产品在2012-3-25之前的总销售金额，如图24-5所示。

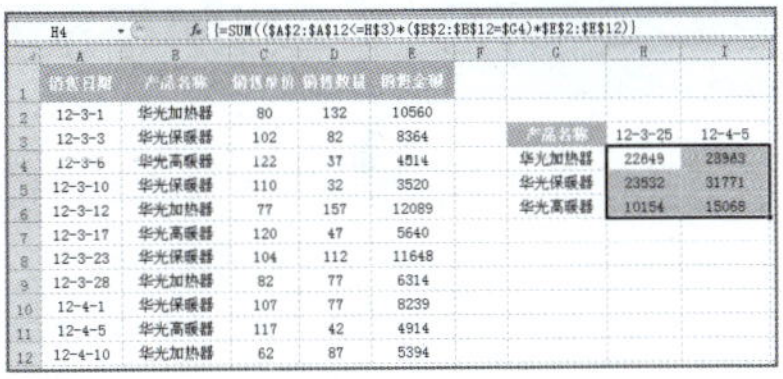

H4 {=SUM(($A$2:$A$12<=H$3)*($B$2:$B$12=$G4)*$E$2:$E$12)}

	A	B	C	D	E	F	G	H	I
1	销售日期	产品名称	销售单价	销售数量	销售金额				
2	12-3-1	华光加热器	80	132	10560				
3	12-3-3	华光保暖器	102	82	8364		产品名称	12-3-25	12-4-5
4	12-3-6	华光高暖器	122	37	4514		华光加热器	22649	28963
5	12-3-10	华光保暖器	110	32	3520		华光保暖器	23532	31771
6	12-3-12	华光加热器	77	157	12089		华光高暖器	10154	15068
7	12-3-17	华光高暖器	120	47	5640				
8	12-3-23	华光保暖器	104	112	11648				
9	12-3-28	华光加热器	82	77	6314				
10	12-4-1	华光保暖器	107	77	8239				
11	12-4-5	华光高暖器	117	42	4914				
12	12-4-10	华光加热器	62	87	5394				

图24-5

函数24　使用通配符统计产品总销售金额（SUMIF函数）

在员工产品销售统计报表中，使用通配符统计出“暖”产品的总销售金额。

选中D14单元格，在编辑栏中输入公式：=SUMIF(A2:A12,”*暖*”,D2:D12)，按回车键即可统计出“暖”产品的销售金额，如图24-6所示。

D14 =SUMIFS(D2:D12,A2:A12,">12-3-5",A2:A12,"<12-4-5",B2:B12,"华光保暖器")

销售日期	产品名称	销售单价	销售数量	销售金额
12-3-1	华光加热器	80	132	10560
12-3-3	华光保暖器	102	82	8364
12-3-6	华光高暖器	122	37	4514
12-3-10	华光保暖器	110	32	3520
12-3-12	华光加热器	77	157	12089
12-3-17	华光高暖器	120	47	5640
12-3-23	华光保暖器	104	112	11648
12-3-28	华光加热器	82	77	6314
12-4-1	华光保暖器	107	77	8239
12-4-5	华光高暖器	117	42	4914
12-4-10	华光加热器	62	87	5394
统计“暖”产品的销售金额：			221	

图24-6

函数25 按销售期间统计总销售量（SUMIFS函数）

在产品销售统计报表中，统计出“2012-3-5～2012-4-5”期间所有产品的销售数量。

选中E14单元格，在编辑栏中输入公式：=SUMIFS(D2:D12,A2:A12,">12-3-5",A2:A12,"<12-4-5")，按回车键即可统计出“2012-3-5～2012-4-5”期间所有产品的销售数量额，如图24-7所示。

E14 =SUMIFS(D2:D12,A2:A12,">12-3-5",A2:A12,"<12-4-5"

销售日期	产品名称	销售单价	销售数量	销售金额
12-3-1	华光加热器	80	132	10560
12-3-3	华光保暖器	102	82	8364
12-3-6	华光高暖器	122	37	4514
12-3-10	华光保暖器	110	32	3520
12-3-12	华光加热器	77	157	12089
12-3-17	华光高暖器	120	47	5640
12-3-23	华光保暖器	104	112	11648
12-3-28	华光加热器	82	77	6314
12-4-1	华光保暖器	107	77	8239
12-4-5	华光高暖器	117	42	4914
12-4-10	华光加热器	62	87	5394
统计2012-3-5~2012-4-5期间产品销售量：				539

图24-7

函数26 按销售期间统计某产品的总销售量（SUMIFS函数）

在产品销售统计报表中，统计出“2012-3-5～2012-4-5”期间“华光保暖器”产品的销售数量。

选中E14单元格，在编辑栏中输入公式：=SUMIFS(D2:D12,A2:A12,">12-3-5",A2:A12,"<12-4-5”,B2:B12,”华光保暖器”)，按回车键即可统计出“2012-3-5～2012-4-5”期间“华光保暖器”的销售数量，如图24-8所示。

E14 =SUMIFS(D2:D12,A2:A12,">12-3-5",A2:A12,"<12-4-5",B2:B12,"华光保暖器")

销售日期	产品名称	销售单价	销售数量	销售金额
12-3-1	华光加热器	80	132	10560
12-3-3	华光保暖器	102	82	8364
12-3-6	华光高暖器	122	37	4514
12-3-10	华光保暖器	110	32	3520
12-3-12	华光加热器	77	157	12089
12-3-17	华光高暖器	120	47	5640
12-3-23	华光保暖器	104	112	11648
12-3-28	华光加热器	82	77	6314
12-4-1	华光保暖器	107	77	8239
12-4-5	华光高暖器	117	42	4914
12-4-10	华光加热器	62	87	5394
统计2012-3-5~2012-4-5期间产品销售量：				221

图24-8

函数27　统计所有产品的总销售金额（SUMPRODUCT函数）

在产品销售统计报表中，统计出产品总销售金额。

选中B9单元格，在编辑栏中输入公式：=SUMPRODUCT(B2:B7,C2:C7)，按回车键即可统计算出所有产品的总销售金额，如图24-9所示。

B9　=SUMPRODUCT(B2:B7,C2:C7)

	A	B	C	D
1	产品名称	销售量	销售单价	
2	微波炉	10	430	
3	电话	15	200	
4	手机	2	1370	
5	冰箱	8	2320	
6	空调	6	4150	
7	显示器	5	470	
8				
9	总销售金额	55850		

图24-9

函数28　按产品条件统计销售量（SUMPRODUCT函数）

在产品销售统计报表中，统计出“冰箱”和“空调”的销售量。

选中C9单元格，在编辑栏中输入公式：=SUMPRODUCT((($A$1:$A$7=”冰箱”)+($A$1:$A$7=”空调”)),$B$1:$B$7)，按回车键即可统计出“冰箱”和“空调”的销售量，如图24-10所示。

C9　=SUMPRODUCT((($A$1:$A$7="冰箱")+($A$1:$A$7="空调")),$B$1:$B$7)

	A	B	C	D	E	F	G	H
1	产品名称	销售量						
2	微波炉	10						
3	电话	15						
4	手机	2						
5	冰箱	8						
6	空调	6						
7	显示器	5						
8								
9	统计“冰箱”和“空调”的销售量		14					
10								
11								

图24-10

函数29　计算销售产品的利润金额（TRUNC函数）

在产品利润统计报表中，计算销售产品的利润金额。

选中D2单元格，在编辑栏中输入公式：=TRUNC(B2*C2,2)，按回车键即可以2位小数形式返回销售产品“微波炉”的利润金额，复制公式即

Excel营销管理必须掌握的208个文件与108个函数

可返回其他销售产品的利润金额，如图24-11所示。

图24-11

函数30　显示指定店面销售记录（INDEX、SMALL、ROW函数）

本例中统计了各个门面的销售情况，现在要实现将某一个店面的所有记录都依次显示出来。我们可以使用INDEX函数配合SMALL和ROW函数来实现。

1 在工作表中建立查询表。选中F4:F11单元格区域，在编辑栏中输入公式：=IF(ISERROR(SMALL(IF(($A$2:$A$11=$H$1),ROW(2:11)),ROW(1:11))),"　",INDEX(A:A,SMALL(IF(($A$2:$A$11=$H$1),ROW(2:11)),ROW(1:11))))。同时按"Ctrl+Shift+Enter"组合键，可一次性将A列中所有等于H1单元格中指定的店面的记录都显示出来，如图24-12所示。

2 选中F4:F11单元格，将光标移到右下角，光标变成十字形状后，按住鼠标左键向右拖动进行公式填充，即可得到H1单元格中指定店面的所有记录。

3 当需要查询其他店面的销售记录时，只需要在H1单元格中重新选择店面名称即可，如图24-13所示。

图24-12

图24-13

函数31　查询特定门面、特定月份的销售金额（INDEX、MATCH函数）

本例中统计了门面1月、2月、3月的销售金额。现要查询特定门面、特定月份的销售金额，可以使用INDEX与MATCH函数实现双条件查询。

1 首先设置好查询条件，本例在A7、B7单元格中输入要查询的月份与门面。选中C7单元格，在公式编辑栏中输入公式：=INDEX(B2:D4,MATCH(B7,A2:A4,0),MATCH(A7,B1:D1,0))，按回车键即可返回3月份滨湖店的销售金额，如图24-14所示。

2 在A7、B7单元格中输入其他要查询的条件，可查询其相应销售金额。

C7　=INDEX(B2:D4,MATCH(B7,A2:A4,0),MATCH(A7,B1:D1,0))

门面	1月	2月	3月
新亚店	5480	8201	5620
滨湖店	8420	7820	4520
百大店	7546	8741	5030
月份	门面	金额	
3月	滨湖店	4520	

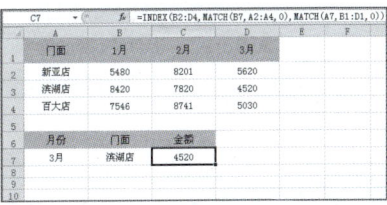

图24-14

函数32　建立动态的产品在各分店的销售数据（OFFSET函数）

在企业产品销售报表中，建立动态的产品在各分店的销售数据。

1 选中I3单元格，在公式编辑栏中输入公式：=OFFSET(A2,0,$I$1)，按回车键即可根据动态变量返回对应的标识项“二店销售量”。向下复制公式，即可返回各产品在二店的销售量，如图24-15所示。

2 在I2单元格中改变动态变量，即可返回各产品在其店的销售量，如图24-16所示。

I3　=OFFSET(A2,0,$I$1)

产品名称	一店销售量	二店销售量	三店销售量	四店销售量	总销售量		动态变量	2
电视机	95	101	98	103	397			二店销售量
冰箱	100	106	107	98	411		电视机	101
空调	78	85	101	124	388		冰箱	106
电热器	121	104	127	110	462		空调	85
							电热器	104

图24-15

产品名称	一店销售量	二店销售量	三店销售量	四店销售量	总销售量		动态变量	4
电视机	95	101	98	103	397			四店销售量
冰箱	100	106	107	98	411		电视机	103
空调	78	85	101	124	388		冰箱	98
电热器	121	104	127	110	462		空调	124
							电热器	110

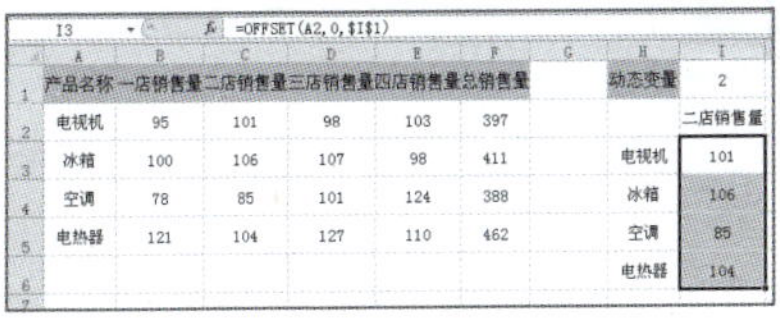

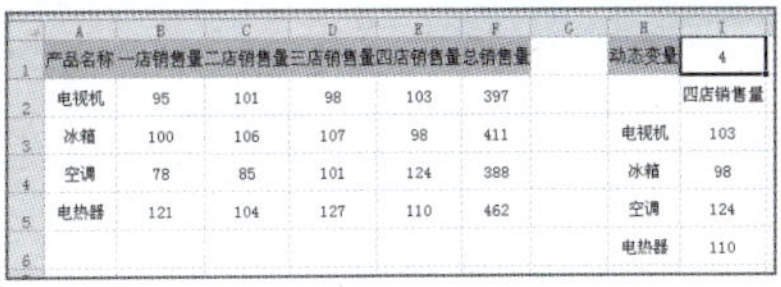

图24-16

函数33 计算产量最高的季度（INDEX、MATCH函数）

工作表中有12个月的产量明细，现需计算产量最高的季度。

选中D2单元格，在公式编辑栏中输入公式：=TEXT(MATCH(MAX(SUBTOTAL(9,OFFSET(A1,{0,3,6,9},1,3))),SUBTOTAL(9,OFFSET(A1,{0,3,6,9},1,3)),0),"[DBNum1]0季度")，按Enter键，即可计算产量最高的季度名称，如图24-17所示。

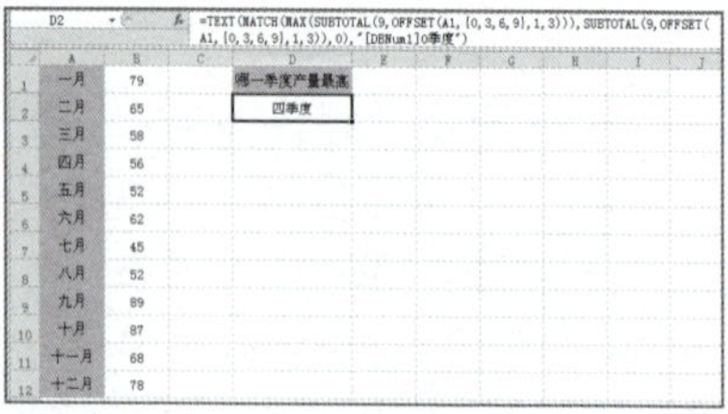

D2 =TEXT(MATCH(MAX(SUBTOTAL(9,OFFSET(A1,{0,3,6,9},1,3))),SUBTOTAL(9,OFFSET(A1,{0,3,6,9},1,3)),0),"[DBNum1]0季度")

	A	B	C	D
1	一月	79		哪一季度产量最高
2	二月	65		四季度
3	三月	58		
4	四月	56		
5	五月	52		
6	六月	62		
7	七月	45		
8	八月	52		
9	九月	89		
10	十月	87		
11	十一月	68		
12	十二月	78		

图24-17

函数34 统计销售记录条数（COUNT函数）

在员工产品销售数据统计报表中，统计记录的销售记录的销售记录条数。

选中C12单元格，在公式编辑栏中输入公式：=COUNT(A2:C10)，按回车键即可统计出销售记录条数为“9”，如图24-18所示。

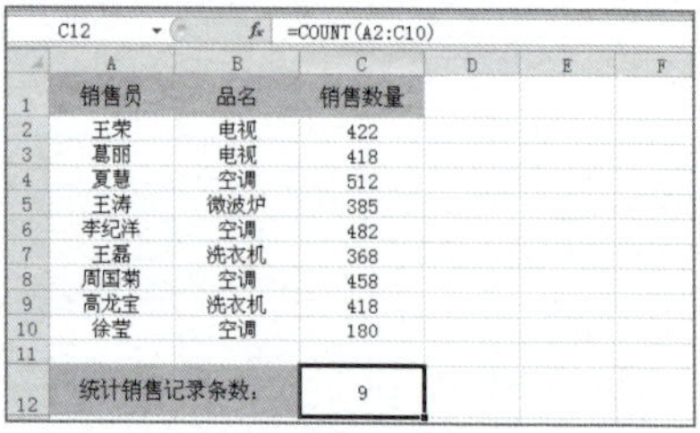

C12 =COUNT(A2:C10)

	A	B	C
1	销售员	品名	销售数量
2	王荣	电视	422
3	葛丽	电视	418
4	夏慧	空调	512
5	王涛	微波炉	385
6	李纪洋	空调	482
7	王磊	洗衣机	368
8	周国菊	空调	458
9	高龙宝	洗衣机	418
10	徐莹	空调	180
11			
12	统计销售记录条数：		9

图24-18

函数35 统计出各类别产品的销售记录条数（COUNTIF函数）

根据统计的产品的销售记录，统计出各类产品的销售记录条数，可使用COUNTIF函数快速提取。

选中F4单元格，在公式编辑栏中输入公式：=COUNTIF(B2:B12,E4)，按回车键，即可统计出“电视”的销售记录条数为“2”，向下复制公式，即可统计出其他产品的销售记录条数，如图24-19所示。

F4　=COUNTIF(B2:B12,E4)

	A	B	C	D	E	F	G
1	销售员	品名	销售数量				
2	王荣	电视	422				
3	周国菊	电视	418		姓名	销售记录条数	
4	夏慧	空调	512		电视	2	
5	王涛	微波炉	385		空调	5	
6	王荣	空调	418		微波炉	2	
7	李纪洋	空调	482		洗衣机	3	
8	王磊	洗衣机	368				
9	周国菊	空调	458				
10	王荣	洗衣机	418				
11	徐莹	空调	180				
12	夏慧	洗衣机	388				
13	周国菊	微波炉	482				

图24-19

函数36　统计最高（最低）销售量（MAX、MIN函数）

可以使用MAX（MIN）函数返回最高（最低）销售量。

1 选中B6单元格，在公式编辑栏中输入公式：=MAX(B2:E4)，按回车键，即可返回B2:E4单元格区域中最大值，如图24-20所示。

B6　=MAX(B2:E4)

	A	B	C	D	E
1	月份	滨湖店	新亚店	淝滨店	观前店
2	1月	400	380	280	190
3	2月	200	468	265	290
4	3月	480	265	180	288
5					
6	最高销量	480			
7	最低销量				

图24-20

2 选中B7单元格，在公式编辑栏中输入公式：=MIN(B2:E4)，按回车键，即可返回B2:E4单元格区域中最小值，如图24-21所示。

B7　=MIN(B2:E4)

	A	B	C	D	E
1	月份	滨湖店	新亚店	淝滨店	观前店
2	1月	400	380	280	190
3	2月	200	468	265	290
4	3月	480	265	180	288
5					
6	最高销量	480			
7	最低销量	180			

图24-21

函数37　统计非工作日销售金额（SUMPRODUCT、MOD函数）

本例中需要计算出A列中非工作日在B列中对应的总销售金额之和，可以使用SUMPRODUCT函数来实现。

选中E5单元格，在公式编辑栏中输入公式：=SUMPRODUCT((MOD(A2:A10,7)<2)*B2:B10)，按回车键即可统计出非工作日（即周六、日）销售金额之和，如图24-22所示。

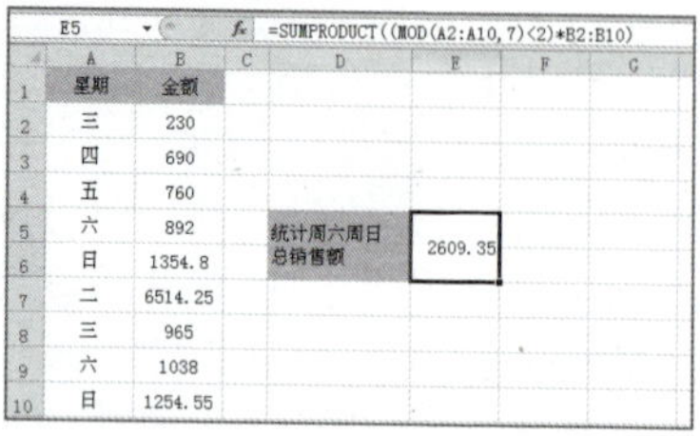

图24-22

函数38 统计特定产品的总销售数量（DSUM函数）

在销售统计数据库中，若要统计特定产品的总销售数量，可以使用DSUM函数来实现。

1 在C14:C15单元格区域中设置条件，其中包括列标识，产品名称为"纽曼MP4"。

2 选中D15单元格，在公式编辑栏中输入公式：=DSUM(A1:F12,4,C14:C15)，按回车键即可在销售报表中统计出产品名称为"纽曼MP4"的总销售数量，

如图24-23所示。

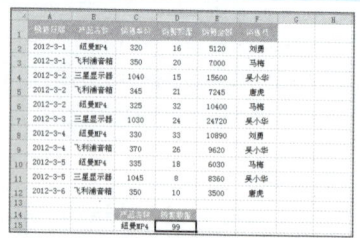

图24-23

函数39 统计出指定店面的平均利润（DAVERAGE函数）

在DAVERAGE函数中可以使用通配符来设置函数参数。如在本例中统计出所有一店的平均利润。

1 在A7:A8单元格区域中设置条件，使用通配符，即地区以"一店"结尾。

2 选中B8单元格，在公式编辑栏中输入公式：=DAVERAGE(A1:B5,2,A7:A8)，按回车键即可统计出“一店”的平均利润，如图24-24所示。

B8　=DAVERAGE(A1:B5,2,A7:A8)

	A	B	C	D	E
1	地区	利润（万元）			
2	东区（一店）	200			
3	西区（二店）	120			
4	南区（一店）	99.5			
5	北区（一店）	150.4			
6					
7	地区	利润（万元）			
8	*（一店）	149.97			
9					

图24-24

函数40　指定销售日期和产品名称对应的销售数量（DGET函数）

在销售统计数据库中，若要自动获取销售日期为2012-3-4、产品名称为“飞利浦音箱”的销售数量，可以使用DGET函数来实现。

1 在C14:D15单元格区域中设置条件，指定销售日期与产品名称。

2 选中E15单元格，在公式编辑栏中输入公式：=DGET(A1:F12,4,C14:D15)，按回车键即可获取销售日期为2012-3-4、产品名称为“飞利浦音箱”的销售数量，如图24-25所示。

E15　=DGET(A1:F12,4,C14:D15)

	A	B	C	D	E	F	G
1	销售日期	产品名称	销售单价	销售数量	销售金额	销售员	
2	2012-3-1	纽曼MP4	320	16	5120	刘勇	
3	2012-3-1	飞利浦音箱	350	20	7000	马梅	
4	2012-3-2	三星显示器	1040	15	15600	吴小华	
5	2012-3-2	飞利浦音箱	345	21	7245	唐虎	
6	2012-3-2	纽曼MP4	325	32	10400	马梅	
7	2012-3-3	三星显示器	1030	24	24720	吴小华	
8	2012-3-4	纽曼MP4	330	33	10890	刘勇	
9	2012-3-4	飞利浦音箱	370	26	9620	吴小华	
10	2012-3-5	纽曼MP4	335	18	6030	马梅	
11	2012-3-5	三星显示器	1045	8	8360	吴小华	
12	2012-3-6	飞利浦音箱	350	10	3500	唐虎	
13							
14			销售日期	产品名称	销售数量		
15			2012-3-4	飞利浦音箱	26		

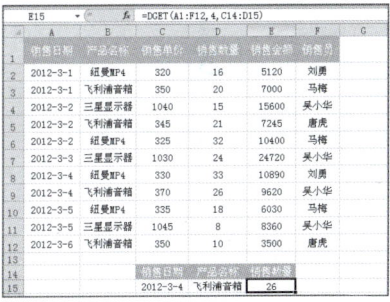

图24-25

读书笔记

第25章

函数在销售统计中的应用

函数41 根据员工的销售量进行业绩考核（IF函数）

对员工本月的销售量进行统计后，作为主管人员可以对员工的销量业绩进行业绩考核。

选中F2单元格，在公式编辑栏中输入公式：=IF(E2<=5,”差”,IF(E2>5,”良”,” ”))，按回车键即可对员工的业绩进行考核。向下复制公式，即可得出其他员工业绩考核结果，如图25-1所示。

F2 =IF(E2<=5,"差",IF(E2>5,"良",""))

	A	B	C	D	E	F
1	销售员	计算机销售量	摄像头销售量	GPRS销售量	总销售量	业绩考核
2	王荣	2	2	2	6	良
3	周国菊	3	6	4	13	良
4	葛丽	1	0	4	5	差
5	张俊	6	8	4	18	良
6	陶丽	3	0	1	4	差

图25-1

函数42 根据业绩计算需要发放多少奖金（IF函数）

公司规定业务成绩大于100000元者给奖金2000元，否则给奖金1000元。现统计8个业务员总共需要多发放多少奖金。

选中D2单元格，在公式编辑栏中输入公式：=SUM(IF(B2:B9>100000,2000,1000))，按“Ctrl+Shift+Enter”组合键即可计算出需要发放多少奖金，如图25-2所示。

D2 {=SUM(IF(B2:B9>100000,2000,1000))}

	A	B	C	D	E	F
1	姓名	业绩		奖金		
2	王荣	70000		13000		
3	周国菊	196532				
4	葛丽	100356				
5	张俊	113564				
6	陶丽	56134				
7	陈南	66257				
8	吴军	159876				
9	孙文胜	196547				

图25-2

函数43 比较员工销售量（IF函数）

在员工产品销售量统计报表中，比较2011上半年和2012上半年员工产品销售量的上升或下滑关系。

选中D2单元格，在编辑栏中输入公式：=IF(C2>B2,”上升”,”下滑”)&ABS(C2-B2)，按回车键即可返回员工“王荣”2011上半年和2012

上半年产品销售量的比较值，向下复制公式，即可返回其他员工2011上半年和2012上半年产品销售量的比较值，如图25-3所示。

D2　=IF(C2>B2,"上升","下滑")&ABS(C2-B2)

员工姓名	2011年上半年销售量	2012年上半年销售量	比较结果
王荣	102	138	上升36
周国菊	135	111	下滑24
陶丽	110	128	上升18
周蓓	98	113	上升15
王涛	145	123	下滑22
葛丽	106	136	上升30
黄寅	125	115	下滑10

图25-3

函数44　比较销售员销售量的高低关系（AVERAGE、IF函数）

员工产品上半年销售量统计报表中，比较每月的销售量与上半年平均销售量的高低关系。

选中C2单元格，在编辑栏中输入公式：=IF(B2>AVERAGE($B$2:$B$7),"高出"&ABS(B2-AVERAGE($B$2:$B$7)),"低出"&ABS(B2-AVERAGE($B$2:$B$7)))，按回车键即可返回员工“王荣”第1个月的销售量与上半年平均销售量的比较值，向下复制公式，即可返回其他月份的产品销售量与上半年平均销售量的比较值，如图25-4所示。

C2　=IF(B2>AVERAGE($B$2:$B$7),"高出"&ABS(B2-AVERAGE($B$2:$B$7)),"低出"&ABS(B2-AVERAGE($B$2:$B$7)))

月份	王荣销售量（台）	与平均销售量相比（台）
1	102	低出14
2	135	高出19
3	110	低出6
4	98	低出18
5	145	高出29
6	106	低出10

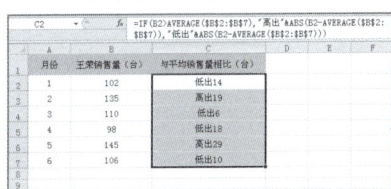

图25-4

函数45　计算员工产品平均销售量（CEILING函数）

在员工产品上半年销售量统计报表中，计算员工产品平均销售量（按“1”的倍数返回产品平均销售量）。

选中C10单元格，在编辑栏中输入公式：=CEILING(AVERAGE(B2:B8),1)，按回车键即可按照“1”的倍数返回员工产品平均销售量，如图25-5所示。

C10　=CEILING(AVERAGE(B2:B8),1)

员工姓名	销售量	销售单价	销售总额
王荣	80	132	10560
周国菊	102	82	8364
陶丽	122	37	4514
周蓓	110	32	3520
王涛	77	157	12089
葛丽	120	47	5640
黄寅	104	112	11648
	平均销售量	103	

图25-5

函数46 计算员工产品平均销售额（CEILING函数）

在员工产品上半年销售量统计报表中，计算员工产品平均销售额（按"1"的倍数返回产品销售额）。

选中C10单元格，在编辑栏中输入公式：=CEILING(AVERAGE(D2:D8),1)，按回车键即可按照"1"的倍数返回员工产品平均销售额，如图25-6所示。

图25-6

函数47 计算所有员工平均销售额（SUBTOTAL函数）

SUBTOTAL函数是返回列表或数据库中的分类汇总。通常，使用"数据"选项卡上"大纲"组中的"分类汇总"命令更便于创建带有分类汇总的列表。一旦创建了分类汇总，就可以通过编辑SUBTOTAL函数对该列表进行修改。在销售员销售记录汇总报表中，计算所有销售员的平均销售额。

选中E26单元格，在编辑栏中输入公式：=SUBTOTAL(1,E2:E22)，按回车键即可计算出所有销售员的平均销售额，如图25-7所示。

图25-7

函数48 统计销售员的全部销售次数（SUBTOTAL函数）

在销售员销售记录汇总报表中，统计销售员的全部销售次数。

选中E27单元格,在编辑栏中输入公式:=SUBTOTAL(3,E2:E22),按回车键即可统计销售员的全部销售次数为"11"次,如图25-8所示。

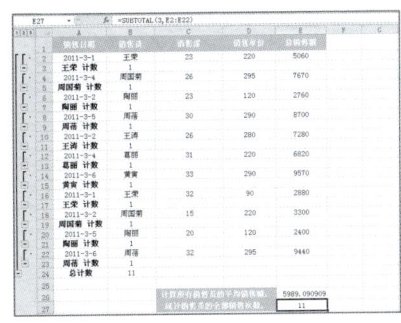

图25-8

函数49 统计销售员总销售额(SUM 函数)

在产品销售统计报表中,统计产品总销售金额。

选中C10单元格,在编辑栏中输入公式:=SUM(B2:B8*C2:C8),按"Ctrl+Shift+Enter"组合键即可统计出产品的总销售金额,如图25-9所示。

图25-9

函数50 统计各销售部门销售员的总奖金额 (SUM函数)

在员工奖金报表中,可以使用SUM函数按部门统计出总奖金额。

①选中C10单元格,在编辑栏中输入公式:=SUMIF(B2:B8,"销售一部",C2:C8),按回车键即可统计出"销售一部"员工的总奖金额,如图25-10所示。

图25-10

2 选中C11单元格，在编辑栏中输入公式：=SUMIF(B2:B8,”销售二部”,C2:C8)，按回车键即可统计出“销售二部”员工的总奖金额，如图25-11所示。

C11 =SUMIF(B2:B8,"销售二部",C2:C8)

	A	B	C	D
1	员工姓名	所属部门	奖金	
2	王荣	销售一部	1320	
3	周国菊	销售二部	820	
4	陶丽	销售一部	780	
5	周蓓	销售二部	1320	
6	王涛	销售一部	900	
7	葛丽	销售二部	450	
8	黄寅	销售二部	200	
9				
10	统计“销售一部”总奖金额		3000	
11	统计“销售二部”总奖金额		2790	

图25-11

函数51 统计销售部门销售员总奖金额（SUMIF函数）

在员工奖金报表中，统计出“销售一部”和“销售二部”员工的总奖金额。

选中C10单元格，在编辑栏中输入公式：=SUM(SUMIF(B2:B8,{“销售一部”,”销售二部”},C2:C8))，按回车键即可统计出两个部门员工的奖金额之和，如图25-12所示。

C10 =SUM(SUMIF(B2:B8,{"销售一部","销售二部"},C2:C8))

	A	B	C	D	E
1	员工姓名	所属部门	奖金		
2	王荣	销售一部	1320		
3	周国菊	销售二部	820		
4	陶丽	销售一部	780		
5	周蓓	销售二部	1320		
6	王涛	销售一部	900		
7	葛丽	销售二部	450		
8	黄寅	销售二部	200		
9					
10	统计“销售一部”和“销售二部”总奖金额		5790		
11					

图25-12

函数52 统计销售员销售额大于10000元的销售量之和（SUMIF函数）

在员工产品销售统计报表中，统计出各员工销售金额大于10000元的产品销售数量之和。

选中C10单元格，在编辑栏中输入公式：=SUMIF(D2:D8,”>10000”,B2:B8)，按回车键即可统计出满足条件的产品销售数量，如图25-13所示。

C10 =SUMIF(D2:D8,">10000",B2:B8)

	A	B	C	D
1	员工姓名	销售量	销售单价	销售总额
2	王荣	80	132	10560
3	周国菊	102	82	8364
4	陶丽	122	37	4514
5	周蓓	110	32	3520
6	王涛	77	157	12089
7	葛丽	120	47	5640
8	黄寅	104	112	11648
9				
10	销售额>10000的销售量之和		261	
11				

图25-13

函数53　统计销售员销售量且销售单价大于等于100的产品总销售额（SUMIFS函数）

在员工产品销售统计报表中，统计员工产品销售量大于等于100，且销售单价大于等于100元的产品总销售额。

选中D10单元格，在编辑栏中输入公式：=SUMIFS(D2:D8,B2:B8,">=100",C2:C8,">=100")，按回车键即可统计出产品销售量大于等于100，且销售单价大于等于100元的产品总销售额，如图25-14所示。

D10　=SUMIFS(D2:D8,B2:B8,">=100",C2:C8,">=100")

	A	B	C	D	E
1	员工姓名	销售量	销售单价	销售总额	
2	王荣	80	132	10560	
3	周国菊	102	82	8364	
4	陶丽	122	37	4514	
5	周蓓	110	32	3520	
6	王涛	77	157	12089	
7	葛丽	120	47	5640	
8	黄寅	104	112	11648	
9					
10	统计销售量>=100，且销售单价>=100的总销售额			11648	
11					

图25-14

函数54　统计指定销售员的总销售额（SUMPRODUCT函数）

在产品销售统计报表中，统计出指定销售员销售产品的总销售金额。

选中C10单元格，在编辑栏中输入公式：=SUMPRODUCT(B2:B8,C2:C8,--(A2:A8="葛丽"))，按回车键即可统计出销售员“葛丽”销售产品的总销售金额，如图25-15所示。

C10　=SUMPRODUCT(B2:B8,C2:C8,--(A2:A8="葛丽"))

	A	B	C	D	E
1	员工姓名	销售量	销售单价		
2	王荣	80	132		
3	周国菊	102	82		
4	陶丽	122	37		
5	周蓓	110	32		
6	王涛	77	157		
7	葛丽	120	47		
8	黄寅	104	112		
9					
10	统计销售员“葛丽”的销售额		5640		

图25-15

函数55　考评销售员的销售等级（CHOOSE函数）

在产品销售统计报表中，考评销售员的销售等级。约定当总销售额大于200000时，销售等级为“四等销售员”；当总销售量在180000~200000时，销售等级为“三等销售员”；当总销售量在150000~180000时，销售等级为“二等销售员”；当总销售量小于150000时，销售等级为“一等销售员”。

选中E2单元格,在公式编辑栏中输入公式:=CHOOSE(IF(D2>200000,1,IF(D2>=180000,2,IF(D2>=150000,3,4))),"四等销售员","三等销售员","二等销售员","一等销售员"),按回车键即可评定销售员"王涛"等级为"二等销售员"。向下复制公式,即可判断其他销售员的等级,如图25-16所示。

图25-16

函数56 计算员工销售金额的合计数(COLUMN函数)

计算销售人员2、4、6月销售金额的合计数,可以通过COLUMN函数配合其他函数使用。

选中H2单元格,在公式编辑栏中输入公式:=SUM(IF(MOD(COLUMN($A2:$G2),2)=0,$B2:$G2)),按"Ctrl+Shift+Enter"组合键,可统计C2、E2、G2单元格之和。向下复制公式,即可计算出其他销售人员2、4、6月销售金额合计值,如图25-17所示。

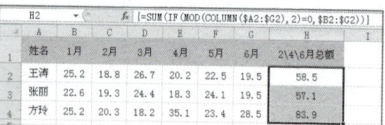

图25-17

函数57 实现输入员工编号后查询相应信息(LOOKUP函数)

在档案管理表、销售管理表等数据表中,通常都需要进行大量的数据查询操作。通过LOOKUP函数建立公式,实现输入编号后即可查询相应信息。

① 建立相应查询列标识,并输入要查询的编号。选中B9单元格,在编辑栏中输入公式:=LOOKUP($A$9,$A$2:$A$6,B$2:B$6)。按回车键,即可得到编号为"NL-004"的员工姓名。向下复制公式,即可得到该编号员工的其他相应销售信息,如图25-18所示。

第25章 函数在销售统计中的应用

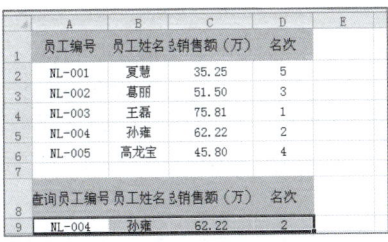

图25-18

2 查询其他员工销售信息时，只需要再A9单元格中重新输入

查询编号，即可实现快速查询，如图25-19所示。

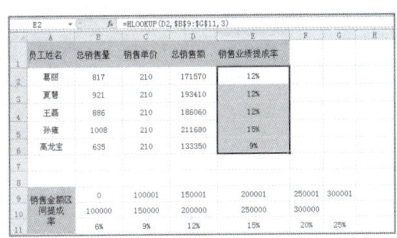

图25-19

函数58 计算每位员工的销售提成率（HLOOKUP函数）

在员工产品销售统计报表中，根据总销售金额自动返回每位员工的销售提成率。

设置销售成绩区间所对应的提成率。选中E2单元格，在公式编辑栏中输入公式：=HLOOKUP(D2,$B$9:$G$11,3)，按回车键即可获取员工"葛丽"的销售业绩提成率为"12%"。向下复制公式，即可获取其他员工的销售业绩提成率，如图25-20所示。

图25-20

函数59 实现销售员和总销售额在报表中的位置（MATCH函数）

利用MATCH函数来实现"王磊"在报表中的行数和"总销售额（万）"在报表中的列数。

Excel营销管理必须掌握的208个文件与108个函数

1 选中B8单元格,在公式编辑栏中输入公式:=MATCH(A8,B1:B6,0),按回车键,即可获取"王磊"在B1:B6单元格区域中的行数,即第四行,如图25-21所示。

2 选中B9单元格,在公式编辑栏中输入公式:=MATCH(A9,A1:D1,0),按回车键,即可获取"总销售额(万)"在A1:D1单元格区域中的列数,即第三列,如图25-22所示。

图25-21

图25-22

函数60 查找销售员指定季度的产品销售数量(INDEX函数)

在产品销售统计报表中,查找销售员指定季度的产品销售数量。

1 选中C7单元格,在公式编辑栏中输入公式:=INDEX(A2:F5,2,4),按回车键即可查找到销售员"周国菊"第三季度产品销售量,如图25-23所示。

2 选中C8单元格,在公式编辑栏中输入公式:=INDEX(A2:F5,4,6),按回车键即可查找到销售员"杨荣威"全年总销售量,如图25-24所示。

图25-23

图25-24

函数61　查找销售员指定季度的产品销售数量（INDEX函数）

在产品销售统计报表中，查找销售员指定季度的产品销售数量。

1 选中C7单元格，在公式编辑栏中输入公式：=INDEX(A2:F5,2,4)，按回车键即可查找到销售员“周国菊”第三季度产品销售量，如图25-25所示。

C7　=INDEX(A2:F5,2,4)

销售员	第一季度销售量	第二季度销售量	第三季度销售量	第四季度销售量	总销售量
王涛	142	130	137	141	550
周国菊	130	138	134	140	542
徐莹	128	140	147	143	558
杨荣威	124	137	136	143	540
周国菊第三季度销售量:		134			
杨荣威总销售量:					

图25-25

2 选中C8单元格，在公式编辑栏中输入公式：=INDEX(A2:F5,4,6)，按回车键即可查找到销售员“杨荣威”全年总销售量，如图25-26所示。

C8　=INDEX(A2:F5,4,6)

销售员	第一季度销售量	第二季度销售量	第三季度销售量	第四季度销售量	总销售量
王涛	142	130	137	141	550
周国菊	130	138	134	140	542
徐莹	128	140	147	143	558
杨荣威	124	137	136	143	540
周国菊第三季度销售量:		134			
杨荣威总销售量:		540			

图25-26

函数62　隔列计算各销售员的产品平均销售量（AVERAGE函数）

在全年产品销售数据统计报表中，通过隔列来计算各销售员的产品平均销售量。

选中R2单元格，在公式编辑栏中输入公式：=AVERAGE(IF(MOD(COLUMN($B2:$Q2),4)=0,IF($B2:$Q2>0,$B2:$Q2)))，按“Ctrl+Shift+Enter”组合键，即可计算出销售员“韩燕”销售产品的月平均销售量为“46.25”，向下复制公式即可计算出其他销售员的产品月平均销售量，如图25-27所示。

R2　{=AVERAGE(IF(MOD(COLUMN($B2:$Q2),4)=0,IF($B2:$Q2>0,$B2:$Q2)))}

销售员	1月	2月	3月	平均值	4月	5月	6月	平均值	7月	8月	9月	平均值	10月	11月	12月	平均值	全年平均值
韩燕	45	40	46	43.666667	42	47	45	44.666667	46	49	42	45.666667	45	42	52	46.333333	46.25
谢婧	41	46	41	42.666667	41	48	45	44.666667	41	42	49	44	48	42	45	45	46.25
吴云飞	48	41	45	44.666667	48	42	48	46	41	41	42	41.333333	52	48	49	49.666667	46.25
齐丽丽	43	41	45	43	43	42	52	45.666667	42	48	41	43.666667	47	43	42	44	46.25
方晨	41	42	48	43.666667	46	49	47	47.333333	48	42	48	46	48	48	41	45.666667	46.25
朱文珍	42	48	45	45	48	42	48	46	48	45	43	45.333333	42	42	48	44	46.25
王青	45	48	47	46.666667	51	41	42	44.666667	51	41	48	46.666667	48	45	43	45.333333	46.25
丁进利	45	51	48	48	52	48	48	49.333333	51	48	43	47.333333	41	40	57	46	46.25
李伟	51	49	42	47.333333	49	43	43	45	42	43	41	42	48	48	46	47.333333	46.25
柏东国	58	48	42	49.333333	46	46	41	44.333333	47	41	42	43.333333	52	43	48	47.666667	46.25
周美芳	47	41	49	45.666667	42	41	51	44.666667	42	42	45	43	44	40	45	43	46.25

图25-27

函数63 统计前三名销售人员的平均销售量（AVERAGE函数）

在销售数据统计表中，统计出前三名销售人员的平均销售量。

选中C11单元格，在公式编辑栏中输入公式：=AVERAGEA(LARGE(D2:D9,{1,2,3}))，按回车键即可计算出前三名销售人员的平均销售量，如图25-28所示。

C11　fx =AVERAGEA(LARGE(D2:D9,{1,2,3}))

	A	B	C	D	E	F
1	销售员	销售单价	销售额	销售量		
2	夏慧	280	89600	347		
3	葛丽	285	72675	255		
4	王磊	220	64900	400		
5	高龙宝	290	68150	250		
6	徐莹	220	64900	295		
7	周国菊	295	57525	232		
8	方玲	185	53650	290		
9	王涛	280	81200	380		
10						
11	前三名平均销售量		375.6666667			

图25-28

函数64 对员工销售业绩进行排名次（RANK函数）

本例中统计每位销售员的总销售额，现在需要对他们的销售额进行排名，可以使用RANK函数来实现。

选中C2单元格，在公式编辑栏中输入公式：=RANK (B2,$B$2:$B$10,0)，按回车键，即可返回B2:B10单元格区域中的排名，向下复制公式，即可快速求出其他员工的总销售额在B2:B10单元格区域的排名，如图25-29所示。

C2　fx =RANK(B2,$B$2:$B$10,0)

	A	B	C	D
1	姓名	总销售额（万元）	名次	
2	唐敏	48.5	5	
3	韩燕	45.82	7	
4	柏家国	46	6	
5	金靖	78.5	1	
6	谢娟	77.2	2	
7	姚金年	55.45	4	
8	陈建	32.2	9	
9	王磊	45.8	8	
10	夏慧	62.8	3	

图25-29

第26章 函数在产品采购和库存中的应用

函数65 返回请购设备的应到日期（IF函数）

当企业设备请购表创建完成后，可以根据请购设备的“请购日期”、“时限”、“已到日期”返回请购设备的“应到日期”。

根据请购设备的“请购日期”和“时限”返回请购设备“应到日期”：在工作表中选中J2单元格，在公式编辑栏中输入公式：=IF(H2="","",H2+I2)。向下复制公式，即可返回对应的请购设备“应到日期”，如图26-1所示。

J2 =IF(H2="","",H2+I2)

	B	C	D	E	F	G	H	I	J	K
1	请购编号	请购设备	规格型号	单位	数量	用途	请购日期	时限	应到日期	已到日期
2	NL_Q001	档案柜	SP_2DF	组	2	存储	2012-5-5	10	2012-5-15	2012-5-10
3	NL_Q002	办公桌	CT_1	张	3	办公	2012-5-11	10	2012-5-21	2012-5-22
4	NL_Q003	办公椅	JF7	把	3	办公	2012-5-11	10	2012-5-21	2012-5-22
5	NL_Q004	办公电脑	联想P4	台	20	开发	2012-5-16	20	2012-6-5	2012-5-27
6	NL_Q005	电话机	123-44-26	部	10	改进	2012-5-27	12	2012-6-8	2012-6-7
7	NL_Q006	打印机	HP_D2468	台	2	办公	2012-6-1	15	2012-6-16	
8	NL_Q007	打印纸	A4	包	10	办公	2012-6-1	15	2012-6-16	
9	NL_Q008	传真机	优达770P	台	1	办公	2012-6-12	15	2012-6-27	

图26-1

函数66 自动比较两个部门的采购价格是否一致（EXACT函数）

公司主管如果需要系统地比较一下各采购部门采购产品的价格是否一致时，可以使用EXACT函数来实现。

选中D2单元格，在公式编辑栏中输入公式：=EXACT(B2,C2)，按回车键即可比较出B2、C2单元格的价格是否一致，如果一致返回TRUE，否则返回FALSE。向下复制公式，即可快速比较出B列与C列中价格是否一致，如图26-2所示。

D2 =EXACT(B2,C2)

	A	B	C	D
1	产品名称	采购1部	采购2部	价格比较情况
2	枪机	185	189	FALSE
3	球机	156	156	TRUE
4	半球	278	278	TRUE
5	红外防水一体机	260	260	TRUE
6	20米红外摄像机	240	250	FALSE
7	40米红外摄像机	420	420	TRUE
8	60米红外摄像机	510	500	FALSE

图26-2

函数67 提取产品采购月份（MONTH 函数）

根据产品采购日期提取产品采购月份。

选中D2单元格，在公式编辑栏中输入公式：=MONTH(C2)&”月份”，按回车键即可根据产品采购日期提取产品采购月份。向下复制公式，即可根据其他产品采购日期提取产品采购月份，如图26-3所示。

D2　=MONTH(C2)&"月份"

产品名称	产品型号	采购日期	采购月份
三立电伐	IG_001	2012-1-1	1月份
三立电管	D1_45	2012-2-5	2月份
三里电阻	DE_J1	2012-3-25	3月份

图26-3

函数68　计算每日库存数（MMULT函数）

根据报表中统计的每日的出入库数量，计算每日库存数。

选中E2单元格，在公式编辑栏中输入公式：=MMULT(N(ROW(2:9)>=TRANSPOSE(ROW(2:9))),B2:B9-C2:C9),按"Ctrl+Shift+Enter"组合键，向下复制公式，即可计算每日库存数，如图26-4所示。

E2　{=MMULT(N(ROW(2:9)>=TRANSPOSE(ROW(2:9))),B2:B9-C2:C9)}

1月1日	进库数	出库数		每日库存数
1月2日	100	80		20
1月3日	120	118		2
1月4日	80	68		12
1月5日	100	89		11
1月6日	90	45		45
1月7日	88	62		26
1月8日	60	26		34
1月9日	120	112		8

图26-4

函数69　统计所有产品的采购金额（SUMPRODUCT函数）

在产品采购统计报表中，统计出产品总采购金额。

选中B9单元格，在编辑栏中输入公式：=SUMPRODUCT(B2:B7,C2:C7)，按回车键即可统计算出所有采购产品的总金额，如图26-5所示。

B9　=SUMPRODUCT(B2:B7,C2:C7)

采购产品	采购数量	采购单价
微波炉	100	430
电话	150	200
手机	200	1370
冰箱	180	2320
空调	60	4150
显示器	50	470
总采购金额	1037100	

图26-5

函数70　计算采购员平均采购单价（CEILING函数）

根据统计的某产品的采购量报表，计算采购员产品平均采购单价。

选中C10单元格，在编辑栏中输入公式：=CEILING(AVERAGE(C2:C8),1)，按回车键即可返回员工产品平均销售量，如图26-6所示。

图26-6

函数71 显示产品出库情况（ISERROR 函数）

在产品库存报表中，当产品缺货时，提示"暂时缺货"提示信息。

选中E2单元格中，在公式编辑栏中输入公式：=IF(ISERROR(D2),"暂时缺货",D2)，按回车键即可根据D2单元格中的数值返回实际产品出库情况。当D列中出现"#VALUE!"时，则显示"暂时缺货"提示。向下复制公式，即可根据其他D列中的数据返回对应的产品出库信息，如图26-7所示。

图26-7

函数72 识别库存产品的产品类别（IF函数）

作为企业的仓库管理人员，每天、每周或每月要对库存的产品进行记录，并进行分类管理。例如，判断库存的产品是否为生活用品，如果是，分类为"生活用品"；反之，分类为"化学试剂"。

选中C2单元格，在公式编辑栏中输入公式：=IF(OR(A2="肥皂",A2="牙膏",A2="洗衣粉"),"生活用品","化学试剂")，按回车键即可对库存产品进行判断，如果判断结果正确赋予条件值（日常用品）；反之，显示为"化学试剂"。向下复制公式，即可判断其他库存产品是否满足条件，并对满足条件进行赋值，如图26-8所示。

图26-8

函数73　计算出库的月份有几个（MONTH函数）

有10种不同的产品在不同的日期出库。现需要计算要出库的月份有几个。

选中D2单元格，在公式编辑栏中输入公式：=COUNT(0/FREQUENCY(MONTH(B2:B11),MONTH(B2:B11))),按“Ctrl+Shift+Enter”组合键，即可返回要出库的月份有几个，如图26-9所示。

D2　{=COUNT(0/FREQUENCY(MONTH(B2:B11),MONTH(B2:B11)))}

	A	B	C	D	E	F
1	产品	出库日期		需要出库的月份有几个		
2	1	2012-7-18		5		
3	2	2012-8-12				
4	3	2012-8-15				
5	4	2012-9-15				
6	5	2012-9-28				
7	6	2012-10-5				
8	7	2012-10-8				
9	8	2012-11-1				
10	9	2012-11-8				
11	10	2012-11-10				

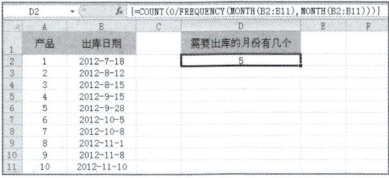

图26-9

函数74　提取产品的类别编码（MID 函数）

一般而言，产品编号中包含产品的类别编码和序号，使用MID函数可以将它们分离出来。

选中C2单元格，在公式编辑栏中输入公式：=MID(A2,1,3)，按回车键即可提取A2单元格中的类别编码。向下复制公式，即可得出其他单元格中的类别编码，如图26-10所示。

C2　=MID(A2,1,3)

	A	B	C
1	产品编码	产品名称	类别编码
2	V0a001	VOV绿茶面膜200g	V0a
3	V0a002	VOV樱桃面膜200g	V0a
4	B0i1213	碧欧泉矿泉爽肤水	B0i
5	B0i1214	碧欧泉美白防晒霜	B0i
6	B0i1215	碧欧泉美白面膜2片	B0i
7	H201312	水之印美白乳液	H20
8	H201313	水之印美白隔离霜	H20
9	H201314	水之印绝配无暇粉底	H20

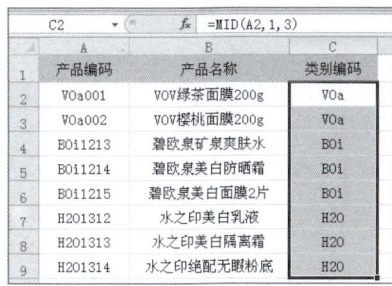

图26-10

函数75　统计无货商品的数量（COUNTIF函数）

根据报表中的数量，统计无货商品的数量。对于无货的商品，将其数量输入“#N/A”。

选中F1单元格，在公式编辑栏中输入公式：=COUNTIF(C2:C10,#N/A)，按回车键，即可计算出无货商品的数量，如图26-11所示。

F1　=COUNTIF(C2:C10,#N/A)

	A	B	C	D	E	F
1	商品	价格	数量		无货商品数量	3
2	洗衣机	2500	20			
3	电脑	4800	#N/A			
4	微波炉	500	18			
5	空调	2500	18			
6	手机	5820	#N/A			
7	电视	1800	21			
8	洗衣机	1500	14			
9	冰箱	2800	28			
10	音响	1200	#N/A			
11						

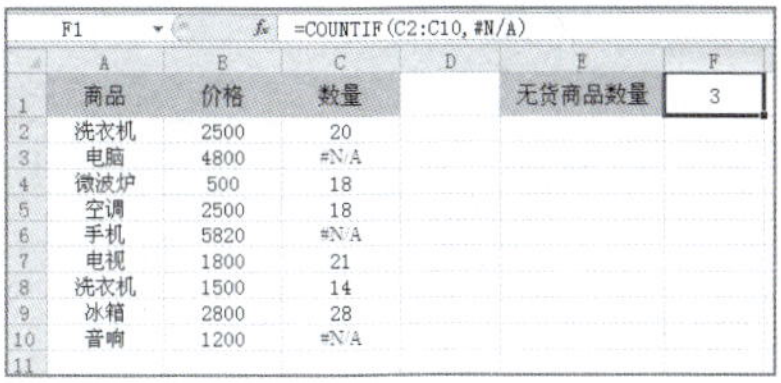

图26-11

函数76 计算B列产品最大入库量（MMULT函数）

根据报表中的入库数量，计算B列产品最大入库量。

选中F1单元格，在公式编辑栏中输入公式：=COUNTIF(C2:C10,#N/A),按“Ctrl+Shift+Enter”组合键，即可计算B列产品最大入库量，如图26-12所示。

F1 =COUNTIF(C2:C10,#N/A)

	A	B	C	D	E	F
1	商品	价格	数量		无货商品数量	3
2	洗衣机	2500	20			
3	电脑	4800	#N/A			
4	微波炉	500	18			
5	空调	2500	18			
6	手机	5820	#N/A			
7	电视	1800	21			
8	洗衣机	1500	14			
9	冰箱	2800	28			
10	音响	1200	#N/A			
11						

图26-12

函数77 统计本月下旬出库数量（DAY函数）

根据报表中的出库数量，统计本月下旬出库数量。

选中E2单元格，在公式编辑栏中输入公式：=SUM(C2:C9*(DAY(B2:B9)>20)),按“Ctrl+Shift+Enter”组合键，即可统计本月下旬出库数量，如图26-13所示。

E2 {=SUM(C2:C9*(DAY(B2:B9)>20))}

	A	B	C	D	E
1	产品	1月1日	出库数		本月下旬出库数
2	A	8月12日	80		207
3	B	8月22日	118		
4	C	8月14日	68		
5	D	8月28日	89		
6	E	8月16日	45		
7	F	8月17日	62		
8	G	8月13日	26		
9	H	8月19日	112		

图26-13

函数78 计算产品入库天数（DATEDIF函数）

根据产品入库时间，计算产品入库天数。

选中D2单元格，在公式编辑栏中输入公式：=DATEDIF(C2,TODAY(),”D”)，按回车键即可根据产品入库日期得到产品入库天数。向下复制公式，即可根据其他产品入库日期得到产品入库天数，如图26-14所示。

D2 =DATEDIF(C2,TODAY(),"D")

	A	B	C	D
1	产品名称	产品型号	入库日期	入库天数
2	三立电伐	IG_001	2012-1-1	220
3	三立电管	D1_45	2012-2-5	185
4	三里电阻	DE_J1	2012-3-25	136

图26-14

第26章 函数在产品采购和库存中的应用

函数79 某一类产品的最高出库单价（DMAX函数）

在产品出库统计数据库中，一类产品有多个品种，如果要统计出某一类产品的多个品种中最高出库单价，可以使用DMAX函数来实现。

1 在F4:F5单元格区域中设置条件，即产品名称以"VOV"开头，因此使用了"VOV"条件。选中G5单元格，在公式编辑栏中输入公式：=DMAX(A1:D13,4,F4:F5)，按回车键即可统计出"VOV"系列产品的最高出库单价，如图26-15所示。

2 在F7:F8单元格区域中设置条件，即产品名称以"水之印"开头，因此使用了"水之印"条件。选中G8单元格，在公式编辑栏中输入公式：=DMAX(A1:D13,4,F7:F8)，按回车键即可统计出"水之印"系列产品的最高出库金额，如图26-16所示。

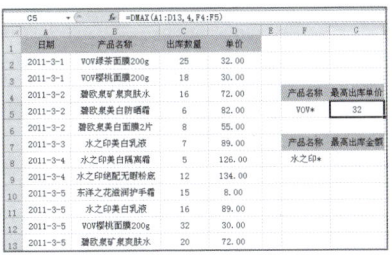

图26-15

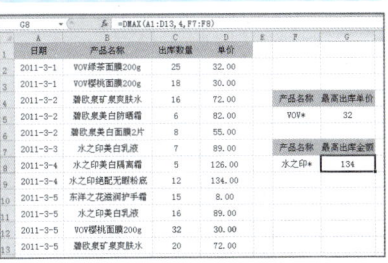

图26-16

函数80 对每日出库量累计求和（OFFSET、ROW函数）

本例中按日统计了产品的出库量，使用OFFSET函数配合ROW函数可以实现对每日出库量累计求和。

选中C2单元格，在公式编辑栏中输入公式：=SUM(OFFSET($B$2,0,0,ROW()-1))，按回车键即可计算出第一项累计计算结果向下复制公式，即可求出每日的累计出库量，如图26-17所示。

日期	出库数量	累积求和
2012-12-1	258	258
2012-12-2	128	386
2012-12-3	452	838
2012-12-4	200	1038
2012-12-5	254	1292
2012-12-6	256	1548
2012-12-7	45	1593
2012-12-8	250	1843
2012-12-9	120	1963
2012-12-10	280	2243

图26-17

函数81 计算累计入库数(MMULT函数)

可以根据每日的进库数,计算累计库存量。

选中D2单元格,在公式编辑栏输入公式"=MMULT(N(ROW(2:11)>=TRANSPOSE(ROW(2:11))),B2:B11)",按回车键,向下复制公式,即可计算出累计库存量,如图26-18所示。

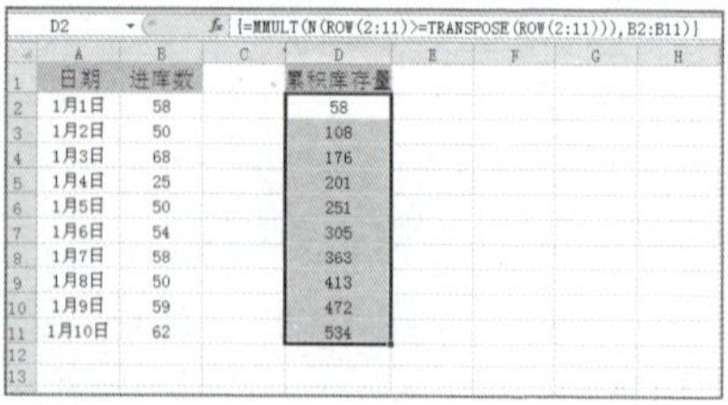

图26-18

函数82 计算出库最高的季度(SUBTOTAL、MATCH 函数)

工作表中有12个月的出库量明细,现需计算出库量最高的季度。

选中D2单元格,在公式编辑栏中输入公式:=TEXT(MATCH(MAX(SUBTOTAL(9,OFFSET(A1,{0,3,6,9},1,3))),SUBTOTAL(9,OFFSET(A1,{0,3,6,9},1,3)),0),"[DBNum1]0季度"),按Enter键,即可计算出库量最高的季度名称,如图26-19所示。

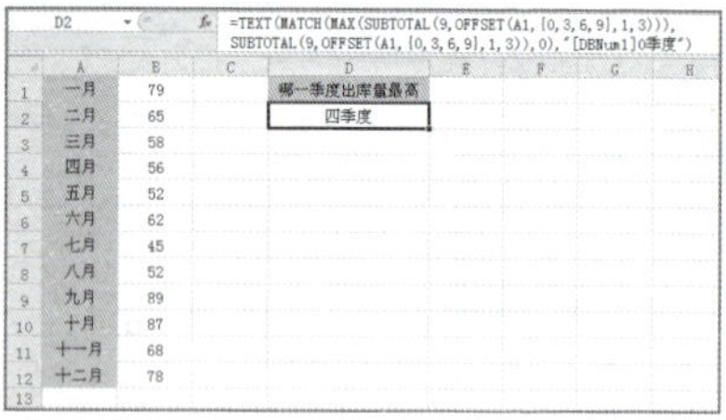

图26-19

函数83 核对两组库存产品数据(NOT 函数)

公司的仓储部门会不定期的统计产品的数量,为了便于核对库存产品的数量,通常我们会采用NOT函数来实现。

选中D2单元格,在公式编辑栏中输入公式:=IF(NOT(B2:B8=C2:C8),"请核对",""),按回车键即可得到想要的结果,向下复制公式,即可得到其他产品数量的核对情况,如图26-20所示。

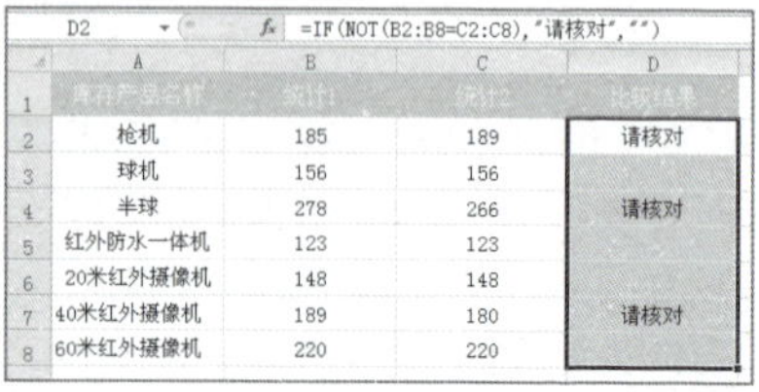

图26-20

函数84　根据产品类别返回库存数量（VLOOKUP 函数）

实现根据编号查询指定产品类别的库存数量，使用VLOOKUP函数的操作如下。

建立相应查询列标识，并输入要查询的编号。选中B9单元格，在公式编辑栏中输入公式：=VLOOKUP($A$9,$A$2:$D$6,COLUMN(B1),FALSE)，按回车键即可得到编号为“BD-004”的产品，向下复制公式，即可获取其他编号的产品的相关库存信息，如图26-21所示。

B9　=VLOOKUP($A$9,$A$2:$D$6,COLUMN(B1),FALSE)

	A	B	C	D
1	产品编号	产品	库存	单价
2	BD-001	空调	120	2000
3	BD-002	洗衣机	85	1800
4	BD-003	显示屏	123	200
5	BD-004	电视机	182	1500
6	BD-005	微波炉	540	780
7				
8	查询产品编号	产品	库存	单价
9	BD-004	电视机	182	1500

图26-21

函数85　显示指定的店面的出库记录（INDEX、SMALL 、ROW函数）

本例中统计了各个门面的出库情况，现在要实现将某一个店面的所有记录都依次显示出来。我们可以使用INDEX函数配合SMALL和ROW函数来实现。

1 在工作表中建立查询表。选中F4:F11单元格区域，在编辑栏中输入公式：=IF(ISERROR(SMALL(IF(($A$2:$A$11=$H$1),ROW(2:11)),ROW(1:11))),” ”,INDEX(A:A,SMALL(IF(($A$2:$A$11=$H$1),ROW(2:11)),ROW(1:11))))。同时按“Ctrl+Shift+Enter”组合键，可一次性将A列中所有等于H1单元格中指定的店面的记录都显示出来，如图26-22所示。

F4　{=IF(ISERROR(SMALL(IF(($A$2:$A$11=$H$1),ROW(2:11)),ROW(1:11))),"",INDEX(A:A,SMALL(IF(($A$2:$A$11=$H$1),ROW(2:11)),ROW(1:11))))}

	A	B	C	D	E	F	G	H	I
1	店面	品牌	数量	金额		选择查询店面		二分店	
2	一分店	儿童毛衣	2	480					
3	总店	女士毛衣	3	450		店面	品牌	数量	金额
4	一分店	女士毛衣	2	380		二分店	儿童毛衣	2	240
5	总店	儿童毛衣	1	120		二分店	女士针织衫	5	1280
6	二分店	儿童毛衣	2	240		二分店	男士毛衣	11	1500
7	总店	女士针织衫	10	1480					
8	二分店	女士针织衫	5	1280					
9	总店	男士毛衣	2	580					
10	二分店	男士毛衣	11	1500					
11	总店	女士连衣裙	20	2000					
12									

图26-22

2 选中F4:F11单元格，将光标移到右下角，光标变成十字形状后，按住鼠标左键向右拖动进行公式填充，即可得到H1单元格中指定店面的所有记录，如图26-23所示。

3 当需要查询其他店面的销售记录时，只需要在H1单元格中重新选择店面名称即可。

店面	品牌	数量	金额
一分店	儿童毛衣	2	480
总店	女士毛衣	3	450
一分店	女士毛衣	2	380
总店	儿童毛衣	1	120
二分店	儿童毛衣	2	240
总店	女士针织衫	10	1480
二分店	女士针织衫	5	1280
总店	男士毛衣	2	580
二分店	男士毛衣	11	1500
总店	女士连衣裙	20	2000

选择查询店面 一分店

店面	品牌	数量	金额
一分店	儿童毛衣	2	480
一分店	女士毛衣	2	380

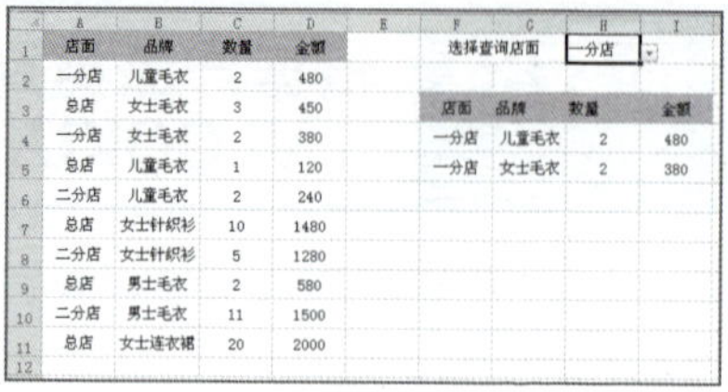

图26-23

函数86 计算经济批量下的存货总成本（VLOOKUP 函数）

根据给出的已知数据，经济批量下的存货总成本。

选中B7单元格，输入公式：=SQRT(2*B2*B5*B4)，按回车键即可计算出最佳经济批量下的存货总成本，如图26-24所示。

B7 =SQRT(2*B2*B5*B4)

已知数据	
全年需要量	5000
单位采购成本	20
每单位年储存成本	5
平均每次进货费用	100
经济批量下的存货总成本	2236.067977

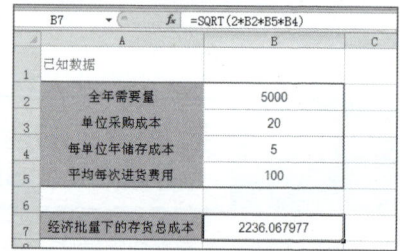

图26-24

第27章

函数在销售预测和销售公司款投资中的应用

函数87 预算出10、11、12月的产品销售量（GROWTH 函数）

在9个月产品销售量统计报表中，通过9个月产品销售量预算出10、11、12月的产品销售量。

选中E2:E4单元格区域，在编辑栏中输入公式：=GROWTH(B2:B10,A2:A10,D2:D4)，按“Ctrl+Shift+Enter”组合键即可预算出10、11、12月产品的销售量，如图27-1所示。

E2 {=GROWTH(B2:B10,A2:A10,D2:D4)}

	A	B	C	D	E
1	月份	销量量		预测10、11、12月的产品销售量	
2	1	100		10	174.4314993
3	2	220		11	178.400358
4	3	180		12	182.4595207
5	4	100			
6	5	190			
7	6	188			
8	7	160			
9	8	120			
10	9	200			

图27-1

函数88 预算9月份的产品销售量（LINEST函数）

在上半年产品销售数量统计报表中，根据上半年各月的销售数量预算9月份的产品销售量。

选中C9单元格，在编辑栏中输入公式：=SUM(LINEST(B2:B7,A2:A7)*{9,1})，按回车键即可预算出9月份的产品销售量，如图27-2所示。

C9 =SUM(LINEST(B2:B7,A2:A7)*{9,1})

	A	B	C	D	E	F
1	月份	销量量				
2	1	100				
3	2	220				
4	3	180				
5	4	100				
6	5	190				
7	6	188				
8						
9	预计9月份产品销售量		205.4286			

图27-2

函数89 预算出7、8、9月的产品销售量（TREND 函数）

在上半年产品销售量统计报表中，通过上半年各月产品销售量预算出7、8、9月的产品销售量。

选中E2:E4单元格区域，在编辑栏中输入公式：=TREND(B2:B7,A2:A7,D2:D4)，按“Ctrl+Shift+Enter”组合键即可预算出7、8、9月产品

第27章 函数在销售预测和销售公司贷款投资中的应用

的销售量，如图27-3所示。

图27-3

函数90 预算销售产品的寿命测试值（FORECAST函数）

对两类销售产品进行使用寿命测试，通过两类销售产品的测试结果预算出销售产品的寿命测试值。

选中B12单元格，在编辑栏中输入公式：=FORECAST(9, A2:A10,B2:B10)，按回车键即可预算出销售产品的寿命测试值，如图27-4所示。

图27-4

函数91 预测下期销售产品的成本（GROWTH函数）

根据之前统计的销售产品的前期历史成本额，可以预测下期销售产品的成本。

选中E3单元格，输入公式：=GROWTH(B2:B10,A2:A10,D3)，按回车键得到10月预测成本额，如图27-5所示。

图27-5

函数92 一次性预测多期销售产品的成本（GROWTH 函数）

根据之前统计的销售产品的前期历史成本额，可以预测下期销售产品的成本。

同时选中E7:E9单元格区域，在公式编辑栏中输入公式：=GROWTH(B2:B10,A2:A10,D7:D9)，同时按“Ctrl+Shift+Enter”键可同时得到10~12月份预测成本额，如图27-6所示。

E7 {=GROWTH(B2:B10, A2:A10, D7:D9)}

	A	B	C	D	E	F
1	月份	成本额		预测下期成本		
2	1	99580		月份	成本额	
3	2	105560		10	108959.4764	
4	3	125680				
5	4	95688		预测多期成本		
6	5	86200		月份	成本额	
7	6	86200		10	108959.4764	
8	7	109630		11	110018.0645	
9	8	113662		12	111086.9372	
10	9	119695				

图27-6

函数93 预测下次订单的销售成本（GROWTH 函数）

根据之前统计的订货量与销售成本，可以预测下次订单的销售成本。

选中B14:B19单元格区域，在编辑栏中输入公式：=GROWTH(B2:B11,A2:A11,A14:A19)，按“Ctrl+Shift+Enter”组合键即可预测出预计订单量的销售成本，如图27-7所示。

B14 {=GROWTH(B2:B11, A2:A11, A14:A19)}

	A	B	C	D	E	F
1	订货量	销售成本				
2	6	48				
3	12	80				
4	20	100				
5	30	110				
6	40	120				
7	50	130				
8	60	140				
9	70	150				
10	80	158				
11	90	160				
12						
13	预计订货量	函数预测销售成本				
14	110	234.88				
15	125	278.47				
16	140	330.16				
17	155	391.43				
18	180	519.86				
19	200	652.34				

图27-7

函数94 计算贷款的每期偿还额（PMT 函数）

在表格中显示了销售公司某项贷款总金额、贷款年利率、贷款年限、付款方式为期末付款。现在需要计算出该项贷款的每年偿还金额，需要使用PMT函数来实现。

第27章 函数在销售预测和销售公司贷款投资中的应用

选中B5单元格,在公式编辑栏中输入公式:=PMT(B1,B2,B3),按回车键即可计算出该项贷款每年偿还金额,如图27-8所示。

	A	B	C
1	贷款年利率	9.68%	
2	贷款年限	20	
3	贷款总金额	-300000	
4			
5	每年偿还金额	¥34,471.37	
6			

图27-8

函数95 按季度支付时计算每期应偿还额(PMT 函数)

当支付次数为按季度支付时,要计算出每期应偿还额,则转换贷款利率和贷款付款总数。此处要求按季度支付,那么贷款利率应为:年利率/4,付款总数应为:贷款年限*4。

选中B5单元格,在公式编辑栏中输入公式:=PMT(B1/4,B2*4,B3),按回车键即可计算出该项贷款每季度偿还金额,如图27-9所示。

	A	B	C
1	贷款年利率	9.68%	
2	贷款年限	20	
3	贷款总金额	-300000	
4			
5	每季度偿还金额	¥8,517.58	

图27-9

函数96 计算公司贷款中每月还款利息额(IPMT 函数)

当前已知总贷款额、贷款利率、贷款总年限,现在需要计算出前5个月每月还款额中利息额为多少。

选中E2单元格,在公式编辑栏中输入公式:=IPMT($B$2/12,D2,$B$3*12,$B$4),按回车键即可计算出该项住房贷款第一个月还款额中的利息额。向下复制公式,即可快速计算出该项住房贷款前5个月每月还款额中的利息额,如图27-10所示。

	A	B	C	D	E
1					各月偿还利息额
2	住房贷款年利率	4.56%		1	¥1,216.00
3	住房贷款年限	30		2	¥1,214.42
4	住房贷款总金额	-320000		3	¥1,212.83
5				4	¥1,211.23
6	每年偿还金额	¥19,784.20		5	¥1,209.63
7					

图27-10

函数97 计算公司某项贷款的清还年数（NPER函数）

当前得知公司某项贷款总额、年利率，以及每年向贷款方支付的金额，现在需要计算出该项贷款的清还年数，需要使用NPER函数。

选中B4单元格，在公式编辑栏中输入公式：=ABS(NPER(A2,B2,C2))，按回车键即可计算出该项贷款的清还年数，如图27-11所示。

B4 =ABS(NPER(A2,B2,C2))

	A	B	C
1	贷款年利率	每年支付额（万元）	贷款总金额（万元）
2	7.47%	10	100
3			
4	清还贷款的年限	7.74414222	
5			

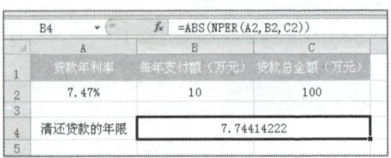

图27-11

函数98 计算公司购买某项保险的未来值（FV函数）

某公司购买某保险年利率为5.36%、分30年付款、各期应付金额为5000元、付款方式为期初付款。现在要计算出该项保险的未来值，需要使用FV函数来实现。

选中B5单元格，在公式编辑栏中输入公式：=FV(B1,B2,B3,1)，按回车键即可计算出该项保险的未来值，如图27-12所示。

B5 =FV(B1,B2,-B3,1)

	A	B	C	D
1	保险年利率	5.36%		
2	付款总期数	30		
3	各期应付金额	5000		
4				
5	该项保险未来值	￥353,475.53		
6				

图27-12

函数99 计算公司某项投资的投资期数（NPER函数）

某项公司投资的回报率为7.18%，每月需要投资的金额为3000元，现在想最终获取100000元的收益，计算需要经过多少期的投资才能实现，需要使用NPER函数。

选中B4单元格，在公式编辑栏中输入公式：=ABS(NPER

(A2/12,B2,C2)),按回车键即可计算出要取得预计的收益金额需要投资的总期数（约为31个月），如图27-13所示。

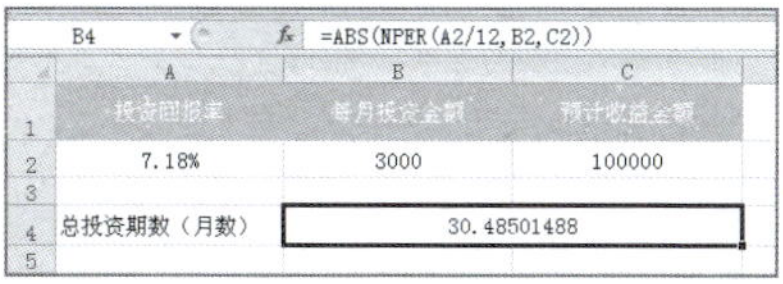

图27-13

函数100　计算企业项目投资净现值（NPV函数）

某项投资总金额为2000000元，预计今后5年内的收益额分别是200000元、350000元、600000元、1000000元和1250000元，假定每年的贴现率是15%，现在要计算出该项投资净现值，需要使用NPV函数。

选中B9单元格，在公式编辑栏中输入公式：=NPV(B1,B2:B7)，按回车键即可计算出该项投资的净现值，如图27-14所示。

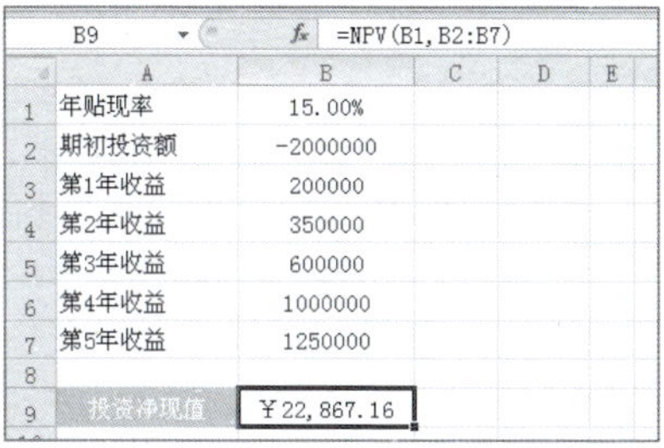

图27-14

函数101　计算投资期内要支付的利息（ISPMT函数）

要计算出投资期内支付的利息，需要使用ISPMT函数来实现。例如当前得知某项投资的回报率、投资年限、投资总金额，现在要计算出投资期内第一年与第一个月支付的利息额。

[1] 选中C4单元格，在公式编辑栏中输入公式：=ISPMT(A2,1,B2,C2)，按回车键即可计算出该项投资第1年中支付的利息额，如图27-15所示。

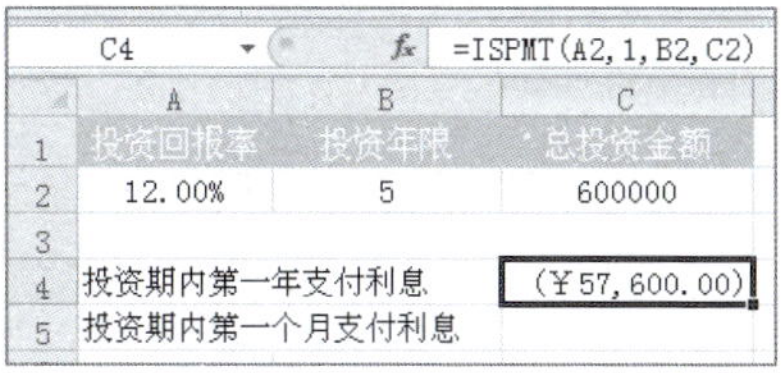

图27-15

② 选中C5单元格，在公式编辑栏中输入公式：=ISPMT(A2/12,1,B2*12,C2)，按回车键即可计算出该项投资第1个月中支付的利息额，如图27-16所示。

	A	B	C	D
1	投资回报率	投资年限	总投资金额	
2	12.00%	5	600000	
3				
4	投资期内第一年支付利息		（¥57,600.00）	
5	投资期内第一个月支付利息		（¥5,900.00）	

图27-16

函数102 计算某项投资的修正内部收益率（MIRR函数）

某企业现需贷款1500000元用于某项投资，表格中显示了贷款利率、再投资收益率以及预计3年后的收益额，现在要计算出该项投资的修正内部收益率。

选中B8单元格，在公式编辑栏中输入公式：=MIRR(B3:B6,B1,B2)，按回车键即可计算出投资的修正收益率，如图27-17所示。

	A	B	C	D
1	贷款利率	8.47%		
2	再投资收益率	15.00%		
3	贷款金额	-1500000		
4	第1年收益	20000		
5	第2年收益	26800		
6	第3年收益	42000		
7				
8	3年后投资的修正收益率	-60%		

图27-17

函数103 计算10年后银行存款总额（FV函数）

某企业每年年末存款20000元，年利率为10%，计算出10年后银行存款总额。

选中B5单元格，在公式编辑栏中输入公式：=FV(B1,B2,B3)，按回车键即可计算10年后银行存款总额，如图27-18所示。

	A	B	C
1	年利率	10%	
2	期数	10	
3	每年末存款	-20000.00	
4			
5	10后银行存款总额	318748.49	
6			

图27-18

第27章 函数在销售预测和销售公司贷款投资中的应用

函数104 计算贷款前3个月应付的本金额（PPMT函数）

某公司向银行贷款了200000元，年利息为8%，贷款年限为15年，计算贷款前3个月应付的本金额。

1 选中E1单元格，在公式编辑栏中输入公式：=PPMT($B$1/12,1,$B$2*12,$B$3,0,0)，按回车键即可计算出第1个月的贷款本金额，如图27-19所示。

2 接着选中E2、E3单元格，分别在公式编辑栏中输入公式：=PPMT($B$1/12,2,$B$2*12,$B$3,0,0)、=PPMT($B$1/12,3,$B$2*12,$B$3,0,0)，按回车键即可计算出第2、3个月的贷款本金额，如图27-20所示。

图27-19　　　　　　图27-20

函数105 计算企业投资的内部收益率（PPMT函数）

某投资项目初期投资100000元，每年的贴现率是9.58%，未来五年中各年的投资收益分别为30000元、40000元、55000元、69000元和80000元。计算该项投资的内部收益率。

选中F5单元格，输入计算内部收益率的公式：=IRR(B3:C8,F4)，按回车键即可计算出内部收益率，如图27-21所示。

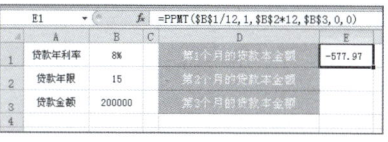

图27-21

函数106 比较投资方案（IF函数）

不同的投资方案，其可以获利值也各不相同，因此在确定具体投资方案前，需要对各种投资方案进行比较分析，从而选择最优的投资方案。

选中D8单元格，输入公式：=IF(G4>G5,"选择项目A","选择项目B")，按回车键即可通过判断净现值来得出结论，如图27-22所示。

D8 =IF(G4>G5,"选择项目A","选择项目B")

投资方案比较　单位：万元

年份	初始投资	净现金流量			净现值	获利指数	内部收益率
	0	1	2	3			
项目A	-100	20	35	165	63.2026595	1.63202669	35.58%
项目B	-100	65	65	85	70.3546374	1.70354637	47.85%

内部收益率	12.00%
结论：	选择项目B

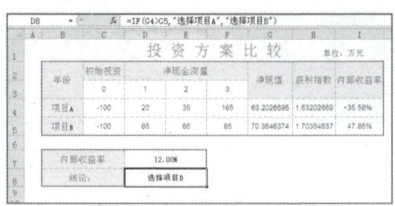

图27-22

函数107 计算第二年应支付的本金金额（CUMIPMT函数）

企业某项贷款年利率为8.68%、贷款年限为5年、贷款总额为100000元，要求按月付款，现在计算第二年应支付的本金金额。

选中B4单元格，在公式编辑栏中输入公式：=CUMIPMT(A2/12,B2*12,C2,13,24,0)，按回车键，即可计算出贷款在第二年累计支付的本金金额，如图27-23所示。

B4 =CUMIPMT(A2/12,B2*12,C2,13,24,0)

贷款年利率	贷款年限	贷款总金额
8.68%	5	100000
第2年累计偿还利息	-6517.608898	

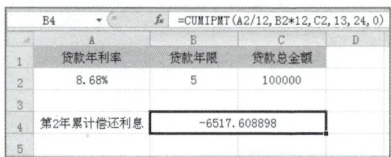

图27-23

函数108 计算贷款的实际利率（RATE函数）

某企业贷款5000000元，借款期为5年，每个月月初偿还500000元。现在需要计算该笔贷款的实际利率。

选中B4单元格，在公式编辑栏中输入公式：=RATE(B2*12,-C2,A2,0,1)，按回车键，即可计算出该项借款的实际利率，如图27-24所示。

B4 =RATE(B2*12,-C2,A2,0,1)

贷款总金额	贷款年限	每月月初偿还额
5000000	5	500000
贷款实际利率	11%	

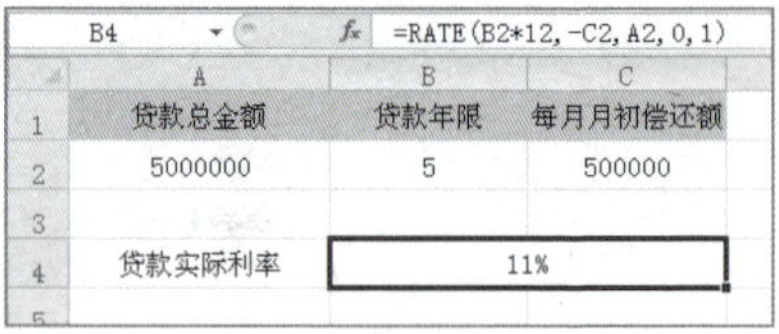

图27-24